横浜事件　木村亨全発言

松坂まき　編

インパクト出版会

［横浜事件　木村亨全発言］

目次

第1部　再審請求――「人権を返せ！」の闘い　9

私たちの人権闘争宣言　10
せめてぼくたちの「人権宣言」を　10
横浜事件を生きて――泣き寝入りは良心が許さない　13
横浜事件――人権を返せ！の闘い　15
横浜事件を生きて――わが生涯の人権闘争　19
横浜事件――その真相と私たちの闘い　34
「横浜事件」再審裁判へのたたかい
――「四一年ぶり」の重み　40
三度目の正直
――横浜事件第三次裁判の請求について　43
三度目の正直　44
「申し立て人」からのあいさつ　45
大赦令による赦免という事実はありません　46
これからが大事な再審請求闘争　46
横浜事件再審請求はとことん闘い抜きます　48
裁判所が犯した犯罪は誰が裁くのか？　49
国の権力犯罪――横浜事件　51
権力犯罪の糾弾に起ち上ろう！　52
国家権力犯罪の告発に
「時効」を適用させてはならない　53
権力者の犯した犯罪は裁かれなくていいのか　54
「横浜事件」再審請求について　56
権力に謝罪させるまで闘う　59
日本は誰に住みよいか　61
王よ、君は人民に対して叛逆罪を犯したぞ！　62
いのちがけのわが抵抗闘争
この魂を曲げると思うか　64
「人権小国日本」への直言　65
私たちの人権回復運動について訴えます　66
〈人権を守る砦〉が人権無視の
「腰ぬけ裁判所」に落ちた噺　68
私たちは国が謝罪するまで闘い抜きます　69

「横浜事件」における石川勲蔵予審判事の
疑惑の言動について　70
私たちの人権闘争を不法に妨害する
当局の人権侵害罪を告発する！　71
横浜事件こぼれ話――青木君の「かくし芸」　72
敗戦直後のぼくの痛恨事――遅すぎた？　わが反省　74
私の戒め――人権を蹂りんする権力を許してはならない　76

第2部　人権に国境はない　83

わが国の裁判の腐敗は国際的にも粛正しよう！　84
国連人権委員会への提訴のためのアピール　85
横浜事件の人権蹂躙を国連人権委員会へ提訴　86
横浜事件の人権蹂躙を国連人権委員会に提訴する　87
ジュネーブの旅で目覚めた「人権日本」のこと　89
私たちのジュネーブ旅行報告　90
みんな地球のてっぺんに！――人権に国境はない　91

第3部　細川嘉六先生と横浜事件　93

細川嘉六と横浜事件　94
細川先生の免訴と私たちの再審闘争　102
再審請求のきっかけは細川先生からの檄文　104
「横浜事件」再審裁判に当って
細川嘉六老の遺訓を生かそう　106
細川嘉六先生とカッパの絵　107
党員証「屁のかっぱ」のはなし　109
「への河童」の反骨精神について　111
「カッパ老人」――細川嘉六さんの反骨　113
細川嘉六　114
細川嘉六・獄中訓覚え書（一九四五年八月二五日）　116
細川嘉六インタビュー　カッパ放談　117

第4部　語り続けて――講演抄　127

多田謡子反権力人権賞受賞記念講演録
人権を無視する天皇制と闘い続けて　128
「日本を当たり前の国にしよう」――横浜事件を生きて
言論弾圧と人権無視の国家権力犯罪を追求する　133
横浜事件の再審請求　136
横浜事件の渦中にいて　148
この人と一時間　154
横浜事件再審特別抗告棄却に怒る木村亨さんに聞く
日本人は人権を闘い取ることを知らない　160
木村亨氏に聞く――「横浜事件」をめぐって　163
忍び寄る言論弾圧…
――横浜事件再審請求二氏に聞く　179
人権に国境はない
「日本の代用監獄とえん罪を訴える会」のジュネーヴ
国連人権委員会への提訴に参加して　181
再審請求――司法に戦争責任を認めさせる闘い
「人権宣言」を今度こそわれらに　200

第5部　横浜事件を共に生きて　209

泊組の三人の思い出　210
横浜事件を共に生きて
――人間平館利雄兄を追悼する　212
証人・土井郷誠さんを追悼して　221
嶋中雄作社長の思い出　224
黒田秀俊さんと横浜事件　224
松下英麿さんの思い出　225
横浜事件と伊藤律君のこと　225
向坂逸郎没後六周年――向坂先生を追懐して　227
曽根正哉君の回想　231
西園寺公一　233
現代民話考　235

運動史を語る／柴山正雄君の日記抄
——一九三六年ころの一青年の思想と悩み　238

第6部　本を読む、本を作る　247

書評／『細川嘉六獄中調書——横浜事件の証言』　248
書評／『禄亭大石誠之助』を読んで思うこと　250
書評／西園寺公一著　回顧録『過ぎ去りし、昭和』　252
あとがき
『フリーメーソンは世界を救う』山石太郎著　253
アナキズムに里帰り　256
石井部隊長、戦犯を逃れてアメリカへ　257
プールを飲んだ話　259
お祝いありがとうございます　260
秘密陰謀団にされたフリーメーソン
怪文書と吉野作造　262
私の南方熊楠翁訪問記　269

第7部　会員に支えられて——会報より　273

私が人権に目覚めた横浜事件　274
皆さんの熱意に励まされて　275
私たちの人権奪還闘争はこれからが正念場　276
私たちの人権回復運動を今こそ　277
今夏こそ最大限のアピールを！
——第二次ジュネーブ提訴に当たっての決意　278
第二回ジュネーブ提訴のご報告　279
望年座談会　ヤル気満々——第二次再審請求にむけて　280
ありがとう！　ジャネスさん　さようなら！　285
第三次国連提訴——今夏こそ結実のとき　286
司法行政と被拘禁者の人権
横浜事件における拘禁に関する発言　287
国連93——ジュネーブ10分間スピーチ　290
裁判所が犯した犯罪は誰が裁くのか？　292

拷問は断じて許してはならない 293
森川弁護団長の半世紀にわたる人権擁護闘争に
日弁連から表彰状 294
横浜事件で細川先生が夫人へ宛てた獄中書簡
——貴重な一七通出現 295
敗戦直後のぼくの痛恨事
——遅すぎたか？ わが反省 296
平館登志子さんと高木健次郎君の逝去を惜しんで 298
恒例の早大講義報告 299
アジア民衆法廷ブックレット
『司法の戦争責任・戦後責任』
——内外の民衆抑圧を支えた司法の実態 301
第三次再審検討会のご報告 302
国家権力の犯罪を裁く人道の法はないものか？ 303
細川嘉六先生の証言と石川予審判事のこと 304
不法に奪われた僕たちの人権を、
今度こそ取り返そうではないか 306
小樽・札幌へ人権講演の旅 307
権力による拷問と裁判記録の焼却を
とことん弾劾し、断罪する!! 308
国が謝罪するまで私たちは不法に侵害された
「人権を返せ！」の告発をやめない 310

第8部 『横浜事件の真相』補遺——季刊誌『直』から 311

横浜事件とは何であったのか？——カッパ事件の謎 312
「かっぱ事件」こぼれ噺
現役二等兵の病院ぐらし 317
「かっぱ事件」こぼれ噺
「現役免除」をかちとった実話 323
愚直記者の人権奪回闘争 329
「人権意識の欠如」というおかしな話 335
横浜事件再審請求中間報告Ⅰ
真実のほかにつくものはない 337
横浜事件再審請求中間報告Ⅱ
「人権宣言」を今度こそわれらに！ 346

第9部　横浜事件のころ——一編集者の戦時日記　351

(1) 中央公論社入社　352
(2) 「批判の武器」　361
(3) 忘れぬうちに　368
(4) いのちがけの「現免」　376
(5) 一冊の本の重み　383
(6) ゾルゲ・尾崎事件とのはざまで　388
(7) 泊旅行前後　394
(8) 泊事件の突発と検挙の拡大　400
(9) 獄中の情報闘争　406
(10) 看守・土井郷誠さんによる獄中秘話　412
(11) 細川嘉六さんの「獄中訓」余話　417
(12) GHQの「人権指令」をどう受けとめたか　423

あとがき

「百度も否！である」　松坂まき　430

第1部

再審請求「人権を返せ！」の闘い

私たちの人権闘争宣言

人権こそ人生のいのちです。

かけがえのない私たちの尊厳な人権は、何人も侵したり奪うことを許しません。人権は誰からも、どこからも、与えられるものではありません。私たちが自分で闘いとるべきものです。

『太陽がカメラであり、人類が役者であり、歴史がシナリオである』この地球ドラマを真に平和な人間解放のドラマにするために、今こそ私たちは自分の人権に目ざめ、これを自らのものとして闘いとろうではありませんか。

真の民主主義を徹底させ、貫くために――

せめてぼくたちの「人権宣言」を

あれほど非道な侮辱を受け、わが人権をかくも無惨に蹂《じゅう》りんされたことは、ぼく自身の生涯ではかつて一度もなかったことであった。

前大戦末期の当時、治安維持法違反の容疑で検挙された人がどんな目にあわされたか、ぼくは自分の体験を語るほかはあるまい。

そのときぼくは横浜山手署へ留置されたのだが、そこへ留置されるなり息つく間もなしに、いきなり同署の取り調べの暗室に連れこまれ、コンクリート（時に板の間）の上に土下座をさせられ、真っ先に上下の着衣を手荒くはぎ取られて、パンツひとつの裸体にさせられたのだ。病弱の者や気の弱い人は、こんなことをされるだけでも身の毛がよだつ思いをすることだろう。

特高警官どもが最初に問いかけてくる言葉は、決まって「お前は共産主義者だろう」の一句であった。そんなキメつけ言葉に対してぼくは「ちがう、俺は民主主義者だ」と彼らの問いを否認すると、ぼくを取りかこんだ七、八名の特高刑事どもは、手に手に棍棒や椅子のこわれた足だのロープや竹刀などをふりかざして裸のぼくにおそいかかり、なぐる蹴るの暴行を加えた。

　特高警官が事件をネツ造するためには、検挙した人物をまず先に共産主義者と自認させねばならない。検挙した容疑者に「私は共産主義者であります」と言わせて否応なく拇印《ぼいん》を押させれば、もう彼らの勝ちなのである。事件をデッチ上げる大前提になるからだ。そのときの彼らの口ぐせはいつも同じ文句だった。

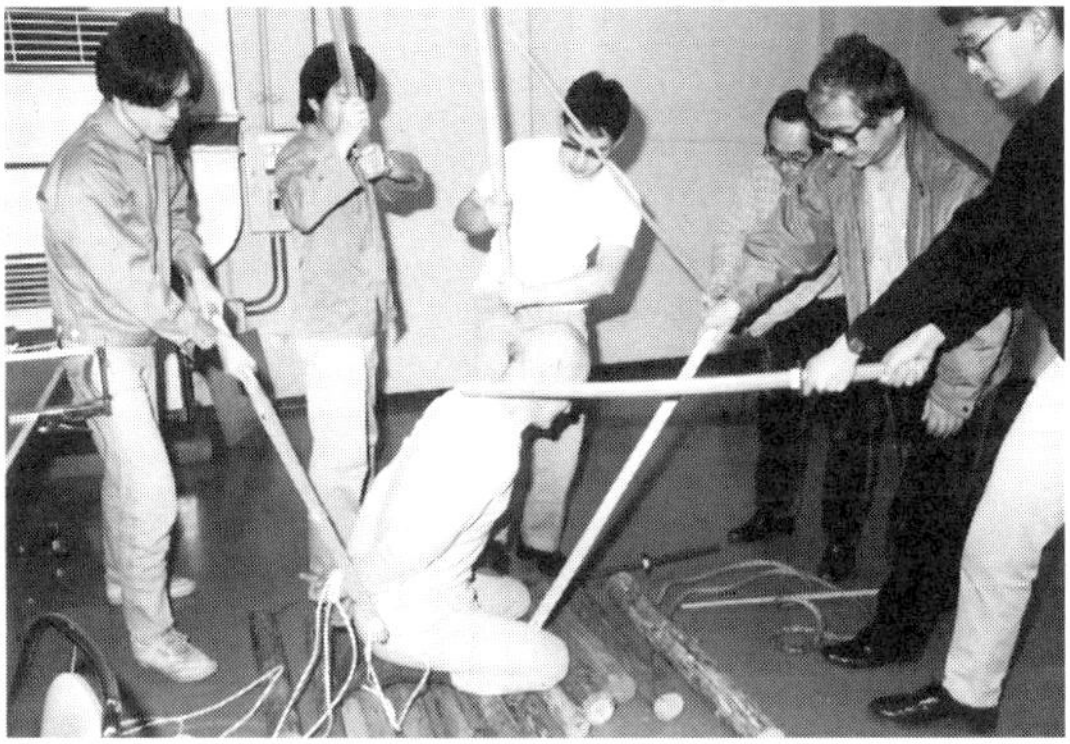

拷問を再現している木村亨

「小林多喜二を知っとるか。生かしちゃ帰さぬから覚悟をしろ。」

「貴さまらは殺してもかまわんのだ。」

「この野郎、よくも黙っていやがった。お前が言わんならこうして言わしてやる。」

　そんな無茶な拷問が続き、失神を重ねてバケツの水を何度もブッかけられていると、ぼくも、これでは殺されるかもしれんという不安を抱くようになってきた。

　経験のない人にはまったく想像もできないほどの不法暴力で仕組まれたネツ造劇なのである。

　失神状態のところへ水をぶっかけられて気を取りもどすと、待ってましたとばかりにかねて用意の筋書き通りの当局製「手記」を目の前へつきつけて、承認しろとサインを迫るのである。むりやりに、拇印を押させるのだ。

　封建時代の拷問さながらの無茶苦茶なやり方で警察調書は謀略通りに作製され、起訴されて笹下《ささげ》の未決刑務所（拘置所）へ移されたあと、敗戦直後の八月二一日になって、やっとぼくの予審が始まった。それまで何の調べもなく放置されていたわけである。もちろんその予審で、ぼくは調書のすべてが特高の不法拷問によるデッチ上げであること、泊《とまり》での共産党再建準備会なんてのはまったくの嘘であること、ぼくは共産主義者じゃなく民主主義者であることなどを、予審判事にくり返し主張し続けて、ついに党再建準備会は取り消させることに成功したのであった。このことはぼくの「予審終結決定」が証明してくれている。

　のちほど畑中繁雄さんが、横浜事件のこんな裁判をズバリそのもので「犯人が被害者を裁いた」と喝破したが、まことに言い得て妙である。

　被害者のぼくたち三十三名は、敗戦直後の二〇年一一月一三日に笹下《ささげ》会を結成して、拷問特高どもを共同告発した。七年がかりの法廷闘争ののち、彼ら特高警官の幹部三名を有罪判決に結審させることに成功した。これが横浜事件の第二の裁判である。

　残念ながら拷問犯人の特高警官らは日米講和条約の特赦で、ただちに放免されていたのだが、それどころかぼくたちを不法にも有罪判決にして名誉を傷つけ、人権を蹂りんした旧日本帝国の権力犯罪が「有罪判決」のままに放置されていたのである。

　横浜事件の三度目の裁判に当る今度の再審裁判が目ざすぼくたちの目的は何かといえば、旧帝国が犯した権力犯罪、前述のようなぼくたちへの無法な人権蹂りんと名誉毀損とを、国家側としてぼくたち被害者に速やかに謝罪するとともに、長期にわたった不法拘禁による損害に対して、十分な補償を確保することにある。こうしなければ、新憲法下のぼくたちの失われている人権は、回復されないのである。ぼくが敗戦直後から現在まで、くり返しくり返し主張し続けている「ぼくたちの人権宣言」は、この再審裁判で勝訴することによってのみ、実現するのだ。

「治安維持法」が撤廃されたから、あんなひどい人権蹂りんはもうあるまい、と今の若い諸君は安心しておれない。現国会にも再上程されようとしている「国家秘密法」こそは「治安維持法」に代って、善良な諸君を「スパイ」の名で投獄する危険性をはらんでいるのである。

　若い世代の諸君に、ぼくたちがなめたような苦《にが》い体験を二度と再びなめさせないためにも、自分の人権は各自がしっかりと守りたいものである。

［岩波ブックレット七八『横浜事件』、一九八七年一月刊］

横浜事件を生きて

泣き寝入りは良心が許さない

1

早いもので、私たちの横浜事件が起きてから五十年、半世紀が流れました。

事件は、第二次大戦末期の一九四二年九月、革新評論家で知られた細川嘉六さんの検挙に始まり、まず細川さんの著書『植民史』の出版記念会（泊旅行）に参加した「改造」「中央公論」両誌記者、「満鉄」東京支社調査部員、『植民史』発行元東洋経済新報記者など七名の者が、その泊旅行で撮った一枚のスナップ写真がもとで検挙され、翌年五月にいっせいに横浜市内の各署に留置されたあと、さらに政経研究会、改造、中央公論各社員ら六十余名が次つぎに検挙され、拷問され、大きな被害（五名が殺害された）を受けた事件です。

十五年戦争と言われた日本の侵略戦争が天皇政府の思うに任かせず立ち往生をしていた矢先で、私たちはそんな侵略戦争の邪魔をする抵抗グループと判断され、悪法治安維持法を適用されて、特高警察の拷問で「共産党再建準備会」をデッチ上げられた被害者です。

2

戦後の皆さんにはこんなデッチ上げが実際に行なわれたとは信じ難いでしょうが、本当のことなのです。日本の天皇制ファシズムによる侵略戦争の時代を暗黒時代とか警察国家と言われるのにはそれなりの理由があるのです。

治安維持法の相つぐ改悪によって、その頃には国内には社会主義者や共産主義者はもちろん自由主義者も存在を許されませんでした。

ですから治安維持法に違反するかどで検挙された場合、特高警察は何よりも前に検挙者に「私は共産主義者であります」と言わせて、法の違反者であることを承認させることから作業（デッチ上げ）を始めるのでした。

そんなことは百も承知の私は、横浜の山手署に検挙されたその時から開始された拷問（取り調べのことを言うのです）に対してハッキリと「私は共産主義者ではありません。ただの民主主義者です」と応えて「共産主義者」であることは否認し続けたのです。拷問が次第にひどくなったわけも、おわかりいただけるかと思います。

3

こんな特高警察の拷問が私に人権を目覚めさせてくれました。敗戦直後に私たちが一団（三十三名）となって拷問犯人の特別公務員（特高）を共同告発し、彼らの暴行傷害罪の有罪判決を勝ち取ったのは七年後のことでした。しかし、彼らは日米単独講和による特赦で一日も下獄せずに無罪放免になりました。私たちの人権は彼らによって侵害されたままでした。

拷問の再現（1991年8月、ジュネーブにて）

勝手気ままな権力犯罪をそのままにして私たちが泣き寝入りすることは許されません。いや私たちの良心がそれを許しません。国際的な人権弁護士の森川金寿先生のご熱心なご協力にもよったことですが、一九八六年七月三日、私たち被害者九名が再審裁判の請求に起ち上り、横浜地裁に提訴しました。

一九八八年三月、横浜地裁はこの提訴を棄却に決定。私たちは直ちに東京高裁に抗告しましたが、同年一二月一六日同高裁も棄却と決定（理由は一件記録が存在しないから）。私たちは同年末、最高裁へ特別抗告しましたが、一九九一年三月一四日これまた棄却決定を通知してきました。

もちろん、私たちは第二次、第三次の再審請求を続けます。日本の裁判がその棄却の主な理由を「裁判記録なし」とするなら、私たちは彼らが敗戦時に自らの手でその裁判記録を焼却して、証拠を湮滅した状況を抗告の理由として新たに提訴します。さらにそれと並行してジュネーブの人権小委員会へ、私たちが受けた拷問の権力犯罪を日本の侵略戦争犯罪の一面として訴え、国際的にも私たちの人権闘争を闘いつづけます。

［『日本人の大きな忘れもの　人権』横浜事件を考える会、一九九三年四月刊］

横浜事件
人権を返せ！の闘い

横浜事件を闘い続けて五十五年。今年早々には十人の請求人で、第三次再審請求を提訴する予定である。

事件の発端

横浜事件とは、第二次世界大戦末期、悪法、治安維持法によってジャーナリストなど六十数名が人権を弾圧された事件である。いくつかのフレームアップが行なわれた。そして、無関係ないくつかの出来事が、当局により、共産主義思想の名のもとに一つにまとめられ、巧みに作り上げられた横浜事件は、次のようにして起こった。

まず、一九四一年一月、アメリカで労働問題を研究していた川田寿さんと定子さん夫妻が帰国した。四二年九月、川田夫妻は、突然、アメリカ共産党員の嫌疑で、神奈川県特高警察により検挙された。

その三日後、細川嘉六さんも世田谷署に逮捕投獄された。細川さんの日本の民主化を唱えた論文「世界史の動向と日本」（『改造』四二年八・九月号）が、反戦、共産主義の論文とされ、陸軍報道部長により摘発されたからである。

しかしまもなく、細川さんは、治安維持法違反の事実がないことで釈放されようとしていた。

その矢先のこと、細川さんは、泊《とまり》事件の首謀者とされ、横浜刑務所に移監された。泊事件とは、同年七月初め、細川さんが、常日頃出入りしていたジャーナリストたち七名を著書の印税で故郷、富山県泊（現在、朝日町）へ招待し、そこで撮影した写真がのちに押収され、共産党再建準備会を開いたことに捏造された事件である。

その七人とは、平館利雄・西尾忠四郎・西沢富夫（満鉄調査部）、相川博・小野康人（改造社）、加藤政治（東洋経済新報社）、そして私、木村亨（中央公論社）である。

押収された一枚のスナップ写真は、旅館「紋左《もんざ》」の中庭に浴衣姿で勢揃いして、西尾さんがライカで撮影したものである。

拷問

その泊グループも検挙され、横浜市内の各署の留置場に留置された。さらに、政治経済研究会や、中央公論社、改造社などの社員六十数名が次々に検挙された。密室の代用監獄での拷問の残忍非道さは言語に絶するものであり、四人が獄死し、一人が出獄直後に死亡した。「小林多喜二のようになりてえのか」と言いながら、ごろごろした丸太を並べた上に裸で正座させ、棍棒、壊れた椅子のかけら、ロープなどで殴りかかってくる。私は、何度も失神した。バケツの水を掛け、息を吹き返せばまた責めまくる。その繰り返しで、抵抗を貫きたかったが、無念にも「共産主義者である」という調書に、拇印を押させられてしまった。

ただ一人の女性被害者である川田定子さんは、力の暴力に加え、言葉にできぬほどの女性としての辱めを受けた。

未決の拘置所へ移監された私は、細川さんも収容されていることを雑役によって知り、とても驚いた。

五月の初め、細川さんが粗末な便所紙に鉛筆の芯で書きつけたレポを、雑役が届けてくれた。

「相川はスパイじゃないか?」まず、この言葉が目に飛び込んできた。いったいなんのことか。「下っ肚に力を入れて暴言を吐くな」共産主義者であるなどとは言うなという意味である。このレポに基づいて、私たち泊グループは、雑役を介して三つの申し合わせを行なった。拷問にあったことの確認、共産党再建はデッチ上げであること、私たちは共産主義者ではなく、民主主義者であること、である。

私は、なぜ自分および泊旅行のグループが、検挙され、拷問によって嘘の自白を強いられねばならないのか、どうしても腑に落ちなかった。しかし、細川さんからのレポによって、しだいにそれがわかってきた。相川博は、細川さんが共産主義を信奉し、その実践的意欲も旺盛であるとの嘘の供述をしていたのである（森川金寿編著『細川嘉六獄中調書』不二出版、一九八九年）。

敗戦が色濃くなり、横浜も空襲に見舞われた。刑務所も危険が迫ったので、解放を求めると、お前たちは、トンカツにしてやる、いつでも殺していいのだとライフル銃を突きつけた。

獄中にいる間、私は、度重なる拷問により、一度は虚偽の自白をしたものの、共産主義者であることを徹底的に否定し続けた（細川さんの証言＝「木村君は、予審判事と喧嘩して、予審調書も成立たせないで大喧嘩していた」前掲書）。そのかいあってか、敗戦直後、GHQの日本上陸に狼狽した石川勲蔵予審判事は、私を呼び出し、「党再建の泊会議のことは取り消すから、妥協してくれないか」と申し入れてきた。私は免訴を要求した。返事はなかった。そもそも横浜事件とは、泊への楽しい旅行を、共産党再建準備会だったとこじつけて起こされた事件である。その党再建を取り消すならば、いったいあとに何が残るというのだろう。

私は、細川さんに、出獄したらまずどう行動すればよいのか、雑役に頼みレポで教えを乞うた。細川さんは、私に獄中訓をさずけてくれた。その一部を紹介しよう。

「甘っちょろさを今こそ清算せよ。唯一の指導原理は『民主主義の徹底』である。大胆なる理想と老練な手腕を。過去の失敗を再び繰り返してはならぬ。戦争責任者の国民自身による処断（裁判）。天皇制の問題につまづくな、大衆の意向に従って変化させよ。」

私は、細川さんのレポに感激して、はやる気持ちをおさえられなかった。

私たちは、二年余も不当拘禁され、敗戦一ヵ月後の九月一五日に一度の公判で有罪判決（懲役二年執行猶予三年）を受けた。細川さんは、総理大臣か司法大臣がこの独房へ来て、手をついて謝るまで絶対出てやらぬ、と抵抗を貫き、治安維持法廃止により免訴を勝ち取った。

共同告発・特高に実刑判決

人権を奪われた私たちは、出獄直後の一一月、横浜刑務所の地名を取り「笹下会《ささげ》」を結成し、三十三名で、拷問犯人＝二十八名の特高警察官を、特別公務員暴行傷害罪で共同告発することを申し合わせた。各人が口述書（手記）を書くなどの作業に時間がかかり、横浜地裁に訴状を提出したのは、四七年四月である。

『東京民報』は、この私たちの闘いを、「横浜事件告発の意義」「事実による人権宣言」と見出しをつけ、社説で大きく報道した（四七年六月三〇日付け第二四号）。

四九年、特高警察官に実刑判決がくだされたが、特高は控訴し、五〇年の高裁判決にも上告したが、五二年、最高裁で三人の特高警察官に実刑が確定した。しかし、彼らはサンフランシスコ講和条約の特赦で、一日も下獄していなかったことがのちに判明した。天皇が守ったわけである。

第一次再審請求

このままでは許せないので、仲間と話し合い、弁護士に相談し、八六年七月、九名で第一次再審請求を行なった（川田寿、川田定子、平館利雄、小林英三郎、小野貞、畑中繁雄、和田喜太郎さんの妹気賀すみさん、青山鉞治、木村亨）。横浜地裁では、「敗戦直後の米国軍の進駐が迫った混乱時に、いわゆる横浜事件関係の事件記録は焼却処分されたことがうかがわれる」として、原判決の証拠内容の復元は不可能と八八年三月棄却。東京高裁では、「拷問が行なわれたのではないかとの疑いを否定し去ることはできない」と言いつつも、同年一二月棄却。最高裁においては、旧刑事訴訟法下で言い渡された有罪判決に対する再審請求事件なので、適法な抗告理由にあたらないとして、九一年三月、棄却。訴訟記録の保管義務のある裁判所が、焼却などで証拠湮滅しておいて、一件記録がないので、裁判ができないとはなにごとであろうか。憲法三十二条の裁判を受ける権利を侵害するものである。公文書の隠蔽については証拠の座談会も入手している（自治大学校史料編集室作成「山崎内務大臣時代を語る座談会」一九六〇年一二月五日）。

国連人権小委員会へ

この間、八九年に、横浜事件を考える会（木下信男代表）が発足、諸活動を行なってきた。人権の砦といわれる最高裁で不法にも棄却された五ヵ月後の九一年夏、国内だけではなく、世界にアピールするため、ジュネーブの国連差別防止少数者保護人権委員会（人権小委員会）への人権活動を行った。ロビー活動とともに、国連近くのホテルの一室を借りて拷問場面の再現を行った。世界各国からじつに多くの人権被害が寄せられ、人権には国境がないということに気づかされた。九二年にはアジア太平洋地域会議で発言した。そして、ついに九三年には国連ＮＧＯである世界教会協議会の協力を得て、念願の人権小委員会本会議（八月一三日）で十分間、代用監獄と横浜事件について発言することができた。日本の冤罪の温床である代用監獄は、「ダイヨウカンゴクシステム」として、そのまま発音され、通用していた。私はたどたどしい発音であったが、フィリピン人のアル・センチュリアスさんとペーパーを英語で交互に読み上げた。何人もの人々が関心をもってくれたが、日本政府は、治安維持法は四五年一〇月一五日、勅令で廃止され、一二月の大赦令によって有罪判決は法的効力が消滅している、何も問題はないとの答弁でごまかした。

横浜事件の闘いの意義

この横浜事件の闘いは、今日的意味をもっていると確信する。それは、私たち当事者の名誉回復を求めるだけではなく、日本の戦争責任、司法の戦争責任を追及することにある。日本は、侵略戦争を正当化し、遂行するため、国内では横浜事件のようなフレームアップを行い、国外においては、特にアジアの人々を殺戮した。七三一部隊の細菌による人体実験、南京大虐殺、平頂山事件、従軍慰安婦、鹿島組の花岡事件など、枚挙にいとまがない。戦争犯罪と人道に反する罪には時効がないにもかかわらず、日本は責任をとろうとせず、うやむやのままに逃れようとしている。

そして司法においては、天皇の裁判には誤りがないと、横浜事件のような冤罪が数多く起こり続けている。「自由主義史観」なるものがはびこり、日本の侵略の責任を追及することを「自虐」という本末転倒の言葉で語り、人権を笑いのめす人々が台頭してきた。新しいファシズムである。

九五年には、「横浜事件を考える会」が呼び掛け、「拷問等禁止条約の批准を求める会」を結成した。日本国憲法三六条「公務員による拷問及び残虐な刑罰は絶対にこれを禁じる」にもかかわらず、いまだに日本では国連が八四年に採択し、八七年に発効した同条約を批准していない。

「拷問されるということは何度も死ぬことなのです」――昨年五月来日した国連拷問禁止委員会委員ベント・ソレンセンさんは、そう語った。

横浜事件の闘いは、《人権を返せ！》の闘いである。人権日本を創るために、皆さんと手を組んで、どこまでもやりぬく覚悟である。

第二次再審請求は小野康人さんの遺族が九四年七月に行ない、九六年八月に棄却された。

冒頭に書いたように、私たちの第三次再審請求は、一〇人の被害者が結集し、拷問と裁判記録の隠蔽を軸に、今年早々にも訴状を提訴すべく、準備中である。私たちの闘いをお見届けいただきたい。

〔『唯物論研究』六三号、一九九八年一月刊〕

横浜事件を生きて

――わが生涯の人権闘争

1　横浜事件とは？

●事件の発端

誰の人生でも、許していいことと許してはならないことがあるものだ。

私の人生にとっても、第二次大戦末期に発生した横浜事件に連座した体験は、決して許すことのできない出来事である。

横浜事件とはいったいどんな事件だったのか？

横浜事件をひと言でいうなら、それは戦争反対の声を封じるためにデッチ上げられた言論弾圧の事件であり、特高警察官の不当な拷問によって良心的なジャーナリストや調査研究員の活動を「アカ」の運動として捏造された権力犯罪であった。その出来事は一九四二年九月から一九四五年九月一五日まで続き、六十余名の検挙者と五名の獄死者（一人は出獄直後）を出した惨酷な事件であり、まさに拷問犯人が被害者の私たちを裁いた人権蹂りん事件であった。

事件の発端は、当時政治評論家として総合雑誌『中央公論』や『改造』誌上で活躍中の細川嘉六さんが一九四二年八月号と九月号の『改造』誌へ連載した「世界史の動向と日本」と題した論文であった。中国大陸への侵略戦争があまりにも長期化していたそのとき、細川さんは憂国の情あふれる打開策――新しい民主主義によって新しい日本の進路を開こうと提唱したのであった。ところが、その愛国の至情あふれた論文が軍部の忌諱にふれて、一九四二年九月一四日、細川さんは東京世田谷署に検挙されてしまった。

けれども、細川さんの論文は東京の特高警察がどこをつついても治安維持法違反の事実はない。そこで東京では細川さんをいよいよ釈放と決まったとき、別件によって神奈川の特高警察が東京から横浜へ移送したのであった。

細川さんを横浜へ移送した別件とは何であったか?

別件というのは、一九四二年七月五日、六日の両日、細川さんが御自分の郷里の富山県泊町《とまり》(現、朝日町)へ親しかった雑誌記者と満鉄調査部員ら七名の若い友人たちを招き歓待した楽しい旅を、こともあろうに共産党の再建準備会だったと特高がデッチ上げた空中楼閣の一件であった。

前年中に横浜の特高が川田寿・川田定子夫妻の検挙を端緒に、一九四三年五月一一日に益田直彦、西沢富夫、平館利雄氏らを世界経済調査会関係者として検挙したときに、西沢富夫氏宅から押収した泊旅行のスナップ写真があった。

その写真は同行の西尾忠四郎氏(満鉄調査部員)が撮ったもので、十枚ほどの中の一枚(旅館「紋左」の中庭での一同の記念写真)が、横浜の特高どもを小踊りさせるほどよろこばせたのだった。デッチ上げの証拠品には最適の一枚であったからだ。

そんな泊旅行に招かれた友人たちのうちで平館利雄氏と私の二名が生き残っていたが、昨年(一九九一年)四月二六日に平館氏は私をのこして先に亡くなってしまった。

●平館利雄氏の手記

ご参考までに、例の一枚のスナップ写真で平館氏がどんなにひどい拷問を受けたかを、平館氏の「手記」から引用して御覧に入れよう。

日　時　昭和一八年五月一七日頃、午後一時頃
場　所　横浜市中区(現磯子区)磯子警察署二階取調室
暴行人　神奈川県警察部特高課左翼係
　　　　松下英太郎係長、森川警部補ら五名位

方　法

まず森川警部補が例の泊町料亭旅館「紋左」の中庭で撮影した写真を示した。私はハッと思った。というのは細川先生の『植民史』の出版記念のために招待された泊町(現

朝日町）に行く汽車の中で西沢富夫君に、「この旅行は危険だぜ、前例にあった『五色温泉会議』のように『泊温泉会議』とされて共産党の会議にデッチ上げられるおそれがあるから十分に注意しなければならない」と話したことが、単なる杞憂ではなさそうになったからだ。
森川「この写真はなんだ？」
私「細川先生の出版記念のために泊町の料亭に行ったときの写真だ。」
森川「うまいことを言う。こっちはもうすっかり知っているんだぞ。正直に白状しろ！」
私「うまいもうまくないもそれが事実だ。それ以外の何でもなかった。」
森川「西沢はもう白状しているんだぞ。お前が言えないのなら俺が言わせてやる。これは共産党再建準備会結成の記念写真だろう。」
私「そんな重大な会議の記念に写真を撮っておくなんてバカなことは常識的にも考えられない。」
森川「それだ。その常識の反対を行って、写真を撮っておけば、それが陰謀などではないと当局は考えるだろうと考えて、つまり陽動作戦としてわざと写真を撮ったんだ！」
私「自分は毛頭嘘など言っていない。泊の料亭では酒を飲み、ご馳走をたべ、豪遊しただけだ。」
森川「この野郎！　まだそんな白《シラ》をきるならこちらにも覚悟があるぞ。それッ！」
と部下に命じ、今度は竹刀を五、六本並べた上に私を座らせ、例の通り手に手に持った棍棒や竹刀でところきらわず打ちすえる。全身に痛みが走り、とくに両膝の上下が猛烈に痛み、下膝が竹刀にくい込む。さすがの私も悲鳴を上げるうち、すでに前にも経験したように意識不明に陥り、もうろうとした状態のとき、特高が書いた捏造調書に署名捺印させられるおそれがあるので、我慢に我慢を重ね、つとめて意識を保つようにつとめた。
刑事たちは例によって「小林多喜二はどうして死んだか知っているだろう」とか、「お前たちの二人や三人殺しても何でもないんだぞ！」とか口々に叫んで、ところかまわず殴打し続けるため、ついに私も気絶してしまった。刑事たちも殴り疲れたのかひと休みである。水はかけなかったが、意識が恢復するや、「この野郎！　まだ生きていやがるのか」とか言って、又ぞろ各自思い思いに私の躯のあらゆる所をめった打ちに打ちすえる。森川清造警部補は背丈は低くやせていたが、外見に似ずきわめて狂暴性をもち、先頭に立って暴行する。そばの松下係長は時折きびしく大声で疾呼する。その繰り返しである。ついに私は屈服した。どうでも勝手にしろといった棄てばちの気持になる。気がついたときは、留置場の監房の中で寝ており、頭とひざには濡れタオルがかけられていた。私は同房者の親切心に今さらのように感激した。（以下略）

右のような拷問は私も全く同様に体験させられて、平館氏だけでなく私も三回気絶したことを忘れない。

問題のスナップ写真一枚を西沢富夫氏が押収されたお蔭で、その一枚の写真に写っていた木村、西尾（撮影者）、相川、小野、加藤の五名が五月二六日早朝に一斉に検挙され、横浜市の各署に留置されて、各人が連日のように半殺しのめにあうほどの無茶苦茶な拷問にさらされたのである。特高たちの拷問の具体的実況は、私たちが敗戦直後に彼らの暴行傷害を公務員の犯罪として共同告発した時に私たちが作った「口述書」（笹下同志会編、森川金寿監修『横浜事件資料集』（東京ルリユール刊、一九八六年、再審請求証拠甲第五号証二）参照）を参考にして頂きたい。

2　敗戦直後の共同告発

●共同告発にふみきる

横浜刑務所の未決拘置所へ移送された細川さんが雑役に託して私にくれたレポ（連絡文）の数々は、いずれも私の心を打つ感動的な教訓に満ちていたが、とりわけ敗戦直後の私の独房（第三舎六号室）へ投げ込まれたレポほど私の胸に沁みた言葉はほかにない。

木村君、くり返すがわれ〳〵に対する拘禁は初めから全く不法そのものだ。彼らの不法は断じて許すことが出来ない。総理大臣か法務（司法）大臣がこちらへ来て私たちの独房で両手をついて謝罪するまで、断じてここは出てやるな！　わしは死んでも出てやらんことに胆《ハラ》を決めた。木村君、君も胆を決め給え！

一九四五年九月四日仮出所した私たちは、九月一五日の判決が一様に有罪判決だったことに不服であったが、その場の抗告は海野晋吉弁護士のアドバイスもあって差し控えた。しかし、そのあと一一月一三日に、細川嘉六先生を中心とした私たち三十三名の連座被害者は、丸の内の常盤亭に集まって、拷問の暴行犯人特高たちを「特別公務員暴行傷害罪」で共同告発に踏み切ったのである。共同告発者の会は笹下《ささげ》会という名に決定した。笹下とは横浜刑務所の地名である。

●七年間の法廷闘争

私たち横浜事件の弁護人を担当してくれた海野弁護士をはじめ、細川さんの友人の三輪寿壮弁護士や豊田求弁護士らを弁護団として横浜地裁へ共同告発して、その後七年間にわたる法廷闘争が続けられた。

私たち「笹下会」は、法廷監視委員会までつくってこの告発を闘った。苦闘のメモは私の手許に残っているが、結局私たちが提出した被害の証人や証拠物件は、ただ一人益田直彦君の拷問の傷あとからできた、ウミのかさぶたのついた下着が唯一の証拠に認められただけに終わった。

旧日本帝国の内務官僚や特高関係者は、あらゆる手を使って私たちの共同告発に対して妨害をくり返し、私たちが要請した証人は誰一人として認められないで却下された。

私個人についても、たとえばまる一年間を留置された代用監獄の山手警察署での拷問の生き証人であった「新子安の勝さん」や、同署留置場の高橋看守や遠藤看守たちは一人として証人たることを認めず、却下して来たのである。

それでも一九五二年四月、最高裁は被告の特高警察官松下英太郎警部と柄沢六治、森川清造両警部補に対して拷問の暴行事実を有罪犯と認め、松下に一年半、柄沢と森川には一年の実刑判決を言い渡して結審した。

しかし、その数年後に驚くべき事実が判明した。というのは、有罪判決を受けて下獄したものとばかり思っていた特高犯人三名は、いずれも直ちに無罪釈放されていたのである。

なぜか? 彼らは日米単独講和条約の発効による特赦によって釈放の身となったのだ。政府や裁判所は自らが犯した権力犯罪を認めず、特高犯人どもを守ったのである。

しかし、私たちのそんな共同告発の意義をただひとつ『東京民報』だけは「横浜事件の被害者が共同で告発したことの意義は大きい。日本人が初めて実際行動で示した『人権宣言』である。」（社説）と私たちを励ましてくれたことを忘れない。当時のマスコミがみんな黙殺した私たちの共同告発に、このような社説を載せてくれた新聞があったのだ。

3　再審裁判の請求と棄却への抗議

●戦後三〇年ぶりの慰霊祭

笹下会は一九七六年二月一三日に谷中の禅寺全生庵で戦後三〇年ぶりに事件の犠牲者たち一三名の追悼慰霊祭（導師山田無門、平井玄恭両禅師）を催した。私の親戚に当る山本玄峰老師のつながりで全生庵さんにお願いしたわけだ。

『横浜事件の人びと』を書いてくれた中村智子さんもこの法要へ参加したのが機縁で、事件の研究が始まったという。

私はその法要の帰途、平館利雄氏と二人で再審請求のことを話し合ったのを覚えている。何よりも私は横浜事件で獄死した浅石晴世君や和田喜太郎君（いずれも中央公論社の友人たち）、また満鉄調査部員だった西尾忠四郎君の死があまりにも悼ましく、どうしてもこの友人たちを殺した拷問犯を徹底追及しなければ許せない、と平館氏に再審請求の相談をしたのである。

そのあと、平館氏とは一緒にある法律事務所を訪ねて、再審のことを具体的に相談したこともあった。しかし、戦後の若い弁護士諸君には、私たちが受けた拷問という人権蹂りんがよく理解されなかったらしい。

それに、私には不思議に思えてならなかったことがあった。それは前述の共同告発で初めて知ったことだが、二十万人もの人たちを犠牲にした悪法治安維持法に戦後文句をつけたのは、私たち横浜事件の生き残りだけだったという事実である。これはどういうことか?

あの戦時下に小林多喜二をはじめ幾百人もの拷問死をだした革新政党のリーダーたちは、どうしてその悪法に対して敗戦直後に私たちとともに起ち上がってその悪質な権力犯罪を追及しなかったのか、解せないところである。

「治安維持法犠牲者国家賠償要求同盟」という団体が設立されたのは、戦後ずっと経ってからのことであった(もちろん私もこの団体には参加したが……)。

●森川金寿先生との出会い

「人生は深いえにしの不思議な出会いだ。」とある詩人が書いているが、私が自分の人生で細川嘉六先生という反骨の人に出会ったことに次いで、森川金寿先生という人権弁護士との出会いほど深い感動は他にない。

私が持病の喘息で入院中の一九八五年暮れのことだ。笠原紀彦さんの紹介でその森川先生に相談して、初めて「再審請求をやりましょう」と再審裁判の請求を正式に承諾していただいたのである。

戦時下の横浜事件の主任弁護士であった海野晋吉さんが、敗戦直後に日本で最初の人権団体「自由人権協会」をつくり、理事長になったとき、初代事務局長をつとめた人がその森川弁護士である。

一九八六年一月のある日、私は初めて森川先生の法律事務所をお訪ねして再審請求のことを正式に依頼したとき、こう言われた。「横浜事件は私の兄貴分だった海野さんが担当した事件で大事な事件だから、今度は私がやりましょう。」

平館氏と前にある弁護士事務所で再審の相談をしたとき、そこでは「判決文がないと手続きができない」と断わられたが、森川先生はそのとき「判決文は裁判所が保管する義務があるのです。裁判所につくらせればいいんです。」ときっぱり言い切ったのも、私にはさすがにベテランらしい言葉だと受け止められた。

●再審請求

前年の一九八五年秋の国会では中曽根首相が国家機密法を上程したときでもあったから、なおさらのこと、私たちの再審請求手続きは一九八六年七月三日(泊事件にされた私たちの泊旅行の前々日）に、横浜地方裁判所に森川先生と青山鉞治請求人（私はまたまた入院中で出られず）が手続きを果たしてくれた。

しかし、一九八八年三月三一日、横浜地裁第二刑事部は私たちの請求に対して棄却の決定を行った。請求人九名の内、川田寿・川田定子、平館利雄、木村亨、小野貞、小林英三郎、畑中繁雄の七名が棄却、他の二名、和田喜太郎、青山鉞治については相続人の死亡と本人の死亡につき終結。そして、その理由としてつぎのように言っている。

一、旧刑訴法四八五条第六号の主張＝司法警察官の拷問により強制された虚偽の自白であることを証する新たな証拠が発見されたことについては、「敗戦直後の米国軍の進駐が迫った混乱時に、いわゆる横浜事件関係の事件記録は焼却処分されたことがうかがわれる」として、いまさら元看守や原判決当時の裁判官らを取り調べても原判決の証拠内容の復元は不可能であり、原判決の認定の基礎となった証拠資料の内容がわからない以上、旧証拠資料と新証拠資料とを比較対照しまたは総合検討して行うべきいわゆる新証拠の明白性の判断はおよそ不可能であり、拷問の主張についても取調べ警察官三名に対する特別公務員暴行傷害凌虐罪の有罪確定判決は益田直彦に対する関係で有罪と認定されただけであって、他の請求人に対してもあてはまるとは認められない。かりに拷問があったとしても、その結果、虚偽の自白がなされたことを確かめる手段がない。——つまり原自白供述と他の証拠とを比較対照し、またはこれらと新証拠とを総合考察して検討することができない。などというのが棄却の主な理由になっていた。

そうした棄却決定に対して、同年四月一日森川弁護団長をはじめとして平館、木村ら請求人は直ちに抗告上訴の手続きを東京高等裁判所に上申、その日私たちは弁護団、請求人共同の「声明書」を発表し、四月八日、森川弁護団長は右の棄却理由の不当性を強く糾弾する長文の抗議書を公表している。

東京高裁はまた一九八八年一二月一六日、私たちの再審請求を棄却してきたが、その棄却理由もまた第一に、敗戦直後に裁判記録を裁判所自らが焼却したことを認めており、第二の拷問の事実も、益田直彦以外の者にも「やらなかったとは言えない。」と私たち再審請求人らへの拷問を消極的ではあるが肯定的に認めている。

●最高裁への特別抗告

私たちはもちろん、八八年一二月二四日に直ちに最高裁へ特別抗告したが、一九九一年三月一四日付でまたしても最高裁第二小法廷は私たちに対して棄却の通告を行った。人権の砦と言われる最高裁は横浜事件の再審を拒否してきたのである。まさに人権無視の不当棄却である。

一九九一年三月一五日、私たちは森川弁護団長、内田剛弘弁護士とともに最高裁の再審棄却に対する記者会見を行い、最高裁の理由にならない棄却理由を糾弾した。

「横浜事件を考える会」の木下信男代表は、つぎのように最高裁の不当な棄却に抗議している。

戦時下、残虐きわまる特高警察官の拷問により証拠を捏造された横浜事件に対する第一次再審請求は三月一四日、理不尽にも棄却決定が下された。一審、二審の棄却決定理由にいう裁判記録の不存在、拷問事実の証明の不可能性が何れも荒唐無稽なことを知悉する最高裁は、あろうことか、『日本国憲法の施行に伴う刑事訴訟法の応急的措置に関する法律』(一九四七年)なる、既に失効した法律を持ち出して、その第一八条、二審の憲法判断が「不当であることを理由とする時に限り」、「特に抗告することができる」を援用することにより、棄却したのである。

応急措置法第一八条適用は、裁判を受ける権利を全く否定する、恐るべき憲法違反であった。(中略)

憲法違反による横浜事件第一次再審請求棄却は、横浜事件の恐るべき権力犯罪を歴史の上から抹殺し、天皇制による人権蹂りんを民衆の目から隠蔽しようとする、わが国最高裁の非道極まる決定にほかならない。拷問によって獄死した者四名、出獄後もたおれ死ぬ者相ついだ悲惨な状況を最高裁は関知しない、とするのである。敗戦後、占領軍にその権力犯罪が発覚するのを恐れた当局が、当局自身によって証拠を湮滅しておいて、裁判記録の不存在の故に、再審裁判は不可能であると認める最高裁が、世界中のどこの法治国家に存在するであろうか。(後略)(「横浜事件を考える会」会報第五号、一九九二年二月刊参照)

●人権運動としての再審請求

私たちは第一次の再審請求がたとえ棄却されても、第二次、第三次と彼らが再審を開始するまで続けてゆく方針であるが、ここで私は、横浜事件の再審裁判が「人権を返せ! 人間を返せ!」の大切な人権運動であるという社会的意義を明確にするために、木下信男代表の起草によるもうひとつの声明文をつぎに掲げて御参考に供したい。その一文とは、一九九一年四月二六日に、最高裁の棄却通知に抗議して開かれた集会「日本人の大きな忘れもの――人権　横浜事件から四十八年・映画と講演の集い」(中央労政会館ホール)において、「参加者一同」として発表された「集会宣言」の声明書である。少し長いがその意義は重大なので、敢えてつぎに掲げて御覧に入れよう。

『集会宣言』

去る三月十四日、最高裁判所第二小法廷は、血も凍ると言われた残忍非道の横浜事件に対し、蹂躙された人権を回復するため、再審裁判を開始せよとの、元被告たちの熱涙を込めた再審請求を、不当にも、口頭弁論を開始することすらせず、一方的に棄却した。天人共に許すことのできない、暴挙といわなければならない。

横浜事件とは、暴虐な侵略戦争の末期、国家権力が、戦争に反対する民衆の声を圧殺するため、罪なき知識人言論人を、治安維持法違反の名のもとに、多数検挙し、言語に絶する残酷な拷問により、国体変革を企図したとの「犯行」を捏造して、起訴し、物的証拠の全くないにも拘らず、これに有罪の判決を下したところの一大権力犯罪である。

残虐な拷問が「天皇ノ名ニ於テ」（旧憲法五七条）特高警察官の血にまみれた手で行われた事実は、横浜事件が、わが国天皇制の、残忍無類の犯罪行為であることを歴然と示しているのである。

敗戦直後、アメリカ占領軍が横浜に進駐すると見るや、犯罪事実の暴露されることを恐れた司法当局は、事件に関する裁判記録を焼却し、一大権力犯罪の証拠の湮滅を図ったのである。

最高裁第二小法廷の再審請求の棄却決定は、一審、二審の棄却理由にいう裁判記録の不存在、実際には「証拠の湮滅」を、自らも認めたものにほかならない。当局自身が湮滅した裁判記録の不存在を、再審請求棄却の論拠とすると は、憲法三二条（裁判を受ける権利）に違反するのみならず、百年に及ぶ、わが国司法裁判の歴史に類を見ることのない暴論であると断ぜざるを得ない。

特高警察官による残忍極まる拷問により、獄中に非業の死を遂げた者四名、出獄後も斃死する者が相継いだ。この事実は、東京高裁も、二審の棄却決定において認めざるを得ず、元被告たちに対し「拷問が行われたのではないか、との疑いを否定し去ることはできない」としるしたのだ。しかるに――

最高裁第二小法廷は、上告棄却により、この残忍非道な拷問の存在した事実を、暗黒の闇に葬り去ろうとするのである。本件は、旧刑事訴訟法下で言い渡された有罪判決に対する再審請求であるから、最高裁に抗告できるのは、二審決定において、「法律、命令、規則又は処分が憲法に適合するかしないかについてした判断が不当であることを理由とするときに限」られる（日本国憲法の施行に伴う刑事訴訟法の応急的措置に関する法律第一八条）のであり、二審決定は憲法判断を行っていないからであると。

だが、前記二審判示に基づく、その処分は、明らかに日本国憲法三六条「公務員による拷問及び残虐な刑罰は、絶対にこれを禁ずる」に、絶対に違反しているではないか。最高裁第二小法廷の再審請求棄却決定は、その論拠が、既に完膚なきまでに破綻している、と言わなければならない。

中世における異端審問にも匹敵する、天皇制による権力犯罪・横浜事件を、最高裁は、いま歴史から抹殺しようとしているのである。まさしく天人共に許すことのできない暴挙と言わずして、何であろうか。

アジア各地に民衆の虐殺をほしいままにした、わが国天皇制は、敗戦後、象徴天皇制として復活しながら、アジアの民衆に対して、一片の責任を取ろうとさえしていないではないか。

国内においては、「憲法が国民に保証する基本的人権は、侵すことのできない永久の権利として、現在及び将来の国民に与えられる」との、憲法一一条は、完全に形骸化していると言わなければならない。政府の名による権力犯罪・冤罪事件が、跡を絶とうとはしていないからである。戦後、無実の確定死刑囚で、三十年を越える獄中の過酷な裁判闘争によって、漸く再審無罪を獲得した者が四人に及び、彼らがいずれも残忍非道な拷問を受けていた事実が、これを立証している。のみならず、無実の確定死刑囚、無辜の確定懲役囚の存在は、戦前を凌駕する状況にさえあるのだ。「侵すことのできない永久の権利」が、わが国の各地においても、止むことなく、侵され続けているのである。

横浜事件を惹起した天下の悪法、治安維持法は、戦後社会に、破壊活動防止法として再び登場し、いま正に残忍な猛威を振わんとしている。

一九八八年、国連人権委員会の場において、各国の法律家により、この国で、拷問が今なお行われている事実を追及された、わが国政府代表は、これに反論することができず、憲法に違反して、国際法規――市民的及び政治的権利に関する国際人権規約（一九七九年批准）――に違反して、わが国に「公務員による拷問」の存在する事実を否定できなかったのである。

横浜事件以来、既に半世紀、この国に拷問と冤罪の絶える季節はない。最高裁第二小法廷の再審請求棄却決定とは、天皇制の名のもとに、「侵すことのできない永久の権利」基本的人権を、永久に蹂躙し続けるとの国家権力の託宣以外の何ものでもあるまい。

だが、歴史は証明しているではないか。一七八九年フランス革命も、一九一七年ロシア革命も国家権力による残酷非道な人権蹂躙をこそ、唯一の契機として勃発したものであることを。

ここに、本日の集会は、厳かに宣言する。

横浜事件において蹂躙された人権とは、権力を持たない、われわれすべての民衆の「侵すことのできない永久の権利」であったことを。

歴史ある限り、この「永久の権利」である人権を守って、われわれは、横浜事件の権力犯罪をどこまでも糾弾してゆくであろうことを。

いま、澎湃として沸き起こる人権擁護の、全人類の叫びと相呼応して、われわれはわが国における権力犯罪を必ずや絶滅してゆくであろうことを。

一九九一年四月二十六日

横浜事件から四十八年・映画と講演の集い参加者一同

●寄せられた支援のメッセージ

右の抗議集会へは多数の人々からメッセージが寄せられたが、その中から十三氏を選んでご紹介しておきたい。

「私の学友・和田喜太郎君がこの事件で殺されました。再審をかちとり、人権の確立のために努力したいと思います。」
堀田善衛（作家）」

「横浜事件を起こした国家が謝罪するまでは、『戦後』は終らないと思います。　清水英夫（弁護士）」

「横浜事件の再審を行い、無実の人の名誉を公的に回復することは、日本に本当の民主主義を根づかせたかどうかの試金石であると信じます。　金子ハルオ（東京都立大教授）」

「世界的に軍国主義の足音が高まるのが聞こえます。ねばり強く闘って下さい。　なだいなだ（作家）」

「志の貫徹を心から祈ります。老齢と遠隔地のため心ならずも欠席お許し下さい。　久野収（哲学者）」

「これはすべての『反動』への挑戦です。石川弘義（評論家）」

「今の日本に生きる私に拠りどころとなるのは、日本国憲法しかありません。しかしこの誇るべき憲法を手にするのに、私たちは何と多くの人たちの命と血と涙を犠牲にしてきたことでしょう。戦後教育の中でぬくぬくと生きてきた私は人権問題に対してこの上なく鈍感に育ってしまいました。『横浜事件』により人間の尊厳を踏みにじられた証人の今なお燃えさかる憤怒の炎に触れ、今自分が何をなすべきかを教えられました。　神納智子（主婦）」

「戦争責任に深くかかわる事件です。心から賛同いたします。昭和女性史を書いております立場からも……。ぜひ。　永畑道子（作家）」

「私たち日本人は実に大きな過ちを犯し、外と内とで多数の人びとを殺し、傷つけてきました。過ちを過ちと認め、詫び、贖罪せずにいることは、未来に対する一層積極的な犯意の表明にほかなりません。現在を生きる私たちが、その犯意に加担しつづけねばならぬことに、私は絶望的ないらだちを覚えます。　原田奈翁雄（径書房）」

「最高裁の却下決定は怒りにたえません。治安維持法は国家の犯罪ですが、裁判所の犯罪でもあります。再び人権が危機にさらされようとしている今、横浜事件の真実を明らかにしなくてはなりません。　長谷川英憲（都会議員）」

「司法の反動化をくいとめ、民主主義をおしすすめる意味でも、この闘いはあくまでもつづけなければならないと思います。　夏堀正元（作家）」

「横浜事件を風化させてはいけません。横浜事件はいまなお生きています。　小林久三（作家）」

「がんばってください。　五十嵐二葉（弁護士）」

4　ジュネーブの国連へ初めて提訴

●ジュネーブへの旅

どんな理由をつけても、互いに大量の人殺しを行う戦争が決して許されない反人道的犯罪であるように、人が人に対して行う拷問は断じて許すことのできない反人道的犯罪であることくらいは誰にもわかるはずだ。

私たちが七年前の一九八六年七月に、横浜事件の再審裁判を請求したとき、森川金寿弁護団長は私にこう言った。

「この再審請求が一応の結着がついた時点で、被害者の諸君が受けた拷問の真相を、ジュネーブの国連人権委員会へ提訴することも考えておきましょう。」

敗戦直後に私たちが行った共同告発のときに、被害者三十三名の拷問体験を一人ひとりそれぞれの手記として書いてもらい、私は大切に蔵していた。貴重なその拷問体験集を取り出して、森川弁護団長と相談しながら、国連人権委員会への提訴に備えてその英訳を進めていたのである。三年前のことである。

最高裁の再審棄却のあと、真剣にジュネーブの国連人権委員会への提訴を促進してくれたのが「横浜事件を考える会」の木下代表であった。そして木下代表は以前から冤罪事件の弁護に熱心に携わって来られた五十嵐二葉弁護士と相談をすすめて、ついに九一年の夏、私たちをジュネーブへ旅立たせることに成功した。

五十嵐弁護士は横浜事件と同じく冤罪事件で有名な袴田《はかまだ》事件や甲山《かぶとやま》事件の人びとと共に「日本の代用監獄と冤罪を訴える会」をつくって、その団長としてジュネーブへ提訴する計画を実行してくれたわけだ。八月二一日からの一週間だった。

横浜事件関係者としては森川金寿・美穂夫妻と木下信男、木村亨、松坂まきの五名が参加した。「考える会」の木下代表は、ジュネーブでの拷問の実演（木村）のために、手数にも拷問道具（木刀、竹刀、ロープ、麻縄など）を揃えて持参してくれたのは大変役立った。

●ジュネーブ日記

御参考までに私たちのジュネーブでの「活動報告」をかいつまんで記してみよう。

八月二一日（水）午前一〇時一五分成田発。クーデターのためモスクワ空港に一時間寄着、チューリッヒ空港を経て現地時間午後七時二〇分ジュネーブ着。夕食後夜半まで早速に拷問リハーサルを三団体総がかりで行った。

八月二二日（木）午前九時〜一〇時、国連本部正門前でビラまき。門間ファミリーの歌で人権小委員会への出席者たちへアピール。一〇時〜一二時、人権小委員会傍聴。昼食後、正門前芝生でチベット人、クルド人らと交流。午後人権小委員会会議を傍聴後、五時〜六時、差別防止小委員会メンバー横田洋三氏の話を聞く。夜一〇時〜一二時、ホテルにて第二回拷問リハーサル。

八月二三日（金）朝食後、拷問場面再現のために借りたホテル・インターコンチネンタルへ。一〇時三〇分〜一三時、本番実演。NGOの人びととの間で熱心な質疑応答あり。午後三時〜四時、ルノアさんからNGO活動の話を聞く。

八月二四日（土）、二五日（日）は国連休日。

八月二六日（月）午前九時国連本部。国連内部見学。朝日、共同通信、時事通信記者と記者クラブで記者会見。昼食後近くのNGOビルを訪ね、その後「SOSトーチャー」などのNGOを訪問、日本の現状を話して協力を要請。ジュネーブ最後の夜は三団体で合同夕食。

八月二七日（火）午前一一時五分ジュネーブ空港発、日本時間二八日（水）午前七時四五分成田空港着。（「横浜事件を考える会」会報第四号、一九九一年九月刊参照）

●人権を軸にした国際交流

このジュネーブの旅に自費で同行した毎日新聞の嶋谷泰典記者は一九九一年九月四日の『記者の目』で『「人権」を軸に国際交流を」と題する報告を誌している。嶋谷記者も「国連委で知った日本の『後進性』」としてつぎのように語っている。

国連人権委員会の差別防止小委員会は毎年八月に開かれ、NGOから差別、虐待の報告を受け、それを国連総会の決議草案などに反映させる。人権侵害の実態を訴えられた各国政府は弁明の義務を負わされる。

五十嵐団長が率いた「日本の代用監獄とえん罪を訴える会」はビラ配りや陳情、さまざまなNGOとの交流などで、日本の代用監獄の実態を訴えた。横浜事件の木村さんは、戦時中に受けた拷問を国連本部近くのホテルで、竹刀や木刀、ロープなどを使って再現。見守っていた人たちは「少なくとも他の先進国で、そんな制度は残っていない」と驚きを示した。（中略）

国連内で発言権を持つＮＧＯは四十二団体。そのうち日本の団体はゼロ。人権活動の遅れはこの数字が物語っている。韓国政治犯の人権保護を訴える東京在住の李佐永さんはＮＧＯ活動十三年目にして今回初めて発言を果たしたが、その李さんもこう語っている。「日本だけでなく、アジア全体に人権感覚が薄い。私たちが手をつなぎ合ってこそ、国際舞台で大きな力になっていくと思う。」また、横浜事件の木村さんは、「この年になるまで、よその国の人権に無知だったことを反省する。勉強し直して死ぬまでこの活動に打ち込みたい。」とポツリともらした。

　政府開発援助ＯＤＡなど、巨額のカネを支出しながら、国際社会で評判の悪い日本。その理由は、各国との結びつきが経済だけといってもいいほど、他の側面の交流が欠けているからではないか。「人権」をキーワードに各国の人々と語り合うことは、日本の国際交流の幅を広げるうえで、極めて大事なことだろう。日本が「人権後進国」から脱皮するためにも、国際交流が不可欠だと感じさせられた同行取材だった。

5　「人権日本」をつくるために

●人権の海へ

一九九一年八月末のジュネーブ提訴は私に大きな目ざめを促した出来事であった。横浜事件の拷問で人権に目ざめたと思っていた私はまだまだ浅慮《あさはか》であったことに気がついた。私の視野は狭く、人権の海は広く深かった。

　今さらのように私は第二次世界大戦の終結時に生まれた「国際連合」にみる人権擁護の活動に改めて目を見張ったのである。そして何よりも私は、敗戦日本に最初に与えられた「人権指令」の重大な意義を、目からうろこが落ちる思いで見直したのであった。

　当時、日本の支配層（為政者）が頑固にＧＨＱの「人権指令」に抵抗し、妨害・拒否を続けた醜態は誰の目にも明らかな事実であったが、これに対していわゆる野党側、とりわけ革新派とか進歩派と称する陣営はどうであったのか？

　十六年もの間獄中にあった徳田球一、志賀義雄らが出獄直後、マッカーサー指令部前へデモをして「解放軍万歳！」を叫んで驚喜したことはよく知られたことだが、ＧＨＱが出した「人権指令」の意義を本当に理解していたのであろうか。

　もしも革新・進歩の側が真にその「人権指令」の意義を悟っていたのならば、なぜあの敗戦時に、共和制へ日本人民を推進する大道を用意するための「人権宣言」を公表、発布しなかったのだろうか？

　私は明治維新の際に、「人権宣言」を忘れたことを今さら指摘し、非難するつもりはないが、敗戦時に「人権宣言」を忘れた誤りは今なお許し難い誤りであったと考えるが、どうだろうか。

それはさておき、国連の出発に当たって最も注目すべきは、人権委員会の設定とその積極的な活動であった（ここではふれないが、とりわけ目ざましい活躍をみせた人物にエレノア・ルーズベルトがいたことは知られていない）。

●「世界人権宣言」の意義

私が説明するまでもなく、一九四八年一二月に第三回国連総会が採択した「世界人権宣言」ほど画期的な「宣言」はほかにあるまい。

人類世界に新しい時代を拓いたとさえ言われる「世界人権宣言」の三〇条は、世界のあらゆる民族と人種の人民大衆一人ひとりに、人間の基本的権利として、達成すべき目標として、あるいは基準として、意味するところは深く大きい。

そのあと一九六八年に国連が採択した国際条約「戦争犯罪及び人道に対する罪に対する時効不適用に関する条約」は、人類にとってさらに重大な条約である（日本は今なお批准していない）。

「人権宣言」が宣言だけではナンセンスだと語ったのはあのゴルバチョフだが、もちろん私たちも単純に今この歴史的現在にこの国の「人権宣言」を出せばよい、と言うのではない。

横浜事件で私たちに行った国家権力の犯罪は、この国の裁判で国側が私たちにはっきりと謝罪することが、人道上にも求められている何よりの責任と義務である。

日本国の裁判官にもしも人間的良心があるのなら、国内では裁判所で、国外ではジュネーブの国連人権委員会へ国の代表が来て、公然と正式に私たちに対してその権力犯罪を謝罪すべきである、と私は考える。

今年もまた、第二次の再審請求を私たちは準備しているが、今夏も八月一〇日から、ジュネーブの国連人権委員会へ日本官権が犯したあの残虐な権力犯罪を糾弾するために私たちは出かける用意を進めている。

国際的に通用する人権日本をつくるためには、まだまだ長い私たちの人権闘争がつづくことであろう。

［濱口晴彦・嵯峨座晴夫編『大衆長寿時代の老い方』ミネルヴァ書房、一九九二年一一月刊］

横浜事件——その真相と私たちの闘い

1

ひとことで概括すれば、横浜事件というのは言論を弾圧するためにデッチ上げられた権力犯罪である、といえよう。

第二次大戦中の一九四二年九月から四五年五月まで約九〇名の人々が治安維持法違反の容疑でつぎつぎと横浜に検挙され、一九四五年一〇月の治安維持法の廃止まで続いた事件である。

事件と称するものには必ず主役が存在するものだが、横浜事件には主役がいない。むしろ特高警察自身がその主役であったとはっきり言ったほうがよかろう。再審請求人の一人であり『中央公論』編集長だった畑中繁雄氏がこの事件を「犯人が被害者を裁いた事件である」と約言しているのはまことに妙言である。

その特高がまず最初にデッチ上げようと企てたのが「泊会《とまり》議」であり、その中心人物に仕立てようと謀られた人が細川嘉六さんであった。

細川嘉六さんは当時政治評論家として、憂国の情あふれる論文「世界史の動向と日本」を総合雑誌『改造』の一九四二年八月号と九月号に連載して堂々と新しい民主主義による時局の打開を提唱したが、軍部の忌諱にふれ、一九四二年九月一四日に東京の世田谷署に検挙されてしまった。

ところが、細川さんの論文を東京の特高が治安維持法違反容疑で調べあげたが一向に違反事実はなく、いよいよ釈放と決まったとき、細川さんは別件で東京から横浜へ移送されたのであった。別件とは一九四二年七月の五日と六日に細川さんが郷里の富山県泊(現、朝日町)へ七名の若い友人たちを招待して歓待した愉しい旅行を、こともあろうに共産党の再建準備会の会議であったとする横浜の特高によるデッチ上げであった。

2

細川さんの前記の論文「世界史の動向と日本」が何らの容疑事実もなく釈放されようとしていた矢先に横浜へ移された細川さんをびっくりさせたのは、そんな「共産党再建準備会」という重大会議に化けていたあの泊旅行であった。

どんなわけでそんなふざけた空中楼閣がデッチ上げられたのか?

横浜の特高が一九四三年五月一一日に世界経済調査会関係（端初は川田寿・川田定子夫妻の米国共産党被疑事件）で検挙した益田直彦・西沢富夫・平館利雄氏ら三名のうち西沢富夫氏宅で押収発見した泊旅行のときの幾枚かのスナップ写真があった。同行の西尾忠四郎氏が撮ってくれたもので、そのうちの旅館「紋左《もんざ》」の庭での一同の記念撮影の一枚が横浜特高を小踊りさせるほどよろこばせた（岩波ブックレット78『横浜事件』六頁参照）。

3

泊旅行をともにして一九四三年五月一一日に西沢富夫氏といっしょに検挙された平館利雄氏は、横浜磯子署で受けた拷問体験をつぎのように記している（「横浜事件再審請求」手続き中の「手記」）。その「手記」の一枚目から七枚目は省略して八枚目から十四枚目までを少し長いが引用させていただくと——。

三　拷問

日　時　昭和十八年五月十七日頃、午後一時頃
場　所　横浜市中区（現磯子区）磯子警察署二階取調室
暴行人　神奈川県警察部特高課左翼係
　　松下英太郎係長、森川清造警部補他刑事五名位
方　法

まず森川警部補が例の泊町料亭（紋左）で撮影した写真を示した。私はハッと思った。というのは細川先生の『植民史』の出版記念のため招待された泊町（現、朝日町）に行く途中、汽車の中で西沢君に、この旅行は危険だ、前例にある「五色温泉会議」と同様に「泊温泉会議」として共産党の会議としてデッチ上げられるおそれがあるから大いに注意しなければならない、と話したことが、単なる杞憂でなさそうになったからだ。
森川「この写真はなんだ？」
私「細川先生の出版記念のため泊町の料亭に行った時の写真だ」
森川「うまいことを言う、こっちはすっかり知っているんだ。正直に白状しろ！」
私「うまいもうまくないもそれ以外の何ものでもなかった」
森川「西沢は白状しているんだ。お前が言えないなら俺が言わせてやる。これは共産党再建準備会結成の記念写真だろう」
私「そんな重大な会議の記念に写真をとっておくなどとは常識として考えられない」
森川「それだ。その常識の反対をいって、写真をとっておけば、陰謀などではないと当局は考えるだろうと考え、つまり陽動作戦として写真をとったのだ！」

私「自分は毛頭嘘を言っていない。泊の料亭では酒を飲み、ご馳走をたべ、豪遊しただけだ」

森川「この野郎まだそんな白をきるならこちらも覚悟がある。それッ!」

と部下に命じ、今度は竹刀を五、六本床上に並べた上に私を坐らせ、例の通り竹刀や棍棒でところきらわず打ちすえる。全身に痛みが走り、とくに両膝の上下が猛烈に痛み、下膝は竹刀にくい込む。さすがの私も悲鳴を上げるうち、すでに前にも経験したように意識不明、もうろうとした状態のとき、捏造文書に署名捺印されるおそれがあるので、我慢に我慢を重ね、つとめて意識を保つことに努めた。

刑事たちはやはり「小林多喜二はどうして死んだか知っているだろう」とか、「お前たちの一人や二人殺しても何でもないぞ!」とかと口々に叫んで、ところかまわず殴打を続けるため、ついに私は気絶してしまった。刑事たちも疲れてひと休みである。水はかけなかったが、意識が恢復するや、「この野郎! まだ生きていやがるのか」とか言って、各自思い思いに躯の各部をめった打ちに打ちすえる。

森川警部補は背丈は低くやせているが、外見に似ずきわめて狂暴性をもち、陣頭に立って暴行を加える。そばにいる松下係長は時折きびしく大声疾呼する。この繰り返しである。

ついに私は屈服した。どうでも勝手にしろという棄てばちの気持になる。気がついた時は監房の中で寝ており、ひざと頭には濡れ手拭がかけられていた。同房者の親切さに今更らのように感激した。(以下略)

右のような拷問を何日もくり返し体験させられたのは平館氏だけではなく私も同様で、私は三回気絶したことを忘れない。問題のその一枚の写真に写っていた平館・西沢以外の五名の者、木村・相川・小野・加藤・西尾(撮影者)らは五月二六日早朝に一斉に検挙され、検挙されるや否や連日のように半殺しの目にあうほどのひどい拷問にさらされたのである。

それらの拷問の実相はあまりにも無惨過酷なのでここにはあえて書かないが、ご参考にされたい方は、私たちが特高の暴行傷害を共同告発したときにつくった「口述書」(再審請求証拠甲第五号証二)をご覧いただきたい。

*笹下同志会編・森川金寿監修『横浜事件資料集』一九八六年、東京ルリユール刊。

こうして『中央公論』や『改造』をつぶすだけではなく、さらに朝日新聞社や岩波書店・日本評論社までもつぶす目的をもった言論弾圧の権力犯罪がすすめられたのである。

4

ところで、細川嘉六さんは東京から横浜笹下の未決拘置所へ移されて、そんなふざけたデッチ上げ書類をつぎつぎに見せられて、その無茶な捏造劇に対して烈火のように怒り、立腹した。愉しかった泊旅行のスナップ写真や特高と山根隆二検事や石川勲蔵予審判事が勝手に偽造した「細川・相川予審調書」なる文書や手記を見せつけられた細川さんが、そんなふざけたつくりごとを黙過するはずはない。

同じころ（一九四四年六月ころ）、笹下の未決拘置所の独房へ移されていた私に細川さんからのレポが届けられた。

「木村君、これは何ごとだい。……細川・相川予審調書なんて作文は断じて許せない偽造文書である。第一にわれわれの拘禁そのものが不法だ。直ちにひっくり返して彼らの不法を糾弾しよう！　下っ肚に力を入れて暴言は吐くなよ！」

このレポは私にとって生涯忘れえないショッキングなアドバイスとなった。起死回生の一撃である。私はすぐに細川さんへ全面的にひっくり返すから見守っていてくれるように返信レポを届けて、泊旅行をともにした六名の友に「三カ条の申し合せ」を提言したのである。その三カ条というのは、第一に特高の不法拷問の暴行を告発すること、第二は共産党再建なんてとんでもないつくりごとであること、第三にはわれわれはけっして共産主義者ではなく民主主義者であること、の三つである。

予審調べの段階で各人がそれぞれ以上の三カ条をはっきりと主張して、警察での無茶な拷問の実態やそんな暴力でデッチ上げた調書や手記をすべてひっくり返そうという私の懸命な提言であった。

残念なことに、私たちの予審調べは各人まちまちの対応になったことは否めない。石川予審判事が一九四五年八月二〇日ころ、私を喚び出して、「木村さん、泊会議のことは取り消すからどうかもう勘弁してくれませんか。」と謝罪した一幕は私の本（『横浜事件の真相』笠原書店刊参照）にも書いたが、それまでの彼らによる不法拘禁ぶりを自己暴露したエピソードである。

私たちは敗戦後の九月一五日、横浜地裁で一律に懲役二年と執行猶予三年の有罪判決を受けたが、これはじつにへんな許せない判決であった。

5

九月初めに釈放された私たちは神奈川県特高警察の不法拷問をがまんならない人権蹂りん暴行事件として共同告発することに意見が一致し、一九四五年一一月一三日、丸の内の常盤亭に細川さんはじめ三十三名の者が会合して「笹下会《ささげ》」を結成した。席上私たち三十三名は特別公務員（特高警察）暴行傷害事件として海野晋吉弁護士をはじめ三輪寿壮弁護士や豊田求弁護士らを弁護人にして横浜地裁へ共同告訴し、受理された。その後七年間にわたる法廷闘争で横浜地裁から東京高裁、最高裁へと闘い続け、私たち共同告発組の「笹下会」が法廷監視委員会までつくって苦闘したメモも私の手許に残しているが、けっきょく私たちの提出した証人や証拠物件のうち、ただ一名益田直彦氏の拷問の傷跡から出たうみのかさぶただけが唯一の証拠に認められて、被告の特高幹部松下英太郎・柄沢六治・森川清造の三名は、松下が一年半、柄沢と森川が一年の実刑判決を受けて結審した。

旧帝国の内務官僚や特高関係者は、私たちの共同告発に対してあらゆる妨害行為をくり返し、私たちが要請した証人がほとんどすべて拒否されたことを忘れてはならない。

私個人について言えば、山手警察署の代用監獄でまる一年間監禁された間にくり返された拷問の証人「新小安の勝」さんや、同署留置場の高橋看守や遠藤看守を証人として申請したにもかかわらず、その一名をも採用せず、却下されてしまった。

半殺しの目に遭った拷問で何人もの者が入院加療を必要としたにもかかわらず、泊旅行関係で入院を許された者はわずかに西沢富夫氏ただ一人であった。その西沢氏は一九四三年五月一一日の検挙後十日目の五月二一日、私たちが検挙された二六日の五日前に保土ヶ谷の野方病院へ入院。西沢氏本人によれば、保土ヶ谷署におけるひどい拷問でカンフル注射を打つほどの瀕死の危篤状態に陥り、奥さんまで呼んだとのことであり、彼はそのあと四十日間を同病院で入院生活を続けて六月二九日に退院している。その重症は明らかに拷問によるものであるにもかかわらず、証人申請した院長の野方二郎氏や近野看護婦さんをなぜに当局は却下したのか、まことに不可解極まる謎である。

6

去る三月三一日、横浜地裁第二刑事部は私たちの横浜事件の再審請求について棄却の決定を行った（請求人九名中七名につき棄却、その七名は川田寿・川田定子・平館利雄・小野康人・木村亨・畑中繁雄・小林英三郎、他の二名和田喜太郎・青山鉞治については本人または相続人死亡につき終結）が、その理由としてつぎの点を上げている。

（1）旧刑訴法四八五条第六号の主張（司法警察官の拷問により強制された虚偽の自白であることを証する新たな証拠が発見されたことについて）は「敗戦直後の米国軍の進駐が迫った混乱時」に、（イ）「いわゆる横浜事件関係の事件記録は焼却処分されたことがうかがわれる」として、いまさら元看守や原判決当時の裁判官らを取り調べても原判決の証拠内容の復元は不可能であり、（ロ）原判決の認定の基礎となった証拠資料の内容がわからない以上、旧証拠資料と新証拠資料とを比較対照しまたは総合検討して行うべきいわゆる新証拠の明白性の判断はおよそ不可能であり、(ハ)拷問の主張については取調べ警察官三名に対する特別公務員暴行傷害凌虐罪の有罪確定判決は益田直彦に対する関係で有罪と認定されただけであって、他の請求人についてもあてはまるとは認められないし、(ニ)かりに拷問があったとしても、その結果虚偽の自白がなされたことを確かめる手段がない(原自白供述と他の証拠とを比較対照し、またはこれらと新証拠とを総合考察して検討することができない)。

(2)同第七号の主張(取調べ司法警察官らの有罪確定判決の存在による再審)については、(イ)確定有罪判決は益田直彦事件関係についてのもので請求人事件に関するものではなく、(ロ)また旧刑訴では「被告事件には職務に関する罪を犯したる者」は判事検事に限られ、司法警察官を含んでいないから失当である、というのが棄却の主な理由になっている。

右の棄却決定に対して四月一日、森川金寿弁護団長、大川隆司弁護士と平館利雄請求人代表、木村亨請求人らはただちに抗告上訴の手続きを東京高等裁判所に上申したが、森川弁護団長はその日(四月一日)横浜事件再審請求人一同並びに再審請求弁護団共同の「声明書」を発表し、つづいて四月八日、森川団長は右の棄却の不当性を糾弾する長文の抗議書を公表したのである。

東京高裁では去る九月一九日、係の裁判官である田村承三主任判事が森川・大川・陶山弁護人代表と初の会見を行って、「細川裁判記録は読了しました。」と伝えている。あの横浜事件にさいして唯一人、徹頭徹尾いっさいのデッチ上げを拒否し、頑固に否認を貫いた細川嘉六さんの裁判記録をほんとうに読んでくれたなら、私たちの再審裁判への闘いはいよいよ正念場にさしかかったわけである。

本稿でその真相を明らかにしたように、横浜事件は特高警察権力が囮《おとり》作戦によって次第に拡大し、言論出版を弾圧した権力犯罪であり、二度とふたたび許してはならぬものである。今回の私たちの再審裁判の請求は、私たち泊旅行の七名が特高の拷問に屈して彼らの「空中楼閣」を承認させられてしまった誤りを止すために、恥の上ぬりを覚悟で、反省をこめて行っているものである。もしも国家機密法などを許したならば、私たちが体験したような屈辱をくり返すおそれがあるからこそ起ち上がったのである。

今度こそ私たちが彼らの権力犯罪を裁く者として、あくまでも彼らの断罪を求めて最後の最期まで闘いぬくことを、皆さまに対してあらためてここに誓うものである。

露の世や　裁きに拾う　いのちかな

〔『歴史地理教育』、一九八八年一一月号〕

「横浜事件」再審裁判へのたたかい
——「四一年ぶり」の重み

　ファシズムと民主主義のたたかいだった第二次世界大戦で敗北した日本の敗戦直後のこと。この国の有能敏感といわれるマスコミでも一つの大きな見落しがあった。それはあまりに小さな出来事だったからだろうが、ぼくたち横浜事件の被害者三十三名が神奈川県特高警察の不法な拷問と暴行傷害罪を共同告発して約七年間にわたる法廷闘争をくりひろげた事実を新聞も雑誌も、またラジオも七年間も一切それを無視したか見落したのであった。この特別公務員（特高）暴行傷害罪は明らかに治安維持法による旧国家の権力犯罪であったが、一九五二年四月二四日に最高裁が被告の特高警官ら三名の上告を棄却して松下英太郎警部及び森川清造・柄沢六治警部補に懲役刑を言い渡した。ところが、案の定とでも言おうか、この実刑判決の日から四日後の四月二八日に発効した日米講和条約によってその三名の拷問の下手人たちは特赦で放免されたのである。そこに権力者の巧みな演出のからくりが見えみえするではないか。

　今年七月三日に横浜事件の再審申し立てをするのにはそれなりのいきさつがあったのである。七月四日の記者会見（残念ながらぼくは入院中で出られなかったが）で集まった記者諸君から「四十一年ぶりの再審請求とはどういうわけか、単なる思いつきか」ときびしく問われたのも当然のことだが、実は次に述べるようないきさつがあったのだ。冒頭で書いたように拷問ギャングの特高どもに対する共同告発のあと、ぼくたちはただぼんやりと今日までを過していたわけではない。とりわけその拷問特高の共同告発や今度の再審請求の一番最初のきっかけとなった貴重な動機があったことをまず先に記しておきたい。

　いま出ている『中央公論』一一月号のエッセイ欄でぼくが「カッパ老人からの檄文」という題で書いた事実がそれなのだ。改めてここに再録はしないが、少なくともぼくの念頭からカッパ老人のその檄の言葉が忘れられたことは一日もなかったということだけは敢えてお伝えしておきたい。これを執念と言おうが怨念と呼ぼうがぼくがそんな一念にとりつかれていた事実はかくせない。

　筑摩書房から拙著『横浜事件の真相』を出して頂いた八二年の暮れからも、また河童会を結成した八二年の暮れにも、ぼくは笹下《ささげ》会の有志の方々、就中泊組の当時生き残りの平館、西沢の両君には会うたび毎に「獄死したり出獄後に病死した仲間や友人たちを悼むにつけて、ぼくたちの一件の不法性つまり国家権力の権力犯罪を訴える手だてを探そうではないか」と話し合って来たものである。数年来再審のことをご相談した弁護士の方々も一人や二人に留まらない。ここに名前をあげることは差し控えるが、今までぼくたちが再審請求をやらないで来たのはごく簡単な理由からであった。「判決」書がなかったから再審手続きが出来なかったまでのことにすぎない。

忘れもしない去年の一一月一三日にぼくは初めて森川金寿弁護士にめぐり会ったのである。以前から芦田浩志弁護士のご紹介を貰っていたのだったが。

今度の再審請求の直接のきっかけとなった森川弁護士との出会いの詳細については別の機会に書くつもりだが、再審請求の準備が進んでいることを書いてくれた『朝日新聞』の刀祢館正久編集委員と同社司法記者の増田誠さんのことは特記しておきたい。

というのはご存じと思うがずっと前から『朝日新聞』に連載されていた「20世紀の軌跡」の八五年一一月一三日、一四九九回目に刀祢館さんが「横浜事件の発端」を取り上げ、『改造』の細川論文（一四日）、幻の泊会議（一五日）、特高の取り調べ（一六日）と四回にわたって黒田さんやぼくから取材した記事を連載したのであった。第四回目の最後のくだりでぼくがこんなことを言っている。「私たちは戦後、釈放された時に、特高にひどい目に遭わされたのが残念で、彼らを告訴することしか頭になかった。しかし後から落ち着いて考えてみると、国家権力による不法な弾圧で失った職など経済的損失も非常に大きい。国家賠償法はこういう事例には該当しないのだろうか」と。つまりぼくが横浜事件の再審のことを思って話したことを刀祢館さんはそんな風に書いてくれたのであった。また、「出版人の会」が「横浜事件を語り、聞く会」（八六年六月七日）を企画した際にも、刀祢館さんは「横浜事件の会」と題して六月二日の「風車」欄でその会を紹介してくれた最後のところでひと事「木村さんらは森川弁護士の協力で横浜事件の再審請求の準備を進めている」と報じてくれたのだ。

正式に笹下会の人びとに対して再審請求の呼びかけをしたのは「出版人の会」が主催した前記の「横浜事件を語り、聞く会」（六月七日）集会の席上であり、その呼びかけのために以前からお世話下さっていた橋本進、梅田正己両兄のご尽力に対しても心からお礼を申しあげたい。そして九名の第一次再審請求者（川田寿、川田定子、小野康人、平館利雄、畑中繁雄、小林英三郎、青山鉞治、和田喜太郎、木村亨、このうち、川田寿、小野康人、和田喜太郎の三君は故人なので川田定子、小野貞、気賀すみ氏の三氏が相続人として申請している）が決まり、森川弁護士もまた前から一緒にこの件を弁護することを考えておられた関原勇、芦田浩志、大川隆司の各弁護士を弁護団として組織されたのである。

森川弁護士はぼくたち泊組が細川嘉六氏の招待で泊に旅した七月三日という日を選んで再審申し立ての日に決め、ぼくが一緒に森川弁護士とその日横浜地方裁判所に出かける予定にしていたのが、前日の七月二日早朝、ぼくの突然の入院のためにご一緒できなくなり、代役を急遽青山鉞治兄にお願いしたのであった。急な代役を喜んでつとめてくれた青山兄に改めて感謝したい。

さらにまた「出版人の会」の橋本・梅田両兄のきもいりでぼくたち再審請求人の再審裁判を支える「横浜事件再審裁判を支援する会」の結成準備が今夏から初秋へかけて着々と進められ、一一月六日にはその結成集会が開催された。何年続くか知れないぼくたちの長い再審裁判の支援活動はこうして整えられつつある。

拙著『横浜事件の真相』が版元の筑摩書房柏原成光さんの御好意で今回その増補再版を笠原書店の笠原紀彦兄にその刊行をゆずってくれたことは特にお礼を申しあげたい。旧版のサブタイトル「つくられた泊会議」を新版では「再審裁判へのたたかい」と改めたが、増補再版の狙いは横浜事件再審申し立ての詳細を明確にすることである。そこで森川金寿弁護団長の手によって書かれたのが冒頭の「再審裁判への道」と題した解説である。つづけて新たにぼくが「再審裁判へのたたかい」という「まえがき」を書き加えた。そして今回の再審請求書と再審請求理由追加補充書の全文が二段組二十八頁にわたって前頭部へ補足追加されたのである。一読いただければ再審請求のわけが明快に御理解いただけると思う。幸いにして編集校正の名手中野清吉兄の手によって旧版の末部へ、さらにぼくが『直』誌へ「こぼれ噺」として連載した三編を付1〜3として追加してくれた。付1は「土井元看守の証言」、付2は「細川嘉六、新渡戸校長にかみつく」、付3は「あるオポチュニスト」で、何れも一般には勿論のこと事件関係者にも初耳のことだろう。

この笠原書店刊の増補再版『横浜事件の真相――再審裁判へのたたかい』は、定価一八〇〇円、一〇月二二日に刊行された。

つぎに、ぼくたちの再審裁判に欠かせない『横浜事件資料集』も、東京ルリユールから最新刊として増補復刻版が刊行された。この資料集は十年前にぼくたち笹下会の内部資料として作成したもので、高木健次郎氏の責任編集で少部数出された貴重な本だったが、今度の再審請求に当たって森川弁護士が新たに入手された四人の判決やその他の重要再審書類を加えて監修された増補復刻版であり、法律関係者、研究者の皆さんに絶好の参考書として推せんしたい。

ここにその主な内容目次をご紹介すると、一、横浜事件関係者名簿・日誌、二、検挙・取調、三、裁判（1、細川嘉六、相川博予審終結決定、2、西尾忠四郎予審終結決定、3、小野康人予審終結決定、判決、……6、小森田一記判決）、以下酒井寅吉、森数男、板井庄作、高木健次郎、白石芳夫、西沢富夫（判決）、等の記録資料、四、特別公務員暴行傷害事件（告訴人口述書、東京高裁判決、最高裁判決、付・上告趣意書）資料の収録について、高木健次郎――以上旧のまま。五として増補を加え、Ⅰ川田寿公訴事実　Ⅱ予審終結決定（木村亨、畑中繁雄）　Ⅲ判決謄本（小川修、益田直彦、手島正毅、和田喜太郎）　Ⅳ再審請求書　Ⅴ再審理由追加補充書　解説森川金寿　総頁二五六頁、定価一八〇〇円、株式会社東京ルリユール刊となっている。この資料集を監修した森川弁護士が本書の最後に書いた「解説」の「〝一場の悪夢〟ならず」を諸兄姉が一読すれば、横浜事件という前大戦末期にフレーム・アップされ「犯人が被害者を裁いた」と言われた言論弾圧・拷問事件の今日的意味が判然として明確にされることを信じて疑わない。

〔『出版ニュース』「出版界でいま」上中下、一九八六年一一月上旬号、中旬号、下旬号〕

三度目の正直
――横浜事件第三次裁判の請求について

「犯人が被害者を裁いた」といわれたぼくたちの第一次横浜事件は、前大戦末期に『中央公論』や『改造』をつぶした言論弾圧事件として知られている。

しかし、その言論弾圧事件のデッチ上げは支配権力の特高警察が行なった暴行と拷問によるすさまじいばかりの傷害事件であったことを知っている人は意外に少ない。横浜事件という事件名も、横浜の特高たちがつくった事件だったことから名づけられたものである。

被害を受けた三十三名のぼくたちは、敗戦直後に「笹下《ささげ》会」という被害者団体を結成して、暴行をはたらいた特高警察の犯人どもを共同で告発したのであった。七年間にわたる法廷闘争の結果、拷問暴行の特高幹部三名がその証拠事実を認めて有罪判決を受けて結審した。これが二度目の横浜事件の裁判であった。

ところが、おどろいたことには、有罪判決を受けた筈の特高犯人どもは、昭和二七年四月に発効した日米単独講和条約の特赦で一日も下獄せずに無罪放免されていたのであった。

しかも、第一次の横浜事件の裁判では被害者のぼくたちがむごたらしい人権じゅうりんの被害を受けたまま放置され、その上に有罪判決すら受けたままにされていたのである。

権力側のそんな勝手気ままな犯行を断じて許せないと考えたぼくたちは、その後何回も再審裁判の請求を相談したが、手続き上必要不可欠とされている「判決」の欠如のために数年の間、再審請求を断念せざるをえなかったのである。

しかし、四年後の秋、私は森川金寿弁護士に出会うことができた。森川弁護士は私に「判決」の保管義務は裁判所側にあって、被告側にはないことを初めて明確にしてくれた。

一九八六年七月三日、ぼくたちはついに横浜事件の第三次裁判の再審請求に起ち上がったのであった。

いま最高裁の前にぼくたちはさきの凄惨な拷問の諸事実を彼らの犯行としてつきつけ、せめてものぼくたちの「人権宣言」をかちとるべく闘っている。拷問に因って殺された五名の友の鎮魂のために、最後の最期まで闘いぬく覚悟である。


〔『告知板』二一一号、一九八九年一二月二〇日刊〕

三度目の正直

ご存じのとおり、横浜事件の再審裁判請求のことはまもなく最高裁から結論が出る筈です。弁護団の見通しでは多分「棄却」ということになるもようです。

そこで、私たち請求人一同はジュネーブの国連人権委員会へ正式に提訴します。その手続き用意は万端整えました。年間に三、四十件だけを取り上げるジュネーブの人権委員会で私たちの件（拷問）を取り上げさせるにはそれなりのプロモーションが必要なことは言うまでもありますまい。多少の費用も要ります。しかし、私たちは日本の人権未開の実相を外側からはっきりさせることで、私たちの『人権宣言』をかちとるほかはありません。

人権小国日本を国際的に通用する人権国に引き上げるためにはそれなりの労苦を重ねることも覚悟です。とことん頑張る所存です。


〔『日天会々報』第一三号、一九九〇年刊〕

その見本が我々です。あんな拷問に屈伏して、敗残の身をさらしている我々は恥ずかしいが、死ぬ前に人権だけは奪還したい。犯人が被害者を裁いた裁判であったことを何としても暴露したい。我々のような惨めな姿にさせないために、何とか国家秘密法をくいとめてもらいたい。我々もやります。果たして、新憲法をわかってくれる裁判官に当たるかどうか危惧しています。しかし、その裁判官の考えを変えていくためにも、たたかっていかねばならない。皆さんのいっそうの力添えをお願いします。

［『横浜事件再審裁判を支援する会』一号、一九八六年一一月一五日刊］

「申し立て人」からのあいさつ

無理かと思っていた再審。支援の会もできた。でも、これからが本番なんです。五年や十年はかかるでしょう。我々も覚悟を固めて、健康も考えねばなりません。

私も、もう七一歳になったが、あのころは二十歳代。共産主義なんてわからなかった。そりゃ常識だから多少は読んだが、強いていえばヒューマニズムの立場。

もうひとつ、細川嘉六氏——、頑固な反骨、ミリタリズム一色の中で自由民権左派というこの人に敬服したということです。

治安維持法は対象がなくなっていたにもかかわらず、当局が戦争遂行にじゃまなリベラル、ヒューマニズムの勢力を弾圧するのに用いた。「あいつはアカだ」といえば、三〜五年はブチこんでおける、非常に便利でムチャクチャな法律です。

国家秘密法が恐いと思うのは、同じように中曽根政権が都合の悪い人間を「こいつはスパイだ」と、じゃまな勢力は国秘法で全部ブチこめるからです。

大赦令による赦免という事実はありません

昭和二〇年一〇月一七日勅令第五七九号大赦令による赦免が知らされていたという事実は私には全くございません。

むしろ反対に、私の経験では昭和二四・五年頃に所用のため目黒警察署に参りました際に、係員の手許の氏名原簿には私のところに「挙動不審」のゴム印ようの判が押捺されておりましたので、私は驚きまして係員にその訳を聞きましたら、「君達のような前科のある者にはすべてこのような印判を押してはっきりわかるようにしているのだ」

との説明に二度驚いた記憶があります。

〔『横浜事件再審裁判を支援する会』一六号、一九九一年三月刊〕

これからが大事な再審請求闘争

1

皆さんの熱心なご支援に励まされながら五年来つづけておりました横浜事件の再審請求は去る三月一四日、最高裁が一方的に棄却してきた。これは不幸というより人権無視の暴挙である。

ご存じのように横浜事件というのは「犯人が被害者を裁いた」ことで有名な権力犯罪であり、特高警察官の拷問で五名の善良な私たちの友人が殺害され、三十余名の私たちが彼らの拷問を受けて残酷な失神を経験している。

天皇の名によって行なわれた残忍無類の拷問はすでに歴然たる事実であるにも拘わらず、関係記録が存在しないと称してこれを否定したが、実はその裁判記録は、敗戦直後、アメリカ占領軍が横浜に進駐することに驚き、狼狽した司法当局が彼らのやった犯罪事実の暴露されることを恐れて当局自身の手でその大半を焼却し、証拠の湮滅を行ったのであった。

2

治安維持法が天皇制大日本帝国の大陸侵略戦争を促進した対内法であったことはその被害者であった皆さんが誰よりもよくご存じのことだと思う。私たち横浜事件の被害者が、敗戦直後に「笹下会《ささげ》」（横浜刑務所の地名）を結成して、特高警官の残忍非道な拷問を共同告発して今日まで四十六年間にわたる人権奪還闘争を行なって来た理由は、単に彼らの不法な拷問を告発して報復しようとしているものではない。

真の告発理由は、大日本帝国が行なった侵略戦争の責任を追及し、戦争犯罪を糾弾する一翼を担うところにあったことを、改めてここに明確にしておきたい。

皆さんもご理解下さることと思っているが、私たちはこの国の戦争責任の追及や戦犯裁判をなぜウヤムヤにしてしまったのか？　むしろ私たち自身がそれを深刻に反省しなければならぬときが来ているのではあるまいか？

ドイツやイタリアは、その国の国民自身の手によってヒトラーやムッソリーニを戦犯として裁判し、処刑しているではないか。どうして日本人は自分自身の手で戦争責任を追及し、敗戦時に国民自身で戦犯裁判を開いて天皇以下の戦犯どもをきびしく処断しなかったのか？

国民自身が前大戦の侵略性を明確にすることをしないで、連合国軍にのみ戦犯裁判をゆだねてしまった私たちの歴史的誤りは、今からでもこれを正さねばならない。遅すぎることはない。

少なくとも私は、今後も横浜事件の再審裁判を徹底的に追及するが、これは小さいながらも、日本の侵略戦争の戦犯追及の一翼を意味する闘いであることを忘れてはならないと考える。

もしも読者の皆さんが私のこの提言に御同意下さるならば、今後ともに私たちの再審闘争に協力し見届けていただきたい。横浜事件再審闘争はこれからが正念場なのだから。

〔『不屈』〕

横浜事件再審請求はとことん闘い抜きます

私たちの横浜事件再審裁判の請求は、ようやく大詰を迎えました。

一昨年の暮れから最高裁へ審議を移しておりましたが、去る九月一八日に最高検察庁の土屋真一検事は、第二小法廷の裁判長あてに意見書を提出して、再審請求を棄却するように求めました。森川金寿弁護団長は早速その意見書の不当性について確乎たる法的根拠によって反論をまとめ、一〇月二〇日に最高裁第二小法廷へ「特別抗告理由補充書――検事意見に関連して」を提出しました。

さらに、別の再審請求事件の「山本老事件」が去る一〇月一九日に最高裁第一小法廷で再審請求を棄却する決定を行なったことについて、『朝日新聞』その他が何の根拠もなしに「横浜事件」も最高裁で事実審理が行なわれる可能性がなくなった、と解説(?)したのは大きな誤りであることを、森川弁護団長自らがつぎの二点の理由をあげて一〇月二四日に最高裁へ「特別抗告理由補充書」追加分として提出しました。

その第一の理由は、右山本老事件に対する決定は、第一小法廷の決定であって最高裁の大勢であるとは言えないことであり、「横浜事件」再審請求では刑事訴訟法施行第二条そのものの違憲性を問うているのであるから、基本的人権の尊重と被告人の権利保護の現憲法の建前に立って判断願いたい、ということ。

第二の理由は、「横浜事件」再審請求で請求人・弁護人とともに特別重要と考えているのは司法機関を含む国家機関が計画的、組織的に一件記録を焼却、湮滅処分に付してしまった事実が明白であるにも拘らず一審・二審の決定は「一件記録が存在しないから、これ以上再審開始をするか否かの審理手続きを進めることはできない」として、私たち請求人らの裁判を受ける権利をはく奪侵害したことは、新・旧憲法の「裁判を受ける権利」を侵害した違憲の処分であるとして司法を含む国家機関の責任を追求しているものであり、先般の「山本老事件」とは争点をまったく異にすること、などであります。

最高裁第二小法廷係の私たち横浜事件再審請求には、再審裁判の開始を求め、また督促する文化人(芸能、文芸、評論家など)や一般市民約五千名以上の「要望書」や「要請書」が続々と提出されています。皆さんにはきっとおどろかれるような著名な方々の名が並んでいます。そんな方々の要請をはたして最高裁のお役人（判事）たちがまじめに目を通すのでしょうか？

また『不屈』でも大きく知らせて下さった私たちのビデオ・ドキュメント『横浜事件を生きて』も最高裁へ上申書として、今年の二月二〇日に提出してありますが、これもあの最高裁のお役人たちが実際に見てくれているのでしょうか？

人権問題では最後の砦といわれる最高裁ともあろうものが、私たち「横浜事件再審請求」にどんな決着をつけるかまことに興味深いところであります。

万一にもこれを「棄却」するようなことがありましたら、私たちは弁護団とともに直ちに国連人権委員会へ正式に提訴する方針を固めております。

『あいの風』の皆さん！

私たち「横浜事件再審請求」の戦いはこれからです。どうぞ最後の最後までお見届けくださるよう希求いたします。私たちはとことんまで戦いぬく覚悟です。

〔『あいの風』一二号、一九九〇年一二月九日刊〕

裁判所が犯した犯罪は誰が裁くのか？

Ⅰ　裁判記録の焼却は犯罪じゃないのか？

私たち横浜事件被害者が八年前に起こした再審裁判の第一次請求は一審二審とも、訴訟記録が存在しないから調べようがない、として棄却された。横浜地裁の一審判決では次のように記している。

「太平洋戦争が敗北に終った直後、米軍の進駐が迫った混乱期に、いわゆる横浜事件関係の事件記録は焼却処分にされたことが窺われる」

と。まるで他人ごとのような主語のない無責任きわまる言葉で、自らの証拠湮滅を明白に証言している。

昨年、カナダの大学院からわざわざ日本の大学院へ「横浜事件の真実」を究明するために来日したジャネス・マツムラさんが小樽商大の荻野富士夫先生の協力を得て発見した貴重な証拠書類『山崎巌内務大臣時代を語る座談会』（昭和三五年一二月五日自治大学校史料編集室作成）がハッキリ証明している通り、日本が前大戦で無条件降伏して、いつ米軍が上陸するかもしれないから、戦争責任（戦争犯罪）に係わる文書を取られてはまずいので、降伏前に早くも焼き捨ててしまっていたのである。

二　訴訟記録もなしに何を根拠として横浜事件を判決したのか？

私はさらにもっと重大な矛盾点に気づく。もしも訴訟記録を既に焼き捨てていたのならば、全面降伏後ひと月も経った九月一五日になって行われた私たちへの判決は一体何を根拠として行ったものか、全く不思議ではないか？

森川弁護団長が指摘されたように、「裁判所を含む国家権力が、戦争犯罪の証拠湮滅のために『裁判を受ける権利』を奪い去ったのであるから、司法はその責任をとるべきである。（中略）また、最近は従軍慰安婦問題など戦後補償請求の法理に、『ユス・コーゲンス』（ニュールンベルグ国際軍事裁判などの『人道に反する罪』に該当する補償法理論）の考え方を取り入れようとする有力な国際法理論も出てきている」（横浜事件を考える会『日本人の大きな忘れもの　人権――横浜事件50年のたたかい』一三頁参照）

もちろん私たちはこれからも国内で第二次、第三次の再審請求をつきつけてゆくが、それだけでは足りない。「横浜事件を考える会」が九一年から毎年行ってきたジュネーブ人権小委員会への提訴をこれからもさらに強化して、横浜事件にみた重大な人権侵害の権力犯罪を国の内外にわたって追及し弾劾し続けていかねばならない。

［『ジャーナリスト同盟報』二二〇号、一九九四年一月一日刊］

国の権力犯罪
横浜事件

誰の人生にも忘れていいことと忘れてはならないことがある。同様に、私たちの人生には許していいことと決して許してはならないことがあるものだ。

私自身の人生でも、第二次大戦末期に突然連座させられた横浜事件の体験は、断じて許すことのできないできごとであった。

ではいったい横浜事件とはどんな事件だったのか?

本件に連座した元『中央公論』編集長畑中繁雄氏はこの横浜事件をひと言に要約してこう言った。「横浜事件は拷問犯人が拷問被害者を裁いた権力犯罪である」と。評しえて妙ではないか?

できごとは、一九四二年九月に、細川嘉六さんが『改造』に書いた「世界史の動向と日本」と題した民主的な論文を、陸軍報道部長が「赤い論文」だと勝手に詐称して検挙したことから始まり、細川さんが郷里の富山県泊《とまり》(現、朝日町)へ七人の若い友人を招待した旅を乱暴にも「共産党再建準備会」とデッチ上げて、総数六十余人のジャーナリストや調査研究員をつぎつぎに横浜へ検挙、特高警察の拷問で五人もの被検挙者を殺害したうえ、総合雑誌『改造』と『中央公論』をつぶした不法言論弾圧事件であった。その判決はたいていの人は一九四五年九月一五日(戦後)に全員有罪で結審した。

国が証拠書類を湮滅

国がしかけたあの侵略戦争への反対の声を封じるために、天皇直属の暴力団だった「特高」を使って、被害者の私たちを拷問で「アカ」にデッチ上げたその権力犯罪横浜事件を、私たちは敗戦直後、一九四五年一一月に共同告発した。罪名は「特別公務員暴行傷害罪」だったが、一九五二年四月、最高裁は三名の特高犯人を有罪と判決した。この有罪判決は、その後日米単独講和の特赦で三人とも無罪となり、釈放された。国が「特高」を守ったのである。

もちろん私たちはそんな司法措置を許すわけにはいかない。国の権力犯罪である横浜事件の不法言論弾圧と五人の死者まで出した拷問の人権じゅうりんを告発するために、一九八六年七月、森川金寿弁護団長のもと、九人の被害者が再審裁判を請求して立ち上がった。

ところが、人権を守る砦と言われる最高裁は一九九一年三月一四日、私たちの再審請求を棄却してきた。理由は、横浜事件の裁判記録は「焼却」されてしまって、審査不能だというのだ。一件資料は彼ら（国側）の戦争責任にかかわる有力な証拠資料になるため、勝手に湮滅していたのである。国は私たちにたいして二重の人権侵害をくり返したのだ。

最高裁長官にたいする公開質問をかねて、私たちは一九九一年八月、ジュネーブの国連人権小委員会へ、横浜事件における特高の拷問がいかに不法な人権じゅうりんだったかを私自身が実演して提訴したのである。そして第三回目の九三年八月、発言権を得た私はそこで初めて十分間スピーチを行なうことができた。

日本の裁判官に、もしも一片の人間的良心があるならば、戦争犯罪の一翼として、国の官僚が犯した残虐な人権侵害の事実をはっきり認め、公然と私たちに謝罪し、その被害を補償すべきである。

もちろん、私たちはこれからも、国側の謝罪を求めて、第二次、第三次の再審請求を続けてゆく覚悟を決めているが、国際的にもさらにユス・コーゲンス法理論にのっとってとことんたたかい抜くことを誓うものである。

〔『新かながわ』一九九四年一〇月九日刊、『神奈川県の戦争遺跡』大月書店一九九六年刊に収載〕

権力犯罪の糾弾に起ち上ろう！

あの狂気のような侵略戦争も実は当時の支配権力者の仕組んだ凶悪な犯罪であったことは、今では明白な事実であるが、残念ながらその戦争犯罪人もこの国では敗戦後国民自身によっては何の追求も裁判をも受けずに放置されてきた。

ドイツのヒトラーやイタリアのムッソリーニがそれぞれの国の民衆によって処刑されたことは誰でも知っているが、この国では国民の誰もその大事な戦犯裁判に起ち上がっていない。

戦争の末期に「中央公論」や「改造」はもちろん朝日新聞社や岩波書店、日本評論社までつぶそうとした横浜事件の権力犯罪もなぜか不問に付されたままにぼくたちの再審請求さえもまだ受けつけないでいる。

なぜか？　ぼくたち国民めいめいがこの国の主人公であることを故意に忘れているからではないのか。ひとりひとりの国民各自が、国の主人公であり主権者であることを自ら放棄して「勅令」だの「お上」の言いなりになって来たからだ。

もうひとつは、支配権力が企んだおとり作戦に対してもあまりに無知だったからだ。もうこの辺でぼくたちは彼らの権力犯罪にはっきりめざめて起ち上ろうではないか。彼らの謀略を究明して徹底的に糾弾しようではないか。

泣き寝入りだけはお断りだぜ！

〔『漫画芸術研究』六三号、一九八八年一二月二〇日刊〕

少年時代の木村亨

国家権力犯罪の告発に「時効」を適用させてはならない

敗戦直後、戦争中の横浜事件で神奈川県特高警察の不法な拷問と暴行を受けた三十三名の者が昭和二二年四月二七日にその事実を列挙して共同告発したことがある。治安維持法による権力犯罪を戦後告発した唯一のケースとして注目されたが、約五年間にわたる裁判闘争の結果、二七年四月二四日に最高裁は被告特高警察側の上告を棄却して被告人松下英太郎に懲役一年六月、同柄沢六治、同森川清造に各懲役一年の実刑を言い渡した。この判決の四日後の四月二八日に発効した日米講話条約によって右の三名は特赦を受けたとはいえ、われわれの共同告発は一応の成果を獲得したといえよう。

ただこの告発では扱わなかった国家賠償請求の問題をわれわれは新たに追究し、彼らの国家犯罪に対して一九七〇年一一月に発効した国連決議「戦争犯罪及び人道に対する罪に対する時効不適用に関する条約」に基いて告発を続ける所存である。同志諸兄の協力と支援を期待したい。

〔『不屈』一〇八号、一九八三年六月一五日刊〕

権力者の犯した犯罪は裁かれなくていいのか

生き証人を求めて泊再訪

愉しい一枚の旅行写真が世にも不思議な党再建の陰謀写真に見立てられ、投獄されてから四五年。前大戦末期の一九四二年七月、細川嘉六老の郷里富山へ招待された若者たちも今は早、平館利雄兄とぼくの二名の老残者だけになった。

昨年夏、森川金寿、大川隆司両弁護士を中心に十名もの弁護団の方々が御尽力下さって、横浜事件再審裁判の請求を横浜地裁に提訴して満一年になる今夏七月三日～五日。つくり話「泊会議」の証言を現地に求める旅を試みた。弁護団八名の方々に支援する会の二名とぼくたち生き残りの二名を加えた一団であった。

前大戦末ころの乏しい食生活だったぼくたちの栄養失調を案じた細川老が、せめて郷里富山の豊富な魚料理でもお腹一杯にたべさせようとぼくたちを招待してくれたそのうれしい宴会が、こともあろうに「共産党の再建を準備した泊会議」に化けるとは誰が予想できただろうか？

今夏の富山（泊）再訪で、料亭旅館『紋左』に集まってくれた十名もの生き証人たちが当時を回想して弁護団に対してはっきりと証言してくれたように、ぼくたちの宴会はお酒と魚のご馳走ぜめで、何ひとつむずかしいリクツや議論を交わしていないという厳然たる事実が判明した。大事なことはぼくたちの宴会が決して議論や協議の場ではなかったところにある。

まず驚いたのは細川老だった

『改造』論文の「世界史の動向と日本」で、泊旅行の直後の昭和一七年九月に東京で検挙された細川老は、その論文では不起訴処分で釈放されようとしていた矢先、一九四三年初頭から五月へかけて横浜へ三々五々に検挙されていた満鉄調査部中のある者の所持品から出て来た泊旅行のスナップ写真をエサに、神奈川県特高はお得意わざの拷問によって予審判事や検事と相はからって権力による大変なフレームアップ作業にとりかかったのだ。細川老を中心にすえた共産党再建準備会議のデッチ上げ事件である。

五年前に筑摩書房から出た拙著『横浜事件の真相——つくられた泊会議』の付録Ⅰにつけた裁判資料「細川嘉六・相川博予審終結決定」（昭和一九年一二月二九日）なる一文をご参

照ねがえればありがたいのだが、この細川・相川予審終結決定の奇妙な一文こそは、予審判事石川勲蔵が神奈川県特高の拷問で作った完全な《偽造文書》にほかならない。

石川予審判事はこの偽造文書を立証しようとして細川老を一九四四年五月に笹下《ささげ》の横浜刑務所内未決拘置所へ東京から移監して取り調べにとりかかったのだが、まず驚いたのは当の細川老その人であった。それはバカげた言いがかりだったからだ。

その偽造文書の予審調書は細川老にとってはもちろん寝耳に水の意外な出来ごとであった。しかし「党再建泊会議」なる真赤なつくりごとにあきれ返った細川老が笹下の未決に移管されて間もないある日、同じ未決の独房にいるぼくにひそかにくれたレポ「下肚に力を入れよ、暴言を吐くな」のことは読者の皆さんもご存じの筈である。

細川老が横浜へ移されて初めて知ったぼくたちに加えられたひどい拷問の実状に対して、細川老の怒りは当然のことながら神奈川県特高とぐるになった山根検事や石川予審判事らの非道不法な権力犯罪に向けられるようになった。

石川予審判事から見せられたぼくたちの特高製の「手記」や予審調書（前記の細川・相川調書）が拷問によるものと知った細川老は、直ちにその「手記」を特高の拷問による精神異常として精神鑑定を要求したのである。細川・相川連名の偽造調書に至っては細川老はただの一言半句をも認めずに断乎たる否認を続けた。（この否認を貫徹したからこそ細川老は免訴をかちとったのだ。）

拷問に敗けた悔やしさはあったが、この細川老の叱咤激励のお蔭で未決のぼくたちも遅まきながらこれらのデッチ上げをひっくり返す否認を続けて、裁判ではついに「党再建準備会」（泊会議）のつくりごとを石川予審判事から取り消させたのであった。

拷問という名の権力犯罪を許すな

戦後育ちの皆さんには想像もつかないような不法拘禁と拷問による思想と言論の弾圧は、これからは二度と許してはならないものだ。

次の国会へまたしても自民党政府は「国家秘密法」（スパイ防止法）を提出するというが、この悪法を通したら最後、前大戦中の治安維持法以上に、政府当局は自分の気に入らない一切の勢力を「スパイ」として投獄し、ぼくたちに加えた人権じゅうりんの無茶苦茶な『拷問』を再び勝手にくり返させることになるだろう。横浜事件再審裁判は、皆さんにとっても決してひとごとではないことを、もう一度よく噛みしめてお考えいただきたい。

〔『出版ニュース』一九八七年九月上旬号〕

「横浜事件」再審請求について

唯物論研究会の人びととの関わりは、昭和初期、私がミーチンの永田広志さんが訳している『唯物弁証法』に出会ってからで、あれは東京に出てきたばかりの私にはたいへん記念すべき本なんです。唯研も、さっき大井さんが二、三回しか行ってないというようなことをおっしゃっていましたが、私も東北ビルのあの二階の木造ビルの唯研事務所には本当に四、五回しか行ったことがないんです。あの時はたしか伊藤さん、森さんといった人が一緒に座っていました。戸坂潤さんのたしか『ドイチェ・イデオロギー』だったと思ったが、私は友達と三、四人であそこへ行って一、二へん聞いたかな。それから阿佐ケ谷に戸坂潤さんが住んでおられましてね。僕そのころロシア語の夜学に通ってましてね。そこの友達が一緒に行こうということになって、三、四人で阿佐ケ谷へこれも二度ぐらいしか行かないが、戸坂さんを訪ねました。今日の集会にお見えになっている舩山信一先生をしばしば世田谷のお宅にお訪ねしたり、三木清さんにもお会いしています。

さて少し横浜事件の紹介をさせていただきます。横浜事件というのは四十五年前の一九四二（昭和一七）年に『改造』という雑誌の八月号と九月号に細川嘉六さんが「世界史の動向と日本」という論文を二回にわたって載せたんですが、内務省の検閲をちゃんとパスしているにもかかわらず、陸軍報道部があれはアカだということを言い出して、細川さんは一九四二年の九月一四日に検挙され、それから半年後の四三（昭和一八）年の五月二六日に私達も検挙された事件なんです。

満鉄調査部の西沢富夫君が持っていた一枚の写真のおかげで共産党の再建準備会にされましてね。笑わせますよ。こんなふざけた話がありますか。昭和一七、八年といえばもう日米戦争ですよ。あのころ共産主義者が日本にいましたか。刑務所にはいたかも知れませんがね。非転向で頑張ってらっしゃる方がた。あるいはさきほどからお話をうけたまわって感心したんですけども、先輩のみなさんの奮闘をね。闘い抜いてこられた先輩に敬意を表しますけれども、昭和一七、八年ごろシャバに共産主義者がいたとは僕は思いません。にもかかわらず引っぱられて、すぐはじまるのは拷問なんですよ。さきほども拷問の話がでましたけれどもね。もう取調べじゃないんです。

今の弁護士の若い方がたは、もうさっぱりわからんと言いますね。われわれの横浜事件再審請求も二十人ばかりの若い弁護士の方がたが弁護団をつくって下さっているんですが、大半の弁護士の方がた、共産党の弁護士の方がたもですよ、どんなひどい拷問を受けたかということを話してもピンとこないようですね。

それよりも私の話の要点として申し上げたいのは、あの横浜事件は言論弾圧のための権力犯罪だったということです。われわれが天皇制官僚の犯人によって裁かれた権力犯罪事件なのです。さきほど申し上げた拷問でむちゃくちゃにやられて五人殺されているんです。共産主義も何も知らん善良な青年がね。『中央公論』の記者が二人、満鉄の人も仮釈放されるなり死にました。満鉄調査部の西尾君なんかもむちゃくちゃにやられてね。彼はラグビーの選手だったから頑張りぬいたけれどもやっぱり殺されました。

でっちあげをやる権力犯罪の一番大事なことは何かと言うとムチとアメによる囮《おとり》作戦です。拷問で参ったと言わせて、次に持ち出す口実がわれわれの場合二つあった。一つはさきほども申し上げた一枚の写真ですね。富山の細川さんの郷里の泊《とまり》（現、朝日町）というところで、東京ではもう美味しいものが食えなくなったから、細川さんはちょうど印税も入ったし、僕たち七名を招待してくれたのですが、一緒に行った西尾君が撮ってくれたスナップ写真の一枚です。その写真に写っている者みんながやられたんです。

あとで判ったのは、まず西沢君と平館君が先にやられた五月の一一日からの半月の間に、その写真と、もう一つの口実が囮作戦にされて、カモがネギを背負ってきたというわけで特高どもが大喜びしたのです。もう一つの口実というのは、当時平館君と西沢君が参謀本部勤務だったのです。ロシアをどうしてやっつけるかという参謀本部の研究会で毎日ヘトヘトに疲れて帰り、やり切れないから二人で新橋の居酒屋で一九四三（昭和一八）年の一月から三、四月にかけて、酒の肴にしゃべったことがちゃんと向こうに知れていたんですね。あの当時の特高ですもの。彼らは泳がされていたんです。参謀本部勤務のロシア語の達者な彼らを黙って放って置かないでしょう。ちゃんと尾行させていたわけでしょう。

八六年の七月三日に再審裁判を請求した時は西沢君が亡くなった八カ月後です。平館君は、もう西沢君も亡くなったし言ってもいいだろうと、話してくれたことですが……参謀本部勤務が嫌になってね。毎日会議でへとへとだしね。やりきれないからと話した中で「もうこのままでは戦争は敗ける」「それじゃどうするんだ」「今まで十年も十五年も刑務所につながれている古い共産党の大先輩たちでは刑務所ボケで現実感がないから古い。刑務所から出てくる人をあてにして新しい政党をつくってもダメだ。われわれとしては細川さんを党首にして尾崎秀実さんを外務大臣にして外交をまかせるような政権を新しくつくらなければいかんなあー」としゃべっていたことをすっかり特高のスパイに聞かれていたというのだよ。写真一枚と居酒屋でのくだらん肴ばなしの二つの口実で、共産党再建を準備した協議会をデッチ上げられて拡大されていったんだよ。……と。

言論弾圧が目的の権力犯罪です。ですから『中公』『改造』をつぶすのはもちろんのこと、もうちょっと戦争が長びいていたら『朝日』や岩波までつぶされる恐れがあったというほどの権力犯罪の仕業です。

今度の天皇の重態騒ぎもどうでしょう。日本に四十年も民主主義社会ができていたとは思えませんね。いかに日本の戦後の民主主義が贋物だったか、疑似民主主義だったかということをよく証明してくれているのは、このごろの新聞、テレビ、ラジオです。朝から晩まで「天皇陛下の御容態」じゃないですか。おまけに私の田舎の和歌山の新宮みたいに町の秋祭までとりやめだそうです。戦争前でもこんなに天皇の病気を大騒ぎはしなかった。愚民政策もたいがいにして欲しいと私は腹が立っているくらいなんですが、さきほどの先輩がおっしゃったように抵抗する勢力をどうしてつくるかです。一人じゃとても闘えないんです。

横浜事件もそうなんです。三年前に横浜地裁で再審裁判を請求しましたけれども、八八年三月末に「お前さんたちが言ってきた拷問の事実はない」「たった一人しか証拠がないからダメ」、それから僕らの裁判記録を「進駐軍が入ってきたから焼き捨てた」と。無責任にもほどがあるでしょう。裁判所が持っていなくてはならない裁判記録を進駐軍が入ってきたから自分で焼き捨てましたと言う。そういう不法なことを棄却の理由にしている。判決文がないからダメだというなんて話にならない。

こちらも東京高等裁判所へ抗告してこれからの闘いだと思っていますけれども、どうか皆さんも私どものようなヘマを重ねないようにご活躍下さい。われわれの横浜事件というのは、そんなひどい笑い話みたいな権力犯罪であったということをどうぞおわかり下さいますように。

〔追記〕一九八八年一二月に東京高裁も棄却してきたので、直ちに最高裁へ特別抗告し、八九年三月末までに拷問（木村のみにしぼって）の実状を写真で提出することになった。（一九八九年三月二〇日）

〔『証言・唯物論研究会事件と天皇制』一九八九年、新泉社〕

権力に謝罪させるまで闘う

御紹介いただきました木村亨です。

私は横浜事件の、とくに泊事件について中心人物とされた細川嘉六さんの御招待をうけ、細川さんの故郷の富山の泊に集まりました七人の編集者、若者の一人ですが、弾圧された七人のなかで生き残りは平館君と私の二人になってしまいました。横浜事件というのは、中央公論とか改造とか、そういうところに所属していた、全部で六十人ぐらいの人々が次から次に弾圧された言論弾圧事件です。

妙な笑い話みたいなことで恐縮ですが、五年前に『横浜事件の真相』という本を書いたのですが、いろいろな方が書評してくれました。そのなかにある大学の教授をなさっている方の書評がありましたが、それが一番私にこたえました。

その方は〝何もしていない君達が横浜にぶちこまれてだらしのない供述をして何だ。あなた方はいったい何をしていたんだ〟というんです。これが戦後の若い方の感じ方なんでしょう。その先生はいま五十歳ぐらいでしょうか。ファシズムのこわさがわかっていない、何をしていなくてもやられるんだというファシズムのこわさがわからないから〝何をしていなくてもなんでやられるんだ、何もしていないんだから帰せと言って帰ればいいではないか、次から次に五十人も六十人もひっぱられて三年も四年も黙っていたのか。〟

私はこの先生にはまいりました。その通りです。笑い話ですよね。なんにもしていない人間が『改造』とか『中央公論』をつぶすためにダシにつかわれたわけです。よく鴨がネギをしょって来るというじゃあないですか。権力にとっては、『中央公論』とか『改造』はリベラルだからぶっつぶせという目標、ぶっつぶせという陰謀ですよ、目標をたてたら鴨がネギをしょってくるのを待てばいいんです。

横浜事件の五、六十人の人達のうち、もう二十人たらずしか生きていません。同じ横浜事件で逮捕された人達のなかでも、もうよせ、たいがいにしろよ、とおっしゃる方がいます。しかし、恥さらしですけど、ここで泣き寝入りはできません。やはり権力犯罪というものにたいして、言うことは言うべきで、権力者に悪うございましたと謝罪をさせるべきなんです。なんでもない人達を六十数名もぶちこんで、なかには拷問死した人が五人いますよ。こういう人達にたいして権力がおわびするのが当然なんです。このおわびをさせるまでは、我々は死ねない。恥さらしには違いないけれども、泣き寝入りは

『破防法裁判ニュース』一九八八年一月一〇日刊。リードとして、以下の文章が掲載されている。「これは、12・11言論・表現の自由の抑圧に反対する横浜集会で述べられた木村亨氏の発言の要旨です。破防法裁判闘争を支える会事務局の責任において編集しました。」

もっと恥ずかしいことだから。

再審について、いろいろな人達になんとかならないものかと平館君と御相談申し上げたんですが、結局は、判決文が書類として残っていないから再審手続きはできない。木村さん残念ですが駄目です、というのが結論でした。

あきらめきれなくて、三年前、人権擁護の弁護士で家永教科書裁判の弁護団長をやってこられた森川金寿先生を紹介されお会いしました。

森川先生は、判決文を失くしたのは相手だ、裁判所にもう一度つくらせればよい、むこうは判決文がないから再審の手続きはできないと言うかもしれない、それは一つの難関ではあるが、けれども治安維持法と同じ性質の国家機密法を成立させないためにも、横浜事件の再審請求にたちあがってくれとたいへんはげまされまして、一昨年の暮れ、ようやく区切りがついたわけです。

再審については、これからです。というのは今年の一月から二月はじめ検察側が横浜地裁に意見書をだしました。これは新聞にもでていました。何も根拠がないのに、判決文もないのに、こんなものをだしても無駄である。すぐ棄却しろ、案の定の態度です。これが権力犯罪なんです。敗戦後すぐ自分勝手に裁判の記録を燃やしておいて、判決文がないという。

私は権力に謝罪させるまで頑張ります。

日本は誰に住みよいか

誰よりもつぎの四種族にはこの国はまさに地上天国である。功成り名遂げたこの連中は地位も名誉も最高に安泰であるばかりでなく、札束も多すぎるくらいたっぷりで、中にはスイスの銀行へ十九億ドルも預けてほくそ笑んでいる奴もいる。

第一に、A級戦犯生き残り官僚族。

誰からも戦犯追求を受けずに不問に付された天皇をはじめ、かの高名な岸信介元総理大臣、椎名悦三郎元大臣以下の栄誉に輝く一族たち。

第二に、例の「存じません」とか「記憶にはございません」とうそぶく証言族。

ことロッキード事件のワイロ関係では、田中元首相をはじめ、小佐野、若狭、伊藤、桧山らの一族郎党。

第三に、「韓国はわが帝国の防共のとりで」と称して日韓疑獄事件をひそかに隠し通したゆ着族。

朴大統領を外から支え、金大中氏を白昼誘拐した出来ごとも合法だと強弁する反共右翼のゴロツキども。岸信介、児玉誉志夫、田中角栄、小佐野賢治らにつながる「紳士たち」

第四に、自分たちを取り巻く連中のほかはいっさい「人権」を認めず、一億臣民を納税ドレイにする覇権族……これらは、失業と生活苦、進学難に自殺、心中する臣民を尻目にいまもなお高度成長の昭和元禄に生きている。

〔『漫画芸術研究』四五・四六号、一九七七年三月二五日刊、木村生海というペンネームで執筆。〕

王よ、君は人民に対して叛逆罪を犯したぞ！

これは三百年前、英国チャールズ一世に投げつけたクロムウェルの有名な一句である。例の名誉革命はこの一句によって始まったという。

およそ一国人民の政治感覚は人民個々人が自分の基本的人権と主権にめざめているかどうかによって試されるが、クロムウェルのこの一句をどう思うかによって判断される。

近代も現代も歴史区分のあいまいな日本では、明治・大正・昭和の今日に至るまで支配権力は官僚（戦前・戦時は軍部）が握っており、人民は「臣民」としてしか扱われていない。つまりいまだに人民不在なのである。

クロムウェルの一句とはまさに正反対に「お前ら臣民は天皇に向って反逆罪を犯した」という罪名で、明治末年の大逆事件を手はじめに悪法治安維持法によって幾十万人もの青年たちを投獄し、獄中と戦場で葬ってきた。それでも足りないのか、戦後二九年経ったいま又しても自民党官僚政権は「刑法改悪」を口実にして不敬罪などを復活させようと企んでいる。人民主権も基本的人権もあらばこそ、この国の人民をあくまで臣民のままにおしとどめておこうという。

この際われわれはむしろ「俺らの一人一人が誰でも天皇である」くらいの主権者意識を強めたほうがいいのではあるまいか。

何年あとかは知らないが、何れわが国の人民も、臣民でない人間の自力でクロムウェルのあの一句を投げつけるときが来るはずである。

〔『漫画芸術研究』四五・四六号、一九七七年三月二五日刊、木村生海というペンネームで執筆。〕

いのちがけのわが抵抗闘争

この魂を曲げると思うか

特高警察という国家暴力（拷問）犯人が、被害者の私たちを裁いたので有名な横浜事件の再審裁判請求は、昨年三月一四日、最高裁判所から棄却されました。マスコミはこれを「門前払いにされた横浜事件」と伝えました。

最高裁の棄却理由の第一は、裁判記録がないから調べようがない、ということでした。

しかし、横浜事件の裁判記録は本当に存在しなかったのでしょうか？　また、なぜにその記録が無くなったのでしょうか？

実は、敗戦直後、一九四五年八月二〇日ころ、占領軍が進駐したとき、日本の政府（内務省）や裁判所当局が、自分の手でフレーム・アップした権力犯罪の発覚をおそれて、証拠の湮滅をはかって自ら裁判記録の大部分を焼き捨てたのでした。もちろんそれを目撃した証人もおります。

最近の政府発表によると、あの従軍慰安婦の記録も、当初は「ない」と言いながら今回は厖大な資料を公表しました。真実は隠せるものではありません。

私たち横浜事件の被害者は、戦時及び敗戦の言論・思想弾圧という権力犯罪を断じて許さず、その真相の究明を徹底的に追及しますが、昨春最高裁がだした棄却決定も、日本国憲法第三二条で保証している「裁判を受ける権利」を否定しているのみならず、国際人権B規約第一四条五項の「再審を受ける権利」すら否定しております。

私たちはこうした裁判所自身の人権侵害を許さず、昨年八月にはジュネーブの国連人権委員会へ提訴して、国際世論に訴えました。幸いにしてジュネーブでは、日本の立ち遅れた人権事情、とりわけ日本警官の拷問の真相に非難が集中し、私たち提訴組は圧倒的な支持を受けました。

人権蹂りんの犯罪を少しも反省していないこの国の政府・官僚に対しては、もちろん国内において第二次再審請求を提訴して、私たち自身が自分の人権を奪還するためにさらに努力をつづける所存ですが、同時にまた今夏も私たちは国連人権委員会（ジュネーブ）へ第二次の提訴を試みまして、さらに一層の国際世論を喚起したいと存じます。

日本で今なおつづく代用監獄での拷問による冤罪事件の続出は、何を物語るのでしょうか？

天皇教育によって遅れに遅れた日本の人権水準の低さを直視して、私たちはこの人権小国日本を、国際的に通用する人権国に引き上げるために、横浜事件の解決をテコにして、これからこそベストをつくして闘いぬきたいと思います。

大塚金之助先生の一句〝貧しさにありてするどくものを言う、この魂を曲ぐると思うか〟これが私の信念でもあります。ご協力ください。

［未発表］

「人権小国日本」への直言

ご存じのように昨年はフランス革命の「人権宣言」二〇〇年が記念され、一九四八年に公布された「世界人権宣言」もやがて四十二周年を迎えようとしています。近代の人類世界では、人権こそが民主主義の最低綱領とも言うべき人間生活の貴重な原則です。

ところが残念なことに、わが国の人権意識とその扱い方は、国際的にはたいへん遅れた水準にしかないことがわかってきました。一方では数年来日本は経済大国などと自慢しているようですが、果たして私たち庶民はそんなにいい気になっていいものでしょうか？

一昨年のことですが、国連の人権委員会関係の二名の弁護士（仏人ジョデルさんと米人パーカー女史）が、日本の留置所の実地調査に来日しました。そして、昨年二月に発表されたその報告書によりますと、この国の留置所における人の扱いは非人道的で、国際人権規約に違反しているのみでなく、そんな扱いを二日以上続けることは、人道上許されないということでした。国際的にみると、日本は「人権小国」だと評価されたわけです。

　ここで前大戦の末期に、私たちが体験した横浜事件のお話を例にとるのも、無駄ではありますまい。それは恐ろしいファシズム権力による言論弾圧と人権蹂躙の出来事でした。「犯人が被害者を裁いた」と言われたほどひどい拷問による全くのデッチ上げ事件で、総合雑誌『中央公論』や『改造』がつぶされてしまったのです。もちろん、私たちは黙ってはおりませんでした。

　事件に連座、投獄された私たちは、敗戦直後に、そんな無茶な拷問をやった特別公務員（特高）を共同で告発しました。七年間にわたる裁判の結果、特高警察の暴行傷害罪は有罪判決を受けて結審しました。

　ところが驚いたことに、そんな有罪判決を受けた犯人たちは、一九五二年四月に発効した日米講和条約の特赦で、一日も下獄しないで無罪放免されていたのです。それどころか、五名もの友人たちを獄死させられ、半殺しの目に遭った私たち生き残りの者の人権さえも奪われたままに放置されっ放しだったのです。

　お役所側の、そんな勝手気ままな権力犯罪をどうしても許せない、と考えた私たちは、四年前の一九八六年七月に再審裁判の請求に立ち上がりました。私たちの願いは、被害者の失われた人権の回復と不法拘禁に対する謝罪の請求にあります。私たちは、この再審の闘いに勝訴することによって、この国で初めての「人権宣言」を勝ち取ることができると確信しています。

　多くの方々のご支援とご協力のおかげで、特別抗告中の最高裁も近く結論を下すことになりますが、今さらながら痛感するのは、司法権力側の人権意識の稀薄さです。警察官たちの人権意識もまた低劣で、今なお当時同様に庶民を臣民扱いのままなのです。

　最近、警察内で起こる人権問題が相ついでいますが、とくに女性に対する警官の人権蹂躙の言動は、私たちが受けた拷問に劣らない非道さで、現在もあちこちで平然と行われている彼らの人権侵害は断じて許されないことです。

　先日亡くなられた人権派弁護士の和島岩吉さんはこう言っています。「司法というのは一種のブレーキです。国家権力の暴走を防ぐブレーキです。ところが、このブレーキが歯止めになるどころか、あと押しをしているのが現状です」（毎日新聞）。

　人権問題の最後の砦とさえ言われる最高裁判所は、果たして庶民にとってどういう役割をしてくれるのでしょうか？

　人権を侵害し、民主主義の諸権利を庶民から奪うことがファシズムだと言われるなら、司法や警察のファッショ化はもう始まっているといっても過言ではないでしょう。

私たちの身近なところに、あの恐ろしいファシズムの危機が迫っているように思えてなりませんが、私だけの杞憂でしょうか？

日本にファシズムを再現させないように、私たちはベストを尽くして、こんな「人権小国日本」を国際的に通用する「人権国日本」に引き上げてゆかねばなりません。

私たちの日本に本当の民主主義を定着させるために、私たち庶民は今こそ団結の力で「人権宣言」を声高くうたいあげ、勝ち取ろうではありませんか。

〔『看護』四二巻八号、一九九〇年七月号〕

私たちの人権回復運動について訴えます

早いもので、私たちがデッチ上げの横浜事件に連座、弾圧されてから丁度五十年、半世紀も経過しました。

十五年戦争ともいわれた日本の侵略戦争が敗北に終わった一九四五年の一一月、そんな横浜事件の私たち被害者三十三名が集合して、ひどい拷問をやった特高警察の連中を「特別公務員暴行傷害罪事件」として共同告発してからでももう四十七年になります。

第一次の横浜事件は、拷問犯人（特高警察）が私たち被害者を裁いた事件といわれる有名な権力犯罪でした。

敗戦直後の私たちの共同告発は七年間も続きました。彼ら特高が五名にも及ぶ私たちの仲間を殺害した拷問によって有罪の判決を受けたのですが、当時成立した日米単独講和条約の発効によって特赦を受け、三名の特高幹部は無罪放免されました。政府や裁判所は特高警察の権力犯罪をかばったのでした。

政府や裁判官たちのそんな不法な人権蹂躙問題は断じて許

せないと考えた私たち被害者は「笹下《ささげ》同志会」を結成して彼らの犯罪を告発したのが現在の第三次の横浜事件再審裁判請求事件と呼ばれるものです。

ジュネーブの人権小委員会会議場にて

その再審裁判の請求は一九八六年七月三日横浜地方裁判所へ告訴し、受けつけられました。しかし、この再審請求は一九八八年三月末に横浜地裁で棄却されましたので、同年四月に私たちは東京高裁に抗告しました。

ところが一九八八年一二月にはその東京高裁も又請求を棄却して来ましたから、私たちは直ちに最高裁へ特別抗告しました。

人権を守る砦と言われた最高裁は私たちの人権問題をどう受け止めたでしょうか？

一九九一年三月一四日、最高裁も同じようにこれを棄却して来ました。棄却の理由は裁判記録がないという理由にもならない理由に因るものでした。そのわけというのは、裁判所があの敗戦直後に、自分たちがやった横浜事件のデッチ上げ裁判記録が彼ら自身の犯した戦争犯罪の証拠として追求されるおそれがあることから、彼ら自身の手で焼却されていたのでした。完全な証拠湮滅というもので、彼らは二重の犯罪を重ねていたのです。

拷問によるデッチ上げと証拠湮滅という二重の重大な権力犯罪だったわけです。

賢明な皆さんだからよくご存じのことだと思いますが、今から二十五年前の一九六八年に国連は大変大切な国際条約を採択しています。「戦争犯罪及び人道に対する罪に対する時効不適用に関する条約」です。こんな大事な国際条約を日本政府はまだ批准もしていません。まことに残念なことだと思います。

私たち横浜事件再審請求を支援し、協力してくださっている「横浜事件を考える会」の皆さんは、昨年夏八月末の一週間、ジュネーブの国連人権委員会へ私たちが追求している「横浜事件の人権蹂躙問題」を提訴することに決定。代表五名（告発請求人木村亨、考える会代表木下信男、弁護団長森川金寿ご夫妻、ビデオカメラマン松坂まき）が参加してジュネーブに行って参りました。

もちろん一度でその願いがかなうものではありません。国連人権委員会側でも三年や五年ジュネーブへ提訴に足を運ぶようにすすめてくれており、やがて私たちの人権問題も正しく解決されるときが来るものと確信します。

もとより私たちは国内での提訴も第二次、第三次と再審裁判の請求を勝訴するまで何度でも継続しつづけますが、ジュネーブの国連人権委員会へも何回でも重ねて横浜事件の重大な権力犯罪を告発しつづけて参ります。

日本のような人権の遅れた国を国際的に通用する人権国に解放するための一助にもなろうかと思考する次第です。

どうか心清らかな皆さま方が、人権回復の高邁な人道精神に基づく私たちの人権運動にご協力下さいますように衷心からお祈り申しております。

［日本基督教団百人町教会『ろば』一〇九号、一九九二年三月刊］

〈人権を守る砦〉が人権無視の「腰ぬけ裁判所」に落ちた噺

皆さんの熱心なご支援に励まされながらこの五年来つづけて参りました私たちの再審請求は去る三月一四日付で、最高裁から「棄却」の決定を受けました。

「犯人が被害者を裁いた」ことで有名な横浜事件、五名もの善良な市民を拷問によって殺害した特高警官らの権力犯罪が何ら問題にもされずに不問のまま棄却されたというわけです。

しかも重大なことには、私たちの横浜事件関係記録が、敗戦直後に米軍の進駐が迫ったとき、裁判所自身の手で他の資料と共に一切を焼却処分にしていたことが公然と認められようとしています。

こんな不当な措置が裁判所の名のもとに行なわれたことを私たちは黙認してよいのでしょうか？

戦後民主主義の名の下で実施されて来たと思った「憲法」が、人権蹂りんの非人道的拷問を黙認してきたとはいったい何ということでありましょう。おまけに、彼ら自らの戦争犯罪を湮滅するために関係書類を焼却して証拠湮滅していた事実を果たして国民の誰が容認するでしょうか？

私たちは現行の不戦憲法を守りぬくためにも、今回の最高裁の棄却決定を断じて承服することが出来ません。

私たちは弁護団とともに新たな証拠の裏付けをもって再度再審請求の道をひらき、私たちの失った人権奪還の闘いを継続します。

最も大切なことは、最高裁の人権無視の不当決定に抗議し、弾劾する世論を、国内的にも国際的にも大いに喚起することです。そして国側が犯した人権蹂りんの権力犯罪をどこまでも追究し、糾弾して、彼らの謝罪をかちとるまで闘いぬくことをここに誓うものです。

［ビラ］

私たちは国が謝罪するまで闘い抜きます

どうして日本の裁判はこんなに長い時間をとるのだろうか？

世界中のどこにこれほど長たらしい裁判の行なわれている国があろうか？

「犯人が被害者を裁いた」ことで有名になった横浜事件である。多くの死傷者を出した犯人の特高警官たちが被害者の私たちから告発されて有罪判決を受けるまで、敗戦後の七年間を要したが、今回の再審裁判の請求もすでに早や五年の月日を経過してしまった。

横浜事件における国家権力側の犯罪は、有罪判決を受けた前の特高警官たちの拷問の事実ですでに歴然たる証拠を明示している。おまけに、国側は敗戦直後に、私たちの横浜事件に関する一件書類、つまり裁判記録を裁判所の中で全部焼却して証拠湮滅したことも御自身で白状しているではないか。

これほどまでに明々白々な国側の権力犯罪がどうして速やかに裁判できないでいるのかが私たちには全く分からない。

昨年末にはその決着がつくだろうと思われていたのに、年末になって最高裁から「お前たちは敗戦後に天皇の大赦令によって免罪とされていたことを知っているか」などとまるで私たちを鼻であしらうような調子の反問を私たちにつきつけてきた。私たちが告発している人権問題をまともに受けては負けと思ったから問いをそらしたのだろうが、私たちは国側のそんなはぐらかしには決して乗るものではない。

三月ころには今度こそ決着の決定が出るだろうと観測されるが、私たちは私たちが受けた国家権力の重大な犯行、人権蹂躙と人権剥奪の犯罪を徹底的に追及して、国側が私たちの前にその犯罪を謝罪するまで、とことんまで許さずに責めたてるであろう。

［ビラ、一九九一年二月に配布］

「横浜事件」における石川勲蔵予審判事の疑惑の言動について

昭和二〇年六月に大日本帝国司法省刑事局が第八七帝国議会へ提出した「刑事局所管事項参考報告」を見ると、その第一項に

「細川嘉六ニ対スル治安維持法違反事件処理状況」（片カナ書き）

が報告されている。（この報告には他に八項にわたる諸事件も報告されている。）

その細川さんの事項にはつぎのように記述されている。全文を紹介してみよう。

「細川嘉六は多年大原社会問題研究所に勤務したるものなるところ、豫てより左翼的論文を執筆し、殊に昭和十七年八月及び九月号雑誌『改造』に執筆せる《世界史の動向と日本》（九月号は内務省に於いて削除処分に付したり）と題する論文は唯物史観の視点より現下の世界情勢を目して帝国主義世界戦争の段階に突入せるものと倣しこの戦争を通じて世界共産主義社会の実現を図らざるべからざる旨示唆せるものなりし

を以て、昭和十七年九月十四日、治安維持法違反の嫌疑により検挙し、東京刑事地方裁判所検事局に於て捜査の上被疑事実明瞭となりたるを以て、昭和十八年九月十一日同地方裁判所に予審請求を為したるが、同人は、他方横浜地方裁判所検事局に於て昭和十八年五月検挙し、昭和十九年五月同裁判所に予審請求を為したる相川博等に対する日本共産党再建運動関係の治安維持法違反事件にも関係したる嫌疑存したるため、昭和十九年六月二十六日、同人に対する前記事件を右相川博に対する治安維持法違反事件に併合審理を為す旨の決定あり、爾来、同地方裁判所に於て公判継続中なり。」（本文は片仮名書き）

以上にみるこの司法当局の現状報告ではっきりわかることがある。つまり、私たちのいわゆる「横浜事件」は明らかに相川博等に係わる「日本共産党再建運動」であって、細川嘉六さんの論文事件とは別件の扱いであったという事実である。

［未発表］

私たちの人権闘争を不法に妨害する当局の人権侵害罪を告発する！

去る二月八日と九日の一日間にわたって、驚くべき人権侵害が身近で行われた。第一日の二月八日には、十名余の警官隊が私たちの「拷問等禁止条約の批准を求める会」（阿佐ヶ谷の「横浜事件を考える会」付属の再審裁判資料室）に不法に踏み込んで、私たちが長期にわたって集めた貴重な人権問題資料を無断で持ち去り、さらにその翌九日にも約十名もの刑事たちが侵入して、私たちの拒否を強引に押しのけてチン入し、何かを捜索して帰るというじつに不当な人権侵害をくり返した。

その不当侵入の第二日目には会の代表者木下氏や木村、千代丸氏のほか松坂まきらも居合わせたので、不法侵入者の入室をハッキリ強く断ったにも拘わらず、無理矢理に押し入って前日の捜索をくり返して続けたのであった。

私たちが「君たちは住居侵入と人権じゅうりんの現行犯だぞ」と非難したのに対して、その中の一人が大声をあげてこうドナった。

「人権だと？　バカなことを言うな！」

と暴言を浴びせて帰った。唖然たる一言だ！

これこそが不法警官のあきれた放言であった。

人権を守るべき警官が公然と自ら人権を侵害する現実のこの日本を、このまま黙認することが出来るだろうか？　公務員たちが続けるこうした人権侵害や人権じゅうりんの非行をこそ即時に禁止すべきではあるまいか？

私たちが敗戦後五十年にわたって権力者たちが犯している人権侵害罪を告発し、弾劾してきたのは、こういう現役公務員たちのさまざまな人権犯罪を根絶するために続けてきた人権を守る運動なのである。

もちろん今度の不当な人権侵害罪に対しては直ちに「準抗告」や「記者会見」を行ったが、押収品を返却してきたのみで、彼らの謝罪行為は今も受けていない。

［未発表］

横浜事件こぼれ話
——青木君の「かくし芸」

ぼくらがやられた横浜事件は治安維持法適用の最後最悪のケースだった。あの第二次大戦が天皇制軍事ファシズムと民主主義陣営との真っ向からの対決だったことを考えると、天皇制特高警察のスパイどもが取調べに拷問などの不法手段を使って無茶苦茶をやらかしたことは、彼らのやりそうなことであった。

当然のことながら、ぼくら被害者は、敗戦直後の一九四六年秋から五二年にかけて、戦時下特高どものそのひどい人権じゅうりんの不法行為の数々を、戦争犯罪の一翼を担ったものとして、告発し、七年間にわたって裁判闘争を続けた結果、ついに有力な証拠物件に裏づけられた三名の特高スパイを有罪判決に追い込むことができたのであった。治安維持法を相手どった闘争としてはぼくらが初めての闘いであったが、一応の勝利を収めた。

しかし横浜事件の重要な側面は、言論の自由の抑圧と言論機関の弾圧にあったことを忘れてはならない。ぼくら言論人としてはまことにお恥ずかしい次第だが、『中央公論』と『改造』の休廃刊と解体については、残念にも検挙されたぼくらの側からひそかにそれに協力した人物がいたことを告白しなければならない。

その人物は当時（検挙された時点）翼賛壮年団幹事のポストにいて翼賛運動に懸命であった者だが、太平洋戦争開戦直前までは『中央公論』編集部に属していたのだった。

ぼくは横浜事件の端緒にされている「泊事件」に連座して

学生時代の木村亨

昭和一八年（一九四三）五月に横浜で検挙されたが、職場は中央公論社出版部だった。『支那問題辞典』を編集していたのである。そのぼくが中央公論社に入社した昭和一四年春に、一年早く入社した先輩に当たるその人物が、新入りのぼくをとらえて「宮城遙拝につれてゆく」と称して強引に腕を取ろうとしたので、ぼくは「遙拝しませんから」とお断わりしたことを覚えている。当時、中央公論社は東京駅前の丸ビルにあった。宮城に近かったのだ。
その後ぼくが嫌いな現役陸軍から「現免」で帰社して間もなくの一九四一年春ごろ、その先輩はしきりにぼくに話しかけて、「中央公論なんて国賊雑誌は早くやめさせ、中央公論社なんかつぶしたほうがいい」とくり返していたが、間もなく彼は翼賛壮年団の幹部に転じたのであった。
「中央公論社なんかつぶせ」という彼の提唱を聞いたのはぼくだけではない。今生き残っている二、三の同僚も聞いていたそうだ。彼がその後間もなく「翼壮」へ移る前に社内でそれをくり返し流していたことは事実である。
そんな人物がなぜに事件で検挙されたのかはぼくには今だに謎だが、ぼくが横浜の山手署から笹下町の未決刑務所へ移る直前の昭和一九年（一九四四）三月ごろ、特高の森川警部が未決へ移るぼくを呼び出して「中央公論社にいたAが中央公論社なんかぶっつぶさねばいかんと特高をたきつけている」

と面白がっている様子であった。ぼくはこりゃ大変なことになるぞと驚ろいたことがあった。がその半面まさか中央公論社、改造社が解体されるようなことはやるまいとも軽く考えていた。

ところがどうだろう。そんなことが現実になったことを未決に入ってから知らされたのだった。

戦後、敗戦でぼくたちが解放されたあと、もちろん自由に会えるようになったとき、ぼくはその話をAに持ち出して質してみたら、Aは急に顔色を変え、土下座せんばかりにうろたえて、襟を正して改まり、

「木村君、頼む。頼むからその話は出さないでくれ。中公から翼壮へ移ったことも内密にしてくれないか。俺が死んだら出してもいい。」会うたびにこうくり返すのだった。

そのAとは、昨年九月に世を去った、青木滋君（ペンネーム青地晨）である。これは青木君の「かくし芸」であった。

［『旧縁の会』会報二三号、一九八五年五月二五日刊］

敗戦直後のぼくの痛恨事
――遅すぎた？　わが反省

ある先輩のことばに「忘却は不便だが、記憶は不幸だ」という一句がある。

四十九年前の昔話で恐縮なのだが、ぼくは不幸にも大変残念な失敗体験を味わった。

それは一九四五年一一月に、横浜事件の特高が犯した特別公務員暴行傷害（拷問）事件を共同で告発した直後のこと。細川嘉六さんとも相談のうえで、ぼくは戦後初めて合法紙になった『赤旗』編集局へ一人の新米記者として入社した。敗戦の年の暮れのことだ。

その会議の責任者は、編集局長で主筆をかねた志賀義雄氏で、出席者は二十名ほどだったと記憶している。しばらくの議論のあと、ぼくは発言を求めて、次のような提案を行なった。

「先日ぼくたち横浜事件の被害者一同（三十三名）は、特高警察が犯した拷問犯罪を共同告発したが、ここでぼくは日本の戦争犯罪について重大な提案をしたいと思う。ぼくは横浜

刑務所を出る前に、細川さんと獄中で、出獄後第一にやらねばならぬ課題として、日本の侵略戦争の責任と犯罪をぼくたち国民自身が法廷を開いて裁くべきであると申し合わせたが、今やその時がきたのだ。ぼくはその重大な戦争犯罪追求の国民法廷を開くことを提案したい。」

この発言と提案を聞いた志賀さんが、そのとき突如起ち上り、ぼくを指して、

「木村君、君は現にいまマッカーサーが『東京裁判』を準備していることを知らないか。戦犯裁判はマッカーサーがやることで、われわれが口出ししてはならない。」

ときめつけた。出席者の中には当然ぼくの提案を支持した者もいた様子だったが、志賀さんのそんな高圧的な問責的発言には誰一人として異議を申し立てる者もなく、ぼく自身もそれきりで黙ってしまった。なぜぼくは自分の提案を志賀さんに向かって強く主張し、説得しなかったのか？　どうしてぼくは自分が出した提案を志賀さんや全出席者に承諾させるように精一杯努力しなかったのか？

マッカーサーの「東京裁判」と並行して、べつに国民自身が開く戦犯裁判を堂々と決定し、実現すべきではなかったのか？

翌年になってから、黒木重徳さんの努力で田村町にあった飛行会館と、神田の共立講堂の二か所で、ぼくたちは「戦争犯罪を追及する集会」を開いたことは事実だが、それきり戦犯を弾劾する国民法廷は開かれないでしまった。

大きな期待を持って提案したぼくの発言がこんな結果に終わったことに腹を立てたぼくは、もちろん間もなく『赤旗』を辞めた。そして、細川さんのすすめと西園寺公一さんの招請を受けて、『世界画報』の編集長に転じたのであった。

最近とくにこの二、三年来、世界各地で日本の侵略戦争が残した従軍慰安婦問題や強制連行問題、また中国における生体実験の七三一部隊の一件などが次つぎに暴露され、糾弾されて、その責任と補償が求められている。これを見ると、ぼくは改めて敗戦直後のその時の提案を、そのままに終わらせたぼく自身のだらしなさを無念至極に思い返している。

もしもぼくが真剣にその提案を説得していたなら、日本の戦争犯罪の裁判を国民自身が実現し断罪していたはずである。

遅すぎた反省だと笑われようが、ぼくは今その誤りがどんなに深く重大な自分自身の間違いだったかを痛烈に自己批判させられている。

（文中の細川嘉六さんとの獄中の申し合わせについては拙著『横浜事件の真相』一〇八頁を参照されたい）

［『Le Libertaire』第二六巻第二号 通巻二一九号、一九九五年二月一日刊］

私の戒め
人権を蹂りんする権力を許してはならない

はじめに

いわゆる十五年戦争を準備し、遂行させた弾圧法が治安維持法であったことは、いまでは誰の目にも明白な事実である。言論、思想、結社の自由などの大切な基本的人権を天皇の名によって強圧的に禁止し、あの侵略戦争を「聖戦」と称して強行した天皇制ファシズムの独裁劇が、この国を暗黒時代にとじ込めてしまったのである。

ところが、あの暗黒時代を再びこの国に再現しようとしている弾圧法がある。それが破防法である。今さらそのいわれを説くまでもないが、この破防法は、一九五二年に、朝鮮戦争のさなか、思想、言論、結社の自由を取り締る反民主的内容をもって立案され、各界の激しい反対を押し切って、

「いやしくもこれを乱用してはならない」

などという一句を添えて、ようやく成立した法律である。

しかし、現実の実施状況をみると、そんな添句をあざ笑うかのように、種々さまざまに悪用されているようである。

そこで、私は敢えて自分自身があの戦時下に特高警察の無法な拷問で半殺しの目にあった横浜事件を反面教師として、そうした弾圧法規に対してどんな方法で対処したらよいのかを、私なりの心得として述べてみたいと思う。

1

私の苦々《にが》しい体験から言える第一の心得は身辺の整理ということである。今さらつまらぬことを言うと仰言る方もおいでだろうが、私たちが経験した実例をいくつか引用してご参考に供したい。

横浜事件の端緒となった泊会議というのは、全く信じられないほどつまらぬことからデッチ上げられたのであった。

それは一枚のスナップ写真の提供から始まったフレーム・アップだった。

東洋経済新報社から刊行された『植民史』の著者細川嘉六さんが、その出版記念として御自分の郷里の泊《とまり》（現、富山県朝日町）へ七名の若者たちを招待した小さな旅の一日、カメラを持参した西尾忠四郎君が旅館『紋左《もんざ》』の中庭で一同を集めて撮った一枚のスナップにすぎなかった。しかし、そのころの私たちにとっては、一枚の写真といえどもおろそかにしてはならないというモラルがあったのだ。

泊の旅館「紋左」中庭での記念写真

横浜事件をフレーム・アップさせた一枚の写真は西沢富夫君の家から押収された。

これに関して、平館利雄さんは後日談として私にこう語っている。

「泊への旅の汽車の中で、私は西沢君にその昔の五色温泉会議事件という共産党事件があったことをたとえにして、今度の泊旅行も十分に注意するようにと話したのだった。

泊旅行のスナップ写真なんかも、あとでみんなきちんと整理しておくべきだった。

私もその写真を受け取ったらすぐに妻君と相談して、漬け物樽の重石の下へそっと隠しておいたものだよ。」

さらに平館さんは敗戦直後の秘話として、つぎのような話も私に伝えてくれた。

「あのスナップ写真一枚で私たちの事件がフレーム・アップされたことを痛いほど思い知らされたのか、西沢君は敗戦直後に、夫婦そろって横浜の私の家へ一度ならず二度も訪ねて来て、

『ぼくからあの写真が出たことがわかったら今の職場でぼくはもう偉くなれないから、先輩には悪いけど、あの写真の出所は先輩の家から出たことにしてくれませんか』

と平身低頭で夫婦そろって哀願するので、私は『いいよ、ぼくから出たことにしてあげよう』とその出所をかぶってやっ

たよ。」

この話には私も大きな驚きを味わった。つまり、一枚のスナップ写真が敵・味方の双方に対してどんなに大きい役割を演じるものかを知ったからである。

2

一枚のスナップ写真といえども、おろそかにしてはいけない、というのが第一の戒めであるが、第二にあげたいのは住所録などで友人や知人に迷惑を及ぼしてはならないということである。

こんなことはもうわかりきったことで、何もいまさら注意することもなかろうと鼻先きで嘲笑する向きもあろう。

しかし、事実こんなにわかりきったことで友人たちに大変な迷惑をかけた前例がある。

それは、横浜事件につながる一件を成立させた「政治経済研究会」事件のもとにされた「名簿」を提供したことである。

この事実も戦後になって同事件のリーダーであった高木健次郎さんから私が聞いたことだが、不用意にもそんなに大事な名簿を特高に押収されてしまったのは獄中で病死した浅石晴世君からであった。

浅石君のいたましい獄死の様子を同じ横浜の拘置所（笹下）で土井看守さんから聞いたときのショックを忘れない私にはこんな実話はいかにも非情な気がする。

だが、それにも拘わらず後日の教訓のひとつとして、「名簿」がどんなに重い性質のものかを知っておくことは客観的には大切な戒めであろう。

さらにまた、写真や名簿のたぐいよりもっともっと重大なミスとして「タレ込み」や「転向」の裏切り行為にあったことを指摘しないわけにはいかない。

「タレ込み」とひと口に言っても、それがどんなことか、なぜいけないのかを明確にしておく必要があろう。

横浜事件から例を取るが、検挙された直後に襲われた拷問の非人道的暴行については申すに及ばず、何れもひどい体験をさせられたが、当初の拷問のあとでまた怖ろしい誘導訊問が待ち受けていた。

昭和一八年五月一一日に西沢君は益田君や平館さんと共に検挙されたが、ひどい拷問にあったことは私たち同様だったらしいが、つぎに彼は同月二一日、つまり検挙されて丁度十日目に、早くも保土ヶ谷病院へ入院させられている。

敵側にとってよほどの見込みのある人物でないと取り調べ中の被疑者に入院が許されるものではない。私たち他の者は半殺しの目にあいながら、誰ひとり入院を許された者はいなかった。「小林多喜二を知っとるか！　お前もお陀仏にしてやるぞ！」といつも私たちを脅かした彼ら下っ端特高たちに、入院をとりはからうような処置は出来る筈もない。

どういう経緯からか？　西沢君ただひとりが入院を許されて、その後六月二九日までのまる四十日間も保土ヶ谷病院で療養ぐらしをさせられていたのである。確かな証拠をあげるわけにもいかぬが、その間の私たちへの拷問のくり返しや訊問内容のあれこれを思い合わせると、ははァやっぱりそうだったのか、と肯かせることが幾つか思い浮ぶのであった。

ひとつは私が五月二六日に例のスナップ写真によって検挙されたのも西沢君が押収されたスナップ写真に因ってであり、また西沢君の入院については、検挙される一年半ほど前に満鉄調査部で西沢君から聞いた伊藤律君から伝授された秘法からそれとわかることを聞いていたのであった。彼は伊藤律君の教えにしたがって、即時入院を要求し、特高の上役から「許可」を取ったのである。何を条件にその上役が彼の入院を許可したかは想像に難くはない。

案の定、西沢君の入院中の私たちへの拷問と取り調べは、その後の総合雑誌『中央公論』や『改造』の弾圧と解体につながる諸件であった。ここには詳細の記述を省くが、「タレ込み」による裏切りの具体例はこんなところにあったのである。

「タレ込み」のもうひとつの実例は、相川博君の「手記」と「上申書」にもあった。

相川君もまた病身で、胸部疾患だったからあのすさまじいばかりの特高の拷問にはとても耐えられなかったにちがいない。お気の毒ではあったが、細川さんの秘書役をもって自任していた彼の陳述や「手記」が検挙（五月二六日）の直後から始まり、八月初めころには十枚以上の大量の上申書が書き上げられていたことは細川さんの昭和一八年九月一一日の「公訴事実」によって明らかである。

その「公訴事実」によって細川さんは「相川博の供述によって被告人細川嘉六は共産主義を信奉していた」ことを裏書きされたのであった。細川さんが相川君に対してカンカンに怒ったことも肯けよう。

私自身はそのころやっと拘置所の中で細川さんとの連絡がついた。最初に細川さんから受け取ったレポの冒頭には例の「相川はスパイじゃないか？」という一言が書きつけられていて、強いショックを受けたことも前に私が書いたことであった。

細川さんが相川君のそんな証言に立腹したわけもそんな「タレ込み」の証言を「手記」などから知らされたからにちがいない。

3

私たちにとって「転向」ということがどんなに深い傷あとになっているかは、ここにくだくだしく書きつけることもあるまい。

それだけにごく少人数しか残っていない「非転向」組の立派さについては確かに称賛の拍手を送るのにやぶさかではない。だが、ただひとつ、その非転向組の中に、敗戦直後に官憲との間で密約を結んで釈放され、「大赦令」や「勅令」によって恩赦を受けていた者が意外なところにいたことは、戦後のコースを誤らせた因となったのも事実であり、遺憾に堪えない。

私は横浜事件の再審裁判の請求に起ち上ったときにも「大赦令」と「勅令」を引用して
「治安維持法によって有罪だった者も、天皇の恩赦令で無罪にされたのだ」

よって、再審請求は余計なことで、無用（不要）であると言わんばかりの記事を読んだとき、なるほどと、戦後の合法主義コースを選んだその人たちの誤りがどこに起因したかを深刻に考えさせられたものである。

その見解に立つ人びとには「人権じゅうりん」の問題が率直に理解できなかったらしい。この国の人びとに実際的に通用する「人権宣言」というものがまだよくわからないらしい。「天皇制民主主義」なる用語が何の矛盾もなく用いられるわけである。もうひとつはっきり言うと、人権と天皇は相矛盾し、正反対の意味をもった言葉だということがピンと来ていないらしいのだ。

そこで私は、この稿の最後に、横浜事件の拷問の体験から私が初めて自分自身の人権の尊さというものに目ざめたことから、その人権認識に基づいて、あの獄中で申し合せた三つの条件を改めてつぎに明記して、その後私たちがなぜ「人権を返せ！」の再審裁判の請求に傾注してきたかをご賢察ねがいたいと思う。

笹下の未決独房（三舎二階六号室）で細川さんから前述のようなレポを受け取った私は、泊に旅した仲間の者に、私たちの人権を基点にして、私たちの人権を無法に蹂りんされてデッチ上げられた事件のそれまでの調べ（予審調書を含めて）を根本からひっくり返すための三つの申し合せを提案したのであった。

獄中で私が仲間に提案した三カ条というのはつぎの三つであった。第一に、特高警察が私たちの人権を無法な暴力拷問で蹂りんした事実を明らかにすること、第二に、特高の拷問で私たちにムリに肯定させた「共産党再建準備会」というウソは事実無根であることを暴露すること、そして第三に私たちは共産主義者ではなく、民主主義者であることを確信をもって明僚に証言すること、などの三点をそれぞれの予審判事（私は石川勲蔵）の前に訴えて、それまでに作られた警察調書や手記などはすべて偽造文書であることを申し立てようという提案であった。

八・一五の敗戦降伏の知らせがあった四、五日後に、石川予審判事は私を呼び出してこう言ったのを忘れていない。

「木村さん、あなたの予審調書からは共産党再建準備というのを削除しますから、どうかもうこの件は勘弁してくれませんか」

と俄かに頭を低くして、妥協を申し入れて来たのである。これで私の申し合せ提案は勝利を獲得したものと胸をなでおろしたものだ。

ところがどっこい、敵もさるものだ。私たちの裁判が九月一五日に法廷を開いたとき、裁判長は全員一様に有罪の判決を言い渡したのであった。（実刑二年、執行猶予三年）

そんな判決が私たちに受け入れられる筈はない。九月四日に仮釈放された私は、細川さんとともに泊組を中心に横浜事件に連座して無法な暴力拷問に傷ついた被害者三十三名に対して、その年の秋十月に「特高警察の非道な拷問を共同告発しよう」と呼びかけた。

敗戦の年の一〇月一五日には悪法治安維持法はついに撤廃された。私たちは一一月一三日に、丸の内の常盤亭に集まって、横浜事件被害者の会＝笹下会を結成して、右の共同告発を行なうことを申し合せたのである。

共同告発には、被害者の私たちが受けた拷問による被害の事実を詳細に書き誌す必要があったので、三十三名の者がめいめいに「手記」を書いた。私は故由田浩君と手わけをして、その手記をその年の末から翌年の春へかけて集めて歩いた。

私たちの共同告発は悪法・治安維持法に対する唯一の告発になった。最初私たちは二十万人に及ぶ治安維持法の被害者が生き残っている限りは、私たちとともに相当数が起ち上るものと考えていた。

ところが、驚いたことには彼らは例の大赦令や勅令七三〇号などの天皇の命令で無罪とされたのだから、治安維持法による被害は戦後告発しないと泣き寝入りを決めていたのである。

私たちは右の拷問体験手記を告発の理由として翌年春、正式に告訴手続きをとって提訴に踏み切り、その後満七年間の裁判闘争を経て、昭和二七年四月に私たちの告訴は最高裁の判決で特高警官の拷問警部ら三名の有罪判決に結着した。しかし、その判決は丁度そのときに発効した日米単独講和条約に伴う特赦によって全員が無罪釈放されてしまった。これは裁判所側が意識的、計画的に特高警察の拷問という権力犯罪を守ったのである。

もちろん私たちがそんなごまかし裁判を黙認するわけはない。再審裁判の告訴手続きには「判決」文が必要だということから随分ムダな時間を過ごしてしまったが、そのあと驚くべきことが発覚した。それは私たちの横浜事件の裁判記録が殆んどすべて戦争終了（敗北）の時点で役所側が焼却していたことが判明したのである。

一九八五年の暮れに、私は国際法廷（ラッセル・サルトル法廷）で日本を代表して活躍された森川金寿弁護士の賛同を得て、横浜事件再審裁判の請求に踏み切ったのである。

正式に横浜地裁に手続きをしたのは翌八六年七月三日のことであった。その後八八年三月末に横浜地裁から棄却の通知を受け、東京高裁へ直ちに上告したが、同年一二月一九日に再び棄却の知らせがあったので、同年一二月二四日直ちに最高裁へ特別抗告して今日に至っている。私たちはあくまでも私たちの人権を蹂りんした特高の権力犯罪を許さずに追及して、国側の謝罪をかちとり、勝訴の結着を待ち望んでいるところである。

〔『破防法研究』七〇号、一九九一年三月刊〕

第2部

人権に国境はない

わが国の裁判の腐敗は国際的にも粛正しよう!

皆さんの強力な御支援のお陰さまで昨夏にひきつづき、今夏もまたジュネーブの国連人権小委員会へ提訴の旅を果たすことができました。まことに意義深い企てでした。

今度の提訴でも、とりわけ「横浜事件を考える会」の皆さん、特に事務局長の高橋敬基さんが同行して下さってお世話いただいたことに心から感謝しております。ジュネーブ到着第二日目の八月一二日には、午後開かれた「アジア・太平洋地域対策会議」で、私たちの横浜事件における不法きわまる人権蹂りん問題をアピールできたことは、何よりの大きな成果でした。会場ではルネ・ワドローさんやパーカー弁護士の励ましを受けたほか、人権弁護士戸塚悦朗さんが応援演説をやって私たちを元気づけてくれたことも、忘れることのできない出来ごとでした。

今夏は第二回目の提訴でしたが、丁度韓国の従軍慰安婦問題が大きな議題として取り上げられておりましたので、第二次大戦での日帝の戦争犯罪問題のひとつとして私たちの横浜事件が取り上げられたことは、注目すべき出来ごとではなかったかと思われます。

日帝の戦争犯罪のひとつとして私たち横浜事件の権力犯罪が認められたのですから、その意義は大きく評価されてもよいでしょう。

もちろん、これだけで引きさがるわけにはいきません。戦後にみる裁判の冤罪問題の続出、多発は、日本における司法・裁判の腐敗堕落を証明する歴然たる事実です。私たちは横浜事件の第二次再審裁判請求に努力することは言うまでもありませんが、この国の司法・裁判の腐敗を糾弾するためには国内で闘うと同時に、並行して国際的にも多面的に活動を続けねばなりません。何よりもジュネーブの国連人権委への提訴の継続は、欠かせない闘いにいたしましょう。日本代表を呼びつけて、正式に謝罪させるまで何回でもジュネーブへ出かけようではありませんか。

ご存じのように、いまわが国の政治はどうでしょうか?佐川急便事件にみる金権腐敗や竹下政権にみる右翼暴力団との深いかかわりの疑惑は、この国の政治の腐敗と堕落をバクロしています。

今こそ、私たちはこの国の司法・裁判の腐敗をとことんまで剔抉して、司法を私たち民衆の手に取り戻し、私たち横浜事件の第二次再審請求を闘いとり、第二次大戦の戦争犯罪を内外にわたって政府当局に謝罪させて、真に民衆自身が平和な民主国家を再建しなければなりません。

〔『横浜事件再審裁判を支援する会』二一号〕

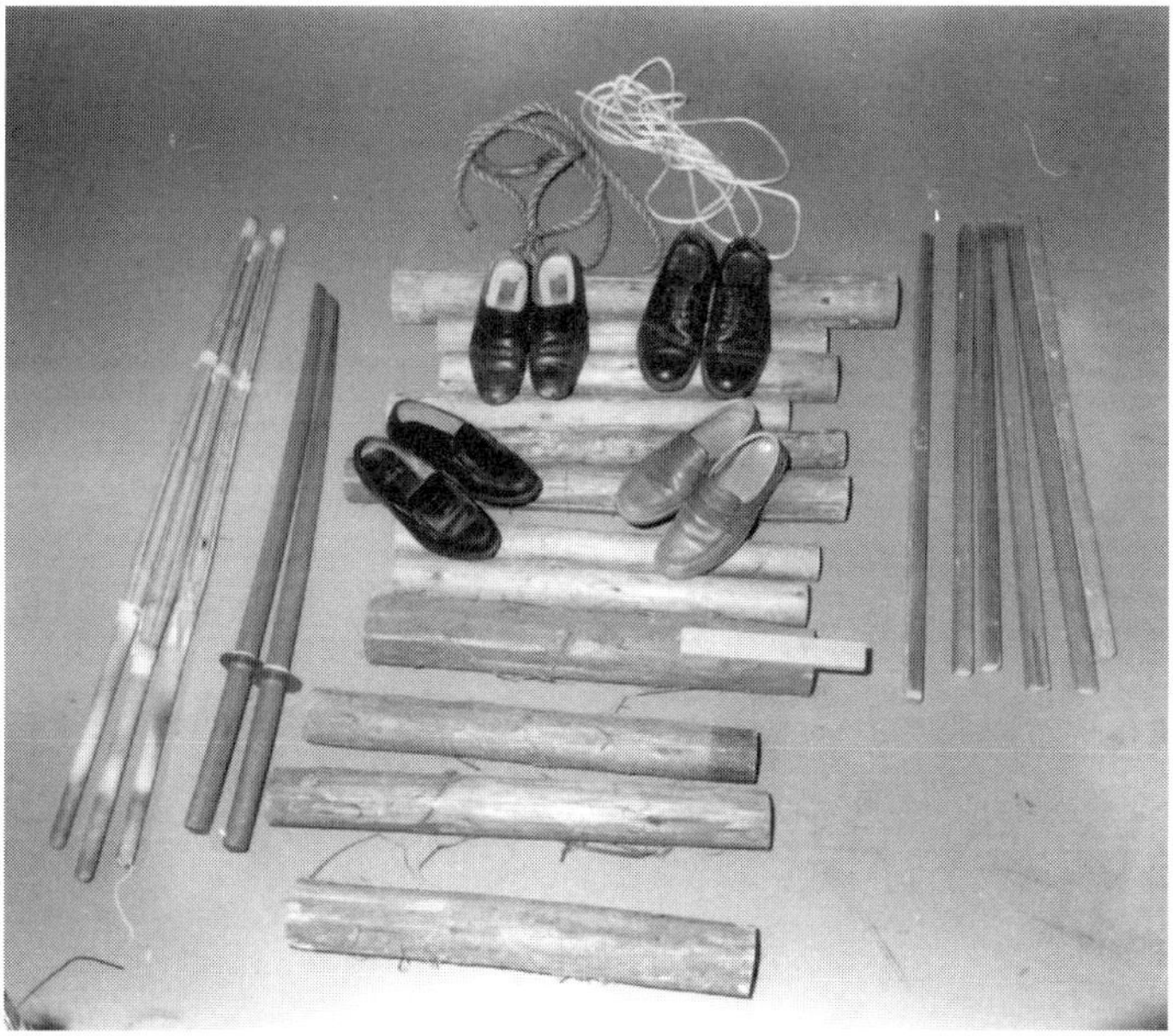

拷問に使われた丸太や木刀など（復元）

国連人権委員会への提訴のためのアピール

私たちの横浜事件再審請求は、去る三月一四日、最高裁で人権無視の棄却決定を受けたが、この決定はこの国における裁判がいかに国際人権規約に反するものかを、自ら立証したものであった。

すでに五年前、私たちの再審請求人一同は、再審裁判を請求した当初から、国内裁判が一応の決着をえた時点で、ジュネーブの国連人権委員会へ正式に提訴して、私たちが受けた反人道的人権蹂りんの被害事実を公正に判断ねがいたいと祈念していたが、今やまさにその時が来たのである。

お恥ずかしい次第だが、私たち日本人はいまだに自分の意思で自力をもって自らの「人権宣言」を勝ち取っていない。したがって、私たち日本人の人権問題は横浜事件に限らず、戦後も驚くべきほどの深刻な社会問題をまきおこしており、日本国内の裁判では到底正しい判断が望めない立ち遅れ状況にある。否、むしろ反対に、このままでは日本国の裁判では人権無視の冤罪が跡を絶たない。

私たちはこの国における人権無視の悲惨な現実をこれ以上正視するに忍びず、今回いよいよ意を決して国連人権委員会（ジュネーブ）に正式提訴の義挙に起ち上がったのである。

第一回のジュネーブ行きは今夏八月二一日からの一週間を予定しているが、私たちの今回の行動は、正義と人道の名に恥じない義挙として、国民の皆さまのご支援とご協力を心から期待している。

つきましては、下記のように、私たちの今回のジュネーブ行きを支援して基金を集めて下さることになりました。この絶好の機会に、どうか私たちのこの行動を促進して下さるように、皆さまお一人お一人のまごころに訴えたい。

どうぞよろしくお願い申し上げます。

一九九一・六・六　横浜事件再審請求人　木村亨

『告知板』一二三〇号、一九九一年七月二〇日刊

横浜事件の人権蹂躙を国連人権委員会へ提訴

私は五年前（一九八六年）に、横浜事件の再審請求を提訴したが、今年三月一四日、「旧刑訴法下で確定した有罪判決に対する再審請求で特別抗告できるのは、憲法判断に限られる」と、最高裁から型通りの棄却を受けた。

拷問による犯罪捏造という重大問題が日本国の裁判所で無視されては、日本では人権が通用しないことになるので、ジュネーブの国連人権委員会へ正式に提訴するほかないと考え、四月から準備に取りかかったのであるが、意外に早く六月に「日本の代用監獄とえん罪を訴える会」（五十嵐二葉弁護士主宰）に出会うことができた。これは「横浜事件を考える会」代表木下信男さんのお骨折りのたまものであった。

私たち横浜事件関係者五名（木下代表、森川弁護団長ご夫妻、松坂カメラマン、木村）は、五十嵐さんたちの一行に合流して、八月二一日出発、ジュネーブの国連人権委員会へ提訴して、二八日に帰国した。

人権がひどく遅れた日本では政党もマスコミも人権問題に

は関心が薄いが、私たちの今度のジュネーブ行きは多少の興味が持たれたのか、「朝日」や「毎日」で少々ながら取り上げたようだ。しかし、横浜事件の人権蹂りん＝権力犯罪が国の内外に明らかになる日はなお遠い。今度の国連人権委、ＮＧＯ（民間人権機関）への提訴がスタートになって、私たちの「人権を返せ！」運動はやっと本番に入ったところなのではなかろうか。

〔『旧縁乃会会報』四六号、一九九一年一〇月七日刊〕

横浜事件の人権蹂躙を国連人権委員会に提訴する

1

私たちの横浜事件再審請求は一九九一年三月一四日、最高裁判所から棄却する旨の通知を受けました。この棄却決定は、日本国憲法第三ー二条の国民が裁判を受ける権利を否定するばかりではなく、明らかに、『国際人権Ｂ規約第十四条五項』の「再審を受ける権利」をも否定するものです。

日本で人権を守る最後の砦といわれた最高裁判所が、私たち国民の人権を無視するのみならず、国際人権規約にさえも自ら違反する決定を行なったことは、私たちの断じて許せないことです。

昨年夏に私たちが訴えたアピール（英文）ですでにご存知の通り、私たちの横浜事件は、「特高警察」という拷問の暴力犯人が被害者の私たちを裁いた権力犯罪で有名な事件であり、また、それは第二次大戦下に行なわれた日本の侵略戦争に反対した私たち良心的平和論者や自由主義者が政府権力によって弾圧された言論弾圧事件でもありました。

一九四三年夏から一九四五年八月一五日の敗戦後も、私たち六十余名のジャーナリストや学者・評論家が、「天皇の命令による聖戦に反対し、抵抗した」とされ、惨酷非道な拷問により無理矢理に「共産党を再建しようとした」と、事実無根の空中楼閣をデッチ上げられて投獄され獄中に拘禁されたのです。

私たちが「特高警察」という暴力団によってどんなにひどい拷問を受けたかという事実は、被害者の私たち自身がその体験の真相を書いた「手記」（英文）によって一目瞭然であり、六十余名の被害者のうちで三十三名の者が拷問によって失神状態となり、獄死した者四名、出獄直後の死者一名。その中で特に婦人の川田定子さんが受けた無惨で反人道的な暴行は、筆舌に尽くせないほどでした。

こうした拷問の数々は、一九四八年に国連が採択した「世界人権宣言」第五条に完全に違反するばかりでなく、一九六八年に国連が採択した「戦争犯罪及び人道に対する罪に対する時効不適用に関する条約」という決議にも違反する非道惨酷な悪業です。

2

現在、私たちがかつて受けたような拷問は日本ではもう行われていないか？　百度も否です。

一九四七年に施行された「日本国憲法」でも、「公務員による拷問及び残虐な刑罰は絶対にこれを禁ずる」（第三六条）と厳禁されているにも拘わらず、日本では現在もまだ拷問が行われているのです。

日本では戦後沢山の冤罪事件が発生していますが、四大事件といわれる免田事件（一九四八年）、財田川事件（一九五〇年）、島田事件（一九五四年）、及び松山事件（一九五五年）の何れの被告も死刑の判決を宣告されましたが、三〇年以上を経た後に再審裁判によって、何れも警官による残忍非道な拷問によって強要した「虚偽の自白」であったことが判明、無罪と正されました。

なおいまだに、袴田事件や甲山事件その他多くの冤罪事件の被告たちが、長期にわたってそれぞれ獄中から無罪を訴えて、再審裁判を求めつづけております。

大切なことは、日本におけるこれら数多くの冤罪事件はすべて警察署の留置場（いわゆるダイヨウカンゴク）で、警官による拷問によってつくり上げられた人権蹂りん事件であると考えられることです。

つまり、ひと言でいえば、日本にダイヨウカンゴクが存続する限り、冤罪事件は絶えない、ということです。

横浜事件から現在まで、約半世紀の間、ダイヨウカンゴクは冤罪の温床として、おどろくばかり多数の人々の人権を侵害し、蹂りんし続けて来たのであります。今すぐにも、そのようなダイヨウカンゴクを廃止すべきではないでしょうか？

3

以上に述べたような人権侵害の事実を少しも認めようとはせず、何らの反省もしない日本の支配官僚に対して、私たちは横浜事件の第二次再審請求をさらに提訴し続けることは当然のことですが、同時に、こうした日本の遅れて低い人権水準を、国際的に通用する人権国に改めさせるために、毎年ジュネーブの国連人権委員会への提訴を続けることによって、国際的な世論に訴えていく所存です。

横浜事件における国家権力の、決して許すことの出来ない犯罪行為を、私たちはあくまでも追求し続ける覚悟です。

（一九九二年七月一五日）

［『不戦』五五号、一九九二年一〇月刊］

ジュネーブの旅で目覚めた「人権日本」のこと

皆さんの強い御協力のお蔭で私たちのジュネーブの旅が無事に果たせたことを何よりもまず感謝したい。私たち横浜事件関係者が「日本の代用監獄とえん罪を訴える会」に参加した六月からわずか二カ月足らずの準備で、八月末にはジュネーブへ出かけることができたことは、我ながらよくぞこんな短期間に実現できたものと驚いている。

率直に言って、私は今度の旅で自分自身の目のウロコが二枚も三枚も落ちた思いでいっぱいだ。

第一に、こんなに世界中の人権問題が国際舞台で盛んに論議されているのに私たちがどうして今日まで無知のままに過ごしたのか、という反省である。私自身は、横浜事件の再審請求を開始した六年前に、弁護団長の森川先生から「この再審請求が一応の決着がついたら、ジュネーブの国連人権委員会へ訴えることを考えましょう」と言われ、実際に私たちが受けた拷問の被害事実を英文化して、用意を進めていたのである。『横浜事件と日本の拷問』と題した今夏ジュネーブの国連本部で配布した英文小冊子がその一例である。

第二に、私たちは自身の係わる団体や組織を一日も早く国連で発言権をもつNGOに育てあげなくてはならない、という急務に目ざめたことである。同行した毎日新聞の嶋谷泰典記者も、同紙の「記者の目」（九月四日付）に書いている通り「国連内で発言権をもつNGOは四二団体。そのうち日本の団体はゼロ。活動の遅れをこの数字が物語っている。」

これは私たちにとって緊急の課題である。私たちは今夏のジュネーブ旅行の実際を各地の報告集会で報告する所存だが、これからの大きな課題は、人権日本をつくるためにはまず私たち日本人のNGOを強化・拡大して、国連人権委員会で世界各国なみの発言権を確保することから始めなければならぬということである。

この国が国際的に通用する当たり前の人権国に脱皮するように、私は今夏のジュネーブの旅を活用したいと祈念している。

〔付言〕なお、今夏の旅では横浜事件で受けた特高警察の拷問を、体験者の私が実際にどれほどひどくやられたかを実演してみせたことが、外国人には大きなショックだったらしく、私たちの国連人権委員会へのアプローチに特別に有力な手だてになったことを記しておきたい。

〔『横浜事件を考える会会報』四号、一九九一年九月刊〕

私たちのジュネーブ旅行報告

忘れもしない今年の三月一四日、この六年間にわたって訴えつづけてきた私たちの横浜事件再審請求を、最高裁は全く理由にならない理由で棄却してきた。まさしく人権無視である。

そんな無茶な棄却を許すほど私たちは間ぬけではない。この国の裁判や警察の人権侵害の実状を、敢えて国際世論と国際人権機関へ公式に提訴することにした。

この六月に、意外に早くジュネーブへ出かけるきっかけをつかむことができた。それは五十嵐二葉弁護士が主宰する「日本の代用監獄とえん罪を訴える会」との出会いである。「代用監獄」と呼ばれる日本警察の留置場ほどひどい犯罪製造所は他にあるまい。国家権力によって人権を踩りんした戦時下特高の拷問は、皆さんも体験者として生々しく思い出されることだろう。私たちがやられた一九四二年（昭和一七年）ころは、共産党もコミンテルンも解散させられて存在していなかった。にもかかわらず、特高は拷問によって「犯罪」をデッチ上げたのであった。ところが、今度の最高裁の棄却である。

ジュネーブで私たちは、今も日本の「代用監獄」で続いている拷問の実際を、本当の拷問道具を用いて実演してみせた。NGO（民間人権機関）の外国人たちはその真相に驚いていた。

私たちの人権国際活動はこうしてやっとスタートラインに立ったが、本格的な活動はまさにこれからが本番である。皆さんのご理解とご協力を心からアピールしたい。

〔『不屈』二〇七号　付録一、一九九一年九月一五日刊〕

みんな地球のてっぺんに！
——人権に国境はない

私たちの人生には誰でも忘れることのできないこと、いや忘れてはならないことや、決して許すことのできないことがあるものです。私自身の人生では、「横浜事件」という権力犯罪事件こそがまさにそんな出来事に当たるものでした。

一九九一年三月一五日に私たちが最高裁判所から受けた再審棄却の通知には、全く驚かされました。過去六年にわたって訴えつづけてきた私たちへの人権蹂りんの再審請求事件に対して、彼らは人権無視の棄却決定を下したからです。

世間では、「人権の砦」のように言われているこの国の最高裁判所が、こともあろうに人権無視の最低の決定を行なったのでした。

私たちが国内で第二次、第三次の再審請求を続けて、彼らの権力犯罪を謝罪させるまで闘いぬくことは、当然の権利であることはいうまでもありません。

これと並行して、さらにまた、横浜事件にみる権力犯罪を国際世論に訴え、ジュネーブの国連人権審査機関に提訴をつづけることも、重大な私たちの任務だと考えていることも皆さんには十分にお解り頂けることと信じます。

もちろん、私たちのＮＧＯ（横浜事件を考える会）がジュネーブで発言権を持つ団体に拡大・強化すべきことも当然の義務であります。

私たちが一九九一年八月に、初めてジュネーブへ出かけて勝ち取った成果は、予想外に大きかったことは先日ご報告申しあげた通りです。その大切なジュネーブでの足がかりをさらに確乎たるものに強化するために、私自身がジュネーブで目ざめたことをもう一度改めてお伝えして、皆さまのご理解を深めたいと存じます。そのひとつは、私たちの人権には国境がないのだという尊厳な事実に気づいて頂きたいことであります。また、もうひとつは、私たちのひとりひとりが誰でもみんなこの地球のてっぺんにそれぞれ生きている、という尊い真実にしっかりご自分の目を見開いて頂きたい、ということです。

私たちは、直面している各自各人の人権蹂りん冤罪事件の正しい解決に向かって全力を傾注してゆくとともに、私たちひとりひとりの人権の団結の力で、新しく国際的に通用する《人権国日本》の建設へ積極的に闘う誓いを新たにしようではありませんか。

私たちは、明るい展望に立って闘う人権運動の年一九九二年の新年を迎えましょう。

［治維法同盟富山県支部『あいの風』二四号、一九九一年一二月九日刊、『ジャーナリスト同盟報』一八七号、一九九二年一月一日刊］

第3部

細川嘉六先生と横浜事件

細川嘉六と横浜事件

はじめに

横浜事件というのは、前大戦下、治安維持法に違反したとして横浜市内の各警察署に検挙、留置された多くの小グループ事件を総称して呼ぶ名称である。最初のきっかけとされたのが細川嘉六先生の憂国の論文「世界史の動向と日本」(『改造』昭和一七年八月号、九月号連載)による東京での細川検挙であった。どこをしらべても違反事件にならないので、今度は横浜で検挙中の満鉄調査部の西沢富夫、平館利雄君らの別件から、西沢君所持品中、一枚の泊旅行の写真が特高の言いがかりにされて、細川嘉六を中心とする共産党再建準備会という全く「仮空の会議」を特高の拷問によってデッチ上げるという権力犯罪が行われたのであった。これによって総合雑誌『中央公論』や『改造』を廃刊させる空前の言論弾圧を行ったのである。これもまたゆるせない国家権力による国家悪の犯行である。

1

横浜の笹下《ささげ》にある未決の拘置所に、前大戦末期の昭和一九年五月から敗戦までの短期間、臨時要員として勤務した土井郷誠さんという看守さんがいた。敗戦直後に看守職を辞めて、現在も不動産業を経営されているが、当時の未決在監中の細川嘉六先生や、私たち関係者のことを詳しく話してくれた戦後の貴重な証言がある。そこからエピソードをひとつ引用してお目にかけよう。

私のつとめはその未決拘置所の一舎の担当看守からはじまったのです。そのとき横浜拘置所(未決)に収容されていた未決囚は約二百名、さまざまな事件でつながれていましたが、中でも目だって多かったのは治安維持法関係の未決囚たちでした。約四十名もの人が同じ横浜事件関係者で、彼らは青服の右襟に、片仮名のツの字とその人の名前代わりの番号を墨字で書き込んだ白布を縫いつけておりました。それで彼らをツの組とも呼んでいました。検事や判事の呼び出しのあった未決囚を、裁判所へつれて行くのが私の主な仕事ですから、おかげで護送の往来で次第にその事件の輪郭をつかむことが出来るようになりました。それで私は、この人たちの事件は警察で作った共産党の再建といった大げさな調書とはまるでちがうらしく、どうやら事実に反したデッチ上げ事件だということに気づいて来ました。

日が経つにつれて細川嘉六さんをはじめ皆さんが教養もあり、なかなかの人物たちで、特高などが悪党か鬼のように言いふらしていた「共産主義者」などとは似もつかぬ立派な人格者たちであることが、私にはよくわかって来ました。私は細川さんたちの事件が本当にはわが国を愛し、時節を憂えての一念を特高によって曲解されて、「アカ」に仕立てられているとしか見えなくなりまして、何とかして少しでもこのお気の毒な愛国者たちのお役に立ちたい、という気持ちが強くなって参りました。（中略）

ふだんの細川さんは、帯を結んだところにいつも両手の指を三本ずつ入れて、へそに力を入れて室内を歩く方でした。二本の指を外に向けてはさんで歩くので、自然に姿がよくなるわけですね。ある時私は細川さんになぜそうして歩かれるのかを伺ったことがありますが、細川さんは「これは身体の鍛練のためだ」と言っておられました。

細川さんは小柄な躰の人でしたが、姿勢はいつも背筋を伸ばして真っ直ぐな姿でした。独房に正座しているときはじっと瞑目して、座禅をなさっているように泰然自若としておられました。

皆さんは細川さんのことを老人、老人と言って敬愛しておりましたが、ご自分でも、「老人」と言っておりました。

細川さんは真の健康体ではありませんでしたが、中では病気もされないでいつも明るい感じを保持しておられました。それは、あのとき、多勢の皆さんが座らねばならなくなり、しかも細川さんはご自分が最高齢者でもあり、たいへん責任を痛感されておられましたので、まず御自身が明朗でなければ示がつかない、とでも考えておられたのかもしれません。皆さんには心配をかけないように、また独房生活で暗い気持ちでいる人たちを励ましてやろうとなさっておられる風が、細川さんの日ごろの態度や言葉にも現われており、あんなにいつも明るい態度を貫いたのだと思います。

あるとき、私は細川さんに「何かご希望のものがありましたら言ってください」とお聞きしたことがありました。細川さんは「抹茶を飲みたいな」と言われましたので、何とかしてその抹茶を細川さんに飲ませてあげたいと思いまして、外でやっと抹茶を手に入れ、用意を整えました。抹茶を好まれる方なら当然のことながら、用いる茶器も良いものを喜ばれるだろうと思いまして、私は何回かに搬入を分けて、茶碗や茶せんなどをわが家から運び込んで、細川さんの独房へ持ち込みました。時節は秋のころだったかと思いますが、ある夜、ひそかにその抹茶を立てて細川さんに差しあげましたら、細川さんは「お腹が温まって気分が非常にさわやかになった」と仰言って、たいへん喜んでいただいたことがあります。抹茶を立てて差しあげた回数はそれほど多くはありませんでしたが、これを喜ばれた細川さんがお礼に描いてくださったのが、この河童の絵なんです。

細川さんが河童の絵を描くのがお上手だということは、前に木村亨さんたちからお聞きしておりましたので、一度描いて頂きたいと思っていたのでした。しかし、実際にこうしてこんなに上手にお描きになるとは思いも寄りませんでした。今思えば、あのきびしい所内で、よくぞ大胆なことをやったものだと思います。もちろん硯はもとより筆や色紙も自宅から運んで揮毫をねがったのでした。（後略）

2

私はよく「君はどこの学校を出たんだね」と聞かれるたびに、「ぼくは横浜の笹下大学の出身でね」と答えることにしている。わが師匠の細川嘉六先生から人間のド根性というものを教わったところだからである。

昭和一八年五月から丁度一年間のブタ箱ぐらしを終えて、笹下の未決拘置所へ移された昭和一九年五月、独房暮らしを始めてどれほどの日数が経っていただろうか。三舎二階の六号室のド真ん中に正座していた私のところへ、ある日の午前に、雑役が近づいて来て声をかけてきた。もちろん小さな囁き声であった。

「おい一四一番！　細川先生がお前のことをえらく心配しているぞ！　元気を出せよ」

瞬間、ぼくは小窓のそばへかけ寄って、

「おい本当か？　細川先生がここに来ておられるのか？　もしできることなら先生へこう伝えてくれないか。俺たちは残念にも、特高の拷問に敗けてデッチ上げを許してしまって申しわけない。これからひっくり返してみせるから、アドバイスをお願いするとな」

その翌日の午後であった。巡回の看守の目を盗んでその雑役君は、丸めた一片の紙切れを持参して、配食窓からそっと投げ込んでいったのだ。正座していた私は急いで窓ぎわに寄って、転がったその小紙片を取り上げるなり開けてみた。すると、そこには「下っ肚に力を入れよ。暴言を吐くな」と、細川先生自筆の伝言がチリ紙に二行で書きつけられているではないか。

正直言ってそのときほど私が感動し、勇気づけられたことはない。細川さんが『改造』論文のことで東京で検挙されてから早や満二ヵ年を経ていたが、一七年七月五日の細川先生ご招待の泊旅行を、共産党再建準備会などとフレーム・アップされたことをご存じでなかった細川さんが、東京から横浜へ移監されて来るなり、そんなデッチ上げ事件を初めて聞かされて驚かれた様子がその二行の伝言にはっきりと出ているではないか。「暴言」とは言うまでもなく、共産党再建などというありもしない大げさなウソのデッチ上げを指しているのであった。

細川先生からのこの二行のアドバイスの筆跡から、私はいつものあの不屈の気魄を感じ取ることができたのであった。

いかにひどかった拷問のせいとはいえ、そんな「暴言」にひとしいデッチ上げを許した私たちの弱さは、いくら責められても仕方のない敗北であり、誤りであった。私はこれから始まる予審でその虚偽の自白を暴露して真実を貫き通すことが急務であると悟った。私はひそかに私たちの反撃を用意するために、まず泊組の七名の者に獄中の申し合わせをまとめた。それは三ヵ条の申し合わせであった。第一に警察の手記や調書はすべて特高の拷問による全くの捏造であること、第二に党再建の準備会なんかはまるきりの空中楼閣にすぎず、事実無根のこと、第三に私たちは民主主義者であって共産主義者ではないことの三ヵ条を、お互いに固く誓い合って、特高調書を全面的にひっくり返す約束を交わしたのである。

「真実は力である」との細川先生の座右銘を、私たちは心底にしっかりとふまえて、当局側の虚偽を暴露するために一団となって反撃に出ようと呼びかけたのである。

それからの私たちの予審調べが、どのように進められ、三ヵ条の申し合わせがどう結着したかについては、拙著『横浜事件の真相――再審裁判へのたたかい』にゆずることにするが、時折の細川先生からの獄中レポは、その後も私や私たちを励まし続けたことは言うまでもあるまい。

3

さらに「終戦」という敗戦直後の未決での出来ごとがある。まさしく大日本帝国が降伏した一九四五年八月一五日の午後のことだ。この笹下の未決拘置所の私の独房へ、例の雑役君が足音をしのばせながらひそかに走り寄って来たのである。あの無条件降伏の天皇放送があった直後である。

いつもの細川先生からのレポにはちがいなかった。先ず初めに私の目に飛び込んで来たのは、先刻の天皇の全面降伏放送を諷した一句である。

「初鶏や八紘一宇に鳴きわたる」

思わずフキ出したくなっていた私だが、次に書きつけてあったレポの内容が、細川先生からのショッキングな呼びかけの言葉だったので、私は襟を正して座り直した。そのレポには居直りの檄文とでも言いたい内容の文句が書かれており、はげしく私の胸を打った。文面はつぎのようであった。

「木村君！　当局の今回のわれわれに対する拘禁はまったく

の不法拘禁であって、断じて許すことはできない。総理大臣か司法（法務）大臣自らがここへやって来て、われわれの前に両手をついて『私どもの間ちがいでございました。悪うございました』と正式に謝罪しない限り、われわれは決してこを出てやらない。肚を決めたまえ」

日ごろの細川先生の反骨がムキ出しに出ているこの激しい文面を一読した私は、その檄文への共鳴と賛同のあまり、瞬間的に身ぶるいするほどの感激を覚えたのであった。

それまで独房のド真ん中に正座して静思していた私は、このときむっくり起ち上がるなり、正面の鉄扉の真上のかまちに両手をかけてブラ下がり、両足に力をこめてガンガンと鉄扉を蹴り上げた。両足先がズキンズキンと痛むのを覚えた。

降伏宣言のこの日に限って拘置所内は巡視の看守も不在なのか静まりかえっていて、私のそんなやんちゃな反則の動作もとがめられずに終わり、ホッと胸をなで下ろしたことも忘れない（あとで聞けば、そんな反則でも直ちに射殺されたのである）。

細川先生からのこの徹底抗戦のアピールこそ、私たちにとってはまさに本格的な反撃の合図であった。私はすぐさま担当弁護士の海野晋吉さんに連絡をとって、細川アピールによる徹底抗戦を裁判の上で展開したいと申し出た。

ところが残念なことに、海野弁護士の戦法では、私たちと細川先生とを分離する裁判戦術に決められていて、結局のところ細川先生ひとりが免訴という結着を迎え、私たち泊組の残りの者は九月一五日の裁判で、一律に二年の服役刑と執行猶予三年の判決を受けたのである。

私たちは出獄後、その年の一一月一三日に笹下会を結成して、直ちに特高警察の拷問を共同告発することに決め、三十三名の私たち原告一同が、各自拷問を受けた体験手記を書き綴って告訴状にまとめ、神奈川県の拷問特高警官たちを特別公務員暴行傷害罪として告発したのであった。

この笹下会の共同告発についても細川先生はもちろん、その中の一人として参加している。いや、私は敗戦後の九月一五日の判決を不満として、その裁判の直後細川先生を訪ね、直ちにこの拷問特高を告発することについて直に語り合い、細川先生との合意を踏まえて、三十三名全員での共同告発を前記の一一月一三日に正式に決定したのであった。

4

国家権力が犯した犯罪に対して、「ああそうですか」で引き下がるのは前近代的敗北であり、あくまでもその犯罪の非を許さないで追求するのが民主主義者の責務なのである、という厳然たる市民原則こそ、私たちが細川先生から直に学んだ生々しい教訓であった。

特別公務員暴行傷害罪を共同告発した私たちの裁判は、その後七年間もの歳月をかけて昭和二七年四月二四日に、最高裁が被告側（国側）の上告を棄却して三名の特高警官に対して実刑を言い渡したのであった。残念なことには、この実刑判決の四日後の四月二八日に日米講和条約が発効して、その三名の拷問の下手人たちは特赦で放免され、国側は旧特高警官たちを守ったのであった。ここに国家権力の巧みな演出のからくりが見え見えするではないか。

悪法治安維持法に向かって、真正面から告発して裁判上の争いとしたケースは、この国では後にも先にも唯一度きり、敗戦直後の私たちのこの共同告発しかなかったという歴史的事実も、正当に評価されてよいのではなかろうか。敗戦直後のあの荒廃した社会環境を思えば、なぜもうひとつ私たちのこの反権力闘争を強力に盛り上げえなかったのか、私自身はむしろ省みて慚愧にたえないと反省している。

また有能にして敏感といわれるこの国のマスコミ各紙も、私たちの暴力特高に対する共同告発の重大情報を、七年間にもわたって無視しつづけたことも見逃せない問題点である。それはあまりに小さな出来事にすぎなかったからであろうか？　それとも旧治安維持法による国家権力犯罪をわざと無視し、見落したのであろうか？　治安維持法による被害者は敗戦直後の全国に数多く存在した筈であったのに。

もちろん私たちは、そんな間ぬけな存在であったわけではない。前述のように権力側の狡猾な逃避工作を知った私たちは、もうひとつ遡って私たち横浜事件そのものの不法な冤罪性を立証する方法を、あらゆる角度と側面から追跡したのである。

とりわけ泊に招待された七名の者の内、生き残った木村と平館・西沢は、十年前に十三名の事件関係物故者の共同追悼法要を笹下会として営んだあと、ことある毎に、また顔を合わせるたびに「横浜事件の冤罪を訴えて、国家権力が犯した権力犯罪を追求する手だて」を、具体的にどうすればよいかを相談して来たのであった。数年前には平館と二人だけで、再審を申請するために二、三の弁護士と正式に相談したこともあった。相談に乗ってくれた弁護士たちの結論は「判決文がないと手続が出来ません」のきまり文句であった。

忘れもしない一九八五年一一月一二日に、私たちは初めて森川金寿弁護士にめぐり会った。以前から芦田浩志弁護士の紹介は得ていたのだが、私は本気で再審請求に踏み切りたかったのだ。

細川先生の敗戦時のあの獄中のアピールに応えるには、何としても、私たち泊組はもとより横浜事件の被害者たちはその国家悪の正体を追求して、国家権力が犯した惨酷な権力犯罪の真相を公然と摘発しなければならない。

森川金寿弁護士は、私たち泊組の弁護人をつとめて下さった海野晋吉さんが戦後つくった、自由人権協会の初代事務局長をつとめた方で、ベトナムにおける米帝の侵略戦争の戦犯性を追求したり、家永教科書裁判の弁護団長をつとめるなど、内外に八面六ぴの活動を続けておられる稀有の弁護士さんである。私たちの再審請求は、ちょうど中曽根政権が国家秘密法を上程して、この国に警察国家の再現をはかろうとする時に重なったので、去る八六年七月三日、この機を逃さず笹下会にはかって再審請求に踏み切ったのであった。

5

私たちが横浜事件の再審裁判、つまりやり直し裁判を請求した七月三日という日はどんな日であったのか、森川弁護士が敢えてこの日を再審請求の日として選んだわけは、もうおわかりかと思うが、細川先生が昭和一七年七月五日に私たちを富山の郷里である泊へ招待した日の前々日に当る日である。この日の選定が単なる偶然ではないことは十分考えるに値するものがあろう。

拙著『横浜事件の真相――再審裁判へのたたかい』の増補再版へ特別に森川弁護士が書いてくれた序言を見ると、その意義がよくわかる。

戦時中の昭和一七年頃から敗戦にかけての思想言論弾圧事件である〝横浜事件〟は、容赦ない苛酷な拷問により自白を強要し、四名以上の獄死者と多数の犠牲者を出し、約三十名に上る治安維持法違反の有罪判決（免訴三人）をもって終わったが、その真相については今日に至るまで断片的にしか知られていない。判決も刑事記録の大部分も処分せられて現存するものは僅かであるが、生き証人である犠牲者本人や苦労を共にした家族は風雪に耐えて健在な人も少なくない。

これらの犠牲者の人々は戦後まもなく結束して元特高警官らを拷問のかどで告訴し、その結果猛威をふるった三人の特高幹部が有罪判決（実刑）を受けた。治安維持法違反事件の取調べをした警察官らが拷問のため有罪判決をうけ、最高裁までいって確定したケースは他に例をみない。

一方この事件では、判決や記録が残っていないためにこれまで再審請求をしようと思ってもできなかった。しかし、私が木村亨氏から何らか救済の手段はないかと相談を求められたとき頭に浮かんだのは吉田岩窟翁事件や加藤新一翁事件など大正初年の刑事事件でも五十年、六十年後に再審で無罪をかち取っていること、両事件とも記録はきわめて少ないながらそれでも再審が行われたという前例であった。

判決や記録はなくても生き証人の少なからず残っている現在をおいて再審の機会はないと関係者の意見が一致し、

本一九八六年七月三日（四十四年前の〝泊〟会合の前々日）とりあえず九名の元被告人（うち三名は母一名、妻二名）により横浜地裁へ再審請求に踏み切ったわけであった。その結果は予想外の反響で、連日新聞やテレビ、ラジオ等で報道されたが、これはこの事件が大規模な思想・言論・出版弾圧事件であることと、とくに最近の「国家機密法」案登場という戦前の警察国家再来への危険を予感させる政治社会情勢のためであろう。

著者木村亨氏は元中央公論社社員として検挙され、激しい拷問による虚偽の自白を強制されて有罪判決を受けた犠牲者であり、こんどの再審請求の中心的推進者である。そして架空の〝泊会議〟（共産党再建準備会）への参加者の一員とされて、この横浜事件の全体が権力に盲従し功をあせる特高警察によりむりやりにつくりあげられた〝砂上の楼閣〟であったことを本書は詳細に証言している。（後略）

つまり、細川嘉六先生が獄中にあって再三にわたり私たちに励ましのアピールを与えてくれた真意が、この再審裁判の請求によって初めて明らかにされたということである。有罪判決を受けたままに放置されていた私たちへの、国家権力による人権蹂りんと名誉毀損から私たちを完全に解放するためには、当然に取らねばならない法的措置なのである。言いかえるなら、旧日本の天皇制ファシズム政府が私たちに対して犯した権力犯罪の事実を暴露して、私たちが半世紀もの長期にわたって受けた非人道的汚辱と人権蹂りんから、旧臣民でない日本国の人民としての正当な名誉と人権とを闘い取り、回復しようというのである。

この再審裁判の闘いはこれから先何年続くのか、おそらくは三年や五年では済むものではなく、延々と十年や十五年も続く裁判になるかもしれない。

しかし、この再審裁判の闘いの過程でこそ、細川嘉六先生の人間的ド根性は生きるのであり、細川嘉六その人のド根性である反骨が立証されるのである。

まさしく、細川嘉六先生の反骨は、現に生きているのだ。

［『忘れてならぬ歴史——治安維持法と闘った人びと』治安維持法犠牲者国家賠償要求同盟富山支部、一九八七年五月刊］

細川先生の免訴と私たちの再審闘争

1

一九四二年七月初め、細川嘉六先生に招かれて行った富山(泊《とまり》)への旅が、一枚の写真と特高警察の拷問によって「共産党再建準備会」に化けたお芝居が、私たちの「横浜事件」の発端にされたことはよく知られている。

このデッチ上げのいきさつがどんなにインチキだったかはもう誰でもご存じの明白な事実である。

今さらのことではないが、その事実を最も雄弁適確に立証したのは、細川先生の「免訴」であった。当局のデッチ上げ工作に抗して、徹頭徹尾最後まで〈真実〉を主張しつづけた細川先生の気迫と信念には全く敬服するほかはない。

細川先生の立派な抵抗にくらべて、どんなにひどい拷問を受けたにせよ、私たち「相川博ら」が当局のデッチ上げに屈服し敗北した恥辱は耐え難い赤恥である。それは本当に情けない「ウソの自白」であった。

2

半殺しの目にあった山手警察署での拷問も一年経った一九四四年五月、私たち泊組七名(相川、小野、加藤、平館、西尾、西沢、木村)は笹下町の横浜刑務所未決拘置所へ移された。まもなく、私には思わぬ情報が舞い込んできた。私の独房は第三舎二階の六号室で、呼称番号は一四一番だった。

ある日の午前中のこと、ひそかに私の独房へ近づいてきた雑役がのぞき窓から低音で、

「おい、一四一番! 細川先生がお前のことを心配しているぞ! 元気を出せよ!」

とささやいた。これはショックだった。

その雑役はつづけて小片の紙切れのレポを投げ入れた。

「相川はスパイじゃないか? 下っ肚に力を入れよ! 『党再建』なんて暴言を吐くな!」

その細川レポは私に強い励ましとなった。気を取り直して、どうしても「ウソの自白」を取り消し、真実を貫かねばならぬ。今からでも遅くはない、反撃に転じて逆襲しよう!

こうして私は三ヵ条の申し合せを泊組の諸君に訴えたのであった。第一は検挙投獄以来続いた特高の拷問の事実、第二には「党再建準備」なんてのは事実無根のつくりごとで、コミンテルンはすでに解散していたこと、第三は、私たちは民

主主義者ではあるが、決して共産主義者ではないこと——その三点であった。

3

私は石川勲蔵予審判事の呼び出しには執拗に右の三ヵ条の申し合せをくり返して強力に訴えたことを忘れない。

細川嘉六

翌年八月の日本の無条件降伏直後のある日のこと。石川予審判事が突然私を呼び出してこう言ったのである。

「木村さん、今度の一件の《党再建》のことは取り消しにして除去するから、どうかこのへんでかんべんしてくれませんか」

早い話、私が先に提訴した三ヵ条のことを石川予審判事は認めたことになるわけだ。泊組の相川博らの「党再建準備会事件」から「党再建」のことを取り消し、除去したなら、一体何が残るのか？

石川予審判事のうろたえた姿は私には当然のこととはいえ、ショックであった。やがて、山根隆二検事も八・一五の無条件降伏に驚いたのか？「発狂」して入院中との噂が流れた。そしてこの噂も事実であった。

横浜事件の再審裁判も第三次の請求が近づいている。裁判官に一片の良心があるならば私たちの事実は当然に証明される筈である。

［初出誌紙不明］

再審請求のきっかけは細川先生からの檄文

一九四五年八月一五日午後の出来ごとである。笹下《ささげ》（横浜）刑務所の未決拘置所三舎六号の独房へ若い雑役夫が足音をしのばせながらひそかに走り寄って来た。あの無条件降伏の天皇放送があった直後のことであった。

カッパ老人こと細川嘉六先生からのレポである。雑役が食器窓から投げ入れてくれたレポの丸めた紙片をひろげてみると、最初に先ずぼくの目に飛び込んで来たのは先刻の天皇の降伏放送を詠んだ一句であった。

〝初鶏や八紘一宇に鳴きわたる〟

つぎに書きつけてあった小文はカッパ老人からのショッキングな呼びかけのことばで、居直りの檄とでもいうべき内容の文句が書かれており、はげしくぼくの胸を打った。文面はつぎのようなものであった。

「木村君！　当局のこの度のわれわれに対する拘禁はまったくの不法拘禁で許せない。総理大臣か司法（法務）大臣がこの刑務所までやって来て、われわれの前に両手をついて『悪うございました』と謝らない限り、断じてここは出てやらぬ肚《はら》を決めたまえ」

日ごろのカッパ老人の反骨がムキ出しに出ているこの強烈な文面に目を通したぼくは、共鳴と賛同のあまり瞬間的に身ぶるいするほどの感激をおぼえた。

独房のド真ん中に正座してそれまで静思していたぼくは、むっくり起ち上がるなり正面の鉄扉の真上のかまちに両手をかけてブラ下がり、両足に全力をこめてガンガン鉄扉を蹴り上げた。両足のつま先が痛んだのを忘れない。

この日に限って巡視の看守も不在で、ぼくのそんなやんちゃな所作は不問に終ってホッとしたこともおぼえている。

もうおわかり頂けるかと思うのだが、カッパ老人からのこの檄文がきっかけになって、敗戦直後に三十三名のぼくたちの被害者が笹下会を結成して不法な拷問を行なった特高警官たちを共同告発することになったのである。

昭和二六年三月にその共同告発による特別公務員暴行傷害罪の有罪判決が三名の特高警官に対して行なわれたが、これを不服とした三名の特高警官たちはさらに上告したのであった。しかし、最高裁もまた昭和二七年四月二四日に彼らの上告を棄却し、三名の特高警官の実刑は確定したのである。

ところが、残念なことには右の三名の被告たちは昭和二七年四月二八日に発効した講和条約によって特赦を受けて釈放され、一日も下獄しないで済まされていたのであった。

その後三十四年目にして今回やっと横浜事件の再審申し立てが横浜地方裁判所で受けつけられることになったが、ぼくたちのこの再審裁判の申し立てもまたそのきっかけとなった動機は、まさしく前記のカッパ老人からのあの檄文にあったことはまちがいない。

「屁のカッパ」（細川嘉六・画）

ちなみに、カッパ老人の有名な「屁のカッパ」の素描はどうして描かれるようになったのか。

それは戦前に中央公論社から出版されていた小川芋銭画伯の書簡集の中のカッパの絵から細川さんが受けたヒントによった。

昭和一五年の暮れのある日、細川さんを訪ねたぼくは、芋銭画伯のその本を買うから持って来てくれとの依頼を受けたのだ。ぼくはもちろんすぐ持参した。

細川さんのカッパの素描が描き始められ出したのはその年の暮れか正月ころからのことだったと思うが、一六年の秋にはかなり上手になっていて、一冊の書画帖まで備えてカッパの素描をたのしんで描いていた様子であった。当時出入りの青年編集者たちや研究者たちは誰もが色紙に描かれた「屁のカッパ」を貰って帰った筈である。

そんな「屁のカッパ」が横浜の特高たちによって党員証にされた笑い話は、前に他誌へ書いたことがあるので割愛する。

今度のぼくたちの再審請求のことも、思えば永い年月をかけた宿題であったわけである。

〔『中央公論』一九八六年一一月号〕

「横浜事件」再審裁判に当って細川嘉六老の遺訓を生かそう

あの残虐な侵略戦争の末期、一九四二年の夏、細川嘉六老が憂国の至情から警世の大論文「世界史の動向と日本」を『改造』誌に発表したのが軍部の忌諱にふれて検挙されたあと、その論文が何ら法にふれるところもなく無事に釈放されようとしていたとき、今度は横浜へ別件の治安維持法違反容疑の取り調べで細川老は笹下《ささげ》の未決刑務所に移監されてしまった。

そこで細川老が横浜地裁の判検事からつきつけられた特高警察の調書や泊事件被疑者たちの手記、またすでに始まっていた予審調書の類を見たとき細川老が受けたショックはどんなに強烈だったか、想像をこえるものだったろう。なぜなら、細川老を主役に仕立てた「共産党再建準備会」なる空中楼閣がそこにデッチ上げられていたからである。もちろんそんな手記や調書はすべて特高の拷問によって不法に偽造された「偽造文書」にほかならなかったのだが。

細川老の人格に打たれて未決刑務所で何かとぼくたちのお世話をしてくれた看守の土井郷誠さんのおかげで、細川老の独房からぼくの独房へ送り届けられた貴重な何通かのレポは今なおぼくの頭に浮ぶが、それはぼくの人生を決定するほど深い教訓に満ちたそれぞれの文面であった。それらのレポの主要な内容は、拙著『横浜事件の真相――再審裁判へのたたかい』の中で紹介ずみであるが、なおごく一部のことばは公表を差し控えている。それらの細川老のことばに共通するものは、ひと言でいえば「当局の不法拘禁や不法拷問には徹底的に抵抗し、抗議し、必ず当局側の公然たる謝罪を闘いとれ」ということにつきるであろう。

一九四五年八月一五日の無条件降伏の天皇放送の直後に細川老から受けたあのレポ「総理大臣か司法（法務）大臣がこの笹下刑務所へ謝罪に来るまでここを出てやるな」という檄は、何度くり返しても書き足りないほどの教訓だったと銘記している。

ぼくたちの泊事件の連座者にとって今日の再審裁判の意義は意外に大きいのである。現在の裁判当局がぼくたちの請求を何回棄却しようともぼくたちは決して屈しない。勝訴をかちとるまでとことん闘いぬくことを改めてここに誓うものである。

（一八八七・五・三一、在東京）

〔『不屈』（県版）四号、一九八八年一月一五日刊〕

細川嘉六先生とカッパの絵

敗戦直後、私が編集した小雑誌『ひろば』創刊号の「カッパの屁」という対談の中で、細川先生はつぎのように語っておられる。

「私はカッパというあだ名をもらっているが、これにはこんどの敗戦と非常にふかい関係があるのです。というのは私はカッパの絵がすきで戦争が始まるとその時々の気分にまかせてカッパの絵をかいておった。当時出入りの若い言論界の友人たちの希望でこれを書きあたえたところ、じつはこいつがイタチ政府のサイゴ屁にかかって、れいの有名な泊事件となったわけだ。これが言論界でカッパ事件といわれるものさ。こんどいよいよ私がニッポンの古いカスをはらい落すために、カッパの屁をとばす番になったわけじゃ」（昭和二一年四月刊三六頁）

その先生のカッパの絵には実はお手本があったのである。そのお手本とは他ならぬ小川芋銭画伯のカッパの絵なのである。確か昭和一六年の春先のことであったろう。ある日私が細川先生のお宅をお訪ねすると、座敷へ案内されてすぐカッパの絵の話が出て、「木村君、小川芋銭のカッパの絵を探してくれぬかねえ」と頼まれた次第だ。芋銭の書簡集を中央公論社の出版部から出していたのを知っていた私は早速その書物を数日後に持参したところ、先生は「これはいい、どうもありがとう」とよろこんで受け取られたが、先生のカッパの絵はその芋銭のカッパをテキストにして描き始められたのであった。

当時、細川先生のお宅へ出入りした編集記者たちは多分誰もが色紙に描かれた先生の例のカッパの絵を頂戴して帰ったはずだが、なぜか戦後は一枚もお目にかかれない。私もその一人になった例のカッパ事件（泊事件）で投獄された七名の仲間はもちろん全員が先生揮毫のカッパの色紙を大切にしまいこんでいたが、検挙の折に特高どもに残らず没収されてしまった。のみならず、今どきこんな話をしても誰も本気にはしまいが、悪名高い特高どもは、私たちが大事にしていた細川先生のカッパの絵を、水陸両棲のカッパは合法・非合法を使いわける共産党員の党員証だと、私たちの事件のフレーム・アップの道具のひとつにこじつけたのであった。

戦争末期、天皇制軍部独裁下の特高警察が最後のあがきとして行ったこのデッチ上げ事件は、その陰謀の根が特高警察の手柄意識から起こったものか、そんなことではなく、権力

のもっと高次元の部分で用意されたものから発しているかは捕捉困難なことであるが、カッパの絵が党員証だという、まるきり笑わせるほどふざけたことを私たちに承認させようとしたのである。泊組の私たちは未決に移った予審の段階で、もちろんそんな「おふざけ」に対して、彼らの特高調書をひっくり返し、予審判事に取り消させたのであった。しかし、年余にわたる特高警察の拷問に敗けて獄死した友人や、あるいは獄舎で病いに倒れた仲間のことを想起するたび、胸をしめつけられるほどの公憤をおぼえる。

　私たちは出獄直後、細川先生を中心にして笹下会を組織した。それはあのとき横浜特高が行なった拷問の数々を、血のついたパンツその他の証拠物件に手記を添えて共同告発するためであった。裁判には数年の年月を要したが、私たちの言い分が通って被告の特高どもは実刑を科されて下獄した。

　この横浜事件で戦時中、事件の証人に喚問された平武二氏は、「戦後、特高警察の、悪業を糾弾し、批判する声は強かったが、実際に彼らを告発して勝訴したのはこれが初めてではないか」と言っているが、もしそうならなおさらのことと、私たちは戦後に彼らを追及したこの共同告発の経過をもうひとつ正確に記録しておくべきだと考える。そしてその仕事が生き残りの私たちに課された細川先生への追悼の意義を示すことになるのではなかろうかと思う。

　日本ではあの戦争犯罪に対する国民自身の手による追及はまだ終っていない。細川先生の新民主主義の主張やカッパの絵に言いがかりをつけた醜類どもを許してはならない。いや少なくとも私は彼らに対して私の生涯の最期の瞬間まで許すことができない。それを許すことを誰よりも私自身に許すことができないからである。

〔『細川夫妻を偲ぶ』私家版、一九七七年四月刊〕

党員証「屁のかっぱ」のはなし

四〇年も昔の戦争中のことだから今の若い人にはピンと来ないかもしれないが、ぼくたちの青年時代、つまり戦時下の学生時代は特高警察にずいぶんと悩まされたものでした。

昭和一一年（一九三六年）のことです。ぼくたち各大学（東、早、慶、中、外語など）の学生が、本郷の学生街の友人の下宿に集まってアドラツキーの『資本論註解』をテキストに勉強会をやっていたことがありました。そんな読書会を何回か続けたその年の暮れに、ぼくたちは警視庁の特高によって一網打尽に麹町署へ検挙されて、正月にかけてひと月ほど留置されたのです。そのときの特高の言いがかりは、「お前たちの読書会は共産青年同盟の再建運動と見なす」というのですが、言うまでもなくぼくたちと「共産青年同盟」とはまったく無関係だったのです。特高は相手を「アカ」に仕立てるために、どんな乱暴な取り調べも許されていました。今では想像もつかないことですが、「アカ」と名指されて捕われたら最後、当分は陽の目を見ることはできなかったのです。

実際のところ、わが国で実体の伴った共産主義運動が行なわれたのは、大正末期から昭和初期までの僅かな間だけで、幾度かの重なる弾圧のために昭和一〇年ごろには党組織は壊滅状態に陥っていました。その後敗戦に至る間、治安維持法の拡大解釈による弾圧は、対象が共産主義から自由主義や民主主義に拡大され、当局の戦争政策に批判的な勢力の存在は一切許さない方針だったのです。

ご存知のように、大正デモクラシー時代には少しは民衆の自由解放を求める運動が民間で拡がったのでしたが、治安維持法の改悪強化によって、一切の社会運動（大衆運動）はきびしく禁圧されることになり、ついに「十五年戦争」（昭和六年—二〇年）の時代に入ったのでした。残念ながら、西欧やアジア各地、とりわけ中国で行なわれたような積極的な反戦反ファシズムの闘いや反帝闘争は、この国ではほとんど見られませんでした。

大学卒業後、私は中央公論社につとめていましたが、昭和一七年九月（一九四二年）、つまり日米太平洋戦争の第二年目、東京の特高は、私がお世話になっていた細川嘉六さんが『改造』に発表した論文「世界史の動向と日本」を「アカだ」と断定して、世田谷署に検挙しました。しかし東京の特高はその論文からはどうしても「治安維持法違反」の事実を作れず、翌年五月、細川さんを釈放しようとしていました。その矢先、今度は特高が別件で細川さんの身柄を横浜に移すという事態に立ち至ったのです。それは、細川さんが日頃行き来していたぼくたち編集者を郷里の富山県泊へ招待してくれた慰安旅行を、細川さんを中心とする「共産党再建準備会議」だ、という言いがかりをつけてきたのです。

神奈川県特高はぼくたちの泊旅行を「泊会議」にデッチ上げるために、世間では考えられないような乱暴な取り調べをくり返し、異常な拷問をぼくたちに加えてきました。そのひどい暴行の事実は、敗戦直後に、ぼくたちによって「特別公務員暴行傷害事件」として共同告発され、一定の結着を見たことは今度刊行した拙著『横浜事件の真相——つくられた「泊会議」』に書いた通りです。

ここでご紹介したいのは、そんな特高の無茶な拷問でデッチ上げられた「泊会議」の証拠物件の一つに、細川さんが描いた「屁のかっぱ」があげられて、それがぼくたちの党員証だとして言いがかりのタネに使われていたことです。

細川嘉六さんには厳格できびしい性格の反面、ヌーボーとしたユーモリストの一面もありました。殊に、どういうわけか、小川芋銭のかっぱの絵がたいへん好きでした。求めに応じてぼくが持参した芋銭のかっぱの絵を模写し始めたのは忘れもしない昭和一六年九月ごろです。細川さんの書画帖が描かれ始めたのはその直後です。そして細川さんを訪ねる親しい記者たちに、細川さんはそのかっぱの絵を色紙に描いて与えたのでした。

ところが、細川さんのそのかっぱの絵——「屁のかっぱ」は、ぼくたちが横浜へ検挙されて行ってみると、たいへんな代物にされていたのです。横浜の特高はぼくを留置するとすぐ取り調べ室に引っ張り出して、「おい木村、お前も細川さんからかっぱの絵を貰ったろう。どこへかくしたか正直に言え！」と暴行を加えるので、「あれは友人にくれてやった」と答えると、おきまりのひどい拷問をくり返すのです。特高の言い分はこうだったのです。

「本当のことを言ってやろうか。かっぱはな、水陸両棲の動物だ。お前らのように合法、非合法を使いわけ、泳ぎわける悪いやつだ。かっぱの絵はお前らの党員証にちがいない。」

よく言われた「特高の下司《げす》のかんぐり」のまさに典型的なはなしの一つです。

去る一二月二日には、細川さんの没後二〇年を追悼する「かっぱ会」が開かれました。

〔『ちくま』一四二号、一九八三年一月号〕

「への河童」の反骨精神について

故細川嘉六さんのニックネームが「かっぱさん」だったことは多分知られたことだと思うが、いったいなぜそんなアダ名がつけられたのかをご存知の方はもう少ないだろう。

細川さんの河童の絵は小川芋銭画伯の河童図をお手本にして描かれたものだったことは拙著（『横浜事件の真相』筑摩書房一九八二年刊）でも書いておいたが、細川さんが若い友人たちに描き与えた河童図の多くは「への河童」であったことは特記しておいてよいことだと思っている。

細川さんが御自身でよく描かれた「への河童」にどんな意味があったのかは今さら説明するまでもないだろうが、前大戦のあの戦時下に細川さんらと検挙されて、特高の拷問で半殺しの目にあわされたわたしたちに対する責め道具のひとつに「河童党員証」＝「への河童」が用いられたことだけはお笑い草までに書いておこう。

取調べの特高スパイどもは、こんなことをわたしたちに放言したのである。

「お前も細川先生からカッパの絵を描いて貰ったろう。その絵はどんな意味の絵かわかっとるだろうな。知らないって？この野郎トボケるな。カッパというやつをよく考えてみろ。水陸両棲動物じゃないか。それこそ合法と非合法の両世界をたくみに使いわけてやっていけ、というお前らの大事な党員証だろう。」

ところで、こんど「かっぱ会」の会報に『への河童』誌を出すことに決まったが、敢えて誌名を『への河童』にしたわけをつぎに誌しておきたい。

細川さんの業績をふまえて、さらに新たな展望を持って前進しようというわたしたちの「かっぱ会」である。何より大切なことは、細川さんの前向きのど根性＝本物の反骨精神を会員各自の胆にすえることであり、あの不屈の反骨を会員が自分のものとして貫徹するということである。

それには「への河童」の本物の反骨精神なるものを各自で自得しなくてはならない。そこで、ぼくは自分の生涯であれほどショッキングな出来事はあとにも先にもあるまい、と思われた一九四五年八月一五日のひるさがりの細川さんの逸話をもう一度御紹介しておこうと思うのだ。

それは無条件降伏の天皇放送が行われた日に笹下（横浜刑務所の所在町）の未決監で起こったエピソードである。

そのとき、未決監の三舎二階六号室のぼくの独房の小さなのぞき窓へ雑役夫さんが息をはずませながら駆け寄って来て、小窓へ口をつけんばかりにしてこうささやいたのである。

「木村さん、ついさっき、天皇の降伏放送がありましたよ。あんたたちが言っていたとおりになりましたね。これは細川先生からの伝言状です。」

と、すばやく彼は下の方の差し入れ口から小さな紙片を丸めて投げ込んでいった。差し入れ口の近くにころがっているその紙片を急いで取り上げて、シワを伸ばしてみると、まさしく細川さんの字でその日の天皇の降伏放送を諷して詠んだ一句がまず目に入った。

「初鶏や八紘一宇に鳴きわたる」

そしてそのつぎに大切な伝言が書き込まれていたのである。

「木村君、わたしたちに対する当局の不法拘禁は断じて許すことができない。総理大臣か司法大臣がここへ来て、手をついて悪うございましたと謝らないかぎり、ここは決して出てやらぬ肚を決めたまえ。」

細川さんからのその伝言を独房のド真ん中に正座して読み終ったぼくは、その呼びかけに対する全面的共鳴と感激のあまり、ガバと起ち上がって正面の鉄扉の上のかまちへ両手で飛びつくと、ブラ下がった両足で鉄扉を思いきりガンガン蹴りつけた。足先が痛んだ。ふだんなら巡回の看守が飛んで来て懲罰をくらうところだが、このときばかりは獄中シーンと静まりかえって人の気配もない。

この細川さんの反撃の呼びかけこそ「への河童」の示す反権力のド根性ではなかったか。支配権力の横暴に抵抗して闘って来たわたしたちがこの絶好のチャンスに際して組織的に一斉に起ち上がるべきではなかったか？　未決の独房に坐してこのチャンスを迎えたぼくはもちろん黙ってはおれなかった。翌日、早速ぼくは担当の海野晋吉弁護士に連絡をとって、細川提言の実行をぼくたち泊組の共同作戦として全員でやることを正式に申し込んだのであった。残念にもこの申し入れは海野弁護士と石川勲蔵予審判事との交渉不調で取り上げられなかったが、海野弁護士も当時を反省してこう語っている。

「わたしもその点については大いに恥じるのですが、もっと正々堂々と細川さんからの提言を実現させるように努力すべきでした。」

反骨といわれるものにもいろんな種類の反骨がある。わたしたちの「かっぱ会」の誇りは細川さんが示したこの本物の反骨精神の貫徹にあるのである。


（一九八四・三・一三）

〔『永田広志研究資料集5』一九八四年八月刊〕

「カッパ老人」細川嘉六さんの反骨

一九四五年八月一五日のひる過ぎ、横浜刑務所未決拘置所三舎六号室のぼくの独房へ雑役の床屋さんから知らせて来た。

「木村さん、日ごろあんたたちが言っていたとおりになりましたよ。つい先刻、天皇の全面降伏放送がありましてね。これは細川先生からの伝言です。」

すばやく彼は差入口から小さな紙片を投げ込んで立ち去った。開けてみると、そこにはまず天皇の降伏宣言を諷した一句、

「初鶏や八紘一宇に鳴きわたる」

が書きつけてあり、次いでカッパ老の大事な伝言が書き込まれていたのである。

その伝言とは、

「木村君、わたしたちに対する当局の不法拘禁は断じて許すことはできない。総理大臣か法務（司法）大臣がここへ来て、悪うございましたと手をついて謝らない以上、決してここは出てやらぬ肚を決め給え。」

という内容であった。この紙片の伝言を受け取ったぼくは、その呼びかけに全面的に共鳴するとともに、感激のあまり独房の正面の鉄の扉をガンガン蹴りつけた覚えがある。もちろん、その翌日ぼくはさっそく海野晋吉弁護士に連絡して、泊組の七名全員でこの共同作戦を実行することを正式に申し入れたのであった。ところが、海野弁護士と石川勲蔵予審判事の間では、細川さん一人をぼくたち七名の泊組から切り離した分離裁判に踏み切り、残念にもぼくの提案を拒んで来たのである。

海野弁護士もこのときの分離裁判作戦の誤りを敗戦直後に素直に認めて、こう語っている。

「それは裁判とは言えません。私もその点大いに恥じるのですが、みんなでもっと堂々とやればよかったのです。」

時の支配権力者に対して真っ向から謝罪を請求し、国家的賠償を求めた細川さんの一貫した反骨こそ、貴重なのだとぼくは思う。

〔『旧縁の会会報』復刊二八号、一九八六年八月一五日刊〕

細川　嘉六

細川　嘉六　ほそかわ・かろく

一八八八・九・二七—一九六二・一二・二　参議院議員共産党議員団長（初代）［学歴］東京帝国大学法科大学政治学科卒［出生］富山県下新川郡泊町泊（現朝日町）［団体］大原社会問題研究所、支那研究所、アジア問題研究所

一九〇二（明治三五）年四月富山県泊尋常小学校高等科を卒業後、すぐ県内宮崎小学校代用教員になるが、〇四年東大の小野塚喜平次を頼って上京、新聞配達をしながら錦城中学校を卒業。一〇年九月一高入学、加越能奨学金を受け、さらに東大法学部政治学科を一七年三月卒業。小野塚喜平次の紹介で住友総本社（現住友商事）に入社したが、言論界を志して翌年読売新聞社に入社。その翌年高野岩三郎（東大教授）の尽力で東京帝大経済学部助手になったが、身に合わず、二〇年大原社会問題研究所に入所。ここで人道主義者・民主主義者として自らの思想を深め広げてゆく。二五年から二六年四月まで大原社会問題研究所所員としてドイツ、フランス、イギリス、ソ連に留学。ソ連で初めて片山潜に会い、片山から米騒動の研究をすすめられる。

二七年秋、大原社会問題研究所内に、尾崎秀実（大阪朝日記者）と中国革命研究会を開く。三三年三月三〇日共産党シンパ事件の余波で治安維持法違反容疑者として伊丹署に検挙され、翌三四年三月一〇日禁錮二年執行猶予四年の判決。三三年四月から三五年一月まで大原社会問題研究所を休職する。三七年四月大原社会問題研究所が資金主の大原孫三郎から独立し、東京へ移転したので細川も東京に移住し、同研究所の評議員になる。同時に、社会評論や政治評論の筆をとり、『中央公論』『改造』などに随時発表する。

三九年風見章の経済的協力により、尾崎秀実とともに赤坂山王ビルに「支那研究室」を設け、主事になる。翌年一月、出版企画『支那問題辞典』の監修者を引受け、編集協力者として尾崎秀実を紹介する。四一年一〇月尾崎秀実がゾルゲ事件で検挙、投獄され、「支那研究室」を解散させられる。四二年九月号、一〇月号の『改造』に発表した憂国の論文「世界史の動向と日本」が陸軍報道部に摘発され、同年九月一四日、世田谷署に検挙され、翌四三年八月東京拘置所へ移される。同四三年五月、泊事件容疑で細川の招待に招かれた七名が横浜市内各署に検挙されるとともに別件逮捕され、細川も四四

年五月末、横浜刑務所未決監へ移される。
　敗戦後の四五年九月一日、横浜刑務所未決監を保釈出所、一一月一〇日免訴となる。同年一一月、横浜事件被害者三三名は細川が中心的よびかけ人となり、神奈川県特高を特別公務員暴行傷害罪として特高の拷問を共同告発する。五二年四月、最高裁は特高警官三名に有罪判決。その一方、四七年四月、第一回参議院議員選挙で共産党全国区議員として当選。五〇年六月四日第二回参議院議員選挙にも当選。五一年九月二七日、レッドパージにより党役員（初代国会議員団長）および議員職や一切の政治活動から追放される。同年、風見章とはかって「アジア問題研究所」を設立、主宰者となり、また別に「国際事情研究会」（のちにジャパン・プレス・サービス社）を創立する。さらに五〇年には日中友好協会の設立につくし、「日中国交回復国民会議」幹部として風見章、伊藤武雄、中島健蔵らと五八年七月「反省声明」を公表、同年九月、風見を団長、細川を副団長に代表一〇名が北京を訪問、中華人民共和国政府に対して公式に日本の長年にわたる侵略戦争を謝罪した。この謝罪訪中は民間の正式謝罪として歴史的記録となる。当時、民間大使として北京在住の西園寺公一がこれに積極的に協力した。細川が日中友好につくした功績に対して、八三年、中国政府は公式に表彰したい旨を日本共産党へ申し入れたが、日本側がこれを断ったことはよく知られている。主要著作に『アジア民族政策論』『植民史』『日本社会主義文献解説』などのほか監修『支那問題辞典』や多くの翻訳書、大原社会問題研究所資料『米騒動』などがある。（木村亨）
［『近代日本社会運動史人物大事典』日外アソシエーツ、一九九七年一月刊］

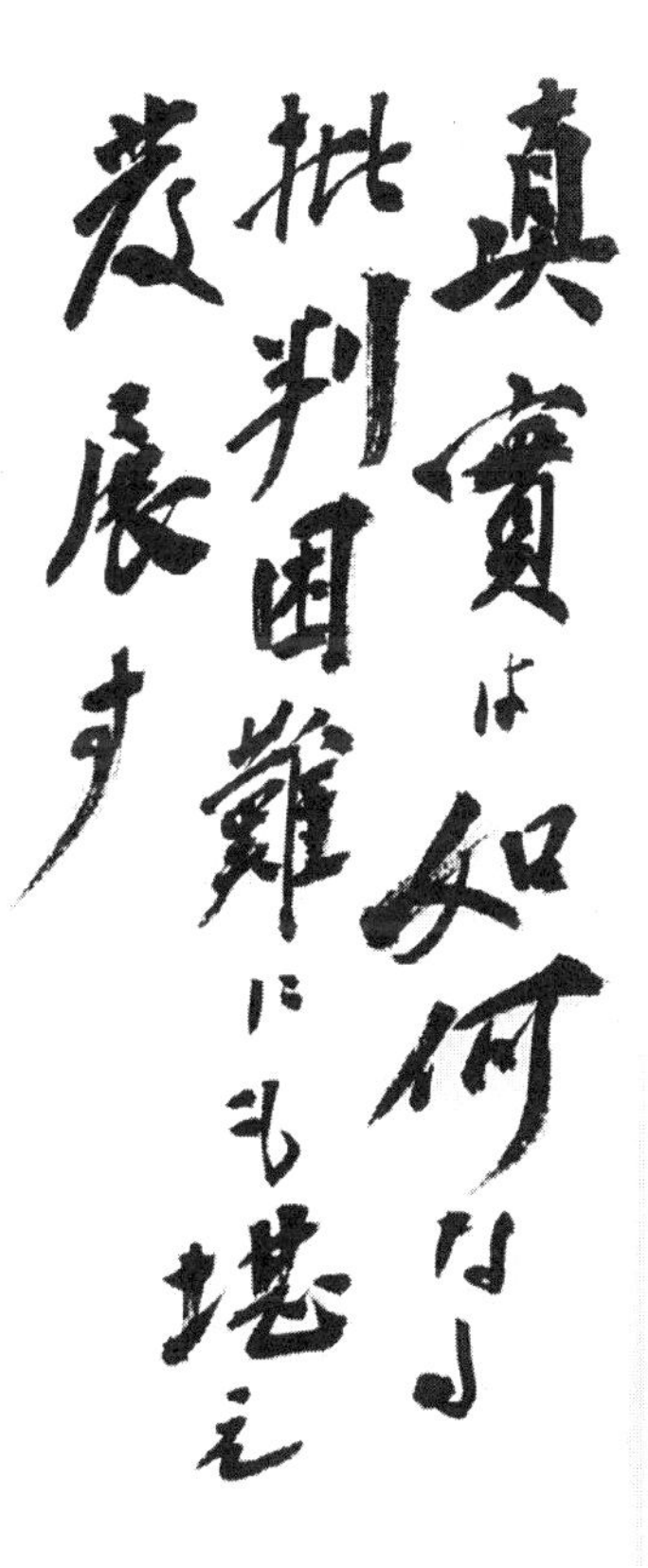

細川嘉六の書

細川嘉六・獄中訓覚え書

（一九四五年八月二五日）

甘ちょろさを今こそ清算せよ（再出発のための戒め）

一、唯一の指導原理は「民主主義の徹底」である。

大胆な理想と老練な手腕を　過去の失敗を再び繰り返してはならぬ。

差し当たっての政策は次の四つ

一、言論・集会・結社・出版の自由確保

二、戦争責任者の国民自身による断罪

三、権力の基礎を隣組、町内会、部落会など勤労者階級、俸給生活者大衆におくこと

四、教育の大革新、漢字全廃・ローマ字の採用

二、正名はいかなる革命にも出発点となるものだ。

戦争の責任者どもはいち早く自己をごまかし、英米資本との妥協を試み、一切の悪辣な陰謀や暴力を以て国民の正しい力を破砕せんとするであろう。英米式似而非立憲民主主義に欺かれるな。

一切の反動と洋行帰りや転向組の再転向による大混乱、党内の分裂や対立の危険を避ける道は、広汎な大衆の心に基礎をおき、その時その時の中正な公道をとり、大胆にして老練に一歩々々確実にこれを遂行する執拗な努力を継続することだ、レーニンの例に学べ。

理想のために現実を忘れるな。大胆はよいが老練を欠くな。

三、漢字の全廃・ローマ字採用について

これは科学・技術の振興のための根本策であり、ロシヤの大衆教育やトルコの婦人・国民教育の実際を想起せよ。

四、天皇制の問題につまずくな

天皇制の廃止は自明の理であるが、大衆の意向に従って変化させよ。

五、言論機関の即時確立

書籍、パンフレット、雑誌類の早急な刊行。

たとえば単行本として「中国における革命勢力の興起と発展」、「日本の過去と将来への展望」、「ロシヤ革命の現実」、「トルコにみる革命運動」等のほか

『世論』、『世界情報』、『家庭週刊』（各誌仮題）等の定期刊行物の編集と発行

以上

細川嘉六インタビュー
カッパ放談

私はカッパというあだ名をもらっているが、これにはこんどの敗戦と非常にふかい関係があるのです。というのは私はカッパの絵がすきで戦争が始まるとその時々の気分にまかせてカッパの絵をかいておった。当時出入りの若い言論界の友人たちの希望でこれを書きあたえたところ、じつはこいつがイタチ政府のサイゴ屁にかかって、れいの有名な泊事件となったわけだ。これが言論界でカッパ事件といわれるものさ。こんどいよいよ私がニッポンの古いカスをはらい落すために、カッパの屁をとばす番になったわけじゃ。

私は元来、ご存じの通りに徹底した共産主義者ではなかった。それよりも共産党員ではなかった。しかし去年の二月野坂君が帰って来て私が共産党に入った。日華事変以来――一九三七年以来約十年間、日本の事態は国内的にも国際的にも危険な状態に向っておると考えたので、私は本当に日本はどうあるべきかということについて論説を発表することが任務だと思って、やったものです。ところがその一文々々はいつ筆禍事件にひっかかるかわからない。だが最後にいわゆる太平洋戦争がおこったので、肚をきめて、一つ国民に訴えようと思って書いたのがあの「世界史の動向と日本」です。その結果一九四二年の九月から一九四五年の九月に至る間、かれこれ三年間縛られておったものです。

このあいだ私は横浜拘置所におったときに、いろいろ過去のことを振返ってみて、その場合に――私は第一高等学校ですが――高等学校におったときにいたく感じたことは、学問の目的というものは自分の立身出世ではなしにひたすら真理をもとめ、国家社会のためになすべきものだと考えておるに拘らず、殊に一高という天下の秀才が集って来るといはれたこの学校の空気はそれとは全く反対である。あらゆるものが立身出世のための学問だという考え方で勉強している。広く帝国大学の状態を見ても皆同じである。社会を見てもそのことには何等の異存がないという一般の考え方であって、私はこれには驚いた。とに角学校の成績をよくする、そのために、点数を一点でも多くする。秀才であればあるだけ官途にはい、条件でつける、それからい、お嫁さんも貰える、立身出世はとんとん拍子にいけるという状態です。それですからその一般社会の空気を反映して学校内の空気もそうなることは無理からぬことです。

しかしとんでもない状態なんで、どっちかといえば、私の高等学校時分は一般の風潮はわが国一般の学校の基準になってしまっていた。その当時の校長は新渡戸校長であった。それ以前狩野校長時代には城に閉じこもるという籠城主義で、世間を白眼視して立つという教育方針であったが、それがやっぱりマンネリズムに陥って、きたない風して得意に歩くというようなふうに堕落していってしまった。それに対して新渡戸校長の主張はソシャーリチィ、社交的態度ということになった。これは明治四四年頃です。それで籠城主義とソシャーリチィの態度の争いになってしまってゐた。ソシャーリチィに反対するものは柔道、撃剣部の連中が多い。そのとき末弘厳太郎君らが籠城主義流の先輩であり、それから他方ソシャーリチィの方は鶴見祐輔、前田多門の諸君とか言論部を中心とする先輩であって、その二つの派の抗争は激しい争ひになっておった。私は末弘君側にぞくしてゐた、その当時の事情は、とに角いまの人には分らないだらうと思うが、教室内でも誰それが大学を銀時計で出て、どこそこの華族様の娘と結婚したとか、中には校長がこんな場合誰それの媒酌人になったとか、それを非常に羨ましい目標のように話合っておった。私はこれらのことをいまいましく考えておった。そこへもってきて新渡戸校長がアメリカへ交換教授として文部省から派遣されて永らく学校を留守してゐた。大体その当時集まった高等学校の生徒といふものは、校長の博学、人格を慕って来ておるわけです。ところが留守になったからさっぱり目標を失ってダレてしまう。

毎年高等学校では春に記念祭をやりますが、その記念祭の前の晩といふものは、先生も生徒も皆嚶鳴堂に会してお互に感想を述べあうという会をやるのです。それで校長留守のときの記念祭にも相変らずそうであったが、この晩学生の中で一杯飲んで来て一方に陣取って柔道初段、二段というような手合いが陣取って、平生習っている先生の演説を次から次へ・・・やじり倒したものです。それで私も、この不逞の徒に憤慨して彼等の方につめよって、「馬鹿野郎、下りて来い」と猛烈な争いをやりにかゝったことがある。満場シーンとして、向うがへこんだから私もまた元の座席にかえり、記念祭前夜の演説会は、そのまゝ順調に進んだ。その翌年校長が帰って来て、また記念祭で同じく生徒と先生との感想を述べあう会があったわけだ。

そのとき私は、校長にいうた。「修養の道ということを校長がいわれるが、修養ということは必ずしも立身出世することを意味しないでしょう。修養のために身を破滅に陥入れるということもある。今日の生徒の修養の目的が立身出世にあるが、校長はどう思うか。また先生は個人として、ある秀才の大学卒業生の手合に、ある華族との縁談を取りもったということであって、それがために学生の間にはこれを羨望の的にしておるが、あなたはどう思うか」というような意味の演説をやった。それというのは、いま申すように私は学問というものは立身出世ではない、社会のためだという立場のものですから、ついそういうことをいった。校長はアメリカから帰って以来、校長を交換教授に押し出した文部省の属僚どもがだんだん校長を非難しだし、学校の中の先生たちもそういうような学校の中の空気だから、校長が学校から離れて歩いてどうも面白くないと感じだし、内心歓迎しないようになった。学生の間にまたそういう問題がおきている。そこへもってきて私が演説をやったものですから、ぐっと校長の心に響いた。校長も次の校長と事務引継のときの演説のときに、こういう学生が出るようになったから――私のことです――自分はしりぞく、「わたくしは忘れられない。しかし、その罪をゆるす」という言葉があるが、私はこの学生をとがめない。それをわたしは聞いてムカムカとして、校長に食ってかゝろうと思った。嚶鳴堂の演説のときは黙っておいていまになってこんなことをいう、と私は内心激怒したが、怒号することをやめた。その後、校長の送別会にもいかなければ、校長のうちまで花輪を持って、泣きながらいった行列にもいかなかった。

その当時の音頭をとって送別会に、あるいは送っていくときに大いにつとめた者の中の一人は星野直樹君――いま東京拘置所におる――内閣の閣僚がある。戦時中大蔵大臣になり、内務大臣、文部大臣、そういうような手合も、私がいま話す時代の前後の学生ですよ。それらは私から見れば、その時分に、私が罵倒した方面の連中になるのだ。つまり、私にいわせれば立身出世なんだ。学問はそれのための学問だということになるのだ。

――その当時のいわゆる立身出世と対立しておった流れはどういう流れですか。

そこなんですね、そんならソシャーリチィに反抗した籠城主義派は立身出世派ではないかといえば、実は立身出世派なんだ。それから多少末弘君などは違ったところがあったが、大体において変りはない。

――当時の日本の世の中、これは世の中というよりも先生の生れておいでになって、それから小学校、中学校、高等学校、大学とこの期間は日本にとってはなかなか面白い時期でございますね。

うん、そう。

――先生のお生れになった翌年は憲法が発布される、その次の年は議会が開設される。まあこれで大体自由民権運動を克服して藩閥政権が確立した。その議会の開設、それは私どもの考では日本初期の自由民権運動の追悼会のようなものですね。憲法はその墓標ですから――。

うん、そう。

――そうして日清戦争の中に突入してゆき、日清戦争がすむと、その頃から現在解体されつゝある財閥が定型づけられたとい、ますか、基礎ずけられたとい、ますか、そうして日本資本主義の第二期が始まった。そうして隆々と発展しだした。一方において明治三〇年になると日本には社会問題がおきて、それから、労働組合ができたのもその頃、そして階級的な分裂が顕著になりだして、けれどもその当時なお比較的自由というものが残っておりますね。

――ということは結局日本の資本主義の成長の旺盛さの反映であろうと思うのですね。で、先生の学生時代における その立身出世派、並にそれと対立しておられた先生たちはそういう社会の動きとどんなふうなつながりをもってゐたのでございましょうかね。

私は自由民権時代のあの空気を子供のときにやっぱり受けて来ておるのです。私は富山県の最も遅れた田舎に育っておるが、そこでもやっぱりその思想は入ってきてゐたわけだ。それから日本は日清戦争をやり、いま林さんがいわれたように資本主義がだんだん発展してくる、社会思想運動も多少とも伸びてきた。が、それは半面ですよ。

その全体を支配した一般の空気は――資本主義の発展期の思想である。それは、いちばん端的にいえば、福沢諭吉先生の『福翁百話』、中村敬宇先生の『西国立志篇』、そういうものが読まれ、さらにもっと打算的な方から見た『成功』という雑誌が出ておりました。それは丁度アメリカの真似をしたものです。その当時さかんに読まれたプッシング・ツー・ゼ・フロントのごときものは学校の教科書などに使われていました。ですから、その方から見たそういう思想が資本主義の発展と同じ歩調になって、それから一面には、社会主義者の思想、労働運動の思想、それが明治三〇年。

勤労民衆の政党とか、それから労働組合とかがつくられ、ストライキも行はれたが、それはみんな、資本主義の発達のために妨害になるというので、反動政府が潰した。それで思想的にも、組織的にも発達してきた日本の勤労民衆というものは、漸く目覚めて組織しようという芽生えをみんなつまれたようなものです。ですから社会の一面には、陰惨なものが流れ、一面には立身出世の輝かしい流れがある。その中に立って自分のことをいうと、私はみんなのように、そうとんとん拍子に中学校、高等学校、大学といける身分ではないので、苦学をしようと思って、十六のときに東京へ飛出してきた。それから夜学に通ったりなどしてやっておる間に、一人のえらい人間に出会った。

それは日本の民主々義の発展のために忘れることのできない世界的の学者、小野塚喜平次先生で、帝大の総長を二度もやり、終始一貫民主々義のために尽した人です。この人は一面非常な学者であるが、一面にそのときの政府に無用な摩擦を起さずに民主々義を発展させようという考えもし、また行動もした人です。世間で先生の門下といはれる吉野博士、臘山、河合、南原（東大総長）諸君はどうも民主々義の理論を予想されたほどさほどに発展させてはいないように考えるむきもある。南原君のごときは今日信仰とか神とかいうにいたってゐる。先生はしかし、ますます激しくなるわが国の反動化に抗し終始一貫唯物論に立脚していた。先生と知合いになって私はどうにか学生々活を送ったのです。ですから小野塚先生は私の忘れ難い方です。また先生も私を忘れ難いものとしていたようです。私が先刻申したように事件にひっかかったときも非常に心配して一九四四年亡くなられたのですが、私の帰るのを待っておられたようです。先生は私のそういう学問的良心とい、ますか、それについて非常に同情あり、理解しておった。ですから私は高等学校でも、大学でも勝手な勉強をして、自分の気に入らぬものは勉強しなかった、それで先生から「君は金がないくせに大名のような学問をしているが、少しは何とかしたらどうか」といわれた。そういいながら辛抱して私のために尽力を惜しまなかった。大学ではゼミナールがありますね。

当時先生は政治学の教授であったから政治学のゼミナールに私も出た。このゼミナールでは報告するのだ。星野君や、亀井貫一郎君も報告する、そのあとに私も報告した。そうしたら先生は、細川君は沢山本を読んでいるが、一々批評して読んでいる、とはめられたわけだ。それからまた私は高等学校時分からものを書いたことはあまりないのですが、――文章を書くのは下手でしてね――けれど学問的な随想録のようなものを書いたことがある。それを先生に卒業間際に、書いておったのを御覧に入れたら、まだあと就職した後でも書けといわれて、奨励されるようなことがあった。それでとに角そういう私の学問的の精神というものは、真理は愛すべきものだ、国のために尽すべきものだという考えで一貫したようなものなんですね。

――そこで先生にお伺いしたいことは、その愛国主義者が

――現在プロレタリアの運動も愛国主義者だと思いますが、そういうわれわれのカテゴリーでない、昔のカテゴリー内の愛国主義ですね、そういう愛国主義者である先生がソシャリストに転向される過程が非常に興味が多いことと思うのですが。

そう、そう。

――例えば私ども明治時代の文献を見てみますと、この明治三一年の普通選挙運動の発展ですね、これは私の国長野県の松本に始ったのですが、これをやり始めたのは木下

尚江、中村太八郎、石川などの三人で始めたのです。これは遼東還附の反対から始ったのですよ、面白いでしょう、この転機がね。そういうようなことから考えましても愛国主義者であった先生がやがて共産主義者になられる、その転機ですね、こゝを少しお話し願いたいのでございますが。

あなたのいわれる通り、日本の初期の社会主義者というものは国家主義の埒外を出ないところが多いでしょう。それだから遼東還附でいきり立った。それは日清戦争直後の社会主義の方ですよ。それから日清戦争のあと日露戦争に近ずく社会主義運動は多少国際的になっておりますね。日露戦争のときは先覚者片山潜が、アムステルダムのインタナショナルの会合でロシアのプレハノフと握手し戦争反対を発表したという、そういう性格をもっておりますね。社会主義の運動は、ですから日清戦争のときと日露戦争のときは違って来ております。勇敢に日露戦争のときは戦争反対をやったものです。それからその後を受けた連中が遼東還附に反対した思想から離れておりますね。それで第一次世界大戦でロシア革命、ソヴィエトロシアができたというので、ぴったりとくっついていっておるでしょう、その当時の、先刻申した私の大学を出た後にはだんだんとそれとくっついて来ておる。思想的にくっついて来ておる。そこへ米騒動でしょう。そうするとその当時ボルシェヴィキといっておる、その時分のロシアの共産主義思想は、極端とか改革とか革命とかにいわゆるボルシェヴィキという言葉が流行するほど、盛に伸びたものです。

そして労農党も何回か変化しますが、結局二六年に同党の委員長となった大山郁夫さんを助けたので、それと私はまた関連をもつようになり、河上肇先生ともくっつくようになった。大原研究所は、大体ドイツ流の社会民主々義をとり、ロシア革命の意味を理解しない集りです。だから私はその中でまた異端者になってしまった。大原の人々は、私と従来の友人だから、というわけで、とに角つれて歩いてくれたわけなんだ。そして一九二八年の総選挙の場合には、大山さんは香川県で候補に立った。香川県下で私は河上先生と共に何回か応援演説をやった。その時の弾圧はひどいもので、村へ行ってみると、みんな検束されて演説会はだめになった所もあり、演説会はできても中止の連発だ。それから共産党は地下に追い込まれ、労農党は解散され、評議会はつぶされ、青年同盟もつぶされた。

その最中に三・一五という大あらしの中で何を始めたかといえば、尾崎秀実君その他二、三と中国研究を始めた。

大阪の大原社会問題研究所で数回やっておったでしょう。そうしておる間に尾崎君は上海へ行った。そこで尾崎君は非常な変化をやって来たわけだ。北伐以後の中国のさかんな時代に練られて来たのですよ。そして一九三二年に大阪へ帰って来て、私は新しい中国を教えられた。

あれは、はじめは私が先生格だったが、今度は新しい中国について尾崎君が私の先生となった。その時分、書いたものに「支那革命と世界の明日」というのがある。それはその当時の記念物です。尾崎君と会ったとき、尾崎君は非常な成長をして帰って来た、それに刺戟されて、私はまた中国研究をやった。

勤労大衆の運動に対する非常な弾圧の中で、満州事変が起され、一九三三年大阪で私はシンパ事件にひっかゝった。それがため刑二年、執行猶予四年という判決をうけた。その時分に地下から多少勢力をもちあげた共産党はまたまた非常な弾圧を受けた。例えば一九三一年、満州事変頃は漸く大阪でも地下運動が盛返して来た、それを私も多少かばったわけなんだ。それでやられた。その時分、東京の共産党運動よりも大阪の方が本場格であって、大衆がよく動員されて、それがまた私などもひっかゝるほどの弾圧を受けた。このシンパ事件にひっかゝる前はやっぱりソ連というものの世界的の意味を説いた論文を幾つか出しておる。シンパ事件にひっかゝったから、そういうものをやめて、中国問題・米騒動に関する論文を公にした。一九三六年大原社会問題研究所は改組して、私は、他の人達と共に評議員になった。研究所は事務を小さくして東京へ移った。一九三七年、それで私も東京へ移った。

それから私は、起さるべきものでなかった日華事変が起されたので、今度はいよいよ腹をきめて論文を公けにした。その当時共産党運動をやるような柄でもなし、そうかといって未曾有重大なわが国社会の前途に対し黙っておれず、民主々義がどうの、民主々義でなければ日本は危いというようなことを民族論の方からやりだした。当時は筆の自由はないからね、変な腰つきでやったのだけれど、ともかくそれをやっておった。それから今度は日華事変が昂じて太平洋戦争が起されたわけで、この戦争の起される数カ月前、尾崎君がやられる、私もやられるだろうといわれておったが、やられなかった。しかし尾崎君はいかにしてこの日華事変をやめさせようかということについて非常に骨を折った。それはよく分る。それから尾崎君はどうもならぬ、結局日華事変も収まらず、ヨーロッパでは日本の同盟国ヒトラードイツがソ連に対し攻撃しだし、世界戦争が迫ってくるという情勢となり、これは日本はいくところまでいくより外ない、それでなければ目が覚めないというので、支配階級を倒さなければだめだというところまで来たわけだな。この場合私は尾崎君にあんたは老人だからというのでそっちのけにされておったというわけだ。太平洋戦争直前のことを一言しよう。一九三九年頃、尾崎君は満鉄の東京支社にいた。そして中国研究をやろうじゃないかということで、犬養健君を責任者として、中国研究室なるものを山王ビルにつくった。それでまづ三民主義の研究をやりその研究論文を集めて出そう、犬養君は孫文について書き、尾崎君は何を、私は何を、他の友人が何を書くという手分けをしていた。私は「支那民族運動と列強」というような論文を書いた。その内に犬養君は汪精衛政権樹立のために走っていき、みんなもいそがしくなったので出版もやめ、研究資料だけ集めておったのです。私の上述の論文は中央公論に発表されました。いま申すように尾崎君はつかまっちゃった、私は太平洋戦争の勃発後六カ月目に書いた「世界史の動向と日本」といふ論文で放り込まれたというわけだ。放り込まれたときに、先刻の話にあるけれど、横浜拘置所におったときに、あゝ、とうとうやられた、一高におったときに立身出世が何だといって、星野直樹君派と喧嘩をやっておったのは学校での喧嘩だが、今度は社会だ。星野君は東条政権の書記官長として躍動しており、私は拘置所に静座させられている。だから天網恢々疎にしてもらさず、高等学校の喧嘩を今度はこっちで仇討ちされたな、「星野にやられたな」まあ仕方がない。あの貧弱な一論文を公けにしたことでセメて親孝行の恩師への報謝の一端にでもしてもらおうか、と自分をなぐさめていた。そうして入っているうちに、天子さまが頭を下げたという――どうせ負けることじゃと思っておったがね――そうしたら裁判所で早く出てくれという。

執行猶予にしてやるから我慢せよという。それはだめだ、私は裁判所か国家があやまらない以上は、こゝは死んでも出やせぬぞ、私は日本が民主々義的に平和な発展をすることだけを望んだ、それは民衆に基礎を置かなければだめなんだ、私は軍国主義侵略戦争に反対し、民主々義を主張した。この主張しか持っていない私に、わるかったと頭をさげよ出てやる、とに角大官連中がこの拘置所に入れかわる都合があるから、出てくれという（笑声）。こゝにいる木村君は木村君で、出てくれといわれるけれどいうことを聞かない。予審判事と喧嘩して、予審調書も成立たせないで大喧嘩してゐた。

今度戦犯でいれかわりに入った彼等のことを考えると、天網恢々疎にして洩らさずじゃ。今度はぼくらこそ、若い時代の足場となって、新しいゼネレーションを守立てゝいくより外ないと思う。

私はね、一九三九年に、風見章さんに私が当時日本中廻って歩いて経験した話をした。風見という人は片山潜老を別とし、私の六十年の生活中において稀に見る民衆の政治家の一人で、私の終戦に至る過去にこういう人を見たことがない。この風見さんもこれは自分の考えておる通りであると述懐し、それから二三日して、一つ近衛さんに会ってその話をそのまゝ、話してくれないかというので、よかろうといって、私は近衛さんとはじめて華族会館で会談したのだが、そのときに私は、「近衛さん、あなたは枢密院議長とか、総理大臣とかをやめなさい。そして日本の下積みになっている青年に腹を割って訴え青年と共に立ちあがりなさい、そうすれば私も及ばずながら助力します」といった。そのうちに新体制運動になって、風見さんは何とかして軍部を押えて民主日本にしようと努力なさったが、それを内務省とか軍部がひっくり返して、あれは赤だというた。風見さんも非常な不幸、近衛さんも同様、結局太平洋戦争となって、今日わが国民はこの大破局におしこめられたわけだ。これらの連中――東条、板垣であろうが、星野、賀屋、平沼であろうが、この戦争を計画し遂行した責任の地位にあった連中、あるいはそれに追従した連中は日本民族のかたきです。とに角このどん底まで落した――。尾崎君も死んだけれど、彼もまたこのどん底からわが日本民族が立ちあがるのを望んでおった。今日わが民族更生の時がきたというわけです。

（聞き手・林広吉・木村亨）

［『ひろば』世界画報社、一九四六年四月一日刊］

第4部

語り続けて
―講演抄

多田謡子反権力人権賞受賞記念講演録

人権を無視する天皇制と闘い続けて

私は木村亨と申します。

非常に貴重な反権力人権賞を私ごとき者がいただくとは思いもよりませんでした。考えてみると私ではないんです。これは横浜事件、我々の人権闘争にご協力いただいている皆さん、また七〇人近い被害者、実際にぶち込まれて、四人は殺され、後からまた一人死ぬという惨憺たる拷問の犠牲者の我々のために、この人権賞がいただけたのだと思います。

非常にありがたいことですが、先ほどの金児さんやイスラエルの問題で苦労されている前お二人方のそれぞれの闘いというものを考えますと、私どもの闘いもやっと、この賞をいただくことで弾みがつきました。来年は、現在用意している第三次の横浜事件再審請求を実際に具体化いたします。そのような意味で、この賞をいただいたことは、いい弾みをいただき心から感謝致します。

私のお話は、皆さんのお手元にいっている、横浜事件を考える会代表の木下信男さんがお書き下さった「国家の犯罪」というアピールに表現されています。

権力犯罪との格闘

我々がこの半世紀、敗戦直後から闘ってきました「人権を返せ」「人間を返せ」という闘いは、権力犯罪との格闘なんです。これを見ていただければ、横浜事件がどれほどムチャクチャな国家犯罪であったか、実に明瞭に書かれています。皆さん、ぜひお目通しいただきたいと思います。

五年前、最高裁が棄却してきた時に、皆さんの熱心な応援ご協力で、ジュネーブにある国連の人権小委員会に申し立てを行いました。戦争中の天皇の犯罪、国家犯罪と言ってもお解りのように日本は天皇を国体としているんです。天皇の名において我々は半殺しにあっている。だから、村山首相が今年の初め、初めて日本の戦争責任を認めたかのような発言に対して、一番大事な、この戦争犯罪の責任者はヒロヒトではないか、天皇ではないかということを、我々の方で村山首相に対する公開質問状として、横浜事件の権力犯罪としての性格をはっきり突き付けました。質問状を突き付けたのですが、何の返事もしないというひどい政権ですね。

天皇制は奴隷制

人権を無視するような天皇制の政治に対して、けじめをつけなくてはいけない。ちょうど今年は五〇年目、そして治安維持法が制定されて七〇年です。治安維持法が我々を半殺しにしたり、天皇の名においてムチャクチャをさせてしまった。治安維持法が天皇を守るための、日本の国体を守ると称して、人民に人権意識を持たせない、臣民にしておくという、つまり一銭五厘で動員すればいつでも殺せる、これは奴隷制なんです。

私は最近、集会に行って、「日本ではまだ奴隷制は解かれていないんですよ」と言うと、何ですかという感じでポカーンとしているんですよ。しかし、この七〇年、治安維持法ができてから国体を守ると称して、人の思想や表現、あるいは運動を〝アカ〟と決めつけて弾圧した。治安維持法ができたのが一九一七年のロシア革命八年後です。日本の進歩的な人たちというのはロシアと同じような革命ができると思って支部をつくって、三・一五、四・一六と運動を進めていたが、治安維持法ができて根こそぎやられてしまった。我々の頃は共産主義者なんて誰もいませんよ。皆、刑務所にぶち込まれていた。社会主義者ももちろんそうだ。一九三五年、昭和一〇年頃は、そんなものは皆根こそぎやられていた。

今度は、自由主義思想、民主主義思想が弾圧された。やられた者は皆、〝アカ〟のレッテルを張られる。極端なことを言えば、学生時代に赤い表紙の本を持っていると特高がついて来る。早稲田辺りの学生街では〝学生狩り〟もやられた。講義の間に珈琲などを飲みに行くと学生は皆ぶち込まれた。

だから、治安維持法がどういうふうに日本の国民に害悪を与えたか。つまり、日本人の思想を極度に国体化し、天皇崇拝、天皇信奉にもっていく大きな教育力をちゃんと科学的に批判していかなくてはいけないのを、革新勢力はどうしてか、この天皇教育なるものの弊害、思想や表現の問題でいかに悪い影響を与えたかを真面目に研究しようとしていない。不思議ですね。残念ですよ。

人間教育を否定した教育勅語

私が敗戦直後、ラジオを聞いていたら、慶応大学の高橋誠一郎さんという先生が、明治維新の後、日本で初めて人間教育を始めるチャンスがきたのにもかかわらず、明治二三年に教育勅語をつくることによって、人間教育を丸っきり捨てて、天皇教育に切り替えたことは誠に残念だと言っていた。私はこの高橋さんの話を聞いて、これだ、と思ったですよ。天皇教育というものが与えた悪影響なるものを、高橋先生は一言で言うてくれた。明治維新で自由民権運動が高まってきた。これはいかんと思ったのが支配者。天皇を中心にして、何とか天皇を守ろうという連中が、自由民権運動を弾圧するために教育勅語をつくってしまった。人間教育を否定した。あの教育勅語を小学校の教科書にした。日本人に、人間意識を目覚めさせない、臣民意識、奴隷根性を植え付けた。一銭五厘の招集令状に喜んで死にに行くヤツをつくるために。これを愚民政策と言うんですよ。

そうして、怖がらせるために不敬罪というものをつくった。未だに不敬罪が生きていると思うのが、我々の年配です。天皇教育に本当に毒されてしまっている。私が集会で横浜事件の拷問の話をする。そこに集まってきた年寄りの人たち、兵隊に行ってきたという人の中で、私が天皇の犠牲、つまり戦争に一銭五厘で狩り出されて、戦友が殺され、自分自身も犠牲者だったとはっきり意思表示する人はごく僅かですね。それほど、戦争が終わり五〇年近い年月が経っても、まだ不敬罪が残っているような錯覚を持っている。相変わらず自分が天皇のために尽くしたと思っている。遺族会をみてもお分かりでしょう。戦争の犠牲者と称して、そのうえ「平和」という名前をつけて変な記念館をつくろうとしている。犠牲者の中には一人も外国の人を入れない。中国で二千万人以上の人を殺しておいて。日本の軍隊はアジア諸国でどのくらいの人を殺していますか。三千万人を超えています。天皇の名において殺した。アジア諸国でそういう犠牲者を出しているということを口封じするために、我々はまた犠牲にされた。

その頃の総合雑誌が、そういう批判を一言も書かなかった。書いても載らないような状況。それこそ沈黙状況。あの暗黒時代にふさわしい、総合雑誌が機能を失っていました。それにもかかわらず、天皇が推し進める戦争の邪魔になる、侵略戦争の邪魔になるからと、我々六〇名が片っ端からぶち込まれて、殴り殺されたりしたんです。外では、アジアでは三千万の人を殺して、負傷者の数も入れれば五千万人を超えるでしょう。国内では、我々が天皇の名においてぶち込まれる、戦争の邪魔になると言って。

治安維持法は敗戦直後にいやいや撤廃させられた。これも半年は延ばさせましたね。GHQは止めさせようとした。民主的な思想を育てるために治安維持法をまず撤廃しようというのに対して、内務大臣が山崎巌という人で、この山崎が治安維持法を撤廃したら危ない、共産主義の連中が共産革命をやりかねない、何としても国体を守るために治安維持法を維持しよう、と。とにかく三カ月かな、治安維持法を撤廃しないで頑張ったけれども、結局、一〇月九日撤廃せざるを得なかった。

恥ずかしいことですが、撤廃されるちょっと前、我々横浜事件の被害者の中で、二、三人の者がまだ刑務所に移されないで警察に残っていたまま敗戦を迎えていた。九月末ですから敗戦後一月以上経っている時に、山崎の命令で、敗戦後は共産党が天下をとるのではないかという宣伝文を書かせたわけですよ、その三人に。それが書類としてアメリカに持っていかれて、それを後に私たちは拝見してびっくりした。もうすぐにでも日本は共産社会になるのだということを書いたんですね。そんなものを書かせてですよ、この通りだ、日本の現状は危ないところにきているから治安維持法は撤廃してはいかんのだと抵抗した。が、遂に治安維持法を撤廃せざるを得なくなった。

つい最近、共産党の三・一五、四・一六事件と同じようなオウム真理教の事件が起きた。いい口実ができた。二、三日前に破防法適用が出てきた。これは治安維持法と同じなんです。治安維持法ははっきり国体を守る、天皇を守るための法律、悪法と言われている。破防法も、今の憲法にも反する、自由な思想、自由な行動を、権力者の意志によってぶち込む。これは治安維持法の再来なんです。日本の国民が知らない間に戦争と同じところに引き戻されようとしているんです。これは大変な危機なんです。これに対して大きな抵抗運動を起こす。オウムを守るという意味ではないですよ。そういう意味ではなくて、我々国民の民主主義的な思想、あるいは組織、あるいは運動、これを育てるのがこれからなんです。

天皇は我々の前で謝罪せよ

横浜事件は、最初筆禍事件と称されましたが、「世界史の動向と日本」という論文を書いた我々の師匠だった細川嘉六さんは、その論文で何を主張したかと言いますと、日本を民主化しようではないかという提案なんです。天皇万歳で戦争を進めていけると思い込んでいた連中、天皇独裁のファッショ組織に対して、細川さんは大きな提言をしたわけだ。日本の民主化をやろう、と。これは戦後民主主義をやろうという連合軍の先駆の思想です、これが〝アカ〟だと言う。とんでもない話です。

獄中で敗戦になった時、命懸けで細川さんにどうしようかという連絡をした。とにかく鉛筆の芯を入れさせて、トイレットペーパーの端くれに、連絡のレポをつくった。もし出たら、何から手をつけようか、何から始めるんだ、と。細川さんからの答えは、「言うまでもあるまい。この戦争犯罪を捨て置けない。我々国民が国民の法廷をつくって戦争犯罪人を処罰する、断罪しようではないか」というのが、私のところに返ってきた細川さんのメモだった。これだ、と私は思いましたね、感激しました。独房暮らしだけれど、飛び上がってドアの前にぶら下がってドアを蹴ったんですよ、足の先は痛かったけれど。

そして刑務所を出て何をやったかと言うと、やはりジャーナリストの端くれですね、新聞社に入った。それを提案した。国民で裁判をやろうではないか、と。そうしたら、編集局長、主筆の男は何を言ったか。マッカーサーが来ているのを知らないのか。「君はマッカーサーは東京裁判を準備中だ。戦争犯罪について口を出しちゃいかん」。これが革新政党の新聞社の主筆、編集局長。僕はショックを受けましたね。あの頃、一五年も二〇年も刑務所暮らしをしている人はよほど偉い人だと思い込んでしまっていた。大間違いでした。刑務所ボケで何も分からんようになっていただけの話だ。ほんとうに情けないのが、そういう連中。一番大事な時にやるべきことをやらない。

今年の八月一五日も杉並で集会をやって、千三百人ほど集まった。何とか天皇制社会、戦争犯罪の責任を追及しようではないかと、五〇年経ってはじめて日本社会で天皇の存在を糾弾することができるようになってきた。これは大変なことです。ヒロヒト君がもう亡くなったから呼び出して、謝れ、とは言わない。息子がいるでしょうが、名前を覚えないことにしている。コイツに我々の前に来てお詫びさせなきゃ、横浜事件の戦争犯罪、つまり権力犯罪を解決する道はないと思います。

細川さんは獄中から、「我々の独房の一人ひとりの所へ総理大臣か司法大臣がお詫びにやってきて、手をついて、間違いましたと謝らないかぎり出てやらない、死んでも出てやらない」というレポを僕にくれて感激した。

今、僕らが言えることは、もう不敬罪も何もすっとんじゃっているんです。皆が人権を持っているんです。地球のてっぺんに一人ひとりが突っ立っているんです。人権というのは主権者なんです。その自覚さえも与えない。天皇さんに遠慮している。冗談じゃない。我々の前へ呼んで、あの戦争犯罪を詫びさせなけりゃいかんと思います。この闘いが、私どもの人権運動です。今度の賞をいただいた大きな意味は、そこにあるんですよね。僕はこれを弾みに、みんなと手を組んで、日本を新しい日本に出直させたい。そうしようではないですか。

〔『人権賞受賞記念講演録』一九九五年冬刊。この講演は一九九五年一二月に第七回「多田謡子反権力人権賞」を受賞したときのもの。〕

「日本を当たり前の国にしよう」

横浜事件を生きて

言論弾圧と人権無視の国家権力犯罪を追求する

いま放映されましたドキュメント・ビデオ『横浜事件を生きて』をご覧になってどう受けとめられましたか。このビデオの語り尽くせないところを少しお話いたしたいと思います。まず一つは「権力犯罪」ということです。

あの日本の天皇制ファシズムにおける警察国家という権力犯罪の凄まじさには、いま思いだしても寒気がします。国家権力が戦争をやったことは事実です。一銭五厘でかりたてられ、天皇陛下の臣下になり侵略戦争にもっていかれた。天皇の軍隊は、アジアだけで三千万人も殺しました。戦争も権力犯罪の一つですが、今日は、警察国家という権力者がおこなった無茶な人権無視の犯罪の実態を皆さんに是非知ってほしいと思います。

「アカ」と治安維持法

国家または警察という権力に反対したり、彼らに邪魔だと思われれば、たちまち逮捕されてしまう。その一番よい口実は「アカ」です。「アカ」といえばもう誰でもぶちこめる。国体に反対するものは、彼らにとっては、共産主義者や社会主義者、平和主義者と、何でもいいわけです。それらをひと括りにして「アカ」というわけです。治安維持法という法律があって何でもやれたのですから。

無実のわれわれを掴まえて拷問するんです。前大戦の末期、この治安維持法違反の容疑で検挙された人びとがどんな目にあったか、いま放映したビデオのとおりです。

私は、昭和一八年五月二六日、横浜の山手警察署に留置されました。息つく暇もなく、取り調べ室に連れ込まれ、板の間に土下座させられ、裸にされた。「お前は共産主義者だろう」「小林多喜二を知っているか。生かしちゃ帰さぬから覚悟しろ」と特高の刑事が五、六名取り囲みました。私の両手を後ろ手に縛り上げ手錠をかけた。

「僕は共産主義者ではありません」というと、彼らは一斉に殴りかかってきた。頭、胴、背中の区別なく、ところきらわず、殴る、蹴るの暴行が始まった。横倒しになった私の顔の上を泥靴で踏みつけた。

翌日（二七日）また呼び出しがあって取り調べられた。

「さあ、貴様らが『泊《とまり》』でやったことを言え。そこで共産党の再建会議をやったろう！」。彼らの筋書きどおりの訊問が開始された。また、裸にして後ろ手に両手を縛り上げ手錠をかけた。こんどは板の間の床の上に五〇センチばかりに切った直径五センチほどの丸太棒を七、八本並べて置き、その上に私を土下座させたのです。節だらけの丸太棒に正座したのだから物凄く痛い。私は我慢したが、体が華奢な和田喜太郎君（昭和二〇年二月獄死）や浅石晴世君（昭和一九年一一月獄死）なんかは相当応えたと思う。

「痛い」とでも言えば、ある刑事は丸太棒の上に正座した私の膝の上に飛び乗って土足でごしごしと踏んづけた。そのうち四、五条のロープを束にして殴りつける刑事もいた。とうとう私は意識を失い、その場に伸びてしまった。竹刀で殴ることもありました。しかも竹刀の竹を一本一本バラバラにしたもので叩くから物凄く痛い。気絶したことはしばしばでした。

日本人は批判精神に欠けている

こういう非人道的な暴行を続けながら、彼らは権力犯罪のウラで「オトリ作戦」をやった。これは権力に弱いものを狙って、彼ら側に抱え込み、私たちを落としにくるのです。一例をあげれば、たった一人だけが入院が許され、五〇日ばかり病院で休ませ、その間に、あることないこと全部さらって、そのネタを持ってきて、私たちを拷問にかける。このズルさにはほとほと驚きました。こうして、朦朧とした意識の中で調書が作り上げられ拇印《ぼいん》を押させられるのです。ウソの自白はこのようにでっち上げられていきました。戦争中、いろいろ苦労された共産党の方たちも残念なことでしたが、大部分は転向していました。

権力、とくに天皇権力には弱い。これが、ずーっと今でも続いている。不戦兵士の会の方たちは別ですが、大部分の人はまだまだ天皇陛下バンザイです。戦後四十五年経っても、いまだに天皇信仰は少しも薄れていない。権力者たちは、この一一月の即位や大嘗祭に向かっていろいろと準備をしています。「礼宮結婚報道」はいかがなものでしたでしょうか。日本のマス・メディアはどうしたのでしょうか。手放しの皇室宣伝キャンペーンに大騒ぎでした。こんなことではいけない。批判精神を持ってもらいたいものです。

私たちは、横浜事件の再審請求をはじめて五年になります。このためいろいろの集会に出てお話をする機会が与えられありがたいことですが、その都度話すことがあります。「日本人はいま立派な憲法を持っています。しかし、天皇制民主主義というものに矛盾感を抱かないとは、どういうことでしょうか」と。天皇と民主主義とはまったく相反するものです。前の戦争は、ファッシズムと民主主義の闘いであったということさえ、日本では教育していないのです。学校でももちろん教えない。天皇制が負けて民主主義が勝ったということさえ判らない。

四十五年前のあの敗戦の直後、二一年一月に、天皇の戦争責任を回避させるための、天皇の「人間宣言」（神格化否定の詔書）があった。これは、宮内庁の人が「マッカーサーの命令で天皇が人間宣言をさせられた」と暴露しました。あの当時、どうして私を含めて革新勢力の人たちは、われわれ日本国民の人権宣言というものをしなかったのか。天皇が人間宣言をした。それなのに、ある革新勢力の人たちはマッカーサー司令部の前に行って「解放軍バンザイ」を叫んでいる。これはまさに刑務所ボケというのでしょう。大事なことを忘れていたのです。

私たちの人権宣言を

ＮＨＫのラジオだと思いますが、慶応大学の経済学の高橋誠一郎さんがこう言っていました。福沢諭吉さんのことをいったのでしょうか。「日本は明治維新で人間教育というものを始めた」と。せっかく、日本人が人間教育をしようとしたら、たちまち戦争準備のための明治二三年の教育勅語が発布され、人間教育を止めさせてしまった。あんな残念なことはない、と高橋先生はおっしゃっていられた。

もし、四十五年前の敗戦のとき、文部省がちゃんとしていたら、「君が代」「日の丸」を、もう一度歌い、掲げよ、とは指導しなかったであろう。つまり、文部省が間違っているのです。人間教育を忘れている。もう一度やり直すいい機会です。戦争はもちろんやらない。拷問もやらない。私がいま感じていることは、どうも最近の日本は、昔のような警察国家に復帰しつつあるのではないか。私はそういう気がしてならない。私は、残る生命を新憲法下の私たちの失われている人権の回復に捧げ、「私たちの人権宣言」は、この再審裁判を勝訴することによってのみ実現できるのだと信じています。私も頑張ります。皆さんと一緒に、日本を「当たり前」の国にしようではありませんか。

［『不戦』一二九号、一九九〇年八月刊。この講演は一九九〇年七月二八日の不戦兵士の会での「特高警察は何をやったか」という講演をまとめたもの。］

横浜事件の再審請求

ご紹介にあずかりました木村亨でございます。きょうは、みなさん、よくお集まりくださいました。

現在たいへん危機的な状況にあるとのことですが、今年の一月七日に天皇が死んでからは、わたくしどもが遭遇した若い時代によく似た情勢を、肌で感じるんですね。わたくしは小学校のころ、大正天皇が死んで昭和に変わったときも覚えておりますけれども、今度ほどの大騒ぎをしたという記憶はありません。

今度の昭和天皇が亡くなったあと、一国の総理大臣が、民主主義の憲法をもっている国の総理が、先頭に立って宗教的な儀式に馳せ参ずるようなことをやっている。それから、マスコミの騒ぎかたもまるきり大正のあの時と違うんですね。

さきほど、『証言　横浜事件』をご覧いただいたのですが、これは、わたくし、ビデオとしては失敗作だと、作ってくれた人に文句をつけました。ご覧のように、なんだかよくわからない。ちゃんと、これは解説者が解説すべきものなんです。そのことを、わたくしプロダクションの人に申し上げたけれども、入れられずに、こんなものを作ってしまった。

これは、見ていただいたほうが、欠陥がよくわかる。そう思って見ていただいたわけですが、昭和一七年九月、横浜へアメリカから帰ってまだ一年半の川田寿・定子夫妻が検挙され、それから三日経ってから、細川嘉六さんの『改造』の論文「世界史の動向と日本」、ちゃんと当時の検閲を通っている論文にケチをつけた軍部。軍部がギャーギャー言うものですから、やっぱり特高もなんだかんだと言って、その細川嘉六さんを引っ張っていく……というところから始まる横浜事件。あの事件のころとそっくりのいまの状況ですね。

拘禁二法反対ということも、とくに最近、弁護士のみなさんが、おおいにやってくださった。それからわたくしどももわたくしどもの拷問の事実を、前からいろいろな手記を集めておりますので、英語に訳しまして、たぶん夏までにはジュネーブの国連人権委員会に提訴する予定です。つい最近になって、日本でも、人権問題が国際的にいかに遅れ、かつ愚劣で低劣かということを、国際的に訴えるというところにやっとたどりついたんですね。今朝のNHKのラジオ放送で、再審裁判で無罪になった梅田事件を中心にして報道していましたが、二月の終りごろ、ジュネーブに行って、三月八日の日に帰ってきます。これらも、日本の代用監獄つまりブタ箱がいかにひどい拷問の場になっているかということを訴えに行ってるわけです。

去年、その国連人権委員会の仕事をやっているアメリカとフランスの二人の弁護士さんが日本へ来て、代用監獄なるものを実際に見て歩いたんですね。驚いた話が『朝日新聞』に出ておりました。欧米では、二日以上、あんな汚い、非衛生なところへ留めるわけにはいかないんだそうですね。国際人権規約に違反するのです。ところが、いまだに日本は、明治年間の監獄法そのままですよ。びっくりなさるでしょう。

拘禁二法、ブタ箱のあの法律をまだ続けようという。あんな非衛生なブタ箱で、さきほどもここでちょっとふれましたけれども、ぼくも、平館利雄君も、山手署へ引っ張られて丸一年、入浴一つさせないんですよ。からだの弱い人はまいっちゃって死んじゃうんです。四人死んだんです。なんとか生きているうちに助けてあげてほしいということで、西尾忠四郎君は出てすぐ死んだんです。いかに代用監獄がひどいブタ箱かということです。ぼくら体験者は死ぬ目にあっている、半殺しにあっているんで、ぼくはいま、こうしてみなさんとお会いできるということが、不思議なくらいですよ。だれかが生き延びて、このことをみなさんに訴えたいと思っていたんです。

さきほどのビデオ『証言　横浜事件』に最初に出ていた川田定子さんは、モグモグ言って、ほんとうのことをなかなか言えませんよね。あの質問をしている人は、女性の弁護士さんなんです。川田さんは、紀州白浜という、和歌山県の南の端の老人ホームで療養している最中ですけれども、その人が、中村智子さんが書いた『横浜事件の人びと』の最初のところで言っております。

それは十年も前、中村さんが川田定子さんに取材したときの話ですが、「わたくしは、生きているかぎりは、わたくしにああいう凌辱をした特高警察のスパイたちは、必ず見つけ出して、その家に火をつけて焼き払う」と言っています。さっき写っていた、あの穏やかな川田さんがですよ。恨み骨髄ということなんですよ。それは、さきほどの口では言えない、あの凌辱……。コウモリ傘の先で局部を突っついたんですよ。モモとおっしゃっていましたがね。そういうこと、ご婦人のみなさん、耐えられますか。そういうムチャクチャな凌辱をしてご婦人を苦しめた。

川田さんらのほかに、実際、酷い拷問を受けたのは、平館、西沢を中心にしてやられた泊グループでした。細川嘉六さんのご招待で、富山県の泊《とまり》、いま朝日町というんですが、その町へ行った。昭和一七年の七月五日、六日、七日の三日間だったと思います。あの当時、もう食べ物もだんだんきつくなりまして、東京じゃおいしい魚も食べられないというので、細川さんが、ちょうど東洋経済新報社から『植民史』という本をお出しになって、印税がまとまって入って、費用は全部自分が持つから、「君たちに、フレッシュな魚や何かを食べさせましょう」ということで、旅費からなにから、全部細川さん持ちで、わたくしどもはもう飢えているようなものだったから、泊へ行ったわけですよね。そのことが、あのファシズムの時代には、共産党の再建準備会ということにされてしまうんですよね。細川さんは、「世界史の動向と日本」で、さきほど申し上げましたように、川田さんたち夫婦のあと、三日ぐらいで、東京の世田谷署に引っ張られた。それが、昭和一七年の九月一四日でしたか。それから約四ヵ月ほどして、一八年の一月、川田さんの線で、今度は、満鉄調査部に所属している世界経済調査会から、高橋善雄が引っ張られ、それから、一八年五月一一日、いまビデオに出ていた平館、もう亡くなって四年になりますか、共産党の副委員長をやっていた西沢富夫、それから益田直彦、この三人が満鉄関係です。やはり、その世界経済調査会に参加していたメンバーなんです。いま申し上げた三人の満鉄調査部の人たちが引っ張られた。その二週間後、五月二六日、わたくしどもが引っ張られた。それは——、一一日にやられた西沢君が持っていた、泊でわたくしたちが飲めや歌えの大騒ぎをしていた写真を一枚、十枚ほど撮ったスナップ写真の一枚、それを西沢君が押収されてしまった。これが発端ですね。もうあのころ、そういう写真を持っていちゃいかんという時勢なんですよ。特高警察というのが、走り回って、戦争遂行、戦争を続けていくためには、戦争に文句を付けたり、人道主義的な、人殺しはいかんという思想をもつことさえも許されないような状況だったんですね。国体に反するから、天皇陛下の命令に反するからという理由で、片っ端からブチ込んでいる時代です。わたくしに言わせりゃあのころ、共産主義者なんかおりません。さきほど平館さんが、ビデオの画面で、わたくしは共産主義という思想を持っていましたと言っていましたが、あれは、言わされているんですよ。かれは当時参謀本部に勤務しているんです。西沢君にしても、平館君にしても、満鉄調査部は調査機関ですよね。勤務先は参謀本部なんです。共産主義者が、参謀本部勤務をしましょうか。言わされたんです。デッチ上げにのり、囮作戦にのってしまったんです。ぼくは、これが権力犯罪の構造の一番大きな特徴だと思うんです。

今日お集まりのみなさんに、だんだん時勢が昔に似てきたと申し上げるのは、権力は、自分の気に入らない者は、スパイ法でもなんでも作り上げて、こいつはスパイだ、こいつはアカだということで、デッチ上げればいいんです。昭和一七、八年、もう大東亜戦争、日米帝国主義戦争を始めたあのころ、刑務所の中には、少数の共産主義者がいたかもしれませんよ。

共産党の再建準備会なんていうデッチ上げの、囮作戦にのっかってしまったら、もう、これ、こっちのマケなんですね。

そこを、どうしてか、わたくしを含めてですよ。日本のインテリというのは、インチキゲンチャといってね、もうそろそろ二〇年になってきますけれども、東大の安田講堂の砦の騒ぎのときですよね、あそこの文学部か法学部の壁に、「日本のインチキゲンチャの馬鹿ったれ！」という落書きがあったのを、ぼくは、『朝日新聞』かなんかで拝見して、ああやられた！　と思いましたね。樫の棒を食らったようなもんですがね。権力に弱すぎた、日本のインチキゲンチャの弱さ、これはやっぱりちゃんと反省しなけりゃね。いまのような情勢になり、またぞろ、なんでもかんでも、具合の悪そうな、支配階級にとってジャマになるような者を、言いがかりをつけてブチ込めるところへきているわけですからね。そうすると、そういう囮作戦にのっかって、自分は共産主義者でもないのに、共産主義者でございますなんて、自白を、いかに拷問を受けたとはいえですよ、そんなことを言っちゃいけないんですよ。われわれはこれを反省を込めて、みなさんに申し上げます。ほんとうに革新的な思想なり、これからの運動というものを考える場合にですね、わたくしは、まずインチキゲンチャが、自分の反省をみなさんにちゃんと告白し、ここが間違っていたから、こういうやり直し方をしたいということを正直に申し上げるべきだ、と思うんです。

わたくし自身は、自分自身が泥をかぶる……もう一度恥をかく覚悟でですね、再審請求をしたんです。

もう十年ほど前に、横浜事件の、被告としてやられた連中の、共同の追悼法要をやりました。そのとき、さっき出た平館、また四年前に亡くなった西沢君あたりとも、再審請求して、人権奪還の裁判を闘わねば、亡くなった人たちがかわいそうだし、このままじゃわれわれも死ねないぞというようなことを言ったことを覚えています。そのへんのところから、西沢君は、まあお偉いさんになったものだからべつですが、平館君とわたくしは、ときどき会うたびに、なんとかならんかと言っていたのです。

判決がないと再審請求ができないというような決まりになっているので、再審請求ができませんというのが、四年半ほど前までの弁護士さんの意向だったんです。だもんだから、恥の上塗りを覚悟しておりましたけれども、四年前やっと再審裁判の請求を許可されたんです。これも森川金寿さんのおかげです。われわれの横浜事件の弁護をやってくださった海野晋吉さんは、敗戦直後、自由人権協会を設立したときの初代事務局長でした。この森川さんに、わたくし、入院中でしたけれども、なんとかなりませんかという手紙を差し上げたら、二、三ヵ月かかりましたけれども、やりましょうと快諾してくれた。判決なんていうのは、木村さん、裁判所が保管すべき義務がある書類なんだ、被告であった側の者が持っていないとか、なくしたというような責任じゃなくて、裁判所側がなくしちゃったんだ。再審手続きできないなんてはずがない。もしないなら、裁判所側に再製させればいい。判決文をもう一度作りなさいという、そういう前例もあるそうですよ。昔の加藤老事件ですとかね、二、三あるんです。広島のあの原爆のときに、判決を裁判所がなくしちゃったものだから、再審請求を裁判所が受け付けて無罪を勝ち取った、そういう例もあるんです。わたくしたちには恥の上塗りであることを覚悟で始めたのが、今度の横浜事件再審請求なんです。

いま申し上げたように、ちょうど、時代の状況、様相が、われわれがやられたあの戦争末期の時代にきわめて似てきている。天皇の死に対する態度が、支配階級のああいうお祭り騒ぎ。お葬式代にわれわれの税金を九七億使ってお祭り騒ぎをするというような。

わたくしどもの、横浜事件の裁判というのは、三回にわたって繰り返されているんですよ。戦後四〇年も経ってからなにを寝ぼけているんだと、三年前ある週刊誌に冷やかされたこともありました。四〇年も経ってから、なんだっておまえらなにを思い付いて今ごろ再審請求なんかするんだって、ね。そうじゃないんです。われわれはあのひどい拷問で四人も五人も殺された。しかも、まともなからだで出てきたのが少ないくらいのね。これは、中央公論社でわたくしの先輩に当たる畑中繁雄さんが『覚書　昭和出版弾圧小史』の中で、「横浜事件は、犯人が被害者を裁いた事件だ」と、じつに見事に、一言で言ってくれています。まさに、権力犯罪の模型・モデルみたいなものです。われわれは第一次横浜事件の被害者なんです。犯人どもは当時の権力者、これらが勝手に暴力をもって、拷問をやって、共産党再建準備会をデッチ上げた。それを囮作戦にして『中央公論』『改造』をつぶせというんですから。また『朝日新聞』であれ、岩波であれ、どこでも、とにかくもう言論機関はあのころ、戦争反対を言えなくなってきているでしょう。ところが、権力側は、なにがなんでも「八紘一宇」、天皇によって世界を統一しようという野望のもとに、起こしている戦争でしょう。十五年戦争とよく言われますが、その十五年戦争をやり遂げるためには、邪魔になる言論機関、『中央公論』『改造』『朝日新聞』その他をつぶす、ということを大目標に掲げて、囮作戦として、われわれ泊へ行った七人の者、細川さんを加えた八人の者をまずブチ込んで、わたくしは共産主義者でございますと言わせ、拷問の暴力によって共産党再建準備会をデッチ上げた。それぞれが、『中央公論』『改造』に属している、また満鉄調査部に属しているという連中を、次から次へと引っ張って行って、所期の目的の言論弾圧ですね、雑誌社をつぶす。

　そういうふざけたことを二度とやらせないために、どういうことをわれわれがやったかということを申し上げたい。もうご存じの方もいるでしょうし、またお読みになった方もいると思いますが、わたくしども、敗戦直後、細川さんを中心にしまして、ひどかったあの拷問を訴えようと。いくらなんでも、あんなムチャクチャな、非人道的な、暴力、拷問というものは許せない。そこで、被害者の三十三名が、敗戦直後、昭和二〇年の一一月一三日です、丸の内のある小さな料亭に全員集まりまして、特別公務員これは特高警察の連中のことです、特別公務員の暴行傷害罪ということで、弁護士の人たちと相談会を開きまして、共同告発をしたわけです。三十三名が被害者ですからね。その闘いが戦後七年間も続いたのです。わたくしたちが法廷監視委員会を作ったりしてね。

　それから代用監獄＝留置場＝ブタ箱で、わたくしなんか丸一年放り込まれてひどい目にあった。そのときに、拷問で気を失って中へ引きずり込まれたようなときの証人ですね。たとえば、新子安の勝さん。前科十犯、恐喝で、あのへんの親分でしょうね、わたくしなんかがもう腫れ上がって、半分死にかかって房に引きずり込まれてくるものだから、そんな人たちでさえビックリしたんですよね。こんなの見たことないって言うんですよ。暴力団の親分が、ですよ。わしらいままでいろいろ拷問されたのを、見たり聞いたりしたけど、お前さんみたいにひどくやられたのは初めて見た、ソレッ、というので、同房の若い衆に言って、冷やしてくれたり、寝かせてくれたりして、いろいろ介抱してくれた。その人を証人にあげた。もし生きていたら、証人になってくれる。それから、警察の留置場の看守ですね。これも、わたくしなんかが目の前で引きずり込まれて、ブチのめされて腫れ上がったり、ケガしたり、血を出したりしているのを目の前に見ているんですから、お願いしてそれぞれ証人に申請しました。

　ところが、わたくしどもが共同告発をしてなにを彼らがやったかというと、特高警察を生かすために、次から次へ、わたくしたちが出せと頼んだ証人を却下していく。特高警察もずるいから、自分の非を認めちゃね。これは、とくに戦後も戦時中も同じだということを証明したようなものですからね。特高警察を守るために、われわれが申請した、暴行、拷問、傷害をやった犯人たちの目撃者を全部却下、否認してしまった。たった一人、パンツに血膿が付いていた益田直彦君のだけを取り上げて、東大の法医学の先生に証言してもらった。どういうわけか、益田君の分だけを認めた。

　七年後に、三人の特高警察——松下英太郎、柄沢六治、森川清造、いずれも警視や警部へと偉くなってね、われわれを殴り殺したり、半殺しにしたヤツが、勲章をもらっているんですよね。その連中が、ついに、最高裁まで上告したんです。ところが、やっぱり有罪判決を受けたんです。松下英太郎が実刑一年半、柄沢、森川が各一年、そりゃあ、軽いものですよ。四人も五人も友人を殺してね。われわれを半殺しにして。そうしたあげく、特別公務員の犯罪として最後の最後にゃはり三人の有罪を認めざるをえなかった、というのが、第二次の横浜事件の裁判なんです。

あとでビックリしたのは、この第二次の横浜事件裁判の有罪判決。チャンと計画どおり、日米単独講和によって特赦。一日もあんな汚い刑務所なんかにいくかと言って、カラカラ笑ったというんです。中村智子さんが、さきほどの『横浜事件の人びと』の中でそういうことを書いています。わたくしも、それを聞いてビックリした。せっかく最高裁までいって、まあ刑期は短いものですね、一年半と一年ですけれども、ともかく有罪判決だったのだから、やっぱり刑務所へ行ってきたのかと思い込んでいたら、さにあらず、からかわれましたよ。お前さんらナニ言っとるんだ。松下英太郎なんか、新橋ビル、あの大きなビルができたころ、その横丁にトンカツ屋を開いて、いまでもやっているそうですが、その松下英太郎がカラカラと電話口で笑って、「中村君、あんなところへ行くはずがないじゃないか」と、馬鹿野郎呼ばわりせんばかりの言い方で笑ったそうです。それが、日本の特高警察、特別公務員の現状ですね。二七年四月、日米単独講和発効後、釈放、特赦です。じつにずるいですね。裁判所も政府もみんな特高警察を守っているわけです。みなさんも、そうお思いでしょう。わたくしは、あきれかえりました。友人を四人も五人も殺し、残されたわたくしたちを半殺しの目にあわせて、今度こそわたくしたちが仇を討てると思った、そのときにあの犯人たちはカラカラ笑っていたんです。

これまた、つい最近、二、三年前の話ですけれども、自民党の機関紙で、「われわれが日本の天皇の国体を守り抜いたのは、治安維持法を決して敗戦のときにやめなかったからだ。一〇月一五日まで堅持した。マッカーサーが来ても、われわれはそれを決して聞かなかった。そのおかげで、われわれは天皇を守り抜いて天皇制をこのとおり守っている」。自民党の機関紙にね、誇らかに、自慢話ですよ。治安維持法を撤廃させなかった。そうして国体を守り抜いたじゃないか。そこなんですよ。

わたくしは、日本の天皇制というのは、天皇信仰、天皇教育ですね、これによって裏付けられている、だんだんだんだん、強化していく、と思うんです。戦後、民主主義憲法を導入しながら、天皇制民主主義なんていう矛盾した言葉が平気で使われるというのが、これはどうでしょう？　わたくし、学校教育で、現在、どういうふうな教育を受けたり、されたりしているのか、わからないですね。どこに、天皇制とか、君主制とかいう王政のもとに民主主義がある国があるんでしょう。平気でそんなことを通せるように、天皇教育を徹底させていった。一つ二つ例をあげましょう。いかに日本の国で、天皇信仰を強化し、天皇教育を徹底させたかという、たいへん大事な例ですが、慶応義塾の高橋誠一郎先生が、三〇何年も前にNHKでよくぞ言ってくれたと思うんですが、明治維新のときにやっと日本人も人間教育に取りかかれた。福沢諭吉の「天は人の上に人を作らず、人の下に人を作らず」のあの人間教育ですね。ようやく日本も西洋並みの人間というものの教育に専心できるときがきたと思ったら、二十年そこそこで、明治二三年ですよ、「教育勅語」ができた。日本の文部省というのは、ほんとうに天皇のためだけにね、この「教育勅語」で日本人の国体教育・天皇教育を徹底していったんですね。この教育の効果はたいへんなものです。司馬遼太郎さんも、「日本帝国を安泰ならしめているのは、二つの信仰のおかげだ。一つは天皇信仰、もう一つは東大信仰と。この二つの信仰によって大日本帝国は安泰だ」と言いましたけれどもね。半分はほんとうですよね。

天皇信仰についてはね、ぼくはうまくやったと思うのは、大逆事件。もっとも若い方は「大逆事件てなに?」とおっしゃるでしょうけれども。幸徳秋水さんという立派な社会主義者がいるんですが、『社会主義神髄』などというすばらしい名著を出しておりまして、わたくしども青年の時に彼の立派な思想にうたれた覚えがあります。幸徳秋水さんがもっていた社会主義思想、あれがその後の社会主義思想や共産主義思想を弾圧するための教育的な前提条件に大逆事件をデッチ上げたんですね。明治四三年、一九一〇年です。忘れもしませんよ。このことによって、社会主義だの民主主義だの自由主義だの共産主義なんていうのは、天皇の国体に反するんだから、日本の国民はこんな思想をもっちゃいけないと。天皇制に反するような、国体に反するような新しい思想をもったら、みなブチ込むぞという見せしめに。

わたくしは、紀州熊野の新宮出身ですけれども、新宮のような田舎の町でさえも幸徳秋水さんとのつながりがあるというので、七、八人の者が処刑、死刑を宣告されました。大石誠之助さんをはじめ、われわれの先輩もいるんですが。こういう大逆事件という、名前からしてビックリするような事件を仰々しく宣伝することによって、反国体に拠る思想家たちを処刑してしまうというムチャなことをやっています。わたくしどもの先輩の大石誠之助さんなんていう人は、ドクターの称号、権利を取りにアメリカへ留学して、その家は金持ちだったから、資格を取って帰ってから、新宮で町医者をやっていたのです。わたくしのおばあちゃんなんか、七五、六で死んじゃったけれども、私の小さいとき、小学校へ入る前くらいか、「トオルよ。わしは大石先生にえらく世話になった。あの先生は貧乏人を大事にして、金持ちからどんどん金を取った立派なお医者さんだった。あんな立派なお医者さんが、なぜ死刑になるの」と、わたくしのようなチビっ子をつかまえて、独り言のように言うんですよね。だんだんだんだんぼくも青年になってきて、いま、申し上げた大逆事件なるものが、どういう意味をもっていたか、はっきりわかったんですね。天皇教育ですよ。国体教育ですよ。新しい思想を受け付けるなんてことは、国体に反するんだからブチ込むぞというおどかしなんですね。あのころは、学校へも行けない。わたくしは中学校を卒業して、上の学校へ行くんでも、あれが災いしています。「お前さん、新宮の出身だろ。大逆事件の新宮じゃないか」と。それから、高知の中村の幸徳秋水先生なんかのほうの人たちはもちろんだったでしょう。新宮のようなところでも、憲兵隊は決して採らない。近衛兵なんか、もちろん、断じて採らない。大逆事件で処刑されたヤツらのいるところだ、だれが天皇陛下を守る兵隊に採るかと言うんです。上の学校を受けるときでも、お前さんは新宮出じゃないかと、からかわれたんですよ。官立学校ですよ。私立学校は、そんなことしません。そういう天皇教育が、計画的に、全面的に強化された。そのことによって支配権力は、十五年戦争を遂行できたんだろうと思うんです。そして、わたくしどものような者でさえも、半殺しにされた。

申し上げるように、今度が三回目ですよ。横浜事件の再審請求も……。裁判官が真面目に民主主義憲法というものが日本にあることを認めれば、棄却されるはずはないです。しかも、さっき申し上げたように、第二次の横浜事件は、昭和二七年に有罪判決を下しているんですよ。特高どもに。特別公務員に対して。それを知らん顔してね、去年の暮れ、一二月一六日、わたくしどもの再審請求を棄却したんです。理由はなにかというと、「どうも拷問をやらなかったという証拠はないようだ。けれども当時の書類は全部、進駐軍が入ってきたものだから、焼き捨てたようだ」と。他人事のような言い方をして東京高裁が棄却した。最初に横浜事件の再審を請求した横浜の地方裁判所が、いま申し上げたと同じような理由で、書類がないから、判定できない、だからこれは棄却しますと言ったのは、去年(一九八八年)の三月末でした。だから四月一日でしたが、わたくしどもは東京高等裁判所へ即時抗告しました。そうしたら、去年の一二月一六日になにをいうてきたかというと、いま申し上げたように、拷問はやらなかったとはいえないようだが、裁判の書類がない。横浜事件を審判するのに必要な書類一切が焼けて、ないから、この事件の再審請求は受け付けられないと。こんな請求人の権利を無視した棄却理由がありましょうか。直ちに特別抗告しました。一二月一六日の棄却から一週間しか期限がなかったんですよ。一二月二四日、たしか土曜日だったか、朝早くから、弁護団の団長の森川さんとわたくしがまいりまして、とにかく特別抗告して、最高裁でやってほしいと。一応、日本の裁判所としては、最高裁判所が人権擁護の一番最高の責任をもつべき役所のはずなんです。もし、最高裁判所の裁判官に真面目に人権、天皇の臣民としてじゃなしに、人民として大事にするという民主思想があれば、あるいは、真の民主主義がわかる裁判官ならば、人権擁護の殿堂であるはずの最高裁判所は、今度は棄却できまいと思うのですが、どうでしょうか。

それと、もう一つは、さっきも申し上げた、わたくしどもの拷問を人権問題として、三十三人で共同告発したときに作った手記があるんですよ。こんな拷問を受けたと。それを全部訳して、近いうちにジュネーブの国連の人権委員会へ提出します。最高裁への特別抗告の理由の中にも、わたくしどもは国際的に、国連の人権委員会へ提訴するから、外部から国際問題とされるおそれがありますよと、ちょっと脅しておいたんです。外圧というのが、一番日本の官僚どもはこわいんですね。

さっき申し上げた天皇教育の徹底によって、ほんとうに愚民政策が徹底しましたね。なんでも言うことを聞く国民にならしちゃったでしょう。戦争だっていったら、ついてこいでしょう。リクルートだったら、みんな無罪でしょう。なんでしょう、こんなに骨抜きにしてしまったのは。天皇教育なんですよ。臣民どもは黙れと、愚民政策を徹底的に強行しておいてね。さあ、こんどは民主主義の憲法なんて、あれはアメリカからもらったんだよ、押し付けられたんだからと。中曽根なんかは、もう一度天皇憲法に書き換えようと、虎視眈々でしょう。今度はリクルートでちょっとひっかかりそうなもんだから、アメリカへ逃げるつもりだったが、とうとうアメリカへ行けなかった。向こうのほうがうるさいんですよ。さきほど申し上げた、外圧というものをいまの日本の官僚どもはあまり軽く見過ぎるとね、やられますよ。まあ、外圧しか日本の官僚をやっつける方法がないというのは、わたくしどもとしても情けない話ですけれども、ないよりはあるほうがいい。わたくしどもはここまで追い詰められて、やっぱり亡くなった友達に対しても……。善良な、ヒューマニストたちだったんですよ。くりかえしますが、共産主義者なんかいるわけないですよ、あの時勢に。善良な民主主義者、あるいはヒューマニスト、人道主義者、こういう友達が殴り殺されたのを、黙ってわたくしは許せません。とことんまでやります。そういう意味で、最高裁のほうが民主主義をもしふみにじるような棄却をした場合、弁護団長と一緒にジュネーブへ飛んでいって、外から日本の裁判所の実態はこうだということを、はっきり問題にさせますよ。わたくしはこの再審請求は取り止めません。

それほど日本の官僚は、裁判官にしても、政府の権力者たちにしてもね、国会自身がどうも野党が弱いなあ。べつに共産党が弱いの社会党が弱いの、いちいち言いませんよ。どういうのか、中曽根だの竹下だののグルどもにね。さっきの治安維持法の撤廃は、一〇月一五日までもちこたえたから、国体を堅持できたという、あの手合いに官僚は巻き込まれてやせんかという気もしますよね。はっきりした証拠がない以上、あまり大きくは言えませんけれども、どうも日本の場合、野党が弱い。こんな国、世界にありましょうか。いわゆる経済大国でございだなんだ、金儲けはうまいかもしらんが、民主主義にのっとって、少なくとも二つの党が交替になるような国ならばね。だいたいそういう形なわけ。だのに、戦後四十余年間は徹底した自民党独裁政権でしょう。金ですね、やっぱり。金をばらまきさえすれば、自民党は三百議席、絶対多数確保できるという、国民大衆をなめきっているんですよ。それでもなお自民党独裁を続けていこうとする。これは許せない。野党は弱いといって、嘆いてばかりはおれないんです。なんとか強くしていく方法を考えなければなりません。

わたくしの再審請求についてのお話は、いま申し上げたように、三度にわたる横浜事件裁判のくりかえしですね。最初は、犯人が被害者であるわたくしどもを裁いた。権力犯罪の最たるものです。第二回は、敗戦直後から二七年まで闘った特別公務員暴行傷害罪として訴えた横浜事件。第三次が、四年前に始めた、恥の上塗りを覚悟で自分たちの間違いを反省するという、それを含めて、反省の意味を込めて、インチキゲンチャのわたくしどもが裸になって、間違いを正していこうとしたこの第三次の再審裁判の請求、いよいよ昨年末に、最高裁にたどりついたわけですから、これはね、くりかえしますけれども、とことんやります。国家権力にお詫びさせなければやめませんよ。

細川嘉六という、民主主義政治学の先輩は、反骨のある、芯の通った学者でした。細川さんが、わたくしにレポをくれて、わたくしが横浜拘置所に坐っているときに、わたくしにレポをくれて、なにごとだと、君らのザマは。あの事件で、東京から横浜へ連れてこられた細川さんの目の前へ突き付けられたのが、わたくしどもがだらしなく敗北した手記。共産党再建準備会なんていう、あったかのような手記を作っちゃった。細川さんは、カッパの絵を描くのが好きだったから、わたくしどもはカッパさんと呼んでいたんです。カッパさん、カンカンになって怒ったわけですよ。まずわたくしが叱られましたよ。なんだ、このザマは。腹を据えてひっくり返せと……。細川さんが東京から横浜へ連れてこられて、まずわたくしにくれたレポはそれですよ。それをくれたから、わたくしは、特別公務員の暴行傷害、拷問を訴えることができたんです。敗戦で出獄後に、まず、細川さんの家に集まったんです。そういうだらしないわたくしどもに対して、細川さんからの一打の警策があったんですね。禅でいう、痛い一発を食らったんですよね。あの一声にわたくしはビックリした。あれはわたくしの目を覚まさせてくれたんです。細川さんは、三〇年も前に亡くなっているんですけれども、わたくしをしてそうさせ、かつ、森川弁護士を向けたのは、国に対して平等の立場ということ。わたくしどもも、よく勘違いしちゃうんです。わたくしのような年の者はですよ。お若い方はちゃんとなさっているはずだが。国家権力と対等に闘えるのは、わたくしどももなんだぞということの自覚ですね。主権者なんですよ。それを悟らせてくれたのは、細川カッパ老人なんです。わたくしどもの再審請求は、とことん国家権力にお詫びをさせなきゃというのは、わたくしどもは、一人ひとりが国家権力と対等だという、この自覚ですね。これは、わたくしは、みなさんとともに、大事にしたいと思うんです。対等に闘うんだという、この自覚こそがね、わたくしは、これからの日本を前進させていけるんじゃないかと思うんです。ほんとうに民主主義憲法を生かすには、その自覚しかないんじゃないのでしょうか。天皇制民主主義なんていう矛盾だらけの言葉をね、こんな矛盾を黙って認めるというなさけないことは、その自覚によって、こんなものは要らないということに行き着くと思うんです。なんとかその自覚を強めていただきたい。わたくしどもも再審請求によって、みなさんの後ろから、やれることはやっていきますから、どうぞ、ご一緒に肩を組んで、とことんやりましょうよ。

［付記］本稿は、一九八九年三月四日、杉並公会堂で行われた「三・四　拷問による言論弾圧の横浜事件を考える集い」で木村亨さんが話されたものを復元、木村さんに手を入れていただいたものである。

［『α』一二号、一九九一年六月刊］

横浜事件の渦中にいて

横浜事件の発端

私の話をする上で、まず横浜事件の全体像を言いますと、戦時下の最大の言論弾圧をやった権力犯罪という事件ですね。当昭和一七～一八年、戦争末期に近づく中で起こりました。当時の東条政権が、あの侵略戦争を続けていくために、邪魔になる勢力――当時、自由主義とかいう思想はほとんどないんですけれど――『中央公論』や『改造』、あるいは『朝日新聞』とかの、多少の自由な論潮が何としても彼らには邪魔でしょうがなかった。機会を見てそういう弾圧をやってやろうと狙っていたんだろうと思います。

当時、細川嘉六という、大原社会問題研究所で長いこと中国問題を研究なさって、米騒動の研究では光った学者がいらした。研究所を引いて、昭和一三年東京に引き上げてこられた後は、『中央公論』とか『改造』へ、筆の遅い方で、数少ない論文ですけれど、大変力を入れてお書きになる方でした。植民地とか米騒動の当時としては非常に貴重な社会問題の研究家で、あの当時のあの時勢に対して、非常に心配しておられた。

私自身は、中央公論社に入ったのが昭和一四年の春で、配属されたのが出版局です。私が最初に企画をいたしましたのが、『支那問題辞典』――いま「支那」は差別語で、中国と言うべきでしょう。あの当時、支那問題講座なんていうのは、執筆者が左がかった人が多かったからとても許可されない。一工夫して、これを一つ辞典の形で出したいという出版計画を立てた次第です。これは意外に皆さんが支持してくれました。

二月に企画がパスして、最初に先輩たちが薦めてくれた人は、細川嘉六、平野義太郎、橘樸、尾崎秀実、こういう人たちでした。それで私、細川さんのお宅を訪ねまして、こういう出版企画があるが先生どうですかと言うと、大変喜ばれたんですね。「君こりゃいいよ。いい企画だから良いものにしよう」と大変親切にいろいろアドバイスしてくれました。満鉄調査部の尾崎さんもえらく乗り気になってくれました。

私の現役入営で半年ほどは不在でしたけれども、昭和一七年の三月に『支那問題辞典』が出版され、まもなく五月頃だったでしょう。細川先生が東洋経済新報社から『植民史』を刊行されました。その印税、かなりの額だったと思いますが、我々のような雑誌記者や満鉄調査部にいた三～四人で、もう食べ物も乏しくなってきたからわしの田舎でうまいものごちそうするから、印税をみんな使っていいんだからという調子で、招かれたのが昭和一七年の七月五日から七日までの富山の泊《とまり》です。一晩かかって、当時は上野発の夜行で、朝着いたんですが。そしたら途端にもう一升ビンが並んでいるんですからね。もう飲み放題、すっかり酔っぱらっていい気分になって、二日ばかり騒いで帰ってきた訳です。

相つぐ検挙

その一七年の一～二月頃ですが、『支那問題辞典』の編集がいよいよ終わりの頃で、時折ふらりと満鉄の調査部へ遊びに行く訳ですよ。そうしたらある日食堂で、我々のような雑誌記者や調査部の若い連中七～八人で飯を食ったその席で、細川さんは我々を見まわしながら「軍や政府のやり方がなっちゃいない。中国侵略に対する反省もない。これ以上戦争を続けさせせちゃいかん。もう俺黙っておれんから書くぞ」と。それは、あれほど戦争万歳の時勢ですから、「いいか！　何ごとが起こっても不思議じゃないんだぞ」ということなんです、当時としては……。

そうして一七年の夏に『改造』へ「世界史の動向と日本」という論文を書かれた。細川さんとしては、新しい民主主義で時局を打開する他にもう日本を救う道はないんだ、いつまでも戦争でいい気になって、侵略を続けていく訳にはいかんと。その中に一言たしか、ソビエトの民族政策を見習えというような所がありました。それでも検閲は通った。しかし、一七年の九月、『読書新聞』で谷萩とかいう大佐が、『改造』に出ている細川論文は、共産主義の左翼論文で「真っ赤」じゃないか、こんなものを受入れるとは何事だという調子で、内務省を怒ったものだから、内務省は縮み上がっちゃった。

そういうことで、一七年の九月一四日に細川先生は世田谷署に検挙されてしまいました。びっくりしまして満鉄調査部へ行くと、ただごとでないような情勢です。一四日の三日前だったか、川田夫妻がアメリカから帰って一年程経っているんですが、アメリカ共産党員じゃないかという疑いをかけられて、横浜で検挙されました。これはまるっきり関係なかったんですよ。それが一七年の九月半ばの相次いだ検挙なんです。

その川田さんたちのグループと満鉄調査部の人たちが、外部で世界経済調査会という研究会をつくっていました。そのメンバーが一八年に入ってから検挙されました。満鉄調査部の、僕らが親しくしておる西沢富夫君、平館利雄君、西尾忠四郎君。まず平館、西沢の二人が五月一一日に検挙された。二～三日後、心配して行ってみると、西尾君は大真面目な顔で「木村君、危なくなってきたよ」と言う。何も悪いことしておらんじゃろうと言ったら、それはそうだけれども西沢、平館がやられると、泊に一緒に行った、あれに引っ掛けて我々もやられやせんか。用心したほうがいいぜ、というようなことを西尾君が言ってくれたら、もう間もなくだ。二六日の早朝、私の家は埼玉県の大宮のすぐ側でしたが、七～八人土足で乗りこんできました。

デッチ上げの実態

その検挙で初めてわかったのは、我々が泊に行った時の写真、これはまことに醜態ですよ、本当に。どじょうすくいまで踊って大騒ぎした宴会のスナップ写真の一枚が、押収されていたんですね。「お前ら、えらいことやっとるじゃないか。富山の細川先生の郷里まで行って共産党再建を謀議しているな」と頭から決めつけやがってね。もう戦後の弁護士さんも、聞くとびっくりするんですよ。取り調べといったら、一対一なり一対二で、取調室で調べるのを取り調べというんです。ところが特に戦時中は、空襲に備えて暗幕で、どこでもしょっちゅう真暗に出来る訳です。我々が検挙されたら、もうすぐそういう暗室です。しかもたいていは剣道の道場で、入口の石だたみとかコンクリートの所へ引き据えて、もう初端から無茶をやるんです。

二六日にもっていかれて、飯ぐらい食えたかな。麦かすとか粟飯を食って、一～二時間経ったらもう呼び出しがきて、拷問が始まるんですよね。「共産党再建のことは全部わかっているし、そういう証言も出ているんだ」と、有無を言わせず殴る蹴る、暴力の限りをつくすんです、その日から。これは毎日じゃまいっちゃいますから、殺されると思いましたよ。でも一寸様子をみながら、間を置くんですね。そういう調子で彼らがでっち上げた、調書と称するその偽造文書に、ハンコを押せと言うんです。実に煮えくりかえる思いですが、とにかく今申し上げている「取り調べ」というのは拷問ですからね。六人も七人もで力ずくです。手に手に竹刀をばらしたものや、木刀や椅子の角棒などを持っている。裸で手を後ろに縛り上げて、それでさんざん殴り蹴りそういうことを重ねてから、手を解いて前に突きつけたのが「私は共産主義者であります」。僕らあの時勢に共産主義なんてやれやせんですよ。やれもしなきゃ組合運動もしていない。それを治安維持法に引っ掛けるのに「私は共産主義者であります」その一言ですむんです。

権力犯罪を許すもの

それで私、今日申し上げておきたいと思うのは、権力犯罪には裏があるということです。これは横浜の牧師さん、岸本

羊一さんが言ったのは、クリスチャンの事件もあの当時あり、クリスチャンの仲間でも人を売るようなことがあった。残念なことだが、権力に弱いということを言われた。

　非常につらいことですが、今度の再審裁判だって、私ら恥の上塗りのようなものです。自分でハンコを押したんですから。結局、拷問でやられたんだけれど。そういう偽造文書を彼らに作らせるには、僕も弱かったが、中にもっと弱い人がいたということが残念です。悪口を言う訳じゃないんですけれども、権力犯罪というのは一番弱い環から作り上げていくという事実です。

国家機密法にしろスパイ防止法にしろ、ああいう法律を通してしまえば、権力は自由自在にスパイにしてしまえる。僕らの頃の戦争中は「アカ」ですよ。先に「アカ」と言った奴の勝ちなんですよ。仲間の中に権力に弱い人、我々も弱かったがもっと弱い人がもしそこにいたら、残念ながら負けなんですね。

　細川先生が岩波書店から出ている『思想』という雑誌に、「書斎の思い出」というのを一～三回連載しています。そこで言っているのは、「(横浜)事件の製造は、左翼くずれのあわれなインテリ達の売り込みから始まったということである」と、一行です。あの人はくどくど言わない。

　旅行のスナップ写真、この一枚を満鉄調査部の一人が不用意に家の中に置いてあった。僕らのようにコミュニズムもなにも知らない人間でさえも、そんなものを貰ったらすぐに処理しましたよ。平館に三年前に、再審請求を一緒にやりましょうよと言ったら、「木村君、死んだ人だから言おう」と言って、実はこの写真はその人が持っていて押さえられたと。そんなことはまるっきり僕も知らなかった。うっかりしてましたねえ。再審請求をして、何としてでも横浜で獄死した四～五人のポン友を弔わなきゃいかんと思うから、我々の人権と同時に彼等の人権と名誉を回復しようじゃないかと始めたら、意外にも仲間の中にこういう出世主義者がいた。これは一枚の写真だけではないんです。一一日に平館、西沢が検挙されて、一七日から急に拷問がエスカレートする。これは殺されるなと思う程ひどくなったその時にも、その人は入院している。五月半ばから六月末まで四〇日近く病院にいて、果たして何をしていたのか。警察は僕らの目の前に、次から次へとあること無いこと並べたてた。中央公論社の出版部の仕事として、ロシアのこういう人の書いたこういう本までお前たちは考えていたじゃないかというような細かい事実に至るまで、ずらりと前に出てくる。何でこんなことまでわかっちまったんだろうと思っていたら、三年前にやっとわかった訳です。もちろん、雑誌記者の中にも一人、やっぱりもっと弱い人もいたんです。転向して、自分の罪を軽くしてもらうために上申書を書いた人がいたということも、二年前まで知りませんでした。

権力犯罪は敵を憎むべきだが、その敵に積極的に協力する者が仲間の中にいるとすれば、どうすりゃいいですか。いつまでも嘘をついていたり、ごまかしていちゃいかんと思う。私たち自身の恥の上塗りではありますけれども、二度とこういう権力犯罪を許さないためにやはりこのままにしちゃいかん。いかに出世したいとしても、仲間を売るようなことをしちゃいかんという教訓ですね。

私を含めて、治安維持法に引っ掛かったような日本のインテリのどこまでが、権力に抗して本当に頑張っただろうか。昭和八年の佐野・鍋山の転向以後、転向のブームに巻き込まれた人が大部分じゃなかったろうか。我々の出来事でさえもそういうありさまでしたからね。よく言われるが昭和六年から敗戦までの十五年戦争、この間にどれだけの抵抗運動が行われただろうか。これは僕らは本当に恥ずかしかったと思いますよ。世界中で、こんなに抵抗のなかった社会というのはなかったんじゃないでしょうか。天皇という権力を戴いたあの絶対主義のファシズムの下では、抵抗は許されなかった。反戦は昭和五〜六年で全部やられました。次は厭戦がいけない。戦争を嫌ったりしたら、同じく治安維持法に引っ掛けられる。戦争を嫌えば非国民という難しい一〇年以上の間がある訳です。

市民革命のために

もう一つ、今偉そうに宣伝している人たちが、あの一五年何をしていたんでしょう。残念ながら抵抗らしいことは何もしていません。だからこういう現状を招いたんじゃないかと思うんですよ。

戦後まるっきり自民党の独裁政治でしょう。新しいファシズムがこういう形できていることは、皆さん肌でおわかりでしょう。それを許したのは誰でしょう。あなた方ではもちろんない。我々なんですよ。我々はもっと厳しく自己批判しなきゃいけない。何故権力に弱かったのか。何故あんな転向ブームを起こしたのか。我々の国のいわゆる左翼運動ですか、どこまで本当の力だったのか。ブルジョワ革命一つやっていないんですよ。

僕たちの今度の再審請求の共通した目的は、僕たちが奪われた人権を奪回しようということなんです。明治維新でやるべきブルジョワ革命が、敗戦後もやられていない。それは社共も一生懸命やっているには違いない。それは僕も認めますけれども、大事な市民革命はやっていないと思います。そこから今度の私どもの再審請求、ごく小さなわずかな一〇人たらずの仲間ですけれども、我々は自分の人権を自分で闘い取ろうじゃないか。これに賛成してくれる弁護士はいるか、というところから始まりました。

今、飛鳥田顧問弁護士を含めて、二〇名程の弁護団がありますその人たちがまじめに人権問題を考えてくれるから、ここまできているんです。もちろん、相手側は八八年三月末に、我々の再審請求を棄却してきました。その棄却の理由はご存知のように、「横浜事件の記録が今我々の方にない。ひょっとしたら、進駐軍が入ってきた終戦の時に焼き捨てたかもしれない」という表現を使っていますが、とんでもない。彼ら計画的に意識的に焼き捨てているんです。その証拠を何とかしてつかまなければいけない。横浜の笹下の刑務所で、我々をよくみてくれた土井さんという看守さんがいます。この方も病気でもう八〇すぎです。裁判に有効な証言をして欲しいんですが、こういう人がもっといてくれれば彼らが焼き捨てた現場がわかります。我々が土井さんから、今日裁判所ではもうもうと燃えていたよと伝え聞いたのは、敗戦直後の話です。やっこさんたち今度は自分たちが入らにゃならんというんで、特に治安維持法関係を燃やした。しかし全部は焼けなかった。それは進駐軍の連中も、放っておけないものだから、各裁判所に入りこんできたらしいのです。

横浜の裁判所からもちょっぴり資料を持っていったといいます。それを今僕らが捜しているんです。彼らの言い分は、「その時の記録がない。君たちの再審請求は、判決もないし記録もないのに請求してもできっこない」と言うんです。我々が最初に相談した森川弁護士が言うには、「それは木村さん、あなた方の責任じゃない。判決を保管管理しなきゃならないのは裁判所側の責任なんだ」と。

『朝日新聞』も夕刊のコラムで冷やかしていました。子供みたいな言訳をして、横浜事件の再審を棄却したのは笑い事だ。もっとまじめにやれ、と。『神奈川新聞』の論説でも、「やはりあの棄却は間違っている。裁判官自身が戦後の民主裁判というものをよく考えるなら、当然この再審請求を取り上げて、彼ら自身の反省の材料にしなければならない」ということろまで書いていています。

責任は国側にあるんです。国家権力が自分で犯した権力犯罪をごまかすために、どんなことをやろうとも、何回棄却されたって我々は抗告していきます。獄死したり、病気で死んだりしたそれこそ二〇人近い友だちの霊を弔うためにも、我々は上告、抗告、闘い、裁判、再審請求の闘いは続けていきます。最近の裁判所の権力指向、政権に対しておもねった判決が最近多すぎますよね。そういうことを見るにつけ、我々は初志を貫徹するために、もう一つ自分自身を自己批判し、自分たちの武器を具体的に磨いていくということでしょう。証拠をアメリカにまで行って、残っているなら持ってきたいと思っています。闘いはまさにこれからが正念場であって、何とか一つ私共権力犯罪の被害者にご理解頂いて、ご支援いただきたい、こう思います。

(一九八八年六月一二日「市民懇談会」主催での講演から――文責・『生き活き通信』編集部)

〔労学舎『生き活き通信』、一九八九年二月刊〕

この人と一時間

横浜事件とは

一九四二年秋から四五年春にかけて『中央公論』『改造』、岩波書店、朝日新聞等の執筆者と編集者や満鉄調査部関係者ら、知識人層に対して行われた一連の言論弾圧事件。検挙者が横浜の各警察署に留置され、神奈川県警特高課が調べに当たったため、「横浜事件」と総称される。

「共産主義思想を広めようとした」などを理由に六十余人が治安維持法違反として検挙されたが、事実無根の言論弾圧だった。検挙者は過酷をきわめる拷問を受け、獄中死四人、出獄直後の死亡一人、他に多数の人が負傷。有罪判決になった。

事件のきっかけは、政治学者細川嘉六氏が自著の印税で親しい編集者らを郷里富山県泊に招き宴会を開いた際のスナップ写真が「共産党再建準備会議」にでっち上げられたことから拡大していった。本欄に登場する木村亨さんは、この泊の宴会に参加して検挙された。事件を機に『改造』『中央公論』は廃刊に追い込まれた。

四十数年経て昨年七月、事件の元「被告」や遺族ら九人は判決の無効を訴えて再審請求を申し立てた。

〝拷問は天皇の命令だ〟

――ひどい拷問にあわれたとか。

木村　私が逮捕されたのは一九四三年五月二六日、前日給料日にいい気になって酔っぱらって帰って、早朝五時ごろ数名の特高が踏みこんできた。埼玉の大宮近くに住いがあったので、浦和検事局に連行されると、横浜地検の山根隆二検事がまちかまえていて、「お前が木村か、こんどお前らはだいぶ永くなるから覚悟しておけ」とおどかされました。

なにせ、なにも身に覚えがないこと、連行されてはじめて、目の前に例の写真がある。

「これは共産党再建会議の写真じゃ！」と。

それから取り調べなんてものじゃない、のっけからびっくりするほどの無法な拷問が始まるのです。

十人近い特高連中がドサッと囲んでパンツ一枚にする。その道具というのはイスの壊れた角棒、竹刀をバラバラにしたもの、太いロープを二、三本束ねたものを手に手に持ち、なぐりつけるのです。

とにかく、お前は共産党を再建した奴らだときめつけていく。そんなことを考えもしないし、やってやせんよと言ったのが、いけない。それに、ぼくは柔道の心得があったものだから、投げとばしてなぐるけるされるので、逆に放り投げてやった。すると、ナタで枝を切りおとしたばかりの丸太棒をゴロゴロ並べた上に裸で正座させる。丸太棒のコブがくいこむ。〝痛い〟と悲鳴を上げると、おもしろがって土足で踏みつける。体の弱い人は骨が折れはしないか、ぼくも二、三回失神しましたよ。

特高たちは、「お前ら、小林多喜二を知ってるだろう。おれらはお前らを殺すのはなんでもないんだぞ、天皇の命令なんだからな」と。

今でも思いだすとゾーッとします。ぼくらの仲間は獄死した人も、出所してすぐ死んだ人もいるのです。毎日やられたら死んでしまいますから、一週間おきくらい、体が血と膿で腫れあがる。翌四四年四月までの一年間、さんざんな目にあわせて、特高の要求どおりの調書に、これまた暴力でぼくらにサインをさせた。

こうして、同年五月初め、横浜の笹下《ささげ》にある未決囚の刑務所に送られるのです。敗戦は笹下でむかえました。笹下同志会の名はここの地名からとったものです。

――抵抗は？　手も足もでない？

木村　看守の中にわれわれに同情してくれる方がおられたのです。細川さんは古武士の風格をもった硬骨漢。看守の土井郷成さんが、人格にほれこみ、感化をうけて、先生、先生と慕うようになったのです。その看守さんが細川さんのレポをやってくれた。

はじめぼくにレポをくれたとき、「暴言を吐くな、下肚に力を入れよ」といってきました。共産党再建準備会なんてふざけたデッチ上げを許すなという意味です。だから細川さんは、ガンとして、判事も検事も相手にせず、ついにいっさい調書をとらせなかった。泰然としているので、手錠もかけられなかったのです。

天皇の敗戦放送があってすぐ、細川さんからレポが来、「われわれの拘禁は不法拘禁だ。断じて許してはいかん。総理大臣か司法大臣がこの刑務所にきて、われわれの目の前で手をついて謝るまで出てやるな」と檄をくれました。

私は大変感銘しました。政治・思想犯は誰でも皆独房です。私は天井のかまちにぶら下がって、ドアを足でガンガン蹴って、とび上がってうれしがりました。

刑務所の態度は八月一五日を契機にガラッと変わった。石川勲蔵予審判事は、「木村君、たのむから妥協してくれ。共産党再建の泊会議は取り消すから、もうかんべんしてくれ」という。同時に、刑務所の待遇も服装、食事から格上げされた。所長が一人ひとりの独房にやってきて、ていねいにあいさつをする。あなた方と逆にわれわれがここに座わらねばならないかもしれない。こんどはえらいことになった。どうか、お手やわらかに、と。

しかし一方では、囚人たちが騒ぎをおこす恐れがあるから、治安維持法に基づいて、厳密に取り締まれとの命令は下っており、われわれの生命はすれすれの大変な事態の中におかれていたのです。

――それでも判決は出たのですか。

木村　四五年九月一五日の判決でした。われわれは懲役二年執行猶予三年だが、細川さんだけは徹底的につっぱねたおかげで免訴となったのです。

細川さんは徹底的に反骨の人でした。残念ながらぼくらは若いくせに屈伏しちゃっている。みんな身体が弱ってヘトヘトになっているし、今にも死にそうなものだから、弁護士の海野晋吉さんが非常に心配して、出てから闘うことにしようと、妥協して、四五年九月四日、笹下刑務所から釈放されました。

罪逃れた特高ギャング

――敗戦で治安維持法はなくなったのですか。

木村　無条件降伏したのだから、悪名高い治安維持法は撤廃したと思われるでしょうが、そうではなかったのです。一〇月九日まで存在したのです。内務省が抵抗している。

去年の八月号の自民党の機関誌『自由民主』で、「国体が守れたのは終戦直後に治安維持法を廃止しなくて、われわれが抵抗したからだ。われわれが天皇を守ったおかげで、現在の日本がある」という趣旨を、得意になってたたえていますよ。それは、国家秘密法をつくらなければならないからなのです。

——特高たちのその後は。

木村　出所してから、細川さんにお詫びをかねてお会いして、死人もでたひどい拷問はとてもじゃないが許せない。あの特高ギャングたちを共同で告発しようと相談しました。

細川さんは大変喜んでくれて、「そうなんだ、民主主義というのは君、文句をつけることなんだぞ、人権を大事にすることなんだぞ」と、はじめて民主主義のイロハを教わった。「お前さんたちが、あんなひどい拷問をうけて人権蹂躙《じゅうりん》されたということに対して、国家に文句をつけることだ。あれは明らかに国家権力の犯罪なんだ」と励まされました。

〝なるほど、今こそ立ち上がって文句をつけるんだ〟と、四五年一一月一三日、三十三人が共同告発人になって、三輪寿荘弁護士の協力で特別公務員の暴行傷害罪で告発しました。

判決まではまる七年かかりました。というのは、暴力拷問をしたのは誰々で、その時の傷はこうなった、血膿のついたパンツの証拠物件をそろえるなどが必要だったこと。それと特高たちのエライ抵抗運動があったからです。先まわりして、拷問の道具は出させない、事実を隠す、証人を出させない。

結局、たった三名、松下英太郎特高係長、柄沢六治・森川清造警部補が責任者として有罪判決をうけた。松下が一年半、あとの二人は一年のそれぞれ実刑です。五二年の四月です。

しかし、相手ははるかに頭がよくて、うまくできたものですね。日米単独講和条約発効の特赦で、一日も刑務所に下獄しないですんだのです。

しばらくしてからはじめてぼくらはそのことを知った。有罪判決に喜んだのはぬか喜び。実は連中は舌を出して笑っておったということ。

その松下は「あんなバカげたところにいくはずないじゃないか」と笑ったそうです。なめきっているんですね。今八十のおじいさん、新橋でトンカツ屋をやっているとか。

秘密法阻止のためにも

——再審はいつごろから考えたのですか。

木村　一〇年前、亡くなった友人たち一三人の追悼法要をやった時、どうにもがまんならないから、再審請求やろうじゃないかと相談したのですが、その時の弁護士の話では判決文がないので、手続きができないというので、あきらめていたのです。

が、やっぱりこっちもだんだん年をとる。死んだ友人のお母さん（九六歳）を見るにつけ、なんとしてもこのお母さんが生きているうちに、裁判をやり直しさせようと、また話し合う。やっとこさっとこ、一昨年の暮れに人権裁判で高名な森川金寿弁護士に相談したところ、「やれそうだ、やりましょう」となったのです。

判決文をなくしたのは、われわれの責任ではない。保管の責任は裁判所にあるのだ、というのです。

ちょうど、国家秘密法案が上程された時で、この法案の本質は治安維持法と同じなのだから、こいつを阻止するための運動に役立てるように再審裁判請求をやろうとなったのです。八六年七月三日横浜地裁へ提訴しました。

大逆事件の再審請求は十年のち棄却されている。横浜事件の再審は、政治的な意味では、大逆事件につぐほど重要な意味をもつから、長生きしてがんばって下さいと森川弁護士に励まされました。なによりも国家秘密法をぶっつぶすことにつながることですから、何回棄却されても、くり返していどむつもりで、みなも団結しています。森川先生は五年はかかるといいますが……。

——検察側の動向は。

木村　今年二月検察側の意見書が裁判所に出されました。その内容は「拷問の証拠がない、判決文がないのに再審請求だしたってダメ、早くとり下げなさい」というもの。

なんということです。彼らは戦争中と少しも変わらないのです。治安維持法を守るために検察庁があるようなもんです。ぼくたちは、ますますやったるか！　という気になってくるのです。

われわれの側も弁護団の意見書を提出するため、七月三、四、五日に泊に現地調査に出かけます。四十五年前、ぼくらが大酒くらってドンチャン騒ぎした席へきた芸者さん、宿の女将の方々など生きておられるので、いかにぼくらが楽しい旅行をしたか、つまり、共産党再建会議はウソのデッチ上げか、現地で証拠を作るのです。

再審裁判開始の答えは年内までには出るのではないかと思います。

人権宣言やりたい

——治安維持法そのものの告発という歴史的なことですね。

木村　ぼくもびっくりするのは、戦後、公然と治安維持法を訴えたのはぼくらだけなんですね。共産党の方々をはじめぼくらと同じようにひどいめにあっている人々はいるんだから、再審請求やればいいじゃないかと言っているのですが、残念ながらそれがこれまでなかったのです。人権蹂躙《じゅうりん》の治安維持法の告発はどうしてもあきらめてはいかんと思うのです。

治安維持法を一言でいえば共産党、社会主義政党をつくらせないための防波堤。その共産党は三・一五、四・一六の大弾圧で一九三五年ころ壊滅しましたから、敗戦までの十年は党の本体はないことは、治安当局もよく知っていたんです。

しかし、政府に刃向かうやつ、気に入らないやつをつかまえるため、治安維持法を際限なく拡大して、予防拘禁法をつかって、てまえの方で事件をデッチ上げてつくっていったんです。それがこわいのです、国家秘密法も。

講演する木村亨（1992年9月21日）

今の韓国の弾圧とそっくりですよ。

――支配者には戦前と戦後はつながっているのに、革新側は一九四五年で一区切りしたととらえている？

木村　天皇の人間宣言はあるけれど、われわれの「人権宣言」はまだないのです。敗戦まで日本では人権は何も認められていない。天皇の人間宣言は、天皇以外は人間でないということを証明しているわけですよ。ぼくら原告は人権もってないんですからね。せめてこのやり直し裁判で、「人権宣言」をやりたいのです。

どうもぼくは、こういう目にあっているものだから、支配階級を基本から憎む、官僚主義への憎悪がありましてね。獄死したり、病死した善良なヒューマニストの友人たちのことを思うと、どうしてもくやしくてね。戦後に民主主義憲法になっているとはいえ、どうもまだ本当じゃないという気がするんです。

ですから、再審裁判では旧法律体系への徹底した反省を引きだしたいのです。人権の砦のはずの憲法を守るべき裁判官、検事たちは、人権・民主主義的自由と権利はほとんど眼中にないとしか考えられない。中曽根だって、旧憲法の天皇主権への改憲を考えていやせんか。

ぼくの人権は自分の力でこれから闘い取るんです。人権とは一人ひとりが闘い取るんでなかったら本当じゃないという意味が、この歳になって、やっとわかってきたような気がします。もちろん、有力な弁護団の協力が不可欠ですがね。

たとえば労働者への資本の不当な差別もそう。〝人間だぞ〟の訴えをもって、人権闘争をもう一度洗い直す必要のある時期にさしかかっていると思います。

ぼくらもこのさい、積極的に言い、書かねば、という反省があります。うけた拷問の真相を若い人たちにも知ってほしい。こんなムチャなことは防がねばいけないという気をおこす写真入りの出版物を広めるとか。今度の朝日新聞の阪神支局員殺害事件を引きおこすファシズムの時勢に恐ろしさを覚えます。

そして、アジアの人々の人権弾圧も視野に入れた人権闘争の広い戦線を展開すべき時にきていると思います。韓国の民主化闘争も他人ごとではない。

——波乱の人生だったわけですが。

木村　笹下の三年は、ぼくにとっては非常にいい勉強になりました。お前はどこの出身かと問われれば、〝笹下塾〟だといえます。これは弔い合戦です。生きのびたかいがありました。やりたい放題やられて泣き寝入りは一番つらい。気力を尽くして闘い抜きますよ。

〔『月刊労働組合』一九八七年八月、労働大学出版局刊〕

横浜事件再審特別抗告棄却に怒る木村亨さんに聞く
日本人は人権を闘い取ることを知らない

「横浜事件」の再審請求に対して最高裁は、三月一四日付けで特別抗告を棄却する決定を出した。最高裁は、「旧刑訴法下で確定した有罪判決に対する再審請求で特別抗告できるのは、憲法判断に限られる」として、門前払いの決定を行なった。この決定に怒りをむける、再審請求人の一人である木村亨さんにお話をうかがった（編集部）。

——今回の最高裁の再審棄却について思われることをお話しください。

木村　ひどい裁判だ。なんにも審議していないんですよ。人権を無視した不当決定です。ぼくが問題にしているのは人権問題です。全然それに触れない。形式論だけです。

——形式論というのは、「記録がない」ということですか。

木村　そうです。記録を自分たちで焼き捨てたんです。全部グルです。内務省の命令で、特高と裁判所に焼かせた。敗戦の時、戦争犯罪を暴かれるのがこわいからです。刑務所の看

守が飛んできて『いま焼いていいます』と教えた。

――今回は「憲法判断に立ち入っていく」という理由で門前払いをしたということですが。

木村　じょうだんじゃない。憲法の一番重要な人権をじゅうりんして、それで憲法に関らないとはなにごとだ。そこが形式論で逃げの一点張りだ。ぼくらは徹頭徹尾憲法判断を問うてきた。彼らはそれを受けて立ったら負けだとわかりきっているから、恥の上塗りをやった。

――焼却したことを調べることもしなかったんですか。

木村　全然触れない。彼らはこわいからです。自分の犯罪に触れるから。

もう一つは拷問だ。一人以外は証拠がないといっている。じょうだんじゃない、どれだけこれまで証拠品を集めて出したか。

一緒にぶちこまれた奴で前科十犯もの人が、ぼくらの残虐にやられた姿にびっくりしていた。

――マスコミによると、裁判所は木村さんが拷問されたとはいえない、と言っているそうですが。

木村　じょうだんじゃない。彼らは証人を却下しつづけた。敗戦直後からこの裁判はやっているんです。獄中にいるうちに「やっつける」と申しあわせた。四十七年間ぶっつづけに闘っている。

獄中でもぼくたちはじっとしていたわけではない。獄中で情報闘争を闘っていた。

――獄中で情報を交換しあっていたということですか。

木村　情報というのは、真実を訴えてウソを暴く。真実を通すことが情報闘争です。その最初の試みを、笹下拘置所（現、横浜拘置支所）の中でやった。われわれの間で「三カ条の申し合わせ」というのをやった。それで裁判に備えようというわけです。

三つというのは、一つは拷問だ。二つめは「共産党の再建」なんてやりはしないということ。あの当時は、民主主義もできないのに、だれが「共産党」なんて考えましたか。三つめは、われわれは共産主義者じゃなくて民主主義者だということね。治安維持法は共産主義者を取り締まるものだから、「わたしは共産主義者だ」ということは、むこうに屈服することになる。降伏宣言なんですから。

治安維持法のきびしくなっていった状況では、実際に共産主義者だったらよけい否定しなければ負けだったんです。相手の土俵に乗っていってはだめだ。

——いまの時期に最高裁が棄却をしたことは、中東で戦争が起きたり、破防法がとりざたされるなど、非常に危険な動きだと思うのですが。

木村　そのとおり。だからぼくの声明書でも、昨今の裁判傾向を『右寄り、行政寄り一辺倒』と批判した。これは、戦争をひかえてのものだ、国家秘密法も通そうとしている。拘禁二法も通そうとしている。あんな代用監獄なんかすぐ廃止しなければ、国際的な人権じゅうりんですよ。

——今後、もう一度再審請求を行なうお考えですか。

木村　もちろん。新たに証拠をさがし出してね。世界中にあるはずです。敗戦の時にアメリカの占領軍が持っていったかもしれない。これからが正念場だ。また、ジュネーブの国連人権委員会にも提訴する。ロンドンのアムネスティ・インターナショナルにも。そういう国際的な人権機関は全部活用します。

——いま、いちばんおっしゃりたいことは何でしょう。

木村　日本人のいちばんいけないことは、人権を闘い取ることを知らない。待っていればぼたもちのようにもらえると思っている。憲法がそうです。ぼたもちの食べかたも知らない。なぜかというと、天皇教育だ。いまの日本には人権教育がない。臣民教育だ。支配者にとって、一銭五厘で侵略戦争にかり出すために、人権意識をもつことがいちばんこわい。

日本の役人は、天皇にこびへつらっていれば出世できる。最高裁の裁判官はいちばんひどい。人民のための判決を出せば左遷でしょ。岩手の靖国の判決でさえも、裁判官はすぐやめた。ぼくらはいくつになっても社会正義は守りたい。泣き寝入りは許さない。(文責編集部)

〔『解放』四九九号、一九九一年四月一五日号〕

木村亨氏に聞く
「横浜事件」をめぐって

——きょうは「横浜事件」の今日的意味を考えるということで、第三次横浜事件(1)の原告であられる木村亨さんにお話をお伺いしたいと思います。「横浜事件」の内容についてはいろんな資料が出ておりますし、本号でも弁護士の内田剛弘氏が書いていますので、併読していただくとして、木村さんのものごころついた頃から、早稲田大学に学んで中央公論社に入社する頃までのご自分の青春を振り返っていただいて、横浜事件に巻き込まれるまでの生き方といいますか、思想形成といいますか、そういったことからお話しを始めていただければと思います。

校長プールを飲む

木村 私の青春時代というと、中学時代のいたずらからお話を始めた方が面白いかもしれません。

私はどっちかというと、正義派っていうと偉そうだけど、不正に対して対抗していこうと思うこころがあった。中学へ入ったらぼくはすぐ、ジャーナリストというのは正義派のやる仕事だと思い、新聞記者とか雑誌記者の仕事というものに、一四、五の頃からあこがれをもっていました。

たまたま東京高師を出た秀才だという塩見亀蔵という人が校長に来たのが、私の三年生の時だったと思うんですね。私どもの中学へ入る時はプールがまだできてない時で、プールを建設するということでみんなから五円ずつ寄付を集めた。それがかなりの額になっていたんじゃないかと思うんですが、それは生徒数も、五百人ほどの小さな中学ですけども、何年か前から貯めておったものだから、一応プールの建設に手をつける時が来ているんじゃないかと思われる頃です。昭和六年の夏から秋にかけて、その年の九月一八日に満州事変、日本軍の満州侵略が始まるんですが、その直前なんです。夏休み明けでした。

塩亀が、先生たち二、三人を誘って、私どもの新宮市という町は、三万石ぐらいの古い小さなお城があって、古い形の芸者町がありまして、塩亀校長らが芸者買いに行ったという話が出ましてね。酒好きなことはいいけども、プールのためにぼくらが貯めたお金を飲んだという噂が出たんです。これは糾明しなきゃいかんぞと。昭和六年というと、私は中学四年の秋口ですよ。こいつは放っておけんというので、塩見校長に一つ聞いてみようじゃないかというような話も持ち上がる。ぼくはさっき言ったように新聞づくりがとても好きな方だから、その頃の中学は新聞を出すような学校はまだほとんどなかったと思うんですが、ぼくは「新中タイムス」って名前つけて、創刊号に着手した。授業中の作業だから、教壇の先生から見えないように教科書を前に立てて、一生懸命『塩見亀蔵プールを飲む』という見出しから（笑）、原稿を書いていた。

実に運が悪いんだな。その原稿書いている最中に、校長の塩亀というのが意地が悪いんだな、後ろから忍び足で回ってきた。ぼくのところにサーッときて、「新中タイムス」の原稿をわしづかみに掴んで、出ていった。すぐあと「木村来い！」というわけですよ。校長室に呼び出された。「この新聞何だ」（笑）。

――木村さんが書きそうだというのは、ある程度漏れていた可能性があるんですか。

木村　そうかもしれませんね。校長を糾明しようじゃないか、なんてことをボソボソ言っている時でしたから、マークされていたんですね。

ついこの間だけど、ぼくの中学の英語の先生だった花井益一さんという人、戦前に東京商大を出て戦後に富山大学の経済学部長をやった経済学者だけど、この花井先生がひょっこり訪ねて来て、「木村君は中学の頃から睨まれていたね」（笑）と教えられました。

「新中タイムス」の創刊号を押さえた塩亀の言い分は「これは特高へ連絡する。おまえはアカだ」と。昭和六年の満州侵略の頃は、高等師範などでは、思想善導と称して、マルクス主義とか、治安維持法に触れるようなことをやったやつは、全部ボイコットされるという風潮でした。中学校の校長なんか右翼のガリガリです。

その当時は、ぼくのおやじは串本小学校の校長やっていた。おやじも呼び出されて、塩亀は自分がプール飲んだくせに、言うことが逆なんだよ。そんなことを書いたやつはアカだというようなこと言い出して、おやじは締め上げられちゃって、すぐ放校だというんだ。ぼくに対しても来いというから行ってみたら「おまえのようなアカはこの中学におけない、すぐ退学だ」「こんな暴露記事を書いたやつはアカだ」そのうえ何言うかと思ったら「祖国ロシアへ帰れ」って言った。この一言はぼくの一生を決めましたね。

もうそのころから、正義派のやることはアカにしちゃうというように、ぼくはそう受け取った。塩見亀蔵の言い分は「おまえはこの学校におけないだけじゃないんだ。この国にだっておけない。祖国ロシアへ帰れ」って言う、その言い方が、見事な一言でしたよ、反面教師というけど。だから一体ロシアってどんな国なんだろう、勉強してやろうという気になりましたね。

それが契機です。ぼくのおやじが、退学じゃ上の学校にも行けんし、ぼくのそういうことがバレたら、おやじも校長やめなきゃならんから、塩見のやつに頼み込んだらしい。退学だけは許してもらって、半年ぐらいだったかな、停学にしてもらって、結局五年まで、一応は新宮中学におったんですが、そういう一件がありまして、逃げるように中学校を出て、「万朝報」、自由民権派の最後の砦だったと思ってますが、その記者をやっていたぼくの叔父貴に頼んで、その叔父の家の書生をやりながら、中央大学の予科へ行きました。

しかし、中央の予科は弁護士さんか何かになる学校のような気がしたし、ジャーナリストになりたいものだから、早稲田へ聞きに行ったら文学部へ転学を許してくれるという。それでぼくは昭和一一年の四月、早稲田の文学部の社会学科へ入った。

早稲田の時も、これまた妙にヘンチクリンなことなんですよ。われわれ、東大、外語大、いろんな学校のやつを集めて、『資本論』を勉強しようと。ちょうどいいアドラツキー版の『資本論』の解説が出た時で、みんなで読もうと。東大の学生の下宿へ集まって二、三回やった。それから回り持ちで五、六回やったら、そういうことを密告するやつがいるんだね。あのころの特高というのはそんなことが商売なもんだから、昭和一一年の暮れ、コム・アカデミア事件[2]なんていうのが起きて、山田盛太郎さんなんかやられた頃ですが、そういう事件がわれわれがやられる前後に起こってます。それと同時に人民戦線[3]のことでやられている人たちもいたようですが、学生が読書会をやっている、それだけの理由で特高はわれわれを検挙している。

もちろんそんなことで起訴されるようなことはありませんでしたけれども、それが昭和一一年の一二月から一二年の一月へかけて、ちょうど正月休みで、麹町警察に二ヵ月ぶち込まれた。それでもぼくらは別に共産主義というよりは、資本論というのはどんなもんかくらい知っておかなきゃならんという、ごく常識的な関心でそれの勉強会をやった。治安当局に言わせると、これは共産青年同盟の再建だと。われわれの「横浜事件」が党の再建事件だということになったのと同じです。

新進気鋭の編集者を求む

木村　ぼくは大学を出たらアメリカへでも行って、サンフランシスコあたりで日系人の新聞の編集でもやろうかと思っていながら、ひょいと文学部の校舎のあの建物の入口へ上がって行ったら、そこの掲示板に「新進気鋭の編集者を求む」なんていう、うまい呼びかけ文を見つけた。よしこれはやってみようと思って、それでつい中央公論社に応募して入っちゃったんですよ。

志望者は百人ぐらいしか来なかったですよ。そんなに給料いいことなかった。四、五〇円の給料だった。中央公論に入ってからは兵隊に現役で取られたりして、めまぐるしいんですよ。まとまったぼくの出版企画としては『支那問題辞典』一冊しか出せなかったんですが、あとは社会正義的なことに属する企画などを編集部でやれやれと言ったけれども、もうその頃は、正義派的なこと言うとアカにされた。一番弾圧しやすい口実はそれですからね。

兵隊から帰ってきて半年ほど、『中央公論』の編集部に置かれたんですけども、ぼくはもうそのころの『中央公論』の編集部というのはいやになっちゃって、出版部へ移してくれと言って、それで出した企画が『支那問題辞典』。ちょうどその頃もう満州侵略が始まってから六年目でしょ。それがなかなか解決しないで、不拡大方針だなんだという頃で、第一次近衛内閣ができようとする前後だったものだから、支那問題の処理ということが最大の課題だった。軍部があいう体制だったから、おおっぴらに反戦活動とか反軍闘争なんていうことはできない。だから『支那問題辞典』にしたのも、「支那問題講座」でやると必ず発禁にされた。そういう時世なんです。ぼくが考えている筆者は大体マルクス主義の勉強をしている学者なんです。今でも『支那問題辞典』をご覧くだされば、わかるんですが、あの頃よくこんな筆者でやったねと、今になってびっくりしているほどですよ。

――これの監修者に尾崎秀実が入ってましたね。途中から事件になるんでしょうけども。

木村　そうなんですよ。支那事変の項目は尾崎さんが書いてくれた。いよいよああいう戦況になってくると、いつ何が起こるかわからんような時に、ゾルゲ事件が起きた。

それは昭和一六年の一〇月一五日です。ちょうど『支那問題辞典』の最終校了にさしかかっていた。それでぼくは細川嘉六さんに相談して、こういうことになってきたから、尾崎さんの名前を外さないとまずい。尾崎さんの名前は、監修者の一人、橘《たちばな》樸《しらき》さんの了解を得て、あの人は進んで、おれが名前を貸すよと言って変えた。そういうことで、もう最後の段階で、ちょっとこれはおかしいなという時代にきているんですが、昭和一七年三月の末に『支那問題辞典』は出すことは出したんです。

この本はあの当時、支那大陸へ特派員でやられた新聞記者の連中は実に喜んだ。というのは、毛沢東の中国共産党の軍隊の組織、活動ですが、ちっとも人民大衆を苛めない、略奪はしない。略奪はむしろ日本の兵隊の方がひどい。中国の共産党というのは一体何やっているんだとか、どういう連中がどういうふうなやりかたするんだということを、この辞典で、そこに重点をおいて解説したのが当たったというのかな、特派員記者に非常に喜ばれましたね。

そのことをぼくは尾崎から得たんですよ。『支那問題辞典』の企画を立てて、細川さんに最初相談したら、尾崎を紹介してくれたわけですが、尾崎のところへ行って、隔週ぐらいには新橋の方にある中国料理屋に、ちょっとした奥まった小さな部屋があったりして、そこで『支那問題辞典』の中国共産党の最新情報、それをあの人に教わったんですよ。だからあれは今でもはずかしくない辞典だと思ってます。

風邪で現役免除

木村　昭和一四年の春に中央公論社へ入って、一五年の四月から九月まで半年間、現役で入ったんですよ。軍隊はもう嫌で嫌で、人を殺すというのは好きじゃない。しかも人殺しが多いほど偉くなるという矛盾は、どうもぼくは自分に許せないものだから、こんなところにおれるかと思って、夜の夜中にベッドを抜け出して、水かぶって……。

――行ったのはどこですか。

木村　和歌山の二四部隊といって、昔六一連隊といって、歩兵部隊です。それで一週間はかかったですよ、水かぶって風邪ひいて、熱出して、とうとう淡路島の北の明石の向かい側に岩屋というところがあって、そこの陸軍病院に移された。肺浸潤の診断を受けて入院した。そのかわり毎日毎日熱出すのに苦労しましたよ（笑）。体温が平熱じゃまずいから。七度五分くらいに。

ぼくはその時結婚早々の入営でしたけど、家内に言って河上肇さんの『第二貧乏物語』をひそかに持ってこさせて、岩屋の陸軍病院のベッドで寝ていて読んでいたら、同室のやつが面白がるんだね。「一緒に読もうや」って。そしたら軍医中尉で、大阪医専か大学の医学部かなんか出た中尉がぼくにひそかに「それを憲兵に知らされたら騒ぎになっちゃうから、木村さん、早く現役免除にしてあげるから帰った方がいいよ」って。梶井中尉といったな。ぼくは戦後いっぺん会いたいと思ったが、その人のおかげで現役免除になって帰ってきた。

――軍医はわかっていたんでしょうね。

木村　と思うんだ。「これは木村君危ないね」と言ったんだから。そういう点、ぼくは不注意ですよね。ちゃんと隠して読むべきでしょうね。

――軍医によっては危なかったじゃないですか。

木村　危ないね。憲兵隊へ回されたら、それこそ生きて帰れないよ。

――同じ目に「横浜事件」で遭遇するわけですけどね。

木村　そういう次第ですね。それで細川さんが『支那問題辞典』の監修者で、いいものができたと言って喜んでくれましてね。その当時近衛内閣の風見章さんと非常に親しかった。そういうことで、木村君、これは風見君に持っていってやるといいと言ってね。そしたらまた風見さんは風見さんで、これはおれの茨城県下の中学校と女学校に寄付するから二〇冊買うわなんて、三百円ひょっと出した。あの頃は百円の月給っていうと相当なもんなんです。その当時『支那問題辞典』はたしか一〇円足らずだったと思います。三百円もらったら、二〇冊買ったってだいぶ余りますが、お釣り持ってきますかと言ったら、いや、そんなの飲んじゃえなんて（笑）。風見という人も面白い人だな。

――大物だったんですね。

木村　そういうことで喜ばれた『支那問題辞典』で、それをお祝いしようということも細川さんの腹にあったんじゃないかと思うんですよ。細川さん自身の『植民史』を東洋経済新報社から出しまして、ちょうどそれの印税もらった時だったんだ。そのうちの半分を持って、ぼくらを招待してくれた。

――それが富山というのもいいですね、東京じゃなくてね。

木村　それは東京じゃもううまいものが食えない。お魚も新鮮なものは何もない。だから新鮮な魚でも食べに行こうと細川さんにあおられて、しかも金は要らんというんだよ。おれは印税入ったばかりだから、奢るから来いっていうので、皆んな喜び勇んで富山へ出掛けたのが昭和一七年の七月五、六、七日だ。それでもう毎晩飲めや歌えやの大騒ぎ。あの頃は東京では新鮮な魚がなかったせいか、うまいものだから、飲むわ食うわ。酒は嫌いな方じゃないから、浴びるように飲みましてね。

そこに親不知子不知という名所があるんですよ。名所だから君らもいっぺん見ておけというわけで、七人が招待されたんですが、細川さん入れて八人だけど、二、三の者はそっちへ行かなかったけれども、五、六人が行きまして、親不知でこれまたドンチャン騒ぎだ。それで帰って来てまたぞろ飲んじゃ歌ったな。ぼくなんかドジョウ掬い踊るやら、故郷が串本だから串本節を歌うやら、裸おどりしてね。そんな大騒ぎして帰ってきた。それからまもなくだ。それが一七年の七月でしょ。ちょうど『改造』の八・九月号へ細川さんが「世界史の動向と日本」という論文を連載した時だ。

第一次横浜事件の発端

――それは帰ってきてからですね。

木村　帰ってきたら書店に出ていた。二ヵ月連続のその論文は、ぼくらは細川さんの憂国の大論文だと思ったけれども、軍の、特に陸軍の報道部長谷萩《やはぎ》那華雄が、寝転んで『改造』

の細川論文を読んでいたら驚いたと。これはマルクス主義、左翼の論文だと言って、特高へ通告して、あんなの検挙しろというわけでしょ。九月一四日だった。細川さんが世田谷で、管轄の警察に検挙された。

それとは別に横浜の方で、川田寿・定子夫妻が、アメリカから帰ってまだ一年半ぐらいしか経ってなかったと思うんですが、労働運動を勉強に行っておったんですが、アメリカ共産党員の疑いをもたれて、共産党のやつらが日本へ帰って来て運動を再開しようとしているというような疑いをかけられて、昭和一七年の九月一一日に横浜で検挙されて、そうして調べているうちに、神奈川の特高は東京の特高を追い抜きたくてしょうがない。特高同士がライバル関係で手柄競争をやっているわけですよ、抜けがけを。それでわれわれがやられるちょっと前、つまり昭和一七年の秋、神奈川県の特高の松下という係長が、いろいろ総合雑誌を調べさせて、細川の「世界史の動向と日本」が一番左翼的で危ない。アカの論文だということでマークして、神奈川としてどうやるかということを考えている時の川田夫妻の検挙。川田さんの知り合いの満鉄調査部の連中、これが世界経済調査会というのをやっていた関係で、翌年（昭和一八年）の五月一一日、平館利雄と西沢富夫と益田直彦が真っ先にやられた。

そうしたら西沢君が写真を持っていたのが見つかった。というのは泊へ呼ばれてドンチャン騒ぎした時、中庭で浴衣姿で撮った記念撮影ですよ。平館は隠したそうです。われわれはもちろん隠していた。それは昔学生時代にそういうことでやられているから、変なもの持っていたら疑われるものだから隠してあったんだが、特高に未経験な西沢君は取られちゃった。そういう関係で、写真に写っている平館、西沢、細川以外の者、相川博、加藤政治、小野康人、西尾忠四郎とぼくの五人ですね。この写真に出ている五人の者が五月二六日に、みんな横浜の山手署をはじめ神奈川各署に検挙された。

そして責め立てる事柄は、おまえらは細川さんを中心にして、共産党再建準備会をやった。しかも去年の七月、富山の泊でおまえらは共産党再建の会議をやっているじゃないかと、初めからもう取り調べじゃないんです。拷問から始めるんです。

これは戦後の皆さん方にはおわかりにならんと思うんですが、普通取り調べというと一対一ないし調べる方が二、三人でも、問いただしていくのが順序で、それが取り調べですよ。ところがぼくらの場合は、二六日に検挙されて、ぼくは山手署へやられたんですが、すぐ引き立てるようにして、調べるから来いといって連れて行くのは拷問部屋なんですよ。もう彼らはちゃんと拷問の道具も用意してますし、床が板の場合も、セメントの場合もあるんです。剣道などの道場は板の間

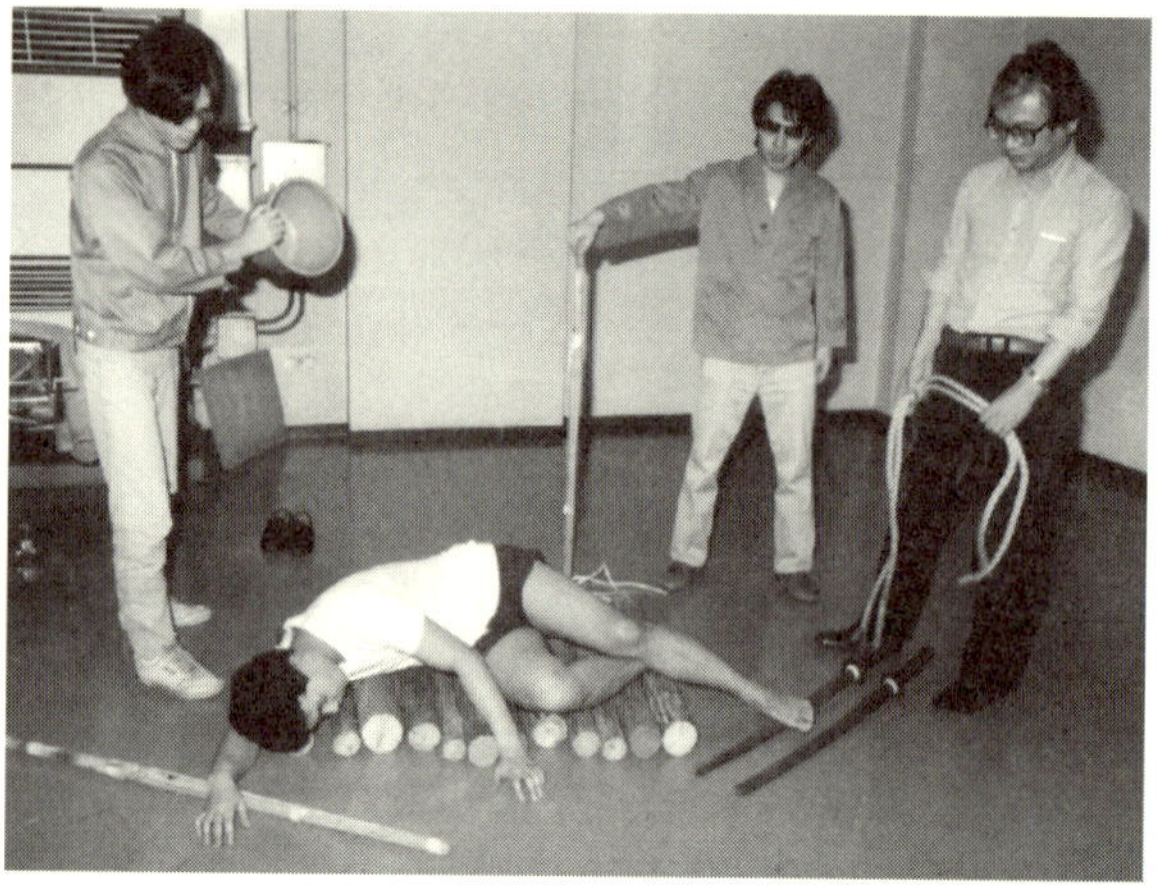

拷問の再現

だ。それからコンクリートにじかに引っ張り出す。そして責め立てるんですが、七、八人で責め立てるんですよ。手に手に凶器を持っているからたまったもんじゃないですよ。

森川弁護団長のすすめで、今年の三月の末に、その時の拷問の実相を最高裁判所へ参考にして見てもらおうじゃないかと言って、岩波書店の地下を借りまして、これがその時の写真です。これが拷問の道具です。本物に近い道具です。

――これは実験しているんですか。

木村　実際やられたのを再現して裁判所へ出したんですけれども、これは本当はまっ裸にせにゃならんのだけど、シャツ着てやったんだが。

ここに丸太ン棒を転がしてますね。この丸太ン棒が痛いんだ、節だらけでね。その上に正座ですからね、裸で。両足へ食い込んでくるんですよ、ただ座るだけでも。それを、ここでは再現で足をかけたぐらいですが、丸太ン棒のゴツゴツした節だらけの上へ正座しているその膝の上に、やつら面白がって飛び乗ってくるんですよ。痛いっ！　て言うと、こんなことで騒ぐなとか言ってね。おまえら天皇に刃向かったんだから殺していいんだ。小林多喜二知っているだろ。いつ殺してもいいことになっているんだから覚悟しろと。そんなことを二、三回やられていると気絶しますよ。気絶すると同時に、もうこれは生きて帰れないんだなと諦めるぐらいにひどい拷問でした。

この写真は、その時の様子をいくらかでもわかるように、今の裁判官なんてそんなこと知っちゃいないからね。だからちゃんと写真を撮ってもらって、資料として最高裁に出しましたよ。

そういう調子で、何をやるかというと、もう用意しているんですよ。ぶん殴られている間にチラチラ見せたんですが、「泊共産党再建事件」と書いて、細川さんを大将にしてこのメンバーの名前をずらっと書いて、ガリバン刷りのものがちゃんと刷り上っていたんですね。平館、西沢、益田、これが五月一一日。それから半月ですね、ぼくらは一二六日ですから。

その半月の間に、彼らが入手した一枚の写真を中心に、共産党再建準備会の内容を、ラフではあったけれども、デッチ上げておるんですよ、ゲラ刷りで。これはと思いましたね。

――それにはめこむように拷問していったわけですね。

木村　仕上げるためにね。それはひどいもんですよ。本当にデッチ上げでしたからね。

日本の代用監獄

木村　そういう拷問を受けて起訴されて、丸一年間代用監獄に居た。ぼくは山手警察に丸一年、一度も入浴許されないんですよ。それは去年の秋、国連人権委員会のアメリカやフランスの弁護士が日本へ来て代用監獄、つまり留置場を見てびっくりした。あんなところに二日以上おいたら不法だと言って、彼らは今年になってから日本の司法当局に対してアドバイスをしているわけです。その書類も最近見ましたけど、ずっと今も変わってない。ぼくの場合、泊組という、平館と私しか生き残りはいないんですが、その二人以外、早く死んじゃったのは、あんな拷問と不衛生のせいだと思う。ぼくは柔道やっていたり、わりに呑気な方だからあまり勉強しなかったから生き延びたようなもんで、真面目に勉強していた人たちはあんな拷問受けて、殺されたのです。大体みんな一年近くぶち込まれていましたよ、あそこへ。刑務所の拘置所の未決へ移されたのはその一年後ですからね。

一八年の春から一九年の五月まで、汚い代用監獄住まいでしょ。それだから横浜の笹下にある拘置所へ移った時はホッとしました。同じ刑務所暮らしにしても、まだ留置場よりはましだった。というのは一週間に一ぺんは三分間だけど、体を洗ったり入浴を許したんですよ。それは汚い風呂ではありましたけれども、留置場よりましだった。

そんなことでホッとしたのと、もう一つは、ちょうど私どもが笹下の拘置所へ移されるその時、昭和一九年の五月の末頃でしょう。横浜へ東京から細川先生が移されてきた。これも別件逮捕ですよ。「世界史の動向と日本」は治安維持法違反の疑いがないものだから、釈放寸前だったそうですが、横浜でいろんなことがデッチ上げられてくる。嘘の陳述手記をつくってやがってね。

一番ひどいのは、「細川嘉六、相川博予審終結決定」というのが偽造されてあって、二人の名前を勝手に使ったその予審調書なるものは、石川勲蔵という予審判事の偽造文書ですが、今度その真実がはっきり暴露されましたけれども、そういう偽の調書を、細川さんが東京から横浜の笹下へ移されて見せつけられた。そんな無茶なデッチ上げ文書を突きつけられて、細川さんは怒ったんですよ。これは何事だというので、レポが始まったというわけです。

細川さんの人格に感化を受けた土井郷誠さんという看守は、古い看守じゃなく、元々父親が鎌倉彫りで商売していて、それを継ぐ人なんだけれども、子供たちが四、五人いて、食糧が足りないものだから、家族の食糧をととのえるのには、笹下の刑務所は裏に畑があって、食べ物だけは豊富だというので、看守の臨時募集があって、それに応じて臨時雇いで入ったのが一九年五月。その五月の末に、自分の座る看守席の隣の二号室に細川さんが東京から連れてこられた。実に立派な先生で、毅然としていつも正座していて、それで話すことも立派だし、こんな人が罪人になるはずがないというのが土井さんの抱いた印象だった。

そういうことで細川さんにえらく心酔し、私淑して、先生、なにかもしご不自由があればなんでも言ってくれと申し出たら、それじゃ抹茶をご馳走してくれりゃ嬉しいなと言って、抹茶をご馳走してもらった。その土井さんからの差し入れの抹茶が大変おいしかったらしいね。それで土井さんに、細川さんは河童の絵を描いてあげたのです。私が中央公論で小川芋銭画伯の河童の絵を出していたものがあったのを、細川さんからあれを一冊くれと言われて、持っていってあげた。それはぼくが兵隊から帰って直ぐでしたが、細川さんはその後一年ぐらいの間にちゃんと手習いして、上手になってましてね。

――小川芋銭という画家は、茨城で絵を描いていた人ですね。

木村　そうそう。屁の河童が細川さんは得意だった。その河童を描きながら、「屁の河童、屁の河童」というわけで、その「屁の河童」の色紙をみんながもらったもんですよ。あとでそれが党員証と言われたけどね。なぜかというと、合法・非合法、陸も水中も河童は泳げるようになっているから、非合法共産党の党員証だなんていってね。ひどいもんだ。

そういうエピソードもありますが、なによりもぼくは細川さんからのレポが嬉しかった。というのは、ちょうどぼくもホッとしたとこなんですよ。これは留置場という代用監獄で殺されるんじゃないかと思ったが生き延びたり、もっともその直後に死んじゃった友だちがいるわけですが、ホッとしたところへレポが来たでしょ。それが土井看守の世話で、雑役の人も感化されたんですね。土井さんご自身は看守だからレポなんか持って歩けないですよ。そんなこと見つかったらすぐクビだ。だから雑役で真面目な青年がいてね。代役をつとめてくれたわけさ。

便所紙にレポ

――それは床屋さんですか。

木村　ええ。便所に使う便紙が少しずつ配給されて、あそこに収容された時に渡されるんだが、それに細川さん、うまい具合に鉛筆の芯をね。鉛筆そのものはとても入らない。床屋さんからひそかに芯をこのぐらいの長さにしてヒュッと入れてもらって、それで書きつけたんですね。

最初ぼくがもらったのは、六月末か七月だったと思う。ギョッとするような文句でした。最初は、「相川はスパイじゃないか」と来て、その次に「下肚に力を入れろ」「暴言を吐くな」と。私の本（『横浜事件の真相』）には「下肚に力を入れよ、暴言を吐くな」とだけ書いているが、さすがに同僚の名前は書けませんでした。

しかし今度、『細川嘉六獄中調書』が不二出版から出ました。森川弁護士がよくまとめてくれてますが、それを見て初めてよくわかったのは、警察の調書と、その次に横浜で予審を受けた時の細川さんの予審調書が並べてあるんですが、その間に「公訴事実」という書類がある。その最後のところに――昭和一八年九月の日付です。相川博の供述によっても、細川嘉六は共産主義者であることが立証されるから訴える、と。裁判に廻す書類に、ちゃんと相川博の名前が入っている。それはわれわれが検挙された一八年の五月二六日、その二六日から数えると、六、七、八月と、九月に相川君のそういうものができている。そうすると、その翌年の五月末に細川さんが横浜へ廻されてきた時は、まずそれを見せつけられている。それがとんでもない、石川勲蔵予審判事がデッチ上げた偽造文書ということが今度初めてわかったんだが、「細川嘉六、相川博予審調書」という二人の名前を並べたような予審なんてありうるはずがないんだから、ぼくは当初からおかしいなと思っていたらやっぱり嘘のデッチ上げだった。そのことを森川弁護士が今度出してくれた細川さんの『獄中調書』ではっきり暴露されたわけです。細川さんは私が最初にもらったレポでそれを書いている。

岩波ブックレットNo. 78『横浜事件――言論弾圧の構図』の中で、奥平康弘さんが、そういう法律で取り締まられる側にも問題があった。人権意識が非常に希薄であった、と書いている。治安維持法に引っ掛かったということだけで、もうそれを自慢にしている人がいるんです。わしゃ何回も治安維持法に引っ掛かったんだぜというようなことで戦後偉くなった人もいるわけです。

――逆にそれを利用する形でね。

木村　ヒーロー気取りでね。しかし大切なことは、転向一色にされての敗戦でしょ。当局の言うとおりに共産主義者であることを認めることは敗北じゃないですか。何よりも「横浜事件」で、自分が弱かったからね。いくら拷問がひどいといっても、嘘の自白に署名するなんてそんな話ないですよ。恥ずかしいかぎりでね。今度の再審請求だって、恥のうわぬりみたいで情けないことなんだけど、正直に、こんなことがあったという裸の反面教師として、若い人が注意しておいてくれれば、今後はこんな過ちを犯すまいと思うから。

獄中で敗戦を迎える

——少し話を移しまして、敗戦を獄中で迎えた時の印象、それから回りの動きのようなことをお話しいただければと思います。

木村　八月一五日、全面降伏の天皇のラジオ放送があった、その直後の話ですね。一五日の午後だったと思います。さっき申し上げた松村寿男という床屋さんの雑役の青年が、私の第三舎の、二階の六号でしたよ、一四一番と言いましたけども、ひそかにやってきて、「たったいま全面降伏です。木村さんたち、細川先生たちがおっしゃっていたとおりですねぇ」と言うんだね。それで細川さんからのレポを手渡してくれたんですよ。それが「初鶏や八紘一宇に鳴きわたる」という、細川さんが、天皇の全面降伏放送を聞いた直後の感想を一句に詠んでいるんです。風刺ですね。そういう一句のあとへ「木村君、今度のわれわれに対する拘禁は不法拘禁だ。総理大臣か司法大臣か、要するに政府か裁判所の責任者が、この横浜拘置所のわれわれのところへ来て両手をついて謝るまで、断じて出てやるな」という、もう細川さんは、死んでも出てやらんというふうに書いてましたね。「おまえさんも覚悟しろ。腹をきめろ」というレポをくれた。嬉しいやら感激やら。何をボンヤリしているか！　と張り倒される思いですよね。実に弱々しかった自分に対する反省が一番ですけども、ここで性根を入れ替えて人間をやり直さなきゃという気もあって、本当にぼくは二畳の独房のド真ん中へ座り直して飛び上がったですね。前の鉄の扉のかまちへ、両手で捕まって、鉄の扉を蹴った。ガンガン蹴った。普通の日だったら看守さんが歩いていて、えらい反則なんです。痛い反則受けるんですが、一五日はさすがにシーンとしてまして、看守の巡回もなしに、ぼくはそんな乱暴なことやっても咎められないで済んだんですが、その時から、ぼくは人生のやり直しだと思ってね。

細川さんに対するお詫びですよ。こんな嘘の調書に対して、共産党再建をやりましたなんて、ふざけたことを取り消させなければいかんという、その気持ちがワーッと来て、それで泊へ招待された西沢、西尾、平館、小野、相川で、三つの誓いを立てようといった。「われわれは拷問によってデッチ上げられたんだから、そのことをはっきりさせようじゃないか」ということが第一。第二は「われわれは共産主義者ではない。民主主義者だ」ということ。第三は党再建云々なんてとんでもない虚偽だから、とにかくわれわれが嘘の自白をしてしまったことに対して、裁判で取り消すために闘おうじゃないかというレポを回しまして、それを床屋さんが全員に配ってくれたんだと思っていたら、一、二欠けていたらしい。

それでもしかし、ぼくは九月四日に釈放されて直ぐ細川さんの世田谷のお宅に伺って、細川さんは一日に釈放されていましたから、とにかくぼくらにムチャクチャな拷問をやった特高警察のやつらを、ぼくらこれから共同で告発しますから見ていてくれと言ったら、細川さん自身も、わしも出ると言って、昭和二〇年の一一月一三日に、丸の内に常盤亭という料亭がまだ残っておりましたので、そこの二階の広間を借りて、三十三名の人たちが集まってくれた。そこでみんなで共同告発の決議をしまして、われわれが受けた拷問に対してあくまでやっつけようということですね。人権蹂躙は許せなくて、そういう申し合わせをしました。三輪寿壮さんとか、門下の豊田求さんとか四、五人の方で、もちろん海野晋吉さんがぼくらの事件の担当でしたけれども、加わっていただいて手続きをしました。昭和二一年、正式に共同告発をしたわけです。

その共同告発が七年かかっている。昭和二七年、ぼくらは法廷監視委員会までつくりました。われわれが拘置されていた町の名前をつけまして、笹下《ささげ》会という名前で三十三人で共同告発したのが二一年。その後二七年まで、やっとこさっとこ最高裁も特高警察のそういうムチャクチャな拷問の事実、人権蹂躙の事実を認めて、益田直彦君が持っていた証拠物件が唯一。あとはみんな却下されちゃったんですけど、私も証人をあげたんですが、非常に計画的に却下されて、益田君のだけが有効だというので、松下英太郎と柄沢六治と森川清造、三人の特高警察が被告になって、拷問を加えたというので有罪判決を受けたんです。松下が一年半、森川と柄沢は一年と、軽いんですけど、一応実刑です。執行猶予なしで。

ところが、それも計画的だったんですね。たった一週間か十日ほど後で、サンフランシスコの平和条約が、全面講和じゃなくて片面だったたんですが、それで特赦で、有罪判決を受けた三名の者はすぐ無罪釈放になった。そんなことも、しばらくしてからでないとぼくら確かめられなかったんですが、中村智子さん（田畑書店『横浜事件の人びと』の著者）が、松下英太郎に電話して聞いたら、「何を言うか。あいつらはアメリカの助けでわれわれを訴えたけど、われわれはあんな刑務所なんかに一日も入るか。バカなことといいなさんな」と言って笑ったというんだから。それを中村さんから聞いてぼくたちもびっくりした。

再審請求のきっかけ

木村　もう十二、三年前でしたか、横浜事件で獄中で死んだ四人と、死んだ一三人の人一緒に、共同の追悼法要をやりましょうと、東京・谷中の全生庵《ぜんしょう》で……。

これがまた面白い。ぼくの親戚に山本玄峰という禅坊主がいまして、ぼくが横浜事件でやられたことを心配してくれていた。その弟子が全生庵の導師で、ぼくが共同追悼法要をやりたいと言ったら大変賛成で、山田無文という、この人ももう亡くなったが、これも玄峰老師の弟子ですから。山田無文さんも導師をして、全生庵の平井玄恭さんという二人の導師によって、共同追悼法要をやりまして、その時の集まりに中村智子さんも参加してくれて、それが最初で彼女の取材が始まったわけです。

その時は西沢君は国外に行っていて、そこへは来れないというんでメッセージのようなものよこしましたが、ぼくは平館と、死んじゃったぼくらの友だち、ぼくは獄死した浅石晴世君や和田喜太郎君、西尾忠四郎君が悼ましくて、このままでは死ねないよ、一緒に何か共同で再審請求やれないか。この間の特高警察の共同告発も、結局彼らは一日も下獄しないで済んだそうだし、このままではどうしても許せない。なんとか再審請求しようぜということで、帰り道話しながら帰って、その後も一年に二、三回しか会えないけども、会うたびそんなことを言っておったんです。

不思議なもんですね、ぼくは四年前持病の喘息で入院しておりましたが、そのときに友人の笠原君が「森川金寿という弁護士がいる。その人を紹介する」というんで、私は手紙を出したんです。

そしたら第一次横浜事件の主任弁護士であった海野晋吉さんが、敗戦直後に自由人権協会という組織をつくり、海野さんが理事長、森川さんは事務局長なんです。私の手紙を見た森川さんは「横浜事件は、自分の兄貴分の海野弁護士が係としてやっている。これは自分には大事な事件だから」って、四年前の一一月、私の入院中に「判決文は裁判所が保管する義務があるんだ。裁判所につくらせればいいんです」ここが違うんですね。そういう手紙で元気付けられましてね。ちょうど中曽根が国家機密法を上程しようという時でもあったと思いますが、翌六一年七月三日、横浜地方裁判所に正式に再審請求の手続きをしたわけです。

横浜地裁では去年の三月、棄却されましたが、その理由として彼らが挙げているのは、君らの裁判の記録はない、拷問の事実も益田直彦は確かにあるが、ほかはない。そこで即時抗告で東京高裁に「裁判記録はあるはずだ、ないというのは何かあったんじゃないか」という文書を添えたわけですが、高裁からも去年の一二月棄却されました。その理由は、裁判記録の一切は進駐軍が裁判所に入ってくる怖れがあるので焼却したようだ、というまるでひとごとのような言い方です。それから拷問の事実はなかったとは言えない、というあいまいな言い方ですが、拷問を認めたわけです。私は森川さんと一緒に昨年一二月二四日に最高裁へ特別抗告をやりました。

ここはぼく、今度の横浜事件の一番大事な正念場だと思っております。日本の裁判所は天皇の裁判所なのか、今でもまだ向こう向いているんですよ。国民大衆の方を見ていない。

GHQの密令

――権力に対抗するのに「自分は共産主義者ではない、民主主義者だ」と言うときの発想は、それはどんな確信をお持ちだったんでしょうか。

木村　ぼくらの先輩たちは革命運動というものが日本にあったと思い込んでいた。それはモスクワが本部だったかもしれませんが、一応カーペー（コミュニスト・パーティ＝共産党）の名で行われていたように思ったものだから、敗戦後ぼくらが出獄し、そして仕事を始めようとした時に、民主主義の世の中をつくるには、まず君主制を排除する。天皇制をやめることにあるから、人権宣言をしなければならない。日本民衆のですよ。そこが不思議なんですけど、天皇が逸速く先手を打って人間宣言をした。あれはこの間初めて知ったんだが、GHQの密令だったんだね。天皇の戦犯追求が起こるから、その前に手を打てと。人間宣言を行えという密令が出ていたということを天皇の側近が暴露した。見事なもんだなと思いましたよ。しかし一方ぼくらは、天皇が勝手に自分が戦争責任を逃れるために人間宣言をやったんだから、こっちが今こそ共和制へ切り替えて人権宣言をやるべきではないか。またやってほしいと思った。日本人の「人権宣言」はまず明治維新で最初の忘れ物ですね。敗戦直後も「人権宣言」が二度目の大きな忘れ物でした。ぼくはどこの学校出かと問われると笹下塾出身だと言うぐらいで、笹下で教えられたことほど身に滲みたことはないんだけども、権力に対する自分を含めての弱さ、イザという時に、死ぬことが恐いこと、獄が嫌なことをね。本気で反省しないと、やっぱりインチキゲンチャーでしかないんですね。

本当に世直しをするには、まずなんていっても、天皇制をやめて、共和制へ行く。本当の人権宣言を、日本人自身が、大衆が主体として立ち上がる人権宣言がないんではね。

――フランス革命からもう二百年ですからね。

木村　遅ればせでも君主制だけは脱却しなければならんのじゃないかと思うんですね。むずかしいことで、細川さんはぼくに獄中メモをくれまして「天皇制の問題につまづくな。天皇制の廃止というのはもう分かり切ったことだ。はっきりしている。しかしその扱い方については大衆の意向を大事にしろ」と。大衆の意向を大切にするのもいいが、天皇教育を二百年も続けてきている日本ですよ。司馬遼太郎氏は、日本には二つの強大な信仰が強固にあって大日本帝国を支えていると言ってますね。一つは、天皇教、天皇信仰、もう一つは東大信仰。この二つの信仰によって大日本帝国はいまだに健在だというんですね。

今の天皇制廃止の問題も、大衆の意向に従ってうまくやれという話も聞くんだけども、ぼくはどうも再審請求以後、あまりに歯痒くてね。

——民主主義の名をもってやりうる改革をしなきゃいけない。

木村 そう、そういうことです。細川さんが獄中で書いてくれた再出発のための教訓の第一「民主主義の徹底」の他に原理はないという、この私の本の中にありますが。

——人権思想も民主主義がなければ確立しない思想ですからね。

木村 そうです。

——現状ではイギリス型に近づいてきてますね。

木村 それに近づけようとしているんですよ、側のやつらが。それでいいのかということが一つあるんですよ。いつまでもねぇ、皇室の結婚を、皇室典範に則ってどうのこうのとかね。

去年の暮れからの、天皇が危篤状態になってからのマスコミの騒ぎようね。朝から晩まで何十回繰り返して、天皇のご容態がどうのこうの、亡くなった後の行事がああだこうだというのを聞いていて、いかにこの国の民主主義勢力が弱いことか、日本の世直し運動がいかに根につかなかったか。残念ですよ。ぼくたち日本人の「人権宣言」はもう二度もやりそこなっているんですよ。

——どうもありがとうございました。

(1) 第三次横浜事件　木村亨氏の命名によるもの。第一次横浜事件は、戦前の神奈川県特高によって引き起こされたもの、第二次横浜事件は、戦後この神奈川県特高を特別公務員暴行傷害罪で告発し有罪にしたもの、第三次横浜事件は、現在最高裁に特別抗告中の再審請求裁判のことである。

(2) コム・アカデミア事件　一九三六(昭和一一)年七月一〇日、『日本資本主義発達史講座』の編集・執筆者たちで、当時「講座派」といわれた平野義太郎、山田盛太郎など学者・文化人が一斉に検挙された事件のこと。

(3) 人民戦線事件　一九三七(昭和一二)年一二月、鈴木茂三郎、高野実、黒田寿男、山川均、荒畑寒村、猪俣津南雄、大森義太郎、向坂逸郎など、合法的に活動していた社会主義勢力約四百名が検挙された事件である。

(インタビュアー・青木安弘・日原章介)

[『わだつみのこえ』八九号、一九八九年一一月刊]

忍び寄る言論弾圧…

横浜事件再審請求二氏に聞く

秘密法で〝暗黒〟再び
忘れえぬ残虐な拷問

――当事者として、この裁判を通し、何を訴えていきたいか。

木村　今回の再審裁判では、個人的に言えば、今までじゅうりんされたままの私自身の人権を回復したい、という一念があるだけ。日本人として、公民権を持った人民であることが、四二年間否定され続けているといっていい。こんなむちゃくちゃな話はない。

青山　元被告全員が考えていることだが、今の政治情勢から、もう一度「横浜事件」のような事件が起きては困るということだ。つまり、私たちの人権回復とともに、今、国家秘密法のような悪法はつぶさなければならないという国民的な意思統一のためにも、「横浜事件」は白日の下に出さなければならないと思う。

――当時のジャーナリストとして、現在の言論をめぐる状況をどうみるか。

木村　今年五月三日の憲法記念日に朝日新聞阪神支局を襲った、あの問答無用の残虐な殺人。この事件と国家秘密法案上程を考えると、戦前、治安維持法や国防保安法が出てきたあの時期の状況に実によく似ている。危険極まりない、恐るべきものが近づいた感じがある。なんとか食い止めなければ、また、われわれのような悲劇を繰り返すことになる。

今回の襲撃事件は戦後、民主主義憲法で人権を保障されてきた人々には、「乱暴な奴」というくらいで、ピンとこないかもしれないが、これはファシストたちのやり方そのもの。恐るべき時代の再来を象徴している。

青山　国家秘密法は売上税のように身近な生活の問題ではないと、依然思われているようだが、よく考えれば、日常生活を最終的に破壊する悪法。繰り返して言うが、横浜事件の再審請求は、こうした動きと深い関連がある。

――再審請求に対し、検察側が判決がないことを理由に棄却を求めていることについてはどう思うか。

木村　横浜地検が二月に出した意見書は「再審請求などさせない。取り下げろ」と言わんばかりの内容。戦時下に検事側が特高を守った姿勢そのままでとても許せない。

判決がないことはわたしたちの責任で、そのために再審はできないと思い続けてきたが、それが今回大きな間違いであったことを弁護士の方から教えられ、再審請求にふみ切った。何としても証拠を固め、あの意見書に対する答えを私たちの間から出さなければならないと心に誓っている。

――特高の拷問はどういうものだったか。

青山　「泊事件」でやられた人は最もひどかった。私の時も「共産党再建準備会」と決めつけて、はめようとしていたが「私は共産主義運動はやっていない」とがんばったため、拷問を受けた。最も私の場合、初歩的な拷問だった。

私の指に傷が残っているが、六角形の鉛筆をはさみ、一人が締めつけ、一人が鉛筆をまわす。傷はすぐ膿んでしまう。

木村君たちは地獄だったはずで、逆さづりをやられている。みんな気を失ってしまう。健康体だから生きのびられたのだ。

木村　丸太棒を五、六本、バラバラに床に置き、その上に正座させられた。そして七、八人が竹刀の割れたものや椅子のこわれた足などで殴ってきた。体の弱い人間は完全にまいる。生きのびた人間も突如そのころの影響で死んでいる。

とにかく、取り調べなどというものではない。これは弁護士も驚くほどだ。「共産党再建準備会」とはなから決めつけ、調書は何の証拠もないのに捜査官が書いている。取り調べに連れて行かれればすぐ拷問。たいがいの人間は音をあげる。悲鳴をあげられなくなった時は、失神していて、たたきつけるようにバケツの水をかけられる。

気がつくと、「私たちは共産主義者であります」という書面が用意されていて、しばりあげていることをいいことに、ハンコを押させてしまう。ねつ造以外の何ものでもない。

――法曹界に向けて一言。

青山　とにかく、私は現に懲役二年、執行猶予三年の判決を受けているのだから、絶対予審決定も判決謄本もなくてはならない。それが何もないというのは、検察当局や裁判所の怠慢。保存すべきものを保存していないのだから。われわれが弁護士を通してお願いしている再審に必要な書類がきちっと整うよう、当局は前向きにやってもらいたい。門前払いを食わせるようなことは、絶対にやめてもらいたい。

木村　裁判をやってくれる人々、検察官も判事も新憲法、民主憲法をとにかく守って頂きたい。そうすれば、人権がいかに大事なものかがわかるはずだ。その一言に尽きる。

〔『週刊法律新聞』八三九号、一九八七年六月一二日号〕

人権に国境はない

「日本の代用監獄とえん罪を訴える会」のジュネーヴ国連人権委員会への提訴に参加して

　まず、今年三月、最高裁が木村さんたちの横浜事件再審請求を棄却して、八月に、ジュネーヴの国連人権委員会に「日本の代用監獄とえん罪を訴える会」として袴田事件と甲山事件の関係者のみなさんと一緒にアピールに行かれるまでの経緯、ついで、現地ジュネーヴでなされた活動、三つ目に今後、再審請求をどのようにすすめていかれるのか、そのいわば展望といったようなことをふくめた三本の柱で話してください。話してくださるなかで、おのずから問題点も明らかにされてくるでしょうし、また、まだまだ横浜事件に関して知らない人、無関心な人が多すぎるわたしたち日本の現在の状況ということもあるわけですから。

やはり、しょっぱなから話すことにしましょう。こういうことになるんですよ。

ぼくら、横浜事件のあまりにひどい人権蹂躙、デッチ上げ、これにたまりかねましてね。敗戦直後、これも、カッパ老人細川嘉六さんとの相談のうえででしたが、とにかく、特高警察のムチャクチャな暴行、拷問を訴えようということから共同で告発したわけです。一九四五年の一一月一三日に、丸ノ内の常盤亭に三十三人集まりまして、細川先生を中心にして特高警察の共同告発に踏みきったわけです。一応の決着がつくまで七年かかっています。それでまあどうやら、有罪判決が特高警察のあの犯人たち、松下、柄沢、森川の三人にくだったわけです。ところが、ちょうどそのときの日米単独講和にさいして講和条約が発効する昭和二七年五月、判決は四月、一月足らずのうちにわれわれに対する暴行傷害罪で実刑の判決を受けながら、ギャングとして振る舞った特高たちは特赦で無罪放免、一日も下獄させないで、裁判所は特高警察をかばったわけです。彼らを救ったんですよ。

　これに対して、われわれはなんとしても黙っておれないと、その後も、横浜事件の被害者としてときどき集まっては相談したんです。そして、共産党系の弁護士で構成されているといわれる合同法律事務所に、平館利雄と二人で訴えてきた。結局、合同法律事務所のほうでは、ダメなんですという返事なんですね。なぜかといったら、判決文がない、――横浜地方裁判所に行って、われわれの判決文を探してみるとない、ぼくら自身にもない、そんなことで、再審裁判の手続きができないので、木村さん、すみませんが、再審請求できません。――というのが、共産党の法律事務所の若い連中の答えなんですね。

しかし、そんなことで、ぼくら黙っておれませんよ。なんとか特高の犯人たちを再審請求して権力犯罪の犯人として弾劾しようという方針で、平館と毎年のように相談しながらきたんだが、なかなかいい弁護士がいない。

六年前、ようやく探し当てたのが、バートランド・ラッセルとかサルトルとかボーボワール、かれらがやっていたラッセル法廷、国際的にアメリカのベトナム侵略を弾劾する民間法廷、国際法廷をやっておったその法廷に、日本代表として行っていた森川金寿さんという弁護士を、友人の笠原君（『横浜事件の真相――再審裁判へのたたかい』の発行所、笠原書店経営者）が紹介してくれた。昭和六〇年の年末でぼくは入院中でした。さっそくご相談をもちかけたら、返事をくださったわけです。やりましょう、黙っておれません……と。ちょうど、国家秘密法が国会に上程されたときでね、なんとか、こいつも食い止めなくちゃならないということもありましてね、それで、森川金寿弁護士が、よろしい――木村さん、横浜事件の再審裁判を請求しましょうと、踏み切ってくれたわけです。

ですから、もうそのときから、森川金寿弁護団長は、国内で、地方裁判所、高等裁判所、最高裁と、裁判の一応の決着が付いた時点で、ジュネーヴへ行って、国連の人権委員会へも提訴しようじゃありませんかということを、もう出発のときから言っておりました。だから、わたしどもも、そのつもりで、ずっと再審請求の闘いを続けてきたわけですが、ご承知のように、九一年三月一四日付けで、最高裁判所は、まったくわたしどもの人権を無視して再審請求を棄却してきたわけです。それこそ、理由にならない理由でですね。人権の砦といわれる最高裁判所自身が恥ずかし気もなく、人権を無視した棄却措置をとってきた。

これに対して、われわれはもちろんすぐ、ジュネーヴへ提訴しよう、提訴するための正しい手続きを取ろうということに決まりまして、そのいろんな手助けをしてくださったのが、「横浜事件を考える会」代表の木下信男先生。そして、木下先生が弁護士の五十嵐二葉さんを紹介してくださった。また、「日本の代用監獄とえん罪を訴える会」という会を作った。甲山事件とか、袴田事件とか、えん罪事件でおおいに闘っておられる人たちの会。この人たちとわれわれとで、ひとつジュネーヴへ行こうじゃないかという話がもちあがってきた。だから、その棄却された三月一四日から計算すれば、三か月ぐらいで六月にはもう正式にジュネーヴ行きを決定したわけです。

そして、「横浜事件を考える会」のほうでは、さっそくジュネーヴ行きのためのキャンペーンをやってくださったわけです。おかげで、横浜事件関係では五人の代表を――横浜事件の当事者としてはわたしが代表者、また、森川弁護団長ご夫妻、そして木下信男代表、それに、わたしの体を考えてくださっている松坂まきさんという人、彼女は介護ならびに記録係として（彼女はビデオカメラを扱えるものですから）、この五人が行くことになったのです。

それから、この年四月に亡くなった、わたしとふたりで横浜事件再審請求に奔走した平館利雄、彼の戒名も松坂さんが持っていきました。最高裁の棄却が三月一四日付で、わたしたちの手元には一五日に届いたのですが、その後、四月二五日の晩でした、平館利雄から夜九時ごろ電話がありました。「木村君、どうもわたしの体はもたん、いよいよというような感じがする。横浜事件の今後のたたかいについては、ひとつ木村君に任すからよろしく頼む」というんですね。それで二、三分の電話を打ち切ったら、翌日の午前一一時ですよ、平館が亡くなったという知らせを奥さんからもらった。それで平館の奥さんが、平館がわたしどものジュネーヴ行きに参加できないのは残念だから、せめてと、戒名を送ってくれたのです。それを胸に抱いて、ジュネーヴの国連人権委員会に訴える旅に出たんです。

それが八月二一日から二八日までの旅です。

ジュネーヴのことは「横浜事件を考える会」の会報でもお知らせしてるんですが、やっぱりなんといっても、ジュネーヴへの旅行で、眼から鱗が落ちたと言ったら少しおおげさかも知れませんが、わたし自身がいかに人権問題に無知であったかということに気が付いたんです。人権に国境はないということですね。こんな大事なことさえもぼくは気が付かなかった。ひじょうにせまい日本国内でのえん罪のひどい激増ぶりを見ていると、裁判官と警察官がもう日本のファシストの巣じゃないかと思われますね。

せっかく平和憲法をつくって実施したはずなのに、裁判所と警官隊たちはまるっきり自分たちの人権以外は認めない、人民の人権は認めない、役人だけの人権国にしてしまっていたということが、だんだんはっきりしてきた。そういうことから、わたしは横浜事件の再審裁判が棄却されたことで、彼らの人権意識の低さ、野蛮ぶりに気が付いたんです。まだまだそれが、国際的な視野でとらえられていなかったんですね。考えてみると、じつにこれはぼくらの不勉強、しかしまあ、人権問題を国際的にアピールしたわけでもあるのですから……

……

ジュネーヴへ行ってまず眼を開かされたことの一つは、いま申し上げたように人権に国境はないんだということなんですね、世界中から一年に二十万件ですよ、たいていビックリしますよ。人権蹂躙の事件がそんなに毎年集まってきているという事実ですね、そのうちまともにとりあげられるのは四、五〇件しかないんだそうです。NGO、Non Governmental Organizationとして、国連のジュネーヴの人権委員会で認められている団体が四十二あるそうですが、残念ながら、日本ではNGOの団体が一つもない。つまり、ジュネーヴの人権委員会で正々堂々と発言できる発言権をもった国連NGOの組織が日本にないということを発見した。役人はけっしてそんなことを知らせようとしない、そういうことからぼく自身がビックリしたんですよね。

日本人がまともに国連で発言できないということ、日本の政府代表だけが毎年来てウソばっかり言っているんですよ。日本人の人権は全部じゅうぶんに守ってやっているとかね、厚生省と法務省、両方の省に人権局までつくっているんだ、いいじゃないか、人権蹂躙なんか一つもやったことはない、というようなことばっかり、毎年政府代表が行って、発言してゴマカシゴマカシしてきたということもはじめて知ったわけです。

これは捨て置けないですよ。だから、帰国してからわたしどもがまず相談したことは、日本人の人権を守る団体で、ジュネーヴで正式に発言権をもてる団体をつくろうということです。NGOの団体ですね。これは、われわれ「横浜事件を考える会」とか、袴田事件、甲山事件とか、いろんな事件のそういう団体があるんだけれども、この際もうみんな一つになってね、手を結んで、そしてジュネーヴで正々堂々と人権蹂躙の事実を訴える発言権をもてる団体をつくろうじゃないかというのが、帰ってきてからわれわれが申し合わせた第一のことです。だから容易なわざじゃないんですよ、政府のジャマがはいるしね。政府当局はなんとかそんなものをつくらせまいとして、国際人権規約の、選択議定書の批准も日本はしていないんですよ。国際的に日本だけぐらいです。つまり、個人でも人権蹂躙を提訴できる権利を、ちゃんと国際的な規約として認めている――、大部分の国が、それをもう批准しているにもかかわらず、日本だけが、それを批准しないでゴマカシゴマカシしてきてた――この際それを早く批准させる促進運動をやろう、そして、いま申し上げたようなNGOの発言権をもった団体を日本でつくろうということですね、そういうことに気がついた。

もちろん、われわれ横浜事件の再審裁判の請求も、第一次は、棄却で敗北に終わっていますけれども、第二次、第三次――と再審裁判の請求を続けていく、そのための手続きとしての新しい証拠を見付けていく。そのことも変わらない闘いですけれども、それと同時に、あわせてジュネーヴへ毎年でかけて行って、NGOの正式の団体としての強化をしていくという、二つの並行した闘いを続けていきたい――こう思っているわけです。

現地ジュネーヴでは、木村さんが、再現・実演された横浜事件で受けられた言語に絶する拷問の暴行のシーンが、外国の人にひじょうな衝撃をあたえたということですが……。そして、いまもって日本では、代用監獄で取り調べに当たっての拷問が、自白を強要するための拷問が、あとを絶たないということも、たいへんな衝撃だったようですが。

そうですね。やはり、日本がいかに人権の遅れた国であるかということを、わたしが横浜事件でじっさいひどい目にあった拷問の事実を、インターコンチネンタル・ホテルの一室を借りまして、そこへＮＧＯの代表たちもきてもらって、ぼくは裸になった。裸ったってシャツがけで、ほんとは真っ裸になるべきだったのだが。どういうふうにやられたか、拷問の道具も、木下代表や同行者が、わざわざ、木刀だの竹刀《しない》だの、ロープだのを日本から持ってきてくれましてね。それで、国連ビルの入口のところでは、監視さんに止められて、こういう凶器を持ち込んではいけません、ということで、三十分もあんなところでうろうろさせられて……（笑）。まさに凶器には違いない……。ぼくらはそれをどう使われたか、被害者としてそれをみなさんに訴えようとして持ってきたのだ、と言って、やっと入れたわけです。そういう拷問の道具までそろえて持って行って、ホテルの一室でわたし自身が裸になって、拷問の実況をみなさんに見せて、ショックをあたえた。そのショックはいまおっしゃるように、日本の政府代表には弁明の余地をなくしたでしょう。

拷問シーンのリハーサルがすごかった。ビデオカメラを担当した松坂さんが、『拷問は、二晩夜中までリハーサルを行い、撮影もしたが本番より迫真性があった』と、「横浜事件を考える会」の『会報』に書いていますね。

拷問の場面の再現は、やはり一番だいじだったものだからね。われわれとしては、もうひとつ慎重にそこのところを――拷問を受けた実際の実況をみなさんに訴えようということで、二一日に出発して着いたその日二二日、ジュネーヴのホテルに入ってその晩に、夜の夜中までリハーサル……。今回の「日本の代用監獄とえん罪を訴える会」代表の五十嵐二葉弁護士が、たいへん力を入れてね、シナリオを森川弁護団長と一緒にいろいろ相談してくれて、どういうふうにその実況を見せるかということね、そういうことで苦心してくださったのが、その二晩にわたったリハーサルになったわけで、へとへとでしたよ。そういうことは、やっぱりやらなくちゃならないことでしょう。毎年行ってやろうと思っていますがね。

わたし自身が行けたのはよかったと思いますね。これはもうじっさいにぼくらの友達が四人も五人も拷問で殺されているのですから。その生き残りの一人としてわたしは黙ってておれないわけです。

とくに、フランスのNGOの女性の代表のかたが、一番驚いておられて、日本の国民は、いったいこういう拷問を、どういうふうに感じておられるのですか、という質問までとびだしましたね。残念ながら、日本人というのは、国内ではもう天皇さんのほか、お役人が一番偉いと思い込んでいますからね、国民が。どんな拷問を受けようが、黙っているほうが多い、文句を付けるのはごくわずかしかいない。残念だけれど、日本人に対する天皇教育というのは、約四〇〇年、徳川三〇〇年にプラス明治維新後の一二〇年、もう徹頭徹尾、人間教育をさせない、人権意識を持たせない、人間としての自覚を持たしちゃコワイんですね。なんとかして臣民のままに、奴隷のままにして、いつでも一銭五厘で侵略戦争に連れて行けるようにということで、この四二〇年間というものは、天皇教育で、もうゴチゴチに固めてしまった。その結果、われわれの拷問でさえも、ほかの冤罪事件の拷問でも、日本の国内では、ごく当たり前に考えられている……、ちっとも驚かない……、天皇に刃向かったのだからしようがないな、という感覚なんですね、日本人は……。

そこで、人権に国境はないんだ、人権蹂躙は全世界でやっぱりこれをなくさなければならないという、そういう自覚を高めなけりゃいかんのじゃないかと思いますね。ということは、天皇教育というのは簡単には人間教育には代わらないです。これは、慶応大学の経済学部に高橋誠一郎さんという有名な経済学者がいましたが、この人が敗戦後、NHKのある番組で、日本人は、明治維新後初めて人間教育に目覚めた、それで、——これは、慶応の福沢諭吉さんの話だろうと思うのですが、せっかく自由民権運動まで起こしたのに、明治二三年、政府は、支配階級は、天皇教育に切り替えなくては危ない——人権意識を持たしちゃいかんということから、教育勅語というものをつくってしまう。この結果、日本人に対する人間教育を止めてしまった。これは、高橋さんがそのとき言ったことばです。さすがだ、と思った、いいところを突いてくれたのです。が、日本人は、もう、天皇教育が当たり前だ、今度の天皇交替劇でもそうですね、あんなに莫大な百億、二百億という金を、湯水のように、あれは、われわれの税金ですよ。湯水のように使いながら、だれ一人これに文句をよう付けない。こんなブザマな天皇教育を改めさせるのは、もう人権教育に委ねてもらうしかないんです。

これは、個々の冤罪事件を正しく解決していくということと同時に、それと並行して人権日本をつくろうと、いまさら人権宣言じゃないかも知れませんけれど。もちろん、人権が経済的に保証されるということではじめて人権になるんだから。これからの人権運動というのは、経済的な保証をともなった人権運動でなければならん、とぼくは思います。

なんとしても、ぼくはここで、天皇教育でない人権教育をみんなと一緒に肩を組んでやっていきたいと、こういうふうに思うんです。

とくに、ぼくがジュネーヴに行って目を開かされたのはそういうことなんですね。

だから、ぼくは、今日、来年に向かってのアピールの原稿を、八百字頼まれたのですが、こういう題を付けました。

「みんな地球のてっぺんに立っている　人権に国境はない自覚をふかめよう」——これを見出しにしたんです。どんな人間も、だれでも一人ひとりがね、地球のてっぺんにいるんだ、立っているんだ、生きているんだということ、みんなそれには差がないの。

それぞれが地球のてっぺんに座り、立ち、働き……してい るわけですね。そのことをぼくは痛感するものだから、来年に向かってのそのアピールに、そういう題を付けた次第なんです。「これ、おもしろいですね」と言われましたが。

そのへんのことがひじょうに大事だとぼくは思うんですね。みんなそれぞれけっして遜色のない優劣のない人権をもっている、生きているということなんですね。人間一人の生命の重さは地球の重さに匹敵するというようなことを、ある文学者が言っていますが、まさしくそのとおりであって、天皇じゃないんですよ。大事なことは、いま、日本人にとって、天皇じゃない——主権者である日本人自身一人ひとりがもっている人権にあるんだ、ということに考え方を変えてもらわないと、支配階級は何回でも侵略戦争をやりますよ。

新しい憲法ができたときでした。ぼくの師匠のカッパ老人細川嘉六さんが、「木村君、日本人は、せっかくボタ餅を投げ込まれたのにね、あんなおいしいボタ餅の食べ方も味も知らない。残念だ」とぼくにこぼした……。当時の日本人のありかたに不服・不満だった……。新憲法が保証している民主主義と基本的人権は、われわれにプラスになるものだし、大事なものだということが、まだ日本人にわかっていないということ……。そしてまた、政府のほうはわからしちゃまずいの。ニセモノの、たぶらかしの、疑似民主主義で、なんとかごまかしていこうというのが、いまの自民党政府の連中でしょう。自民党としては、もう思うツボですよ。象徴天皇制をちゃあんとつくっておいて、そして、いよいよ今度はカンボジア出兵でしょう。いよいよもう、本式に侵略——再度の侵略にとりかかったわけですよ。

今度の内閣をつくった宮沢喜一という男は、もう夢中になってPKO法案を成立させようとしている。カンボジア出兵をなにがなんでも国会の承認ぬきでやっちまおうとしている。野党は、どこまで反対できるのか、抵抗できるのか知らんが……。一番だいじなところまで追いつめられている。残念ですが。

だから、ぼくはもう、なんとかして来年からは本格的に闘う人権日本——人権日本の確立ですか、これをなんとしても早くやらんことには、侵略戦争がまた始まると思うんですよ。


人権といいますと、今回「日本の代用監獄とえん罪を訴える会」として、基本的人権を保証し、刑事事件の取調べにあたっての拷問を禁止した戦後の新憲法下においてなお、あとを絶たない刑事事件における捜査・取調べ段階の代用監獄での拷問による自白強要の実態も訴えにいかれたわけですが……


代用監獄がやってきた今までの犯罪製造——冤罪づくり。——これが一番困った人権蹂躙ですね。わたしはいつも思うんです、やはり、日本人はもうファシズムの怖さを忘れたんじゃないか……と。ファシズムとはなにか、一言でいえば、民主主義を否定することですね、人権を否認すること、人間的自覚を止めさせること、奴隷化すること——これがファシズムですね。ところが、もう、現在の裁判官と警察官はファシストですよ。人権を蹂躙することは当たり前だと、天皇陛下のためにはなんでも日本人の人権を蹂躙してしまって、戦争中とまるきり同じですね、ビックリするほどヒドいファシストたちですね。ところが、日本人は、自分自身の身にふりかかってこないと、自分でじっさい被害者になってみないと、このことがよくわからない。これこそが、四二〇年続いた天皇教育の成果ですね。

われわれがやられたとき目の前で展開されたことだが、権力に弱すぎる、日本人がいかに権力に弱いか、とくに、いわゆる大学を出たというインチキゲンチャね。ぼくはインチキゲンチャのブザマなあの弱さね、目の前にみましてね、自分をもちろんふくめてだが、情けなくてね。しかも、いま共産党で非転向だなんていわれているボス自身のあのブザマな転向ぶり。大赦令とか勅令に従えと。治安維持法違反ということで、みんな——二十万人もぶちこまれ、拷問をうけているにもかかわらず、敗戦直後に大赦令と勅令がでて天皇が許したのだから、文句を言うな——こういう転向ぶりね。非転向どころじゃないでしょう。一番悪質な転向ですね。日本人をこんなヒドい目にあわしているのは、あんなところに元凶がいるんですね。これは、やはりなんとかして打ち砕くなり、克服していかないといかんでしょうね。

フランス人のマキシムさんが三年前の町田の集会のあとで、ぼくに「どうして日本人はこんなに弱いのでしょうか」と教えてくださった。つまり、もっと強く人権を主張する人間の自覚を展開して、お上のああいう圧力にどうして抵抗できないんだろう、とマキシムさんは不思議がっていましたね。

それは、いまも繰り返し申し上げたとおり、日本人が四百年にわたる天皇教育で、人間の自覚をもつことをなんかこわがっちゃっている。つまり天皇陛下に刃向かうんじゃないかという、いまでも不敬罪があるんじゃないかと、ぼくらの年配の連中は、まだ天皇に対する批判ができないんですよ。そこが、外国人のマキシムさんたちには不思議なのですよ。なんでこんなにおとなしい、政府の言うことやお役人の言うことに黙ってついていくというあの弱さといいますか、非人間的な奴隷根性――奴隷根性といったほうが早いでしょう、情けないほど人間としてのあたりまえな強い主張をもてない――なんとかしてこいつは、解放していかないとね……。国際的に通用しません。

わたしが前から言っていることですが、われわれはそれぞれ主権者としていつでも国と対抗できる、国と対等であるという意識をもたないとイカンのですよ。国の権力に対してわれわれはなんらの引け目を感じる必要はない。堂々と国と対等でね、一人ひとりの主権者が国に対抗していけるんだというこの自覚がだいじですね。これを一日も早くもたないとね、それはもう、永久に自民党政府で終わる、永久に奴隷国家で終わる、天皇制の国で終わる……。

天皇制と民主主義が共存している――天皇制民主主義が存立していることに、なんの矛盾も感じないで、なんの不審さも感じないで、象徴天皇制を認めている――天皇制民主主義なんかありうるわけがない。

もう亡くなった社会学者の本田喜代治さんが、戦争中の話なんですが、ぼくに「どういうわけか、日本にはリパブリカン・共和主義者がいない……」。まあ、自由主義とか、民主主義ですか、大山郁夫とか吉野作造あたりが、大正デモクラシーで、大学教授の民主思想といってひやかされたことはあったと言えるでしょう、ほんとにチョッピリだ。ところがましたがね。民主主義的な思想、自由主義的な思想は多少はあったと言えるでしょう、ほんとにチョッピリだ。ところが皆無と言っていいのが、リパブリカンの思想・共和制の思想――天皇制とか君主制とか帝王に代わる人民の共和制という思想が、日本では、なんで無いんだろう、ということはそんなことを言い出せない、怖くて、学者は……。共和主義の思想一つ日本では育ちませんね……」と言ったことがありましたが、本田喜代治さんはよく見抜いていたと思います。

それなんです、戦後だってそうですよ。マスコミを見ているとよくわかる。朝日であれ、毎日であれ、読売であれ、何新聞であれ、何雑誌であれ、共和制を主張した論説を書いた人、いますか。

天皇批判もようやらないで、共和制を主張することもようしない、これが、四百年にわたる天皇教育の成果で、マスコミをフヌケにしてしまった。リパブリックという共和制思想一つこわがってよう言わん。

自由民権運動が中途で挫折させられ、天皇教育あるいは教育勅語にすっかり毒されて、人間教育ができなくなってしまったことも、影響があると思いますよ。マスコミで、ぼくらの先輩で、とくに、幸徳秋水がたてこもったあの「万朝報」あたりの記者たちは――ぼくの伯父がそうですが――、われわれ三人寄れば間違った政府はいつでも倒せる、収賄をやったり、ヘンなことをやった内閣はいつでも倒せるんだという、それこそ無冠の帝王を任じていた。そのころのほうがまだ、マスコミの記者らしい野党ぶりというか、気概もあり勇気もあり、ひとことで言えば、反骨精神があった……反骨精神のないジャーナリストなんか意味がない。エログロナンセンスでおもしろ半分にやるマスコミ人が多すぎる。もう少し、それこそ反骨をもって、社会批判、国家批判をやれるような人が出てほしいですね。

残念ながら、いまもうマスコミ関係の人は多くはサラリーマンになっちゃってね。一銭でもボーナスが多ければいいぐらいの精神しかないんだ。ジュネーヴへ一緒に行った嶋谷泰典さんのその一文だけはなかなかよくできていて、人権問題とNGOの問題についてひじょうによく書いていますね。ほんとうにマスコミ関係者はもっと自己を反省しなくちゃね。

ここで、袴田事件にちょっとふれておきますと、ご承知のように、日本ボクシング協会会長の、元フライ級チャンピオン、ファイティング原田が袴田さんの救援を呼びかけていますね。袴田さんは、元ボクサーで、無実の罪で死刑を宣告され、再審を請求しつづけているのだから、原田会長が救援を訴えるのは、当然のことです。

無実の罪、冤罪で、死刑という極刑を宣告されていた人が、免田事件、財田川事件、松山事件などがそうですが、長い人は三十数年かかって、再審無罪をかちとるわけですが、こういうことは他の諸外国では、ほとんど考えることもできない日本だけのことのようですね。

それほど、繰り返しますが――、日本の裁判官と警官がファシストだという証明なんですよ、これは。天皇以外に、かれらにとって偉いものはいないと、考えている……、人権を尊重しないという点で、世界一じゃないですか。国民の人権をまるっきり無視するんですね。

それと、日本の司法制度の構造ですね。まず、乱発される逮捕状、警察官が請求する逮捕状をほとんど裁判官はチェックせず、ただ判を押すだけ。そして、代用監獄での人権を無視した苛酷な取り調べ。裁判にあたっての、裁判官の証拠採用の自由心証主義。これらに関して、こういう構造を日本の司法制度がもっていることを、われわれがあまりにも知らなすぎるということがありますね。

一昨年でしたか、パーカーという人とジョデルという人が、国連の人権問題を担当している弁護士ですが、日本にきて、日本の代用監獄＝留置場をみてビックリしちゃった——これは国際人権規約に違反している、こんなところに二日以上泊めるわけにいかない、もし、国際人権規約を守るならね。そう言って驚いた報告を出したのに対して、日本の政府・法務省がどういう答え方をしているかというと、われわれは日本で、ちゃんと人権局をもっていて、人権を守ってやっている というのが、政府の回答なんですよ。それに対して、また文句を付けなければというのが、われわれですけれどもね……。代用監獄はもう、それこそすぐ廃止しなければならない。世界中の恥ですからね。あんなものは。

代用監獄の廃止は、手続きとしては監獄法の改正ということが前提になると思うのですが。

監獄法自体が明治年間に出発しているわけです。が、この監獄法は、その後改悪を重ねたままですよ。日本人の多くは、監獄法もよく知っていませんね。現在、政府は、——ご承知のように、代用監獄の存続・半永久化をもくろんで、拘禁二法案を上程しています。今度で三回目ですね。国連＝ジュネーヴの人権委員会へきて、政府代表がウソばっかりついているんですよ。そのことで。

しかし、われわれも、そのような実態であり、状況であることを知らなかったということも誤りでした。

わたしも、この前の、木村さんをはじめジュネーヴに行かれたみなさんの報告会に出席しました。あのなかで、五十嵐二葉弁護士が、いままで代用監獄の廃止や監獄法の問題に関してずっと訴えてきた——、この代用監獄や監獄法は、国際的にみて、あまりにもヒドイんだと訴えてきた——、だけども、最初同業の弁護士や仲間すら、なかなか理解してくれなかった、とおっしゃっていましたね。

やっと、そういう——諸外国が国際人権規約を批准している事実が日本にもある程度伝わるようになって、五十嵐弁護士が以前から言っていたことはほんとうであった、日本の実情はあまりにもヒドイんだ、ということが、やっといくらかの人たちにわかってもらえるようになった、とおっしゃったのですが、そういう状況の中で今回の国連へのアピールということで、袴田事件、甲山事件、横浜事件の方々が行かれて、訴えてこられて、ある面では、五十嵐さんらが以前から訴えられ、考えられていたことが、ひとつのうねりとまではいかないにしろ、端緒というくらいのところまでにはたどりつけた、と言えるんじゃないのでしょうか。お話をうかがっていて、そのように感じたんですけれど……。

その面で、先駆的な人たちの努力があって、そのうえで、横浜事件の再審請求などがなされてきて、そして、いろんな人たちの苦闘が——ある面では手を結び合いながら——あるべき方向という点からすれば、まだまだその力は弱いですけれども……。ある程度結び合う力も出始めて、ひとつのうねりに近い——そのような端緒的なところに近付いたということで、今回の国連への行動は画期的な行動・闘いであったのではないか、報告をうかがっていて、そのように感じました。

その点、木村さんも、口を酸っぱくして言われていますけれども、あと五年は毎年つづけて行くんだと、あの席上で発言されましたね。そういう気概もふくめて、やはりうねりが始まりつつあるけれども、まだまだ端緒でしかない。本格的なうねりを高からしめるというのか、創造していくためには、あくまで今回の国連行動は第一歩だと。今後さらにねばりづよく継続していく、来年も再来年もやっていく——ということがひじょうに重要なんじゃないかな。今年の国連行動の報告自体をもっともっといろんな形で広めていくということを精力的にね、がんばって、いろんな人たちの力も借りながら、とにかく闘っていく……。

『毎日新聞』の嶋谷泰典さんのりっぱな報道もあるにはありますが、まだまだ知ってもらわなくちゃならない人達は多いし、あの報道が届いていない人は多いわけですから。これを地道にやって来年の行動にむけて、それをさらに大きなものにしていくためにも、これからやっていくということは、ひじょうに大切なんじゃないのかな——というふうにわたしは感じますけれど……。

その点からも、直接あちこちにでかけられて話すと、――じかに話すということは重要だし、インパクトはあるし、一所懸命やる必要はあると思いますけれども――、それはそれで一定限度がありますし、身は一つですしねえ。その面で、いろんなところに発表する――こういうふうにインタビューしたものを文章の形で流していくとか、あらゆる形で広めていく、報告していく、つぎの闘いに結び付けていくということをやってほしいな、とわたしは思います。

わたしも、わたし自身の課題がありますし、それはそれ自体きっちりやっていくつもりですし、それと同時に、木村さんもさっきおっしゃっていましたけれども、個別の課題と全体の闘い・課題をきっちり見据えながら、全体の状況のうえに立って、遠大ではあるけれど、可能なかぎり、そこを変えていくというか、そこにも目を向けて、力をこめてやっていかなければならない……、と思っています。そのひとつとしてやはりこの国連行動は、そもそも横浜事件の再審請求に始まる闘い……。

わたしなど、獄中で、再審請求に起ち上がられたことが、『朝日新聞』にドカーンと一面トップに載ったのをみて、ほんとうに励まされました。そこへいくと、さっきもちょっと話でましたけれど、共産党なんかいっさいそういう運動をやってこなかった、もっとも叩きのめされていた共産党そのものが、なんら告発する闘いをいっさいやってこなかった、そういうなかで、横浜事件という形で、九人の方でしたかね、再審を求めて闘ってこられた。この闘いの重要性ということは、わたしも獄中にあってほんとうにひしひしと感じました。そして、国連提訴というところまで闘ってこられた。ここまでやってこられたということは、それだけ明らかに闘いの環が広がったことの証ですし、さらに環を広げていっていただきたいと思います。その面では、あらゆる機会をとらえて、訴えを続けていってくださるよう、お願いします。

今後、来年の行動にむけてより力強くやっていっていただければ――と、そういう気がします。

現在、監獄四法の改悪ということがＰＫＯ法案とからんで出されているわけですが、もう三度目で、強硬にやってくる危険性は強まっていますし、そういうことからしても、やっぱりあらゆる闘いが求められているわけです。そういうことをやらないと、個別の課題である冤罪を晴らすという闘い自体が、とてもじゃないけれど、個別の力では何もできないということになりますからね。全体のところでの力関係を、少なくとも後退させないということですね。――こちらの力、民衆の側の力で打ち返して――、そういう人権の状況でのいくらかの前進があれば、やはり冤罪を晴らす闘いは、もっともっとやりやすくなるだろうし、さらに進むだろうと思うんです。

そういう面で、わたしも力づけられながら自分の課題、全体の状況の変革ということに向って、頑張っていきたいと思います。

ご一緒にね。よろしくひとつ。

人権日本をつくりあげていくうえで、藤井さんが言われたように、端緒といいますか、第一歩――、やっとスタートに立ったということなんです。だから、これからなんですが、もう一つ、ぼく、今度のことで再認識したんですけども、日本が犯した侵略戦争――十五年戦争というものに対する結末――戦争責任の追及、これは、戦争犯罪および戦争責任の追及を、どれだけやったのかということね。わたしは、細川先生と相談しながら、この横浜事件の再審裁判の請求をなぜやりだしたかというと、戦争犯罪、戦争責任の追及をやるための一翼と――、われわれだけでやれるもんじゃなかったんです……、国民自身が、ドイツやイタリーのように、立ち上がって、戦争犯罪を追及しようじゃないかと思って、ぼくらは横浜事件を足場にして、戦争犯罪の追及にとりかかったにもかかわらず、共産党は大赦令とか勅令によって、もう許されたんだから、いいとかね。戦争犯罪に対しても、「裁判にはわれわれが介入しちゃいかんのだ、木村君」(志賀義雄)と言って、まるきりぼくは叱りとばされたもんね。それで、ぼくは『赤旗』という新聞の性質がよくわかって、あきれはててやめましたがね。戦争犯罪の追及をはっきりさせなかった日本のブザマさね、これが、いまも尾を引いているということ。このところをふまえて、この前のジュネーヴ行きでもね、たしか五十嵐弁護士だったと思うんですが、われわれ日本人の戦争犯罪追及――横浜事件というのは、侵略戦争を支えるための治安維持法の犠牲者である。――これはやはり、戦争責任、戦争犯罪の追及につながるものなんですよ、横浜事件の被害者がジュネーヴへ来て戦争犯罪、戦争責任を追及したというのは初めてだったということです。

ははあ、そうだったのかと……これまたねえ、いかに日本人というのはノンビリしているか……、戦争責任も戦争犯罪も自分自身で追及しないで、マッカーサーに全部まかしておいてね、いったい何をやっていたんだと。――さきほどでてきた、マキシムさんが言う意味がよくわかるんですよ。――のんきすぎて、おとなしすぎて、当然追及すべきことであるにもかかわらず、全然やらない。本島長崎市長がやっと、つい二、三年前初めてああいうことを言った。ところが、われわれのほうはこれをまるきり追及しない。放りっぱなしだ。

このへんもねえ、やっぱりぼくは、ジュネーヴを舞台にしてやらなきゃいかん大事な課題だと思うんですよ。

はじめに、にしかわさんが、三本の柱ということで話をお願いされ、その最後のところで、今後の横浜事件の再審請求の運動の展望といったことをお願いされたわけですが、そういうことで、一つの新たな運動面の——端緒でしかないけれども、それをつくりだしてきたという、今度の国連行動の中で、それをふまえて、今後どう具体的に、どういう行動、どういう運動をめざしていこうとされておられるのか、——そのあたりのことを、とりわけ出発点をなしている、木村さんにとって柱をなしている、横浜事件の今後の再審請求の進め方についてうかがいたいのですが。

さきほど、そもそもの発端ということで、再審請求にふみきられたとき、森川金寿弁護士が、国内での裁判に一応の決着がついたら、ジュネーヴの国連人権委員会に提訴しようと言われたことをうかがったわけです。今年の三月、最高裁の決定がでた直後に、それを行動に移され、ただちに三か月後にジュネーヴ行きを決定して、八月にはジュネーヴ行きを実現された——その迅速な行動、闘いの手際よさというか、やり抜いた貫徹力には、まったく敬服の一語しかありません。

この、ジュネーヴの国連人権委員会への提訴を成し遂げたという新たな地平に立たれての、今後の横浜事件の再審請求を具体的にどういう方向で進めていかれるのか——そのへんのことをお聞かせ願えたら、と思うのですが……。

藤井さん、いまのお話で、すぐわれわれがいま用意していることを申し上げますとね……、じつは、国内で再審請求を、第二次の再審請求の証拠関係を——新しい証拠がないとダメですから。ダメだけれども、ぼくは何回でもやれる証拠があると思っていますがね。……ということは、われわれの拷問をはじめ、デッチ上げるあの過程の一連のほかのマスコミ弾圧、言論弾圧ということに対しては、もうたくさん証拠があるんですよ。問題は、裁判所側がそれを認めるかどうか、彼らに認めさせる証拠にするかどうかということですね、そこのところで、彼らは、もうつとめて証拠を排除する。有力な証拠である証人を排除する。例えば、つい一昨年亡くなってしまったんだが、われわれの笹下の刑務所、横浜拘置所で看守をやっていた土井郷誠さん。この土井郷誠さんはね、横浜地方裁判所の庭で、裁判記録を焼き捨てるあの証拠湮滅の作業を、目の前で見てるんですね。ああいう目撃証人がいたということは、彼らにとっては、たいへんに大きな証人なんですよね。だから、あのような証人には早く死んでほしい、われわれ自身をも早く死なせたくてしょうがないんです……

だけども、アメリカの連中が持ち帰った特高資料とかね、わずかちょっぴりしか日本に返していないんですよ。竹橋の国立公文書館ですか、あそこに返ってきている書類もごくわずかだ。ぼくもあれは何回も見にいっていますけれども……。美作太郎さんたちの書類しかないんです。あとね、まだむこうにあるはずなんです。それをなんとしても、探して帰りたいんです。ということは、書類を、むこうで、うずたかく積んであるのを見てきた人がいるんですよ。そういうものを、ぼくらはどうしても見付けて、ちゃんと出して……、第五次でも、十次でもいいよ、何回でも繰り返しますから……。生きている以上は。イヤ、死んでも相続人をつくってやりますけれども。

そういう証拠品を全部集めて、第二次の請求を始めるということでは、もう一致しているんですよ。国内の資料も、いま、二、三の学者が中心ですが、作業を——十一月に入って、たしか八日だったかな、第一回の研究会を始めました。月一回ずつやります。

それから、「横浜事件を考える会」のほうも、木下代表をはじめ、最近カナダから——、カナダのヨーク大学を卒業した、日系の人ですが、今日も手紙をくれた。マツムラ・ジャネスさんという日本語もかなりできる人です。こういう特高資料をわざわざコピーを送ってくれた。——これは、例の『特高月報』というヤツです。彼女は九月に来日して、さっそく横浜事件の研究を始めているんですね。この横浜事件をテーマにして、ドクターコースと言うんですか博士課程を取って——国際的にもめずらしいケースになるでしょうね。

こういう変わった新しい研究者も出てきていましてね。で、その当時の、日本の国内の支配階級内部の対立・矛盾、内務省と軍部との対立とかね、あるいは、右翼のなかでのだれとだれがケンカしたとかね。特高警察自身がもっていた内部対立、こんなことをひじょうに敏感に気をつけて、資料を集めているんです。そういうことで、天皇——特高の天皇との関係とかね、治安維持と天皇制との問題とかね、そういうことまで勉強している。

だから、ぼくは今後、国内で第二次、第三次の再審請求は、じゅうぶんやれる、という自信がありますよ。弁護士さんさえしっかりしてくれればね。若い弁護士はなかなか育たないもんですね。ぼくら世話になっている二、三の弁護士は、みんなわれわれに近い年配でしてね。森川さんにしても、内田さんにしてもそうです。

もうひとつ、こういう、変わった新しい研究者が加わってくれれば——、問題は国際的になってきつつあるんだから——、外国人の弁護士のほうが、よく勉強してくれるかもしれない。そういう状況なんですよ、いまは。

ジュネーヴのほうは、今度ははじめてだったもんだから、準備不足なことがありましてね。われわれが受けた拷問手記の英文化をするのに、もう二年もかかって、その英文化がじゅうぶんでなかった。もっと早くまとめて向こうへ送り付けるべきだった、——四十二もあるNGOの団体全部にね——、われわれの拷問の実情を英文なりフランス語にして、送り付けなければいけなかった——それが最初は不十分だった。それを反省したから、今度はね、十分そういう用意をして、来年の夏行くということに、このあいだ、みんなで話し合ったわけです。だから、国内対策とジュネーヴ行きの両面にわたって、これから具体的に闘いを続けるという用意を進めています。

＊　＊

人権日本をつくるための市民連合、人権のネットワークとでも言いますか——、人権を大事にしようという、冤罪関係の人たちがみなさん集まる、広い意味での人権戦線とでも言いますかね、闘う人権運動というものを、市民連合の形をとってでも、まずこっちでそういう主体をね。そして、NGOという団体、ジュネーヴで堂々と発言できる発言権がもてるだけの人権団体、人権組織を市民連合の形でもいいから、とにかくつくるということ。これが先決でしょう。それなしには、ただ行ったってね。今度は用意不足、準備不足で行ってよくわかりましたから。

今回、なにしろ、はじめて行かれたわけですし、三月の最高裁の決定、六月のジュネーヴ行きの決定、二か月あとの八月には、ジュネーヴ行きが実現という……。とんとん拍子にいきすぎちゃったものだから、なんだかんだ、やはり忘れ物があったですよ。国内のそういう団体・組織を強化していくということ、NGOとして堂々たるしっかりした組織をつくらなくっちゃね。あらゆる冤罪事件にかかわる人たちを結集した……。

ぼくも、獄中で経験したことですが、いるんですよね、無実を訴えて……、だけども、なかなか、いろんな人に知ってはもらえなくて、ほんとうに完全に孤立無援に近い状態で、いらいらしちゃっている。そういう人たちが、商業新聞などで、ぼくが無罪になったことを知ったと思うんですよ……。同じ無実を訴えても、かなわない——

ということで、手紙をくれるわけですよ……。

今度、冤罪にかかわる人たちのそういう組織をつくって、いろんな人が無実を訴えて……、マスコミなり裁判に関係ある冤罪、人権問題に関係ある人たちに配れるような――マスコミの状態があまりにもヒドイですからね、いま……。訴える機会がないからとにかく自分たちでそういう媒体をつくって、手書きで発表したものを、それをそのまま外の人にコピーしてもらって、一つの冊子にして、定期的に発行して、マスコミなり新聞のところに売って、小さくても、そうした無実の訴えがいくらかの人たちにでも――それはそうですよ、百部くらいのものかもしれないけれど、――そういった目にふれるようなものをつくりだしていくんだ、そういうものをつくるから、どうか参加してください……というような手紙をもらったりして。それは、いまも続けられていますけれども……。

そのなかで、いろんな人が書いているのを読んでみますと、ホントいるんですよネ。無実を訴えてがんばっている人が……。

そういうことを思うと、それはもう、死刑囚四人の再審無罪が出ましたし、――しかし、そうした著名な雪冤、冤罪を晴らした事件というのは、冤罪、誤判事件のまさしく氷山の一角でしかなくって、その底には、だれにも知られず、マスコミの表面には出てこないような事件は、それこそゴマンとあるんですよネ。

これも、もっと小さい、例えば交通事故とか、あるいはそれよりもっと小さい、ほんのちょっとした事件なんかで、短期で二年とか三年とか、場合によっては、実刑にならないようなものであれば、泣き寝入りしちゃって、――というようなことを数えれば、ものすごい数にのぼると思うんですよ。

それくらい警察というところはムチャなことをやっている……それをすんなりノーチェックで、裁判所はとおしちゃっている。ということで、ウラミを、それこそみずから飲み込んじゃって、我慢し、泣き寝入りしちゃっている。そういう人たちの思いを斟酌すると、ホントこのままでいいんだろうか、という気がします。

人権の問題はほんとうに遅れている。人権後進国ということがさかんにいわれていますけれども、まず、天皇制をそのまま、敗戦直後のあのチャンス、戦後革命のあのチャンスのなかでのがしてしまったということ。それが、天皇批判とお上に弱い日本の民衆の体質をずっと残すことになった――これが、いまの状況をつくりだす根源であると思います。そこの根っこのところに目を向けて、自らの苦い体験ということから、横浜事件にかかわりきってこれまで闘ってこられた、その経験の蓄積のうえに、これからの第二次、第三次の再審請求の闘いにこれまでの闘いのすべての思いを込められて、これらの根本的なところをたちきらなければならない——というふうに頑張ってほしいと思います。

じっさい刑務所の問題にしても、人権の問題にしてもひどすぎる。人権の問題を自覚すらできない日本の民衆の立ち遅れ、どうしようもない——まさしくアンタンたる状態としかいいようのない状況。そこに一石を打ち込んでいくということで、わたしも自分にかかわる権力のデッチあげとの闘いもふくめて頑張ってきているわけです。政治的な弾圧とはまったく関係ないところで、どれくらい広範な民衆が、権力の横暴——警察・検察の、とんでもないかれら自身のメンツあるいは恣意で、まったく好き勝手にデッチあげられていることか。そこで苦しめられている人びとの思いを考えると、ほんとうにいまの人権の立ち遅れの状況は正されなければならない、と思います。そこを正し、その状況を撃つためには、大先輩の横浜事件の木村さんたちの闘いは、歴史的な使命、社会的な責務をになわされているわけです。わたしたちもそのことを理解できる人間として、微力ながらも精一杯それを包み込むような形で、闘っていきたいと思います。

〔付記〕

本稿は、九一年一一月一七日、木村亨さんを訪問してうかがったときのテープを復元、木村さんに目をとおしていただいたものです。読者のみなさんが、今後とも、横浜事件をはじめとする冤罪——「国家権力が法と裁判の名において、国民の基本的人権を奪う行為」としての冤罪——、および人権の問題に関して、より積極的でねばりづよい関心をもたれるようお願いします。

（インタビュアー　にしかわしん・藤井高弘）

〔『α』三号、一九九二年三月刊〕

再審請求──司法に戦争責任を認めさせる闘い
「人権宣言」を今度こそわれらに

──「横浜事件」がでっちあげられたのは、敗戦になる直前ですね？

木村　当時の政府は、軍部と政府が一緒になってる天皇制ファシズム政府です。その政府が、思い通りに戦争が運べない、満州事変から侵略戦争を十五年続けてきたが、なかなかうまくいかんもんだから、じゃまになる奴は全部ぶち込め、と。また、これを批判したり、余計なことをいう奴はみんなぶち込む、と。こういう大きな方針をたてて、五万や十万人はぶち込める刑務所をつくった。

──新しくですか？

木村　新しく作ったというよりも、それだけ空間（あきま）があるか、と。どうもジャマになるやつが多いという、その一端ですね、ぼくらは。

たまたま、細川嘉六さんという、我々のリーダーですけど、この人が「世界史の動向と日本」という論文を『改造』に書いた。ちょうどその頃は、マルクス主義も社会主義も、そんな闘争理論なんか、もう通用しませんでした。みんなぶち込まれてますから。社会主義者も共産主義者も、刑務所にはいたかもしれませんが、シャバにはいなかったです。

細川さんは、小野塚喜平次さんという民主主義政治学者の門下です。吉野作造とか、そういう人たちと同じで。その当時の状況をみて、この闘いはほうっておけないと、見るに見かねたんですね。いくら、「天皇陛下バンザイ」で、「侵略、侵略」で進むといっても、いいかげんにしたらどうか、と。もう限界にきてる。そこで「世界史は民主主義の方向に行っている」「新しい民主主義の世界を作ろう」という趣旨で書いた。決して共産主義も社会主義も言ってません。ですから、治安維持法に触れない。

──検閲は通ったんでしたね。

木村　通ってるんです。合法論文です。それにもかかわらず、軍報道部によって摘発された。谷萩（那華雄）という陸軍の報道部長が、家で寝ころがって『改造』を読んでおったんです。細川さんの論文。そしたら、民主主義を唱えてるっていうんでね。彼らにとっちゃ、民主主義は敵だったんですよ。だから、こいつ、ぶち込めと。論文はちゃんとパスして載ってるけど、こいつ、アカにしちゃえということで、治安維持法違反で、細川さんをぶち込んだんですね。一九四二年（昭和一七年）九月一四日です。

――デッチ上げのきっかけになった「泊事件」というのは、どういう事件だったんですか？

木村　細川さんが逮捕されるひと月ほど前に、細川さんの郷里の富山県の泊（新川郡泊町〈現在は朝日町〉）へ遊びに行ったんです。もう食物も、魚もたべられない時世だったもんですから、細川さんが、七人のわれわれ若い者に、「わしの郷里に行って、新鮮な魚でも食べよう」と誘ってくれたんです。ちょうど、細川さんは、『植民史』という本を、東洋経済新報社から出して、その印税が入ったばっかりでした。かなり費用がかかったけれども、「俺が出すから行こう」ということで。それで、とにかく、細川さんの郷里に行ったわけですが、その時に、撮った写真があった。

語る木村亨（1995年11月1日）

――その写真が大量検挙の「きっかけ」になるんですね。

木村　ぼくら学生時代、『資本論』ぐらいは読みましたから。そういうのを読んだら皆ぶち込まれてたんですよ。なんにもしないのに。そういうあとでもう、経験があるからね、写真なんか持ってちゃだめということはわかってた。ぼくらはみんな処分しました。

ところが参謀本部勤務だった男がいて、これが、その写真、ぼくらが泊で撮った記念撮影の写真を大事に持っていて、与えちゃった。特高に。

そこから（検挙が）始まったんです。当局は、（泊旅行が）「共産党再建準備会」だっていうデッチ上げをやったわけです。「泊事件」というのは、われわれが平生、食べられなかったものを食べに行ったというだけのことだったんです。

――単なる、旅行の記念写真だったわけですね。

木村　そうです。物見遊山でね。飲めや歌えやの大騒ぎをやったんだから。そんな旅行を、「共産党再建準備会」にデッチ上げちゃった。びっくりしましたよ、ぼくらは。いきなり拷問ですからね。戦後の人には想像つかないです。「調べ」っていうのは、ないんだから。

今でも十人ぐらいで取り囲んでやるには違いないが、それは「調べ」ですよ。戦後も拷問はあるそうだが、ぼくらの頃は、初めから拷問。拷問道具を皆それぞれ持って、荒縄だ、ロープだ、木刀だ。

――一斉に襲いかかるわけですね。

木村　そうです。合図するんだから。「やれ！」って。あの頃の特高の、だいたいが警部ぐらいのやつが拷問部隊長で、掛け声をかけるんです「やれ！」って。そうすると、われわれを取り囲んでいたやつが、めいめい、それぞれ、拷問道具を持って、かかってくるわけです。それが「調べ」なんです。「調べをやるから出てこい」ということは、「拷問やるから出てこい」ということと同じなんですね。それが、今の人にはわかんない。

――想像を越えますね。

木村　ぼくは、学生時代、柔道をやっていて、一応は鍛えてましたから、それだから、そういう拷問にも耐えて今日まで生き抜けたんですけど、身体が弱いやつは、浅石（晴世）君（44・11・13獄死）にしろ、和田（喜太郎）君（45・2・7獄死）にしろ拷問で殺されたし、西尾忠四郎君のように、一橋（大学）でラグビーの選手をやっていて、かなりいい身体していたやつですが、これも半殺しにされた（45・7・27没）。五人も殺されちゃったわけですよね。身体の弱い人はもたないです。

――生きてるのが不思議なぐらいですね。

木村　そうです。ぼくらも、よく生き延びたと思うんだ。生き延びた限りは、やっつけなきゃいかんです。それこそ、階級的憎悪というか、差別にたいする憎悪ですよ。今、持ってるのは。この五十年持ち続けているのは。

それこそね、あんな無茶苦茶を天皇の名においてやるんですから。天皇お抱えの暴力団なんですから。「いいか、おまえら、天皇に刃向かったんだ」。「なんです」っていったら、「戦争、やらんじゃないか、おまえら」「戦争に行きもしないで、うだうだいうな」「それが天皇に刃向かってることなんだ」「いつ殺してもいいんだ」と。ひっぱり倒して、褌（ふんどし）

ぐらいはつけさせるが、裸にして、殴るだけ殴って、気を失ったところへ水をぶっかけて、ロープで打たれる。身体中、腫れあがりますよ。「殺していい」っていうんです。それは恐いもんです。私は、やっぱり、気が小っちゃいからね、こんなことをされて死んじゃうのかと思いましたね。生きては帰れまい、と。何回も何回も拷問されるとね。そういうことが続いたのがもとで、それから、次から次へ逮捕者が出た。

——木村さんが逮捕されたのは？

木村 泊でどんちゃん騒ぎをした翌年（一九四三年）の五月、月給をもらった翌日だったから二六日にぶち込まれた。敗戦までね。

——拘置所に移るまでに、約一年あったわけですね。

木村 ちょうど、丸一年。翌年の五月初めまでです。

——その間、拷問が続くわけですね。

木村 山手警察でした。今でもあるんですよ。そこにぶち込まれて、一度も入浴させないんですもの。それは、川田定子さんも辛かったようですね。三年間に一回しか入浴させなかったそうですから。

——川田さんは、女性でただ一人の逮捕者ですね？

木村 川田さんの場合は、ちょっとことばにできない拷問を受けたんです。今、従軍慰安婦の問題が話題になってるけど、ぼくはね、川田定子さんたちが、特高警察で受けた拷問、ご婦人が受けた拷問のひどさ、凌辱といいますか、わざとまっ裸にして、竹刀を突っ込むんですよ。無茶苦茶やってんだ。

——川田さんは、戦後、自分の受けた拷問の内容を明らかにして、拷問した特高警察官を、特別公務員暴行傷害罪で訴えたわけですね。

木村 ご婦人にとって最大の屈辱です。そのことを、あえて、口にしたということが立派だったと思うんです。なかなか言い出せないことです。そういう意味で、川田定子さんの人権蹂躙《じゅうりん》事件というのは許せませんね。今からでも遅くない。ぼくはやっぱりやっつけないといけないと思いますよ。川田さんにしても、勇気がいったと思うんです。あそこまでいったのは。

これは、戦争犯罪の一部ですよ。そこを、ぼくは許しちゃいかんと思うんだ。

——横浜事件は「思想弾圧事件」といわれていますが？

木村 一言でいっちゃうと、侵略戦争が思うに任せなかったんですよ。

天皇を隊長にして、「八紘一宇」、世界征服を考えてるにもかかわらず、アジア侵略さえも、中国侵略さえも、思うようにいかない。抵抗が多くて。それで、イライラしてる。国内で戦争に文句をつけたり、ジャマになる連中がいたら、かたっぱしからぶち込めと。それには、五万ぐらいのベッドをつくると、そういう政府の計画的犯罪です。ぼくは、計画的な権力犯罪といっていいと思うんです。

――『改造』とか『中央公論』をつぶせということですね。

木村　ジャマになるものは言論弾圧で、なんでもぶっとばせ、つぶしてしまえって、そういう方針だったようです。もう少し戦争が延びてたら、やっぱりつぶされていたでしょう。それほど、ぼくは、支配階級はいらついていたと思います。天皇さえ戴いて、乗り出せば世界中制覇できると思い込んでるんですから。「天皇バンザイ」「天皇バンザイ」で。

あの中で、敗戦の報せを受けて、細川さんと連絡してぼくが得た答えは、「なんとしてもこの戦争犯罪は許せないから、我々国民の手で、戦争犯罪を裁こう」ということでした。これは、獄中で、横浜刑務所ですけど、あの中で、細川さんと私が申し合わせた大事なことです。

――判決は戦後になるわけですね。

木村　八月一五日が敗戦の日でしょ。それから、ひと月も経ってから、ぼくらの判決が出てるんです。それから、またひと月ほどかかって、治安維持法も撤廃されるんです。

――裁判は、一回の公判だけで、すぐに判決が出されたわけですね。

木村　そうなんです。意見も述べさせない。懲役二年で、執行猶予三年。みんな一律にそれを当てはめた。

――無茶苦茶ですね。取り調べは異常に長くて、裁判は一日だけっていうのは。

木村　それで、意見も述べさせないんですから。

そんな無茶苦茶な判決で、これにたいしても、あとで文句をつけたんですが。どさくさで、あの頃。我々の弁護人も、あとで悔やんでましたけどね。残念だったと。うろたえたんですね。どちらも。

我々をぶち込んで拷問やった連中も、これは危ないと。だから、戦争犯罪に関わることは、一切焼き捨てろということで、内務大臣の命令で、全国の役人に、役所にあった戦争犯罪関係の書類を全部焼き捨てさせたんです。我々にたいしては、裁判の記録がないから調べようがないと。

――再審を棄却するときの理由になっているんですね。

木村　とんでもない話です。――証拠湮滅ですね。判決では、「泊事件」は、どういう判断を受けたんですか？

木村　八月一五日の敗戦の直後、石川勲蔵予審判事から呼び出しがあった。なにごとかと思っていったら、急に改まった口調で、「木村さん、あなたのいうように、共産党再建のことは調書から除きます」って言い出したんです。「もうこのへんで妥協してくれませんか」って。

ぼくたちには、三つの申し合わせがありました。一つは、

拷問によってでっちあげられたということ。もう一つは、共産党再建準備会なんかはなかったということ。そして、もう一つは、共産主義者じゃないということ。民主主義者だと、ぼくらは。この三点を拠りどころとして、「泊」組の、「共産党再建準備会」組だけですけど、みんなが連絡して、細川さんとの間で、予審でこれを貫こうと決めていた。ところが、なかなか（裁判所が）予審をやらないもんだから、そのときまで言い出せなかったようなもんですけど、石川予審判事の方から、「共産党再建の方は取り消すから、このへんでかんべんしてくれ」なんてことを言い出すもんだから、「だいたいぼくら共産党じゃないですよ」っていって、三つの申し合わせを石川予審判事に言った。

――「共産党再建準備会」がなくなれば、本来は、無罪判決になるはずですね。

木村　そうですよ。

――それが理由で逮捕されてるわけですから。判決が出たあと、特別公務員暴行傷害罪で特高警察を告訴するわけですね。

木村　ぼくら拷問を受けた連中三十三人が、共同で告発したんです。敗戦直後でした。

――この裁判で腹が立つのは、判決の内容が軽すぎることと、有罪になった人間が一度も服役しなかったことですね。

木村　あれは、日米の単独講和の特赦として、天皇が特高警察をかばったわけですよ。

――三十三人が、それぞれ拷問をした人物を訴えたのに、有罪になったのは、わずか三人だけですね。

木村　そうなんです。我々が出した証人を全部降ろしちゃったわけです。

――妨害工作ですか。

木村　特高関係の連中はみんなで申し合わせて。言うことがふるってるんだ。横浜事件のやつらが我々を告発したのは、アメリカにそそのかされたんだ、だから（証人に）応じるなって。

――証人潰しですね。

木村　特高警察の関係者とか、我々を拷問でいじめた連中は直《じか》にはなかなか応じてこない。だから、一緒にぶち込まれて、一緒の房にいて、ぼくがひどい目にあってるのを知ってる人を五、六人、申請したんです。全部、降ろされたんです。

――裁判所がですか？

木村　警察の手で。ぼくらが出した証人は、みんな潰された。

――それにしても、この裁判は、治安維持法を相手にして唯一勝った事例といえるかもしれませんね。

木村　そうかもしれませんね。『東京民報』が、ぼくらが告発した翌年ですか、横浜事件の被害者たちが特高の警察を訴えたのは、日本人の「人権宣言」だと報じました。

――一九四七年の新聞記事ですね。

木村　意味はそういうことですね。「人権宣言」ということです。唯一のケースですわ。治安維持法にたいして刃向かったのは。真っ向から。

――現在は、再審ということで、継続して闘ってるわけですね。

木村　再審請求は、一度棄却されて、現在、新たな再審を準備中です。

――棄却の理由は、どういうことだったんですか？

木村　横浜事件の資料が湮滅されたようだと。

「請求人に無関係の特殊な事情が介在していたともうかがわれ…」（高裁決定）なんていいかたをしてますね。

木村　つまり焼却ということでしょ。そのことは、彼ら、わかってるんですよ。他人事のような言い方で、「湮滅」されているようで、「調べようがない」ということなんです。拷問があったかもしれない、と。あったかもしれないが、あったという証拠がわからない、と。それで棄却すると。一言でいってしまうと、そういう理由なんです。

友達だった、『中央公論』でいえば和田君とか浅石君、その他、西尾忠四郎君もそう、獄死した、拷問で殺されたんですよね。なんとか、拷問で殺されたということを証明する、裏付けをする証拠を見つけるということです。特高警察の仲間はみんなつぶそうとしてるんです。初めから拷問なんかやらないって、知らん顔しようとしてるんです。

――しかし、実際に、獄中で死んでるんですからね。

木村　拷問で殺されたんだという証拠を、今、探してるところです。

——司法の戦争責任ということについては、どうお考えですか？

木村　ドイツの場合なんかは、ちゃんと自己批判してるんですね。裁判官自身が、裁判について、司法について。日本の場合だけが、戦争中の反省が一度もないんです。天皇を中心にした裁判組織、司法組織がそのままなんです。

——戦前をそのまま戦後も引き継いでるということですね。

木村　一度も反省をしたことがない。見事な無反省ぶりです。つまり、無責任。これは、マスコミもいかんのですが、わざとほったらかしにしてるということですね。冤罪づくりは、マスコミも半分は責任ありますよ。

——新聞社が刊行してる出版物に、横浜事件は載ってても、特別公務員暴行傷害罪の裁判結果や再審請求をしてることなど、まったく載りませんからね。

木村　ないです。意識的・計画的に出さない。それは、ぼく、計画的だといいたいね。

司法の無反省、自己批判のないことも計画的です。これは、もっぱら天皇制の問題です。そして、日本は天皇のもとにおけば、たいていのことはまかり通るという官僚の独善主義ですね。日本官僚を育てたのは天皇制ですから。

天皇信仰と東大信仰というもの、これは一体なんです。天皇教育の弊害と、そして支配階級の分析が重要ですね。東大信仰と天皇信仰が一体になって、日本の支配層ができてる。犯罪もつくるし、冤罪ももちろんつくる。権力犯罪の歴史は、天皇と東大がつくったんです。ちょっとオーバーですが、ぼくの説ですが。愚民政策で、日本人に人権意識をつけさせない、自覚させない、人間を目覚めさしちゃいけない、臣民《しんみん》でいいんだと。一銭五厘の通知（召集令状）で死にに行けばいいんだと。それで戦争をどんどんやって世界を征服すればいいんだと。おこぼれは、お前等に分けてやるからという、この天皇至上主義といいますか、これを支えたのは、官僚の東大閥ですね。

——支えあってる。

木村　見事に。天皇に反することは一切処罰した。それで、早々と大逆事件を起こした。あれは、完全にデッチ上げです。天皇教育のためですよ。天皇に刃向かったらこんな目にあうぞ、ということですね。それらのことが、いろいろと積み重なって、日本人の権力犯罪史ができあがってるんですよ。

——権力犯罪史を体系的なものにまとめることができたらいいですね。

木村　できますよ。それは、しなきゃいけない。それこそ、ぼくらの仕事です。

——弾圧と闘いの歴史ですからね。

木村　弾圧の被害者である我々がやらなくちゃいけない。それこそ、我々が書くべきことは、権力犯罪史ですよ。

ぼくは、ジュネーブに行って驚いた。九一年三月一四日付で最高裁が（再審請求を）棄却してきた。だから、最高裁の長官にたいして公開質問状も出しましたよ。その夏、すぐ、ジュネーブの人権小委員会に提訴しました。我々にたいする拷問がどんなものだったか、そして戦争犯罪の一部だということを訴えたんです。ジュネーブで一番ひどかったのは、日本の代表である外務省の委員です。九三年八月一三日の夕方、ぼくは初めて十分間スピーチをしたんです。その時帰りがけに、彼がぼくに言うんです。

「木村さん、よくスピーチやりましたね。これから、たいへんですよ」って。

——脅しですね。

木村　「あとはやらせません」っていうことですよ。その前に彼が言ったことで、忘れられない言葉がある。「従軍慰安婦の問題をジュネーブでやりだしてるけれども、議題にさせません」って言ったんです。「どうしてですか」って聞いたら、「戦争中のことですから」って。戦争中のことは、全部、触れさせないっていうことです。

——それが通用するのは、日本ぐらいのもんですね。ナチスの戦争犯罪には時効がありませんから。

木村　彼らの理屈は、前の戦争中のことは、一切もう、いいんだと、問われないんだということです。

——でも、それを続けてきたから、今の日本は、こういう状態なんですね。

木村　五十年経ってもこの通りです。なんとしても、そこで、ケジメをつけなくっちゃ。そのためにも、ぼくらは、再審請求をやらなくちゃならないんです。

（インタビュアー・島谷直子）

〔『狭山差別裁判』一九九五年一一月刊〕

第5部

横浜事件を共に生きて

泊組の三人の思い出

西尾忠四郎君の頑張り

昭和一八年八月はじめの暑くるしい夜ふけであった。山手警察に留置されていたぼくはその夜半、突然の呼び出しを受けた。地下の留置場からひき出されて、ガランとした二階の特高の取調室の板の間に裸にされて放り出された。取調べ主任の森川警部補と三人の特高刑事どもが手に手に竹刀やこわれた椅子の脚などをふりかざしていた。例によって例の拷問がはじまるのだ。

森川警部補がにくにくしげにぼくをにらみすえて放言したひと言は、今なおぼくの胸に焼きついている。

「お前の書物はどこへ隠したか言え！　こいつもしぶとい奴だ、往生際が悪いぞ。西尾に似ているな。西尾のマネをして黙っていると、お前もお陀佛だぞ。西尾の奴はまったくコッテ牛みたいだからな」

その西尾忠四郎君が、度重なる拷問によく堪えて特高刑事どもを手こずらせていたことは、ぼくにもよくわかった。細川さんに招かれて旅行した泊の出版記念の宴を、どうしても共産党再建準備会などと虚偽の自白はできなかった。当然のことながら西尾君もぼくも特高刑事どもの手ひどい仕打ちにあった。

健康だった西尾君の肉体も、彼らの暴力に対してはいつまでも堪えることができなかった。彼はついに病床に倒れ、ぼくらは翌年の五月初めに笹下の未決へ送られた。

未決へ移ってからどれだけの日が経ったか覚えていないが、或る日ぼくは書信発信の折に、一舎の書信室の入口で思いがけなく西尾君と会うことができた。西尾君は病室に臥していたのだが、書信に出て来たのであった。看守につれられた西尾君が編笠の下にやせ衰えた顔をのぞかせていたが、ぼくを見つけた目の輝きは「大丈夫だ、お互いに頑張ろうぜ」と語っているように見えた。ほんの数秒ほどの間の、目と目を合わせただけの監視の中の出会いではあったが、西尾君は右腕を左手で撫でるようにして、笑顔をつくってみせようとした。それだけだった。

しかし、この出会いは土井看守のはからいによるものであったことを出獄後に知らされた。土井看守が西尾君の希望でぼくに会わせたあと、西尾君の重態をみるにみかねて特に仮出獄の手続きを取ってくれて、敗戦直前に西尾君を笹下の獄から救い出してくれたのであった。土井さんは戦後のある日、瀕死の重病人西尾忠四郎君を抱きかかえるようにして仮出所させて、家人の手に身柄を渡した折の詳細を語ってくれたが、残念にも西尾君は仮出所後間もなく、敗戦を待たずに死んでいった。

細川さんや加藤政治君と獄舎で飲んだビールの味

これも看守だった土井郷誠さんのはからいだったが、昭和二〇年三月初めころのことだ。空襲がはげしくなる前後のころである。ある夜半、三舎六号室で就寝していたぼくは、トントンと鉄の扉をノックする土井看守の合図に目をさまされた。見まわりの看守の交替時間の間隙をぬって、細川さんと加藤君の三人が二舎の空室（独房）で落ち合って、ビールを飲もうというわけである。夜の夜中の放れわざだ。土井さんがギィーッと三舎六号のぼくの独房のドアを開けてぼくを出し、静まり返った獄舎の廊下をしのび足さし足で二舎の部屋へ導いて行ったわけだが、ぼくがその独房でそのまま二、三分じっと待っていると、一舎から土井さんに案内されてきた細川さんと加藤君があの青服姿で入ってきた。無言のまま三人は固い握手を交わして抱き合った。一八年の春、逮捕投獄されてから三年目の獄中対面である。

土井さんはそのとき一本のビールの栓を抜いてぼくらの間にさし出した。御自身が配給で受けた貴重なビールをぼくらのために秘かに持ち込んだのである。先ず細川さんがそのびんを手に取って、ふき出す泡をおさえるようにしながら「もう少しの間だ、頑張ろうぜ。お互いに躰を大切にな」と乾杯の合図をして口をつけ、今度はそれをぼくが受けてひと口ふた口飲んで加藤君にまわし、三人が狭いその独房の真ん中につっ立ったままで廻し飲みして忽ち一本を空けてしまった。それはなんともたとえようのないすばらしい味わいであった。夜中の看守の交替時の五分間ほどの短時間内のことである。われわれ三人も落ちつけない一瞬のことだったが、土井さんにとってもその独房の外に立ってハラハラさせられた数分間だったにちがいない。そのときぼくたち三人が相擁して抱き合った姿は言いようもなく美しい光景であった、とあとになって土井さんは話していたが、それにしてもあのはげしい空襲下にあった笹下の獄舎の非常監視のさなかでの、それは危ない放れわざであった。

細川さんと加藤政治君との三人で、笹下のあの独房で味わった一本のビールの味こそ、ぼくにとって生涯忘れえない体験であった。

［笹下会編『横浜事件関係者追悼録』一九七七年六月刊］

横浜事件を共に生きて

――人間平館利雄兄を追悼する

平館兄からの最後の電話

私はその夜の平館兄からの電話の声を忘れることができない。それは、一九九一年四月二五日の夜九時ころのことであった。

当時、重症の病床にあった平館利雄兄から、私に電話がかかった。受話器を取った私の耳に、平館兄の弱々しい声が伝わってきた。

「木村君、ぼくたち横浜事件の再審のことでは君にたいへんお世話になった。ありがとう。しかし、ぼくのからだはもうダメなんだよ。君には本当に相すまんのだが、これからのことは君に一切を任せるから、どうかよろしくはからってくれ給え。頼みますよ。」

平館兄のそばには登志子夫人がついていたとあとから夫人から聞いたのだったが、私と平館兄との会話はこれが最後になってしまった。

翌二六日午前一一時、平館兄はついに逝ってしまった。四月二六日は、最高裁が私たちに行なった棄却処分に対して抗議集会を開いた日であった。

思えば、横浜事件の再審請求は、事件の発端にされた泊旅行の二人の生き残り、平館兄と私によって開始されたものである。

平館兄の死去によって、泊旅行の生き残りは私一人になってしまった。平館兄の最後の電話が伝えたように、私の責任は一入重大になった。

横浜事件とは？

ここで、横浜事件とはいったいどんな事件であったのかを省みよう。

横浜事件をひと言で言うなら、それは、あの十五年戦争時代の末期に、当局が自らの侵略戦争に抵抗する運動を封じるためにデッチ上げた言論弾圧事件であり、治安維持法違反の名目によって特別公務員の特高警察官が「天皇のためのアカ退治」と称して、拷問によって検挙者全員を殺傷した無謀な人権蹂りん事件であった。畑中繁雄氏が指摘したように、拷問犯人が被害者の私たちを裁いた不当不法な事件なのである。

当局が最後に言いがかりをつけたのは、細川嘉六さんの論

平館利雄さん（左）と

文「世界史の動向と日本」であった。当時、政治評論家として『中央公論』や『改造』に細川さんが憂国の名文を寄稿していたが、一九四二年の『改造』八月号、九月号に連載した前記の論文が、日本の進路として新しい民主主義の大道を明確に教示したことを、軍部がわざと「アカ」と誤認して細川さんを検挙してしまった。しかし、東京の特高が細川さんの論文のどこを探しても、治安維持法違反の事実が出て来ないので、いよいよ細川さんを釈放と決まったとき、神奈川県の特高がその細川さんを別件で横浜へ移監してしまった。

細川さんを横浜へ移監した別件とは何であったのか？

別件というのは、一九四二年七月五日、六日の両日、細川さんが郷里の富山県泊（現在朝日町）へ、当時親しくしていた雑誌記者や満鉄調査部員ら小野、相川、木村、平館、西尾、西沢、加藤という七名の若い友人たちを招待して歓談した旅行を、当局はそのときの一枚のスナップ写真を証拠品に仕立てて、こともあろうに「共産党再建準備会」だったとデッチ上げた空中楼閣の一件にすぎなかった。

前年の一九四二年、横浜の特高がたまたま検挙したアメリカ共産党員嫌疑事件に連座した川田寿、川田定子夫妻と研究会でつながった益田直彦、西沢富夫、平館利雄氏らの検挙の際に、特高が西沢富夫君宅から前述の泊旅行のスナップ写真を押収したのであった。特高は見つけたこの一枚の写真を小躍りしてよろこんだ。「アカ」にデッチ上げる道具として最も有効だと考えたからである。泊旅行で泊った紋左旅館の中庭で、西尾忠四郎君が撮ったスナップの一枚であっただけにすぎなかったのに。

この一枚のスナップ写真が、一件を重大事件に仕立てる当局側の証拠品になることは、当時特高に一度でも痛い目にあったことのある人なら誰でも知っていた、常識的な注意事項であった。しかし、残念ながらこのとき一件に連座した西沢富夫君にはそんなことは全く知らないことであったらしい。西沢君はハルピン学院出身のロシア語通ではあったが、平館兄や私や西尾忠四郎君らの特高の経験者とはちがって、特高の洗礼は一度も受けたことがなかった人である。

その一枚の写真については、八年前に私と平館兄が再審請求に起ち上がったとき、横浜の平館兄の家を私が訪ねた折、面白い打ち明け話をしてくれた。

平館兄が私にもらしたそのスナップ写真についての裏話というのはこうである。

敗戦直後のことだそうだが、横浜の平館兄の家へ西沢富夫夫妻が二度、三度と訪ねてきての「お願いごと」だったのだという。

平館兄はその西沢夫妻の仲人役もやった人であり、職場の先輩でもあったので、何かと西沢君の面倒をみていたからでもあろう。そのときの西沢君の願いごとというのはこうだ。

「いつもお世話になっている平館先輩にもうひとつお頼みがあります。横浜事件の検挙の際に私の家で押収されたスナップ写真のことですが、あの写真は先輩の家から押収されたことにしてほしいんです。あんな写真がぼくの家から押収されたことがわかったら、ぼくは今の職場（党）ではエラくなれませんから…」

こんな頼みに平館兄は、即座に、

「いいよ、いいよ。ぼくのところから押収されたことにしておくから心配するな。」

と答えてやった、ということだった。これを聞いた私は、さすがに平館兄は度量の広い人だなァ、と感心したものだ。

この話を平館兄から聞いたそのときに、平館兄の傍らにいた登志子夫人が私に、泊のスナップ写真を、検挙の折に特高の押収からのがれるために、漬けもの樽の重石（おもし）の下に隠した苦労話をされたのも忘れられない思い出になった。

敗戦直後の共同告発

そんなスナップ写真一枚のおかげで、一九四三年五月、泊旅行の一行が一斉に検挙されて、横浜市の各署に留置された。

写真に撮られていた各人は、連日のように半殺しのめにあうほどの不法拷問にさらされたのである。そうした特高の拷問の真相は、私たちが敗戦直後「特別公務員暴行傷害事件」として特高を共同告発したときに、私たちが作った口述書を参考にして頂きたい。（笹下同志会編、森川金寿監修『横浜事件資料集』東京ルリユール刊、一九八六年）

改めて、私たち特高拷問の被害者が、敗戦直後になぜ共同告発にふみ切ったか、という事情をつぎに簡単に説明しておこう。

先に『改造』論文で東京世田谷署に検挙された細川さんが、別件で東京から横浜へ移送された一九四四年五月、丁度そのころ横浜刑務所の未決拘置所へ移されていた私に送って下さったレポがあった。

細川さんからのレポ（連絡文）の数々は、いずれも私の胸を打つ感動的な教訓であったが、とりわけつぎのレポほど私の心に沁みた言葉はない。

「木村君、くり返すが、われわれに対する投獄と拘禁と拷問は、初めから全く不法そのものだ。彼らのこれらの不法は断じて許すことが出来ない。総理大臣か司法大臣がここへ来て、私たち一人一人の独房で、両手をついてお詫びをするまで、断じてここを出てやるな！　わしは死んでもここを出てやらぬことに肚《はら》を決めた。木村君、君も肚を決め給え！」

一九四五年一一月一三日、細川さんを中心に私たち被害者三十三名は、拷問犯人の特高たちを「特別公務員暴行傷害罪」で共同告発に踏み切った。私たち共同告発者の会は「笹下《ささげ》会」という名に決まった（笹下とは横浜刑務所の所在地名である）。共同告発の闘いは七年に及び、私たちは法廷監視委員会を作って闘いつづけた。

旧帝国の内務官僚や特高関係者たちは、自らの戦争犯罪を隠し逃れるために、戦争責任に係わる裁判や行政に係わる文書をすべて焼却するように全国へ命令した（山崎巌内務大臣時代を語る自治大学校座談会、一九五五年刊、参照）。

結局、一九五二年四月、最高裁は被害者の一人益田直彦君の拷問のときの傷口に当てたチリ紙だけを唯一の証拠に認めて、他は一切却下の決定を下した。

最高裁は唯一人、この益田君だけに対する傷害を有罪と認めて、被告の松下英太郎警部と柄沢六治、森川清造両警部補に対して松下に一年半、柄沢と森川にはそれぞれ一年の実刑を言い渡して結審した。

しかし、その数年後に驚くべき事実が判明した。有罪判決を受けたはずの松下、柄沢、森川らは、日米単独講和条約の発効に伴う特赦によって全員無罪釈放されて一日も下獄しなかったのである。

政府や裁判所は、自らの権力犯罪をのがれるために、特高の拷問を守り、ゆるしたのである。

このような私たちの敗戦直後の共同告発の闘いは、朝・毎・読のマスコミはもちろん、『社会新報』や『赤旗』さえも無視して何ひとつ報道しなかったが、ただ一紙『東京民報』だけは社説で私たちを励ましてくれた。曰く、「横浜事件の被害者たちが共同で告発したことの意義は大きい。日本人は初めて実際行動によって自らの『人権宣言』を行なったのである」と。

日本のマスコミはなぜかその後も人権問題にうとく、今なお人権闘争に関心が薄く弱い。

再審請求と「人権を返せ」の闘い

私たち被害者がつくった「笹下会」は一九七六年二月一三日に、谷中の禅寺全生庵で、横浜事件の犠牲者たち一三名を追悼する慰霊祭を催した。『横浜事件の人びと』を著わした中村智子さんも、この法要に参加したのが機縁になって、横浜事件の研究・調査を始めたのだという。

私はその法要を済ませたあと、平館利雄兄と二人で帰りの道中、再審請求の必要を話し合った。私には何よりも獄死した同僚の浅石晴世君や和田喜太郎君、また満鉄調査部の西尾忠四郎君の死があまりにも悼ましく、この親しかった友人たちを殺した特高の拷問犯人どもを徹底的に追及しなければ許せない、と平館兄に再審請求のことを相談したのであった。拷問犯人たちが私たち被害者の人権をあれほどまでに蹂りんした事実は、決して許せないからである。

「人生は、深いえにしの不思議な出会いである」とある詩人が書いたが、私が自分の人生で細川嘉六さんという反骨の人に出会ったことについで、今回の再審請求で出会った国際人権弁護士の森川金寿さんという反骨の人との出会いほど、深い感動は他にない。

私が持病の喘息で入退院をくり返していた一九八五年の暮れであった。私は友人の紹介で初めて森川先生に横浜事件の再審のことを相談したのである。正式に再審請求を依頼したとき、森川先生はこう言われた。

「横浜事件は私の師匠だった海野晋吉先生が戦時下担当した大事な事件だから、再審のことは私がやりましょう」。

前に平館兄と二人で合同法律事務所というところを訪ねて相談したことがあったが、そこでは「判決文がないと手続ができない」と断わられてしまった。森川先生にその話をしたら、きっぱりとこう言い切ったのも、私にはさすがはベテラン弁護士の言葉だと感心したのを忘れない。

「判決文というものは、裁判所が保管する義務があるのです。あなた方に責任はありませんよ。無ければ裁判所につくらせればいいことです」。

一九八六年七月三日、私が又々喘息発作で入院中のため、青山請求人に代理を頼んで、横浜地方裁判所へ森川先生に随行して貰い、私たち横浜事件の再審裁判の請求手続きを果たして頂いた。

しかし、一九八八年三月三一日、横浜地方裁判所第二刑事部は、私たちの請求に対して棄却の決定を行なった。請求人九名のうち、川田寿・川田定子、畑中繁雄ら七名が棄却、和田喜太郎、青山鉞治は相続人の死亡と本人の死亡によって終結。その理由はつぎの通りである。

旧刑訴法四八五条第六号の主張＝司法警察官の拷問により強制された虚偽の自白であることを証する新たな証拠が発見されたことについては、「敗戦直後の米国軍の進駐が迫った混乱時に、いわゆる横浜事件関係の事件記録は焼却処分されたことがうかがわれる」として、いまさら元看守や原判決当時の裁判官らを取り調べても、原判決の証拠内容の復元は不可能であり、原判決の認定の基礎となった証拠資料の内容がわからない以上、旧証拠資料と新証拠資料とを比較対照し、または総合検討して行なうべきいわゆる新証拠の明白性の判断はおよそ不可能であり、拷問の主張については取調べ警察官三名に対する特別公務員暴行傷害凌虐罪の有罪確定判決は益田直彦に対する関係で有罪と認定されただけであって、他の請求人に対してもあてはまるとは認められない。かりに拷問があったとしても、その結果、虚偽の自白がなされたことを確かめる手段がない。——つまり原自白供述と他の証拠とを比較対照し、またこれらと新証拠とを総合考察して検討することができない、などというのが棄却の主な理由になっていた。

この棄却決定に対して、同年四月一日、森川弁護団長をはじめとして平館、木村ら請求人は直ちに抗告上訴の手続きを東京高等裁判所に上申。同日私たち共同の「声明書」を発表、四月八日には森川弁護団長が、右の棄却理由の不当性を強く糾弾する長文の抗議書を公表した。

ついで一九八八年一二月一六日、東京高裁は私たちの再審請求を棄却してきた。その理由もまた第一に、敗戦直後に、裁判所自身が事件の裁判記録を焼却したことを認めており、第二の拷問の事実も、益田直彦以外の者にも「やらなかったとは言えない」と、消極的ながらも私たち再審請求人への拷問の事実を肯定的に認めている。

もちろん、私たちは一九八八年一二月二四日、直ちに最高裁へ特別抗告したが、またしても一九九一年三月一四日、最高裁第二小法廷は、私たちに対して棄却の通告を行なった。

人権の最後の砦と言われる最高裁が、横浜事件の人権蹂りん問題の再審を拒否してきたのである。まさしく人権無視の不当棄却と言わねばなるまい。

冒頭で述べたように、平館兄が世を去った当日に、私たちは最高裁の不当な棄却に対する抗議集会「日本人の大きな忘れもの　人権——横浜事件から四十八年、映画と講演の集い」（中央労政会館ホール）を開催して、つぎのような『集会宣言』を公表した。

『集会宣言』

去る三月一四日、最高裁判所第二小法廷は、血も凍ると言われた残忍非道の横浜事件に対し、蹂躙された人権を回復するため、再審裁判を開始せよとの、元被告たちの熱涙を込めた再審請求を、不当にも、口頭弁論を開始することすらせず、一方的に棄却した。天人共に許すことのできない、暴挙といわなければならない。

横浜事件とは、暴虐な侵略戦争の末期、国家権力が、戦争に反対する民衆の声を圧殺するため、罪なき知識人言論人を、治安維持法違反の名のもとに、多数検挙し、言語に絶する残酷な拷問により、国体変革を企図したとの「犯行」を捏造して、起訴し、物的証拠の全くないにも拘らず、これに有罪の判決を下したところの一大権力犯罪である。

残虐な拷問が「天皇ノ名ニ於テ」（旧憲法五七条）特高警察官の血にまみれた手で行なわれた事実は、横浜事件が、わが国天皇制の、残忍無類の犯罪行為であることを歴然と示しているのである。

敗戦直後、アメリカ占領軍が横浜に進駐すると見るや、犯罪事実の暴露されることを怖れた司法当局は、事件に関する裁判記録を焼却し、一大権力犯罪の証拠の湮滅を図ったのである。

最高裁第二小法廷の再審請求の棄却決定は、一審、二審の棄却理由にいう裁判記録の不存在、実際には「証拠の湮滅」を、自らも認めたものにほかならない。当局自身が湮滅した裁判記録の不存在を、再審請求棄却の論拠とするとは、憲法三二条（裁判を受ける権利）に違反するのみならず、百年に及ぶ、わが国司法裁判の歴史に類を見ることのない暴論であると断ぜざるを得ない。

特高警察官による残忍極まる拷問により、獄中に非業の死を遂げた者四名、出獄後も斃死する者が相継いだ。この事実は、東京高裁も、二審の棄却決定において認めざるを得ず、元被告たちに対し「拷問が行なわれたのではないか、との疑いを否定し去ることはできない」としるしたのだ。しかるに、最高裁第二小法廷は、上告棄却により、この残忍非道な拷問の存在した事実を、暗黒の闇に葬り去ろうとするのである。

本件は、旧刑事訴訟法下で言い渡された有罪判決に対する再審請求であるから、最高裁に抗告できるのは、二審決定において、「法律、命令、規則又は処分が憲法に適合するかしないかについてした判断が不当であることを理由とするときに限」られる（日本国憲法の施行に伴う刑事訴訟法の応急的措置に関する法律第一八条）のであり、二審決定は憲法判断を行っていないからであると。

だが、前記二審判示に基づく、その処分は、明らかに日本国憲法三六条の「公務員による拷問及び残虐な刑罰は、絶対にこれを禁ずる」に、絶対に違反しているではないか。最高裁第二小法廷の再審請求棄却決定は、その論拠が、既に完膚なきまでに破綻している、と言わなければならない。

中世における異端審問にも匹敵する、天皇制による権力犯罪・横浜事件を、最高裁は、いま歴史から抹殺しようとしているのである。まさしく天人共に許すことのできない暴挙と言わずして、何であろうか。

アジア各地に民衆の虐殺をほしいままにした、わが国天皇制は、敗戦後、象徴天皇制として復活しながら、アジアの民衆に対して、一片の責任を取ろうとさえしていないではないか。

国内においては、「憲法が国民に保障する基本的人権は、侵すことのできない永久の権利として、現在及び将来の国民に与えられる」との、憲法第十一条は、完全に形骸化していると言わなければならない。政府の名による権力犯罪・冤罪事件が、跡を絶とうとはしていないからである。戦後、無実の確定死刑囚で、二〇年を越える獄中の過酷な裁判闘争によって、漸く再審無罪を獲得した者が四人に及び、彼らがいずれも残忍非道な拷問を受けていた事実が、これを立証している。のみならず、無実の確定死刑囚、無辜の確定懲役囚の存在は、戦前を凌駕する状況にさえあるのだ。「侵すことのできない永久の権利」が、わが国の各地においても、止むことなく、侵され続けているのである。

横浜事件を惹起した天下の悪法、治安維持法は、戦後社会に、破壊活動防止法として再び登場し、いま正に残忍な猛威を振わんとしている。

一九八八年、国連人権委員会の場において、各国の法律家により、この国で、拷問が今なお行われている事実を追及された、わが国政府代表は、これに反論することができず、憲法に違反して、国際法規——市民的及び政治的権利に関する国際規約（一九七九年批准）——に違反して、わが国に「公務員による拷問」の存在する事実を否定できなかったのである。

横浜事件以来、既に半世紀、この国に拷問と冤罪の絶える季節はない。最高裁第二小法廷の再審請求棄却決定とは、天皇制の名のもとに、「侵すことのできない永久の権利」基本的人権を、永久に蹂躙し続けるとの国家権力の託宣以外の何ものでもあるまい。

だが、歴史は証明しているではないか。一七八九年フランス革命も、一九一七年ロシア革命も国家権力による残忍非道な人権蹂躙をこそ、唯一の契機として勃発したものであることを。

ここに、本日の集会は、厳かに宣言する。

横浜事件において蹂躙された人権とは、権力を持たない、われわれすべての民衆の「侵すことのできない永久の権利」であったことを。

歴史ある限り、この「永久の権利」である人権を守って、われわれは、横浜事件の権力犯罪をどこまでも糾弾してゆくであろうことを。

いま、澎湃として沸き起こる人権擁護の、全人類の叫びと呼応して、われわれはわが国における権力犯罪を必ずや絶滅してゆくであろうことを。

一九九一年四月二六日
横浜事件から四十八年・映画と講演の集い参加者一同
右の「集会宣言」は、再審請求を私たちが一貫して闘ってきた「人権を返せ！　人間を返せ！」の運動のエキスであり、平館利雄兄追悼のことばとしても深い意義をもつと確信する。読者の諸兄にも御理解をねがいたい。

ジュネーブの国連へ私たちの提訴開始

私たちの再審請求を開始したとき、森川弁護団長は私にはっきりこう語った。

「この再審裁判の請求が一応の決着がついた時点で、被害者の諸君が実際に受けた拷問の真相を国連のジュネーブにある人権小委員会へ提訴することも考えておきましょう」。

そして、そのジュネーブ提訴を真剣に協力し、推進してくれたのが「横浜事件を考える会」（代表木下信男氏）の皆さんであった。

「考える会」の木下代表は、一九九一年八月末の初の提訴に当って、ジュネーブで私たちが拷問の再演を見せるためにわざわざ拷問道具（木刀、竹刀、ロープ、麻縄など）を揃えて持参してくれた。お蔭で、私は裸になってその真相を再演するのに役立った。

森川弁護団長とともに同行して頂いたのは、木下代表と同じく冤罪事件に詳しい五十嵐二葉弁護士であり、袴田事件の門間ファミリーや甲山事件の山田悦子さんたちであった。

初のジュネーブ行きに当って忘れられなかったことがある。それは、亡くなった同志平館利雄兄の奥様登志子さんからお預かりした平館兄の戒名を書いた紙であった。私はしっかりその戒名を抱いてジュネーブ提訴の旅を果たすことができた。帰国してその旨を登志子さんに報告したとき、私はこの提訴は、国内での第一次、第二次再審請求と並行して今後もつづけることを約束した。

私たちは翌年の一九九一年八月にも、第二回目のジュネーブ提訴の旅を重ね、このときは「考える会」の事務局長高橋敬基さんが「アジア・太平洋地域会議」で、私にかわって英語で十分間スピーチとして訴えてくれて、横浜事件の不法な権力犯罪を糾弾することができた。私は隣で拷問再現写真を見せたりしたが、これは効果的なスピーチだった。

また、この夏には森川弁護団長の友人ブリデル夫人が人権小委員会の本会議で、森川先生の横浜事件の報告書を代読してくれたことも特筆すべき活動であった(議事録を参照)。

言うまでもなく、私たちは目下第三次のジュネーブ提訴を用意中であり、今夏その約を果たす予定で、国内での第二次再審請求をも準備中である。

このことが、とりもなおさず私たちの平館利雄兄へのせめてもの追悼だと信じている。

〔『回想の平館利雄』一九九三年八月刊〕

証人・土井郷誠さんを追悼して

1

ぼくたちの横浜事件再審裁判請求に有力な証人の役を引き受けて下さっていた土井郷誠さんが、昨秋九月二三日に八十歳で永眠された。惜しんでも足りぬ貴重な存在であった。

横浜未決拘置所の独房にあった細川嘉六先生のお隣の席を持っていた看守土井郷誠さんが、一年余りの接触ですっかり細川先生に感化を受けたことはよく知られた事実だが、土井さんの次のひとことは、それを立証して余りがあろう。前大戦の全面降伏直後に横浜笹下《ささげ》の刑務所がどんなさま変りをみせたかをうかがう上にも大変興味深い証言でもある。

「……それにしても、全国に数ある刑務所の中で、よりによってこの笹下の横浜刑務所へそれらのA級戦犯たちを収容することになったとは、なんと皮肉なことではありませんか。言論の自由を弾圧したら、その下手人の弾圧者がどんな目にあうかということを、私はこの目で実際に確かめ、その立証を見せられたような気がします。

われわれの日本国を愛し、憂えて、やむにやまれぬ気持ちから主張した細川先生の民主的な正義の言論を無謀にも弾圧して、さらに先生の郷里の泊へ旅行した皆さんを共産党再建だなどとデッチあげた報いを受けたのでしょうね。

因果応報とでも言いますか。皆さんをひどい目にあわせたご本人たちが、今度は投獄され、罰を受けたのです。天誅というものでしょう。彼らは今度は全世界人類の裁きを受け、処罰を受けたのです。……」（土井郷誠「笹下秘話」）

2

戦後、泉岳寺前の小丘に居住していたぼくの家へ土井さんが何度か笹下でのくらしぶりを話しに、鎌倉から訪ねてみえて下さったことは前にも書いたから省略しよう。土井さんは、ぼくにどうしても生きているうちに一度、細川先生のお墓参りだけはしておきたい、と話されたので、一九八〇年四月、土井さんとぼくたち夫婦の三人で富山の泊へお墓参りに出かけた。もちろん旅館「紋左」泊りであった。

そのときのスナップ写真を取り出して見ていると、道中での土井さんの話に一、二、忘れえないことがあったので書いておこう。

まず第一に、土井さんのあの正義感はどうして生まれたのか？　ということだ。いくらあのときに細川先生から強い感化を受けたといっても、そこにはやはり土井さんの方にそれを受けとめるだけの素質があったからこそのことだ。

それは、土井さんの話によると、未成年のころ、当時、社会主義者、無政府主義者として世に知られた大杉栄さんの住いを訪ねたことがあったのだそうである。鎌倉彫りの名手であった土井さんのご尊父のあとを継ぐはずの土井郷誠さんが、どうしてそんな危険人物視されていた大杉栄さんを訪ねたのか？　土井さんも、大杉さんを訪ねたというただそれだけのことで家宅捜索をうけたという。いわゆるガサをくったわけだが、幸い検挙はまぬがれたらしい。このことを土井さんから聞いたぼくは、特別な親しみを土井さんにおぼえるようになった。実はぼくも、何をかくそう、その大杉栄さんの名訳だったクロポトキンの「青年に訴う」を読んで社会正義というものに目ざめた次第で、土井さんの正義派だったいわれもそれでよく理解できたと思った。

3

土井さんに会った方なら誰でも、あの素朴な、誠実で真実味のある人柄にひかれたと思うが、どうみても「看守さん」には見えなかった。ぼくは率直に聞いてみた。

「土井さんはまたどうして看守になんかおなりになったので

すか？」

三人の幼児を抱えた土井さん一家にとって、あのきびしい戦争末期の食糧事情は生まやさしいものではなかった。土井さんは打ち開けて話してくれた。

「当時の笹下刑務所には付属農園がありまして、刑務所の職員だけは何不自由のない食生活をしていると聞きましたので、あのときの臨時募集に応じたわけでした」

土井さんのこどもさんたちはそれでひもじい思いをせずに暮らせるようになったという。

土井郷誠さん（1986年6月7日）

久しぶりに泊（朝日町）の紋左旅館に一泊して細川先生の墓参をすませたあと、親不知の海辺を土井さんと妻の正子と三人で歩いたのも忘れがたい思い出になった。

昨秋、入院中のぼくに土井さんの訃報を伝えてくれたのは奥様の千代子さんであった。高価で見事な蘭花の篭をお見舞いに持って病院のぼくのベッドへ立ち寄って下さったとき、ぼくは思わず涙してしまった。

大切な証人を自ら進んで引き受けて下さりながら、無念にも裁判半ばにして逝ってしまわれた土井郷誠さん！　安らかにお眠り下さい。

ぼくたちはあなたの強力な励ましの証言によってきっと「人権を返せ！」をかちとってお見せしますからね。

〔『横浜事件再審裁判を支援する会』一三号、一九九〇年五月刊〕

嶋中雄作社長の思い出

「君でなければできない仕事が待っているのだから、一日も早く生きて帰ってください」との嶋中社長の陣中見舞いの手紙が、ぼくの「現役免除」を進めてくれたメッセージだったことも思い出の一つだが、その現役免除によって帰京する道中で、紀伊田辺に下車して病床の南方熊楠翁を見舞った折のことを特に誌しておきたい。

南方熊楠翁の枕頭には同夫人がはべっておられたが、お見舞いの言葉を述べたあとすぐぼくは「先生がロンドンで昔、孫文を救出されたお話はたいへん感銘を受けました。ときに先生の御著作『十二支物語』を、わが社で出させてくれませんか」と率直に頼んだところが、その場で「よろしい」と翁の快諾をえた。

すばらしいお土産話が出来たと帰社して早速嶋中社長にその報告をしたら、「あの記者嫌いの南方さんがよくも応諾してくれたなぁ」と手放しで喜んでくださったことを忘れない。

〔『日天会々報』九号、一九八七年一二月刊〕

黒田秀俊さんと横浜事件

前にも書いたことだが、黒田さんは横浜事件のとき、ぼくの証人として呼び出されたことがあった。ところが、神奈川特高は黒田さんを証人として呼び出しながらも、ぼくのことを一度も聞かずに中公の編集部のことばかり聞くので困ったということだった。

戦後、黒田さんとは中野で時折お会いする機会があり、あの一件の権力犯罪性を、お互いに憤りをこめて話し合ったことも忘れられない。特に共通の友人であった浅石晴世君の悲運な獄死のことはなんとも残念だった。浅石君や和田喜太郎君の獄死をムダにさせないためにこそ、ぼくは横浜事件の再審請求を続けているのである。最高裁の扱いがどのようになろうがぼくは友人の鎮魂のために、ジュネーブの国連人権委員会へも正式に提訴する手続きを進めている。権力による人権犯罪は許せない。

皆さんのご協力を心からお願いしたい。

〔『日天会々報』一二号、一九八九年八月刊〕

松下英麿さんの思い出

私が昭和一五年一一月に現役免除で帰社した直後、社内異動で『中央公論』編集部へ配属されて、約半年間ほど松下編集長のもとに働いたことがあった。

当時のご時世は軍部ファシズムによる侵略万歳のいやな時代で、私はそんな軍国主義に抵抗する執筆者を探して歩いたものだが、その一人として西田幾多郎先生を訪ねたときのことが思い出される。鎌倉の西田先生宅へは松下編集長が案内してくれて紹介された。

小生意気な私の話に耳を傾けてくれた西田先生が、十畳の書斎を静かに歩き廻りながら、当時のスターリンがマルクス主義を一国社会主義へ踏み間違えていることを知っているかと、ジュンジュンと私に教えを垂れてくれたのであった。ハラハラしながらそばで聞いていた松下編集長が、私に帰りをせかして一緒に帰途についたその日のことを忘れられない。

〔『日天会々報』一四号、一九九一年三月刊〕

横浜事件と伊藤律君のこと

一九四五年の敗戦直後、デッチ上げの権力犯罪だった私たちの横浜事件が、伊藤律の密告によって起こされた事件にされたことがある。しかし、私は横浜事件に連座させられた被害者の一人として、あの事件が、伊藤律にスパイされた事件とは思わなかった。なぜか？　私は私なりに、戦時下のそのへんのいきさつについて書いておきたい。

まず、私と伊藤律との出会いから書こうと思う。それは、一九四〇年の暮れ、私が中央公論社の出版部に配属されて初めて立てた企画である『支那問題辞典』が、正式に出版されることに決定した頃のことである。

当時、中国問題に詳しい人物といえば、細川嘉六、橘樸《しらき》、尾崎秀実氏らとされていた。私はまず誰よりも先に細川さんを『支那問題辞典』の監修者にお願いした。細川さんは快く承諾してくれたばかりか、相談相手として尾崎秀実さんを紹介してくれた。そのうえさらに、大切な友人として伊藤律君を紹介してくれたのだった。いかにも聡明な人物という印象を受けた。

伊藤律君はその後まもなく仮出獄で釈放中の身分を取り消されて、再び下獄したが、下獄前日、同じ満鉄調査部の平館利雄君や西沢富夫、西尾忠四郎の諸君と、彼のために壮行会を開いたことも忘れない。

やがて一九四二年九月、細川さんは『改造』の八月号、九月号に連載した論文「世界史の動向と日本」によって検挙され、翌年五月、私たち泊《とまり》旅行組も一斉に横浜へ検挙された。いわゆる横浜事件である。

細川さんは前記の論文が治安維持法違反に当たらないとわかって、釈放寸前になっていたのだが、別件の横浜事件被疑者として一九四四年五月に東京から横浜拘置所に移監されてしまった。

ショッキングなことが起こったのはその時である。横浜の山手署に一年間留置され、特高の無法な拷問にさいなまれていた私は、その五月初めに、笹下の未決拘置所へ移された。

まさにその頃、第三舎二階の六号室（独房）に、密かにレポが届けられた。それは、細川さんが私に当てて寄越したものであった。粗末な便所紙に鉛筆で書かれていた。文面は次のようであり、思いもかけないものであった。

「木村君、相川君はスパイじゃないか？　下肚に力を入れて暴言（木村注、共産党再建ということ）を吐くな！」

私は山手署の留置場で、まる一年間にわたり拷問を受け、「共産党再建準備会を開いた」との自白を強要された。この拷問により、嘘の自白を迫り、横浜事件をデッチ上げた権力に対しては、出獄直後から「人権を返せ！」の裁判闘争を行っている。

九一年に、理由にならない理由により最高裁で棄却されたが、今は、第三次再審請求の訴状を準備中である。闘争開始から五十五年。今度こそはなんとしても人権回復を勝ち取りたいと、皆様のご協力のもとに、わが生涯をかけて取り組んでいる。私たちを「共産党再建のデマ」で闘争とともに裏切ったスパイは、伊藤律ではなくて、相川博であったこともすでに明白になっている。（森川金寿編著『細川嘉六獄中調書』不二出版。一九八九年参照）

［伊藤律の名誉回復を求める会『三号罪犯と呼ばれて』第6号　一九九八年六月二五日刊］

向坂逸郎没後六周年

向坂先生を追懐して

1

ついこの間、佐藤礼次さんのご案内で、五十年ぶりに下井草に近い向坂さんのお宅へ奥様向坂ゆきさんをお訪ねした。ひと口に五十年ぶりと言ってしまったが、この半世紀の浮き世の激しい移り変わりには誰しも驚くほどの変貌があったので、このたびの向坂さん訪問は、まるで初めての対面のような感じでお会いすることになった。

私が初めて向坂逸郎先生をお訪ねしたのは、自由ヶ丘に近い等々力郊外のお宅であった。そのころ私は中央公論社の出版部員として『支那問題辞典』を企画しその編集に携わっていたが、同じ社の出版部次長の荒川竹志さんの紹介でお会いできた次第だ。

軍国主義一色に塗り込められた一九四〇年から四一年ころのご時世は、戦後の人たちには想像もできないくらい暗い時代で、思い出してもゾッとするほどだった。軍艦マーチや軍歌に溢れる街頭風景から、少しばかり郊外に出るだけでも気分が落ちついたものだ。

確か、東横線の自由ヶ丘駅から田んぼの畔道をブラブラと一〇分ほど歩いたところに向坂先生のお宅と書斎がポツンと建っていた感じで、そんなのどかな田園風景はなんともここ ろ安まるものであった。

2

ところで私が向坂先生に依頼した原稿というのは、前記の『支那問題辞典』に付録として補足する「文化史年表」であった。B4判で九〇頁に及ぶその年表の作成にはたいへんな作業が必要であった。今回の訪問で、改めて私は奥様から当時のその作業が並々ならぬ大仕事であったことを知らされて、恐縮した次第であった。

しかし、この辞典の内容構成でいまなお私が秘かに自負するのは、この文化史年表と人名辞典の付録の出来栄えであった。もちろんその内容の大項目主義による編集も良かったと思っているが、現在の時点でさえもこの辞典の復刻が求められるわけは、何よりもそんな一つの付録にあったのではないかと思っている。

向坂先生はこの文化史年表の「例言」でつぎのように誌している。この年表は「特にこの点に留意して作製された。第一にその起点を、一四九七年ヴァスコ・ダ・ガマが喜望峰を廻航した年にとった。この年は、近代ヨーロッパの東亜に向う足音が聞こえ始めたことを示すからである。第二に一八三九年阿片戦争の年以後を特に詳細にした。この年は近代支那問題史の第一の段階を画するものであって、この前後から支那に対して未だかつて経験しなかった大きな試練が加えられるからである。第三に一九一四年世界大戦前後からさらに詳密さを加えた。この頃にさらに近代支那問題はその第二の段階に入るので、こうすることが、支那問題の現状の理解に必要であると考えられたからである。ただ紙数の制限のために十分に詳密であり得なかったことを遺憾とする。」

この辞典は一九四二年（昭和一七年）三月末に刊行されたが、たいへん好評で、中国に関心をもつ有識者たちは必ず座右に備えてくれたものだ。たとえば風見章さんは、ご自分の郷里の茨城県下の中学校や女学校などへ二十冊も配布してくれたのをおぼえている。

3

向坂先生にご協力を願って作成した「支那文化史年表」を付録にした『支那問題辞典』という出版企画について、ひとこと書いておきたいと思う。

この出版企画はたんなる思いつきのプランではなかった。私が一九三九年三月に中央公論社へ入社して最初に提出した出版企画の第一号であった。

ご存じのように、天皇制軍部ファシズムが中国大陸の侵略を始めたのは一九三一年九月一八日のいわゆる「満洲事変」からだ。戦後その侵略戦争を十五年戦争と呼んでいるが、私がそんな中国侵略を見るに見かねて片隅でささやかな抵抗を試みたのがこの出版企画である。

表立った反戦運動や抵抗運動が一切ご法度になっていたそんな時代に、私は私にでも出来そうな小さな抵抗を、この『支那問題辞典』の企画に精一杯の力をこめて編集したのであった。

最初の相談相手は細川嘉六さんであった。一九四〇年二月（昭和一五年）に出版部でこの企画がパスしたとき、私は中国問題の権威と思われた細川嘉六さんを訪ねた。細川さんは私のその出版企画にたいへんに賛同してくれたばかりではない。その四月に私が現役入隊したあとも、つまり私の不在中もこの辞典の編集を心配してくれていたのだ。

私がその年の一〇月に現役免除で帰社したとき、細川さんは私に辞典編集を具体的に推進してくれる人として、尾崎秀実さんを紹介してくれた。

一九四一年の春からその年の一〇月一五日に尾崎さんがゾルゲ事件で検挙されるまで、ときには毎週のように銀座うらの中華料理店の小座敷で、尾崎さんと辞典の執筆者の選定や情勢の変化の認識について、あれこれと懇切な教示を受けた記憶は忘れ難い。しかし、ここで私は尾崎さんを追想するわけではないから、尾崎さんについてはこれ以上書かない。

4

向坂先生をお訪ねして「文化史年表」を作成して頂く用件が一段落すると、雑談に入るのがつねであった。

どんな話が交わされたのか、五十年も経ってほとんど忘却してしまったが、ただ一つだけハッキリおぼえていることがある。

それは、そうしたあるときのことである。私が例によって時世のファシズムのきびしい攻勢を心配して、なんとかして中国大陸への侵略戦争だけは止めさせるわけにはいかんものか？　と率直な私見を申しあげたら、向坂先生は笑いながら、

「君はどんな人を政治家として尊敬しているのかね？」

と正面からたずねられた。私はかくさずに私が偉人と考えていたレーニンの名をあげてその問いに答えた。すると、向坂先生は、

「そうですか、やっぱりね。しかし、私は山川均先生の名をあげますね」

と明確に山川さんの名を口にされたことを覚えている。向坂先生らしいと思った。

当時はご存じのように、日本の資本主義研究について、一方で「講座」派があり、他方に「労農」派が対立していたが、私の『支那問題辞典』編集に関しても、同様の対立があったことは否定できない。

中央公論社の出版部門にもS君（すでに他界しているが）のような「講座」派に熱心な人がいて、この辞典の執筆者に山田盛太郎さんを加えろと私に何度か催促したこともあったが、私はわざと一方に偏することを避けた。どちらかといえば、細川さんは「講座」派の学者であったかと思う。

5

戦後の私は残念にも向坂先生にたいへんご無礼してしまった。

戦争末期に連座した「横浜事件」が無法な人権じゅうりんで五名もの獄死者を出し、まったく根拠のない不法拘禁であったことを許せなかった私たちは、敗戦直後に特高警察の不法拷問を共同告発したのであった。治安維持法によって被害を受けた人が二十万人をこえていたのに、そんな治安維持法に対して告発したのは私たち横浜事件の被害者だけだったとわかって驚いた次第だが、なぜなのかずっと不思議に思っていた。ごく最近になって、その謎が解けた。

それは敗戦の年の暮れに政府が出した「大赦令」や「勅令七三〇号」によって戦時下の治安維持法で検挙され、有罪の判決を受けた者がすべて無罪にされたということから、治安維持法に文句をつける再審請求などは必要ではない、とする解釈だったのだ。

あれほどひどい拷問で多数の殺人犯罪までやった特高警察の権力犯罪を見逃して、泣き寝入りするようなことは断じて許せない、と考えた私たちは、少数の者ではあったが共同でその不法を告発したのであった。私たちの告発は七年間の裁判闘争で、三名の特高警官たちの有罪判決をかちとることができた。ところが、一九五二年の日米単独講和条約の発効で、特高たちの有罪判決は特赦で無罪放免されてしまった。支配権力はどこまでも彼ら自身の犯罪を隠そうとして特高を守ったのである。

私たちはさらに彼らの権力犯罪を追及して、五年前から横浜事件再審裁判を請求し再度の告発を行なっている。二年前の春三月末、横浜地裁は私たちの告訴に対して二つの理由で「棄却」を通告してきた。一つは裁判記録がないこと、二つには特高警察が行なった拷問に証拠がないこと、の二つである。もちろん私たちは直ちに東京高裁へ抗告した。ところが一昨年の暮れに、その東京高裁もまた棄却処分をしてきた。今度の理由には特高の拷問は「やらなかったとはいえない」と、しぶしぶ肯定しており、また裁判記録も裁判所で焼却したことで無くしたことを自ら認めたのである。

私たちはその年の一二月二四日に最高裁に対して「特別抗告」して、国側の権力犯罪を追及しているわけである。目下最高裁で結着をつける段階を迎えているが、もしも向坂先生がご健在だったなら、私たちのこの再審請求運動にきっとご賛同くださって、最後まで見届けていただけたであろうと確信する。

このたび、五十年ぶりに奥様をお訪ねして、その昔、等々力の向坂先生の書斎で快活に談笑された先生のお姿を胸に思い浮かべ、追懐の念にたえない次第である。

〔『社会主義』一九九一年二月号〕

曽根正哉君の回想

1

無条件降伏の一九四五年の暮れのこと。旧知の岩崎徹太さんが住んでいた田園調布のお宅を久しぶりに訪ねた折、徹太さんの紹介で初めて会ったのがソネーリンこと曽根正哉君であった。

ご存じのように岩崎さんは岩崎書店のご主人で、だいぶ前に亡くなられたが、大変若者好きで親切な人だった。岩崎書店はそのころ三田四国町にあったから、近くの慶応大学の学生たちのたまり場になっていたらしい。

当時は、書物好きな学生というと、どうしても左翼傾向でマルクス・レーニン主義系統の本になじんでいた青年が多かったようだ。岩崎書店をたまり場にしていたグループの一人に杉野龍三君がいて、ぼくはその杉野君とは一九三五年（昭和一〇年）来の友人だった。

ハッキリ言えば、杉野君とは東京外語学校（今の東京外国語大学）のロシヤ語専修科の夜学で同期生だったのだ。ぼくは一九三一年の夏に和歌山県の新宮中学で「新中タイムス」を創刊したが、その創刊号で校長排斥の告発文を書いたために、退学処分を受けてしまった。

四年生のときだった。塩見亀蔵という校長が、二、三の教師をつれて芸者遊びをした話が伝えられた。ただの飲み食いなら問題じゃないのだが、丁度そのころぼくたち新中生全員が学校のプールをつくるための献金を集めていた。そんなことで、塩見校長の「芸者買い」はぼくらのプール資金に手をつけたと伝えられたわけだ。血の気の多いぼくはもう黙ってはおれなくなって、「塩見校長プールを飲む」と大きくトップ記事に書いた。

カンカンに怒った塩見は、即座にぼくを呼び出して「お前はこの中学を即時退学だ」とぼくを退校処分にしてしまった。塩亀がそのつぎにぼくに言ったひと言が効いた。

「お前はこの中学に残すわけにいかんだけじゃない。即時退校だが、もうひとつお前は祖国ロシヤへ帰れ！」と放言したのだ。

十五歳だったぼくは面くらった。好きでもなかった中学を退校にされるのは別に何でもないことだったが、「祖国ロシヤへ帰れ！」のひと言は、その後のぼくの人生を決定したと言ってもよい。「反面教師」とは、まさにこのことを言うのだろう。

杉野龍三君との出会いはそんないきさつからであったが、杉野君からはソネーリン（曽根）君のことを早くから聞き知ってはいた。

つまり、慶応大学の予科の共青グループのメンバーには面白い人たちがいたらしい。

「慶応の三奇人」と言われた曽根正哉君、杉野龍三君、もう一人が田沼栄君である。

2

前記の通り、ぼくがそのソネーリン君に初めて会ったのは敗戦直後、岩崎さんの紹介だった。そして後に、祐天寺うらのぼくの住いへ時おり訪ねてみえた。酒好きなお互いのことだったから、ぼくたちの酔っぱらいぶりはご想像にお任せしよう。

そんな祐天寺時代（四六年～五五年）にソネーリン君のことで忘れられないことが二つある。

ひとつは、ぼくが連座した「横浜事件」（戦争末期の言論弾圧事件）で同じ職場（中央公論社）の友人の和田喜太郎君が別件で検挙され、獄死したいたましい話を伝えたとき、ソネーリン君はすぐにその和田君の郷里の京都へ行ってお墓参りをしてくれて、お墓の土をひとにぎりお土産にしてぼくのところへ持ってきてくれたのだ。

和田君はソネーリン君と同じ慶応大学文学部のフランス文学科出身だったこともあってか、ぼくの話を聞くとすぐ京都へ出かけたのだった。ソネーリン君のそんな友情にはぼくも感心させられたことを忘れない。

もうひとつは、皆さんもご存じのように、ソネーリン君には奇妙なくせがあって、考古学的な趣味からだろうが、奇岩怪石が好きだった。ある日、住いに近い祐天寺駅（東横線）の構内で、ソネーリン君は枕木《まくらぎ》の間に見つけた小石を拾ったのだ。その様子をみつけた駅員がレール沿いに歩いていたソネーリン君を「電車妨害」として捕らえてしまった。そして目黒署へつき出された。

三鷹事件などの怪事件がつぎつぎに起こされていた時だったからでもあろうが、ソネーリンの一件を代々木の党までが、「反党スパイ事件」だとして彼を除名処分にすると発表した。

ぼくはそんないきさつを黙認できなかったから、早速細川嘉六さんに事情を伝えて、ソネーリンに対する党の誤解の除名処分を取り消すようにしてあげたいと、そのようにはからってもらった。

間もなく彼は釈放され、細川さんのはからいで処分も取り消された。これでぼくもホッと安心したのを覚えている。

3

そのあと暫くしてからのことだが、ソネーリン君は永田広志文庫を主宰している本村四郎氏をぼくに紹介してくれたり、原爆の図の丸木位里、俊ご夫妻を紹介してくれたのだった。

また、今から十余年前に谷中の全生庵で、ぼくたち横浜事件で検挙され、獄死や病死の被害を受けた者一三名を追悼する法要を営んだことがあった。導師は山田無文禅師であった。ぼくはソネーリン君にその法要に参加してはどうかと案内状を出したら、彼はこの法要に出席してくれたわけだ。そんな機縁からではなかったかと思われるのだが、ソネーリン君は山田無文禅師ともつながったのであった。

古い友人たちも一人去り二人去りして、淋しくなってゆく今日このごろである。ソネーリン君こと曽根正哉君ともついにお別れのときが来てしまった。追悼の念切なるものを感じている。

さようなら！　わが友ソネーリン！

［『唯物論研究』五八号、一九九六年一〇月刊］

西園寺公一

西園寺　公一　さいおんじ・きんかず

一九〇六・一一・一—一九九三・四・二二　参議院議員。日中国交民間大使［学歴］オックスフォード大学卒（一九三〇年）［出生］神奈川県横浜市［受賞］第一回人民友好使者賞（中国政府、一九九一年五月）

元老西園寺公望の孫。学習院大学へ進まずオックスフォード大学（英）を卒業したあたりに公一の性格をみる。一九三六（昭和一一）年太平洋問題調査会のヨセミテ会議に尾崎秀実とともに参加。以来、尾崎と友人になる。そのころ写真雑誌『グラフィック』を創刊する。外務省嘱託。三九年「日本国際問題調査会」を設立、代表となる。近衛内閣のブレーンとして「朝飯会」のメンバーとなり、風見章、松本重治、牛場友彦、岸道三、蝋山政道、平貞蔵、笠信太郎、佐々弘雄、尾崎秀実らと月二回くらい会合して意見や情報を交換した。四一年松岡洋右外相に同道して、ソ連、ドイツ、イタリアをめぐり、スターリンやムッソリーニ、ヒトラーらと会う。四

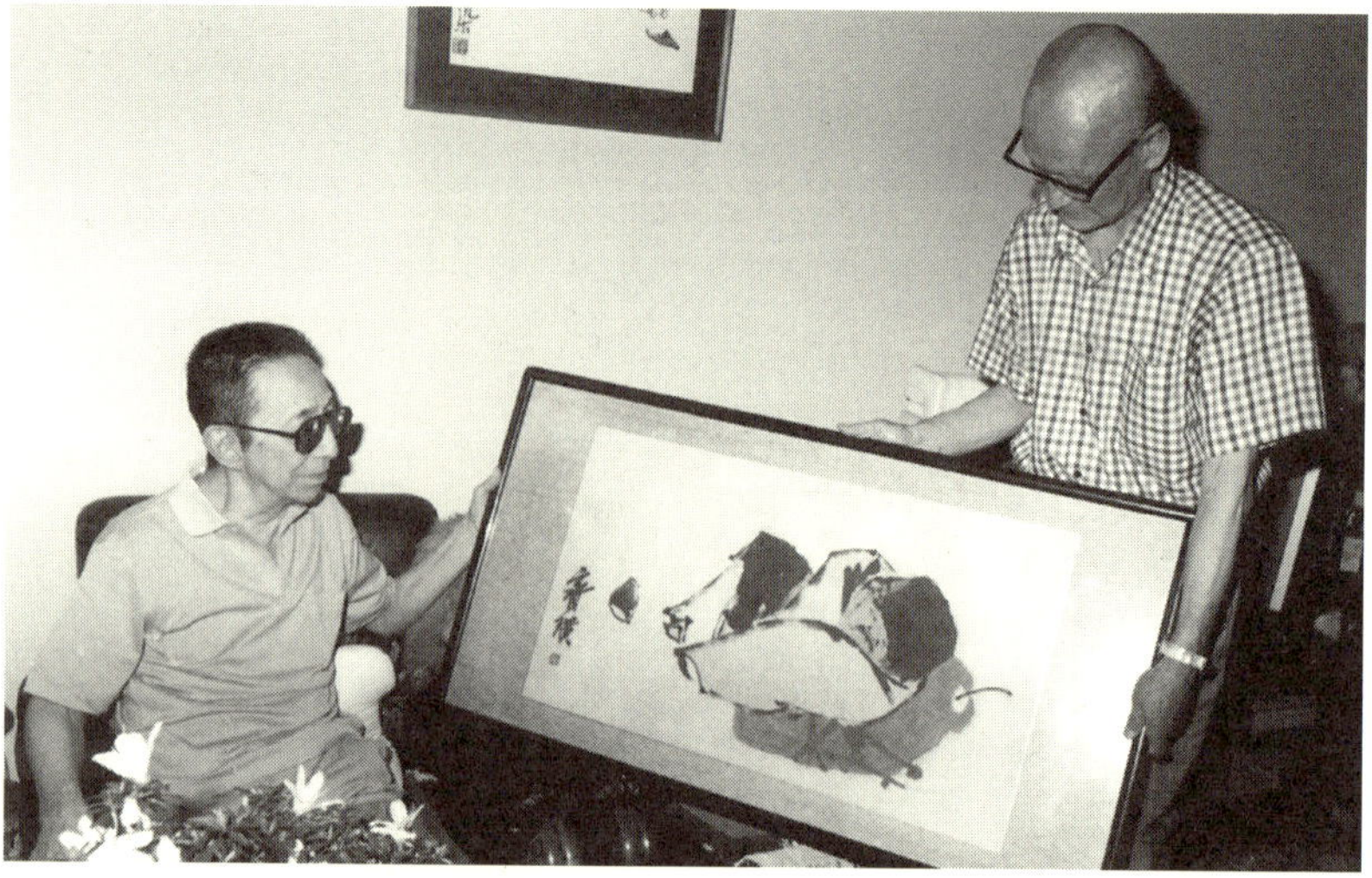

西園寺公一氏（左）の自宅にて

二年三月、尾崎・ゾルゲ事件に連座、投獄され、四三年一一月、懲役一年六月執行猶予二年の判決を受けた。

　敗戦直後、四六年一月『世界画報』（グラフ雑誌、編集長は木村亨）を創刊して日本軍が長期にわたって侵略した中国をはじめ、アジア各地における惨酷な侵略の傷跡をグラフ写真でみせた。さらにニュールンベルグ裁判の実況や、安田徳太郎博士の特別通報をえて中国各地に生体実験の犯罪を展開した七三一部隊の隊長だった石井四郎中将が米軍のはからいで戦犯を逃れ、アメリカに渡る直前、彼の自宅に取材するなど、日本の戦争犯罪の罪状を追及した生ま生ましいグラフ記事を掲載した。

　また別に月刊誌『ひろば』をも四七年四月に創刊した。四七年の第一回参議院選挙に全国区から出馬、高い得票をえて当選。無所属議員クラブ会員議員として活動。同じ無所属議員であった大山郁夫が西園寺に「初代大統領に推せんしたい」と話したことは知られている。五〇年、日中友好協会の設立に参加。五二年一一月、ウィーンでの諸国民平和会議に出席。五六年三月には、日中文化交流協会の設立に協力した。五八年一月、中国政府の要請に応えて、一家をあげて北京に移り、日中友好樹立の大任を果たすため、一二年間、民間大使として活動した。とくに五八年九月、風見章（団長）、細川嘉六（副団長）、伊藤武雄、中島健蔵らの対中国謝罪使節団一行を北京に迎え入れた業績は特筆すべき記録であろう。この当時の主な仕事には、六二年のLT貿易協定設立への尽力。翌六三年七月バリ島で開かれた「アジア・アフリカ作家会議」への出席。六四年から北京で開始した日本人記者団と廖承志らとの「朝飯会」参加。同年平壌で開かれた「アジア経済セミナー」や、六五年二月の「アジア・アフリカ経済セミナー」（アルジェ）へも出席。

そのあと六六年二月、日本共産党が突如として西園寺の除名を発表したことは中国に対してもショックを与えた。六七年四月南村志郎を責任者とする東京連絡事務所を港区西新橋に開設。七〇年八月帰国。中国は七一年一〇月、国連代表権を回復。七二年日中国交は回復した。帰国後も、中国側の要請で、病床に伏せるまで二〇年にわたって毎秋の国慶節には北京に招待された。

九一年五月、中国政府は西園寺に対して、第一回人民友好使者賞を贈って表彰した。周恩来の信望は西園寺が日本人の中では最高だったといわれる。忘れえないエピソードのひとつ。五九年三月、浅沼稲次郎が日本社会党訪中使節団長として北京を訪問した際の演説「アメリカ帝国主義は日中両国人民の共通の敵である」との名文句は、西園寺が浅沼に託した原稿だったと言われている。著書には『貴族の退場』『北京の八木節』『過ぎ去りし、昭和』などがある。（木村亨）

〔『近代日本社会運動史人物大事典』日外アソシエーツ、一九九七年刊〕

現代民話考

○神奈川県横浜市。昭和一八年五月二六日、僕は神奈川県特高チームに寝込みをおそわれた。いったい何のために捕ったのか判らない。僕の編集活動はごく普通の商業出版であり合法出版である。しかし横浜の山手署での拷問はすさまじかった。その日の夕刻二階の特高取調室へ引き出された僕は、入り口に近い板の間で土下座させられた。取り囲んだ特高刑事は五、六名、いずれもギャングさながらの凶暴な人相で、手に手に木刀や竹刀、こわれた椅子の足などをつかんでいる。柄沢警部補の目くばせで僕を後ろ手にしばりあげて手錠をかけ、いっせいに木刀や竹刀でなぐる蹴る、泥靴でふみつける、という暴行をはたらいた。「きさま、共産主義者だろう、白状しろ！」「違います、僕は共産主義ではありません」「何を！」またなぐる、蹴る。そして「わたくしは共産主義者です」とワラ半紙へ書くと、手錠をはめられた僕の右手の親指の腹に朱肉を押しつけ、拇印を押させた。「これでよし、この野郎、あとから文句をいってみろ、小林多喜二の二の舞を覚悟しろ！」多喜二は拷問の果てに殺されている。このようにして僕は共産主義者に仕立て上げられた。翌日は、森川警部補に呼びだされ、今度は一年前、泊で細川嘉六さんに招待され、出版記念会をしたことを「共産党の再建会議」だろう、白状しろと責めたてた。丸太棒を七、八本並べた上に、ランニングとさるまただけにして正座させる。更にそのひざの上にとびのって、ごしごし土足で踏む。「あれは出版記念会だ、うまい魚を食べにいったんだ！」「うそつくな」と、木刀や竹刀でなぐる足で蹴る、ロープの束でなぐりかかる刑事もいて僕は失神した。こうした拷問がくり返されたが、僕は遂に友人の名を出すことなく耐えた。もし、ひとことでも誰かの名をいえば、またその友人は捕えられ、拷問を受ける。なぜこのような目にあったか。それはとうとうたる侵略戦争の拡大と、それにひとことでも反対する人間を逮捕し拷問し、死に到らしめる当局があったからだった。細川嘉六さんはこの状態を憂えた。「この情勢ではなにが起るか判らない。しかしわしはどうしてもこの日本の行き方を黙認できない、だから肚をきめて書く。諸君にも協力ねがいたいが、どんなはずみで捕われの身になっても、決してなにごともしゃべってはならない」そういって書かれたのが昭和一七年、八月、九月両月の『改造』の巻頭を飾った「世界史の動向と日本」という論文であった。これが大本営報道部によって摘発され、細川さんと親しい編集者達や友人が検挙され、ありもしない共産党再建会議がつくりあげられていったのだった。

話者・木村亨。回答者・同右。

○富山県。細川嘉六さんが『植民史』（東洋経済新報社）の印税が入ったので郷里である富山県の泊へみんなで旅行にいこうとぼくたち若者を誘った。すでに東京は食べるものもなく耐乏生活だったから、泊でおいしい魚を存分に食べさせようということであったらしい。僕は中央公論社、それに改造社の相川博、小野康人の両君、東洋経済の加藤君、それに満鉄の平館、西尾、西沢の三君、計七名の若者はすでに墓参のため泊に帰っておられた細川夫妻を追って、昭和一七年七月四日上野を発った。泊の沖へ舟を出して魚を釣り、新鮮な魚の御馳走をたらふく食べ、どじょうすくいを踊ったり、串本節をうたったりしてさわいだ。戦時下、息詰まるように切迫していた東京から解放された楽しい数日だった。しかしこれが〈泊会談〉という共産党再建準備会だというでっちあげの対象になり、関係者はつぎつぎに特高によって検挙され、はげしい拷問を受けた。

話者・木村亨。回答者・松谷みよ子（東京都在住）。

○京都市。これは『世界文化』という雑誌に載っていた真下信一さんの話です。この雑誌も特高のために廃刊となり、真下さんも取調べを受けた、その時「お前は〈いちじくの会〉というサークルをつくっているだろう、何故そういう名をつけたかいえ」とどなられた。誰かが今日食べたいちじくがおいしかったから、このサークルを〈いちじくの会〉にしようよ、といってきめたのだというと、特高が、「それじゃ、ほんまのことというたろか」という。いってくださいといったら、「いちじくの実をよくみてみろ、表は妙な色をしとるけど、ひと皮むいたら中はまっ赤じゃ」つまり赤い思想グループの偽装団体だというわけです。特高はこんなふうに、何でも赤いということに結びつけるんですね。赤い背表紙の本を持っていただけでひっぱられた人もいたくらいです。

話者・木村亨。回答者・同右。

拷問の果てに

昭和一九年もおしつまった師走の某日夜半に、未決囚の独房の外側についている赤い報知機がパッと灯ったのを看守の土井郷誠さんが見つけた。以下土井さんの話である。

その独房にはだれも入っていなかったのに、その夜半ポカッと赤い灯がつきました。この報知機は外からは絶対につけられないで房内からボタンを押さなければつかない仕かけでした。不思議に思って急いでその房のドアを開けて入ってみたのですが、だれもいません。ひとりでに灯がついたのだから、そのときは私もゾッとしました。ところが、その後もまた別の看守が私と同じ経験をしたと言うのです。これはきっとその房で亡くなった人が、何か訴えたいことがあってその霊があの赤い灯をつけたんじゃないか、苦しみぬいた恨みからそんなことをしたのだろうと話し合ったものでした。二度もそんなことがあったので、拘置所の職員間で話題になりましたが、実はあの空房は『中央公論』の浅石晴世さんのいた十六房だったのです。

浅石さんが亡くなったのはそんな出来ごとがあったひと月前の一一月一三日のことでした。警察の特高にひどい拷問を受けたので浅石さんが持病の肺結核を亢進させ、その朝俄かに大量の喀血をし、その血で喉をつまらせて亡くなったのでした。まことに悲惨な、いたましい限りの最期で、私も暫く呆然と浅石さんの苦痛にゆがんだデスマスクをみつめていましたが、こみあげてくる涙を抑え切れませんでした。

その日の夕方、だれの迎えも見送りもなく、刑務所の裏門から浅石さんの遺体は運び出されてゆきました。独房のあの報知機が一度ならず二度までも点滅したのも、当然といえば当然のことではありませんか。

神奈川県・木村亨／文――

［松谷みよ子編『現代民話考　銃後』立風書房、一九八七年四月刊］

運動史を語る

柴山正雄君の日記抄

——一九三六年ころの一青年の思想と悩み

1

一九三五年の秋ころだったか、東京外語の専修ロシヤ語科(夜学)で同級生だった佐藤正二君や杉野龍三君とつれだって、内幸町にあった東北ビルという木造の古い建て物の二階の唯物論研究会の事務局を訪ねたことがある。そこで戸坂潤さんの『ドイッチェ・イデオロギー』の読書会が開かれていたからである。

唯研事務局には本間唯一さんと伊藤至郎さんが行儀よくデスクに向って書きものをしていた姿が目に残っている。

その日、戸坂さんとの間で『ドイッチェ・イデオロギー』に関してどんなやりとりを交わしたかはもう覚えていない。ただぼくは初対面の戸坂さんが白皙の温顔でぼくたちを迎え入れ、時世のファシズム化を憂えて辛らつな批判の言葉を早口で話されたことだけは忘れられない。鋭く、軽妙にファッシズムを諷刺する戸坂さんの評言に七、八名の出席者から思わず同感の笑いが吹き出したりしたものだ。

その読書会がいつごろまで続けられたものか、ぼくは二、三度参加しただけで、阿佐ケ谷にあった戸坂さんのお宅へ一度訪ねたあと御無沙汰してしまった。ぼくが戸坂さんの読書会をサボったのにはそれなりの理由があった。そのころ重い肺患で病床にあえいでいた一人の親友を見舞う日が多くなったからである。

一九三五年から三六年、三七年へかけての時世に、ぼくたち青年層の思いが何に寄せられ、何を考えていたのか、つまり当時の若者の思想と精神状況を知るうえで、この親友の日記抄を紹介しておくことは、ささやかではあるが時代のあかしになると考える。

2

その友人の名は柴山正雄君である。一九三三年から三四年に検挙されるまで中央大学予科の共青最後のキャップであった。非転向で釈放されたが、肺患のために、出所後暫く自宅静養の後、鎌倉山の療養所へ移り、一九三七年五月一二日若冠二十三歳で亡くなった。

ぼくは三七年五月一一日の夕、柴山家から正雄君危篤の報を受けてかけつけたがすでに遅く、お通夜の晩に母親から貰った正雄君のノート(日記)一冊が形見に残された。次にその最後のくだり三六年八月から三七年一月までのうちの一八日分をぬいて御紹介したい。

3

一九三六年八月一一日
性慾が人間を堕落させたのではない、人間が性慾を堕落させたのである。

性の解放は人間再建のモメントである。

人間とは動物の止揚である。然るに性の卑猥化が人間を動物以下にしているのだ。

性慾にモラルを押しつけ、又これによって束縛するのではなく、性慾自らにモラルを生ましめよ。

もっと明るく！ 男女両性の結合が偉大なる交響楽の如くに！

八月二七日
戦うことは幸福であり、屈することは不幸である。——(Ｍａｒｘ)
汝自身の意志を斗い取れ、汝自身の意志とは革命への意志に他ならない。

九月八日
新しい自己回復は、何よりも情慾から自己を解放すること、そして情慾を卑小から又汚辱から浄化すること。

情慾も自己完成及び自己を豊饒化する把手とならねばならない。

女性に対する自己の態度を確立すること。生々としたモラルはただ性と人格との平等を基礎にして始めて達成せられる。思想の女神の美は絶対的である。それ故に彼女の復讐は決定的に行われる。

以上極めて平凡なことを生活の中に生かすための努力——この努力のみが自分を強化する。

九月一五日
肉体的苦痛に対する忍耐力と恣意、慾望に対する統禦力とを斗い取ろう。

焦燥は失敗の言わば玄関口に当る。

現実を打開して変革する力を、このために批判的精神と実行力とを統一する意志が必要だ。

人間をその高貴さからと卑小さからと、即ち同時に反対に働らく二面を掴むこと。これは平凡なことだが、指導の要掟である。

腫れ物の切開の時を掴め！ 即ちその時まで凝視して待つ力と、その時にメスを当て、切開する力と。

一〇月五日
実践的であるというだけでは不十分だ。行動の冷徹性を斗い取らねばならない。
行動の冷徹性。「敵」——対立形態。〔現実性、確実性、打算性、貫徹性〕
憎悪を組織すること。
吾々の精神が革命的な情熱に燃えれば燃えるだけ行動は冷徹性を持たねばならぬ。即ち両者の関係は反比例的である。
日常斗争にのみ浮き身をやつす時、吾々は捕えられる。捕えられては駄目だ。

一一月一日
死して死を超克する道がある。稲妻の如き閃光が自分の頭を通り過ぎた。これは新しい生活への最初の霊感であった。すべてのものが新しく再評価さるべきだ。何よりも思想が。思想は生命である。それは原理プラス態度である。人は思想に生き、思想に死ぬ。
フェニクスの譬えは象徴的である。俺の腐しょくしつつある肉体は一度焼きつくされねばならぬ。思想の焔によって。腐しょくしつつある肉体をして思想の燐光を放たしめよ。それが人間としての俺の再生への唯一の道だ。

一一月二日
（1）逃避性（その日暮し、一時逃れ的）（2）確立されざる自己（自己区別の欠如、他人に対する甘ちょろさ）
対立の諸相
△精神と肉体　△理性と情熱　△理論と実践　△理想と現実　△自己（個性）と社会

一二月一二日
自己批判の対象は過去一〇年間の生活である。そして言えるだけのことは既に言い尽した。しかし、事実これから自分は過去を克服しうるであろうか？
過去一〇年間は将来の二〇年間を決定しはしないか？　とまれ、前進せねばならぬ。だが単なる前進であってはならぬのだ。むしろ更生でなければ。
自己、——自由と独立との確保
『最後の言葉』の追求のために一切の障害を排すること。思想に生きるか、情慾と共に滅びるか？　暴力に毅然たるか、屈服するか？
生活に光あらしめよ！〔ラジカリズム〕

一二月一六日
知性の薄弱は蔽い難い。もしも過去一〇年間が情慾の放縦とそれに伴なう悔恨自責とのみが生活の中心であったとすれば、現在の知性の薄弱は当然の結果であろう。

生活を思想し、思想を生活せよ。現実を現実的にdenkenし、spekulierenせよ。持続的に課題の設定と解明と。

・論理的思考力　道徳的責任能力　この二者を欠除した反省はそれ故根本的でも本質的でもなかった、まことの反省は無かった。

・生活に対しては何よりも放縦、恣意に代るべき規律が（プランではなく実現されるところの）求められる。自律（責任・自重・自発性）

・生活は思想そのものでなければならぬ。論理は生活に実現されねばならぬ。

・哲学――変革の哲学。

・Leidenschaft、情欲的なるもの、これも思想に吸い込まれる。むしろ情欲の思想化が可能でなければ、思想は主体化されない。

・帰結（過去の）

生活の建設

第一、哲学及び経済学の勉強――真理追求。

第二、道徳的反省。人格の確立。

第三、病患の克服――規律。

敵〔放縦――恣意〕情欲、暴力、虚偽（内的）、ファッシズム（その強制と暴力と）との斗争

・一九三七年〔哲学〕（A）Hegel, Kant, und Feuerbach,（B）Bergson, Nishida, Tanabe

一九三八年〔経済学〕Smith, Licard―Marx und Lenin

一二月一八日

心に憂悶なく安らかなことはあっても病苦の絶える間はなかった。この三年、そして第四年目が来ようとしている。生活は全体から言えば激しい動揺と澱んだ暗鬱にある。周囲に影響されること余りに多く、思想の純一に沈潜し得ることは稀であった。煩わしい凡人のその日その日の生活とはかかるものであろうか。

社会の圧力に堪えかねる。欲望の空しさと深い悔いとからは何らの新しいものも生まれては来ない。理論討究の自由が客観的にも主観的にも確立されていない。そして最後に、実践的な意欲は自棄と放恣の行為にくらまされて終ったのだ。

何ものが価値あるもの、確実なるものであろうか？　何処に行動の基準が置かるべきであろうか？　そして何から始めるのか？

暗い。望みうる将来さえ灰色である。この状態は最悪なのだ。恐らく何ものによっても救済され難い。心底の微かな焔は遂に消え去るのか。

リアリティとは何か？　何処にそれが求められるのか解らないのだ。

一二月一九日

理論的及び実生活上の二領域における、又両者の深き関連における Aufgabe の設定と討究の努力。恐らく〔課題〕が生活を意義あらしめるかもしれない。課題（Aufgabe）の発展的持続性、これが又自覚的意志を確立するための最上のモメントかもしれない。

探求と組織と。斗いは目標と技術とを統一せねばならぬ。そして暫らくは探求に傾注しよう。

一二月二一日

孤独は深く味わうべきものである。骨に沁み入るばかりの寂寥は精神の糧たるものである。ここに私は独りいる。このことは無限の意味がある。なぜなら私は私以外の人間ではないからだ。

凝視、自己沈潜、感情の過剰を洗い去り、苦痛の煉獄の中に静思する。――これは一つの法悦境だ。白い焔が見える時、私は私として在り、それ故に真実の中にいる。

人間は真《まこと》に在らねばならぬ。（存在の自覚）

静は永遠の動の刹那である。

ヒューマニズムの問題、即ち新しい人間の tipe の探求、性格の創造。新しい人間の型は社会変革のために組織し、かつ哲学する人間である。即ち組織人にして哲学者である。この人間のいる所には組織がある。革命的情熱による献身と行動の冷徹性が合一されている。又、批判＝革命である。故に

（1）思想的立場、イズムを堅持する。

（2）組織力、指導性。

（3）ラヂカリズム、執拗にして果敢。

（4）非恣意的、非衝動的、目的意識的、計画的である。

一二月二二日

世界・人間の危機とその活路、これが思想の課題である。活路は革命的なそれのみではないだろうか。弁証法把握の意義もここにある。

革命的弁証法は唯物弁証法であるかどうかを研究すること。

人間の感覚のうちで最も人間的なものは視覚である。だから人が悪を為すのは悪に（或いは慾に）目がくらんだからだという。見究める、看て取る、見とどける、ということも意味深い。

しかし、人はただ見ているだけでは何も解らない、というのは本当だ。『プッディングの味は食うてみるに限る』

衝動は生命の充実であると共にその欠乏をも現わすものだ。

衝動的ということは生の欠乏、貧しさのことになる。〔神経的衝動、恣意的行為〕

生活のテーゼ

（1）汝の神経を克服せよ。

（2）斗争する主体としての自己を確立せよ。

（3）思索せよ、思索せよ、更らに思索せよ。

一二月二三日

日常生活においての最上の態度は平静〔平然として耐えてゆくこと〕ということだ。何故なら、日常性は擦過的なものだから。

神経的刺戟、その反応、神経的衝動行為――これらは日常性の意味である。

非感覚的に、冷たく目醒めていなくてはならぬ。

『ただ見て過ぎよ、語るに足らず』

『現実は執拗なり』（レーニン）

自己鍛練

（1）思考〔論理的、洞見的〕

（2）情熱〔沈潜的、執拗的〕

（3）行動〔組織的、決定的〔的確〕〕

生活　平然たること、非神経的〔非衝動的、非恣意的〕

目的意識性〔『すべてに方法あり』〕

《生ける直観より抽象的思惟へ、そしてそれから実践へ》

一二月二四日

哲学の最高の精華たる弁証法の研究が何よりも必要になって来ている。一九三七年の勉強課題は弁証法を究めること。

先ず（1）ヘーゲル「大論理学」を中心にレーニン「哲学ノート」を参照して研究すること。（2）唯物弁証法と絶対弁証法との比較討究。（3）「資本論」（特に第一巻）における弁証法。（4）der dialektishe Materialismus は die Phiiosophie von **Kant** を如何に批判するか？

自覚せる意思によって統一せられたる自己は、その態度においてはモラリシュな最高の態度としては節操ということであり、それが日常性に対しては平然たる耐性即ち平静ということである。節操は何よりも世界観、主義の堅持であり、行動に冷徹あらしめ、感情に規律あらしめることによって保持される。

過去の無意識的逃避に代るに意識的闘争を、道徳的反省に代るに哲学的考究を、神経的衝動に代るに平静を、最後に無節操に代るに節操を。

一二月二五日

自己に与える言葉

『苦痛を平然として耐え、歩一歩徹底的に考究し前進せよ』

一二月二六日

俺の内臓や神経は最早傷み切っている。それだのに、俺の意識はまだ真面目に悟り切れないのだ、何という救い難いことであろう。何という愚劣さであり、軽薄さであろう。しかし、人間の品位とか価値とかは結局この点に懸っているのだ。意識が自己について悟達するかどうかに。零だ、なっていない。内省も祈祷も自責も遂に何ものでもない。汚辱だ、堕落だ、蔽い難い性格低劣だ。しかし、何よりも精神薄弱だ。

一九三七年一月三日

惑溺癖に対して肉体が堪え得ないということ、或いは熱中、集中の傾向に肉体が背反しているということ、私の不幸はそれ故に肉体の不幸である。苦痛は専ら肉体的である。苦痛は肉体をへて心に至る。もしも私に思想の苦斗が真実のものとなる時があるならば、それはただこの肉体が思想にかけられた時に他ならない。むしろ、矛盾の極、肉体を打ち捨てて思想に肉体あらしめるとき、と言った方がよい。肉体の苦痛は、それだけでは遂に人間を救わないのである。又、思想の苦悶は遂に肉体の此岸には至らぬのである。何時又何がこの二つのものを結合するのであろうか？　何時肉体は思想に到達するのであろうか？　だが思想は？　思想の恋人は肉体なのである。

新しいヒューマニズムは抽象的な人間の規定から出発してはならぬ。人間の本質が社会的関係の総和である、というマルクスのテーゼがヒューマニズムの新しい基点をなす。人間の本質規定が非歴史的であったこと、抽象的であったこと、非実践的であったことが従来までのヒューマニズムの欠陥である。現代においては、特にヒューマニズムは大衆の組織の力に訴えることを以てする戦斗的な性質を備えているのが当然と思われる。何故ならヒューマニズムは斗い取らるべきものとなっているから。

一月一〇日

私は再出発の現実的意義を執拗に問うた。第一に理論的討究を再び生活の中枢の事業とするために。第二に感情の（情熱の）鍛練を日々正しく行うために。しかし、何よりも問題は、生活全体の目標、抽象的＝形式的な図式としてではなくて、生きた実践的目標の完全に近い喪失を再び取り戻し、更らに前述の二項によって確実にするということであった。私の生活感情・気分は荒廃していた。（肉体と共に）

果たして再出発は現実的に準備され基礎づけられていたであろうか？　私は自己の目標の回復とは何か、何故に必要なのかを具体的に掴み得なかったために、かかる疑問には否定的に答えねばならなかった。しかし、今日、私はやっと「回復」の意義を悟る第一歩に達することを得たと信ずる。誠に私は生涯の目的を、実際的な放棄の意図とその行為によって日々抹殺したに他ならない。心底においてそうであったが故に、理論の討究をも怠らざるを得なかったのだ。遂に自らを偽くことは出来なかった。心底において一面この欺瞞と裏切りとは反駁され、否定されたのは事実であろう。しかし、それはその場限りのものでしかなかった。というのは、生活の日常性のために私はこの対立を直視するのを恐れたからである。

今や私は心底におけるこの対立を承認することから始めねばならぬ。目的への確歩か？　日常性への屈服か？

何故に私の窮局目的は観念的なものであったか？　又何故に私はこの目的を放棄せねばならなかったか？　一言を以てすれば、社会的存在者としての自己が対立意識において把握されていなかったからだ。それ故に私の思想も行為も社会の重圧と反動に対して脆くも敗退したのだ。この場合、目的は何等血肉を以て掴まれてはいなかった。――以上の事情を悟った私は社会的存在及び社会的存在者としての自己を探求する必要に迫られた。その上に新しいコースは築かれるべきであった。しかし、感性的に、尚かかる生活への出発のために欠けたものがあった。それは真に生活の全体から私が無反省になって心底の対立を看逃したからに他ならぬ。そして卑小さが。

（一九八三・一二）

〔『永田広志研究資料集5』一九八四年八月刊〕

第6部

本を読む、本を作る

書評

森川金寿編著
『細川嘉六獄中調書―横浜事件の証言』

毅然たる抵抗の記録を初公開

『改造』や『中央公論』をつぶす言論弾圧の口実に使った〝泊旅行〟（共産党再建準備会）というデッチ上げ権力犯罪に対して真向うから真実を主張してついに免訴をかちとった細川先生の裁判記録が、戦後初めて森川先生の手によってここに公開された。（不二出版刊）

1

ご存じのように私たちの横浜事件の膨大な一件記録は日本の全面降伏直後、連合軍の進駐をおそれた裁判当局が自ら滅失処分してしまったのであった。本書の「はじめに」で森川先生が書いておられるように「海野晋吉弁護士が、『自分だけは徹底的に争いたいという細川被告の決意により、本格的な法廷闘争の準備のため裁判所の細川関係刑事記録を全部謄写せしめたものである。このために記録の原本は消滅したが、唯一その原型をとどめる本資料が保存されたもので、希有の記録資料と言えよう」

2

何といっても本書のイントロダクションとしては前述のこともその一つだが、森川先生のそうした「はじめに」と「解説」が導入役を演じてくれる。本書を編集されるとき私に語った森川先生のひと言がある。それは、「この時代の状況がよくわかり、時代の記録としても貴重なものです」ということで、本書を読んだ私の先輩の一人もこんな感想文を寄せてくれている。

「これだけの毅然たる調書は他に類を見ないものであり、私たちのはるかに及ばないところと深く感銘いたしました」

「解説」の五節は何れも本書を読み進める案内役になるが、森川先生が御自分の当時の体験談を交えた「私の青年時代」は、同時代人としての貴重な記録であり、二、「世界史の動向と日本」の節は、問題にされた『改造』誌の細川論文を簡潔にまとめて紹介されている。さらにまた三節の警察、予審でのたたかい、では拷問によって強制された相川、木村、平館らの手記は「平常の心理を異状な心理に転化させて作成された書類ではないか」と細川先生が当局につめより、それらの手記を書かされた三名の精神鑑定を申し立てているくだりは、本調書中の圧巻であろう。

3

裁判の記録とか資料にはおなじみでない皆さんにおすすめしたいイントロダクションは、まず何よりも先に「付録」から、それもその最初の「カッパ放談」から読み始めていただきたいと思う。その放談のいわれは、敗戦直後の一九四七年(昭和二二年)四月一日付で世界画報社から創刊された『ひろば』という小雑誌に、細川嘉六さんの紹介記事を掲載しようと考えた編集人(木村)の企画であった。戦後初めての参議院選挙に全国区から立候補した細川先生の生い立ちや人となりを、わかりやすい放談のかたちで私が紹介しようとしたものである。聞き手は大分前に物故された林広吉さんと私であった。

細川嘉六という人物の反骨がこの放談でも随所に現れているが、とりわけ本書の三六二―三六三頁のところではこんなくだりに出会わす。

「…(横浜拘置所に)そうして入っているうちに、天子さまが頭を下げたという――どうせ負けることじゃと思っておったがね――そうしたら裁判所で早く出てくれという。執行猶予にしてやるから我慢せよという。それはだめだ、私は裁判所か国家があやまらない以上は、ここは死んでも出やせぬぞ、私は日本が民主々義的に平和な発展をすることだけを望んだ、それは民衆に基礎を置かなければだめなんだ、私は軍国主義侵略に反対し、民主々義を主張した。この主張しか持っていない私に、わるかったと頭をさげよ、そうしたら出てやる、とに角大官連中がこの拘置所に入れかわる都合があるから、出てくれという(笑声)。」

4

「付録」には右の「カッパ放談」のほかにも細川先生の略歴とか著述活動目録や細川先生を知る手引きになる一、二の追憶や獄中訓もある。略歴には二、三ヵ所で補足したいこともあるが、本書を読むうえでは不自由を感じない。こうして本書を読んで誰しも感じると思われるのは、細川嘉六先生の終始一貫した抵抗の根性と姿勢である。

「日本にはレジスタンスはなかった」という説をなす人もいる。たしかに日本にはフランス、イタリアのようなレジスタンスはなかったし、言論弾圧を導いた横浜事件でも泊旅行に参加した私たちはレジスタンスどころか無惨な敗北を喫している。権力の拷問は言いわけにはできない。今度の私たちの再審請求もまた恥の上塗りに終わるおそれが強い。しかし、ここに本書のような本物のレジスタンスの記録があったのだから、「これがレジスタンスなのだ」と言えないだろうか?

『細川嘉六、相川博予審終結決定』のようなインチキな偽造文書を石川勲蔵予審判事から何度も見せられたが、細川先生は一言一句も認めずに否認し通したのである。横浜事件に連座した者たちでさえも、それが官憲の作った文書だったとしてやむなしと考えて、肯定的に是認した人が居なかったであろうか?

細川先生はそんな官憲（特高警察や予審判事ら）どもの勝手な文書偽造を断じて許さず、国家権力と真正面から堂々と対等に闘いぬいたのである。これがレジスタンスでなくてどこに真のレジスタンスがあるだろうか?

5

本書の表紙カバーに入っている「カッパ悠々」（色紙）は当時笹下刑務所の看守だった土井郷誠さんが第一舎の独房で毅然と正座していた細川先生に心服して、秋のある夜、ひそかに抹茶を立てて差し上げたら、大変喜んだ細川先生が、お礼に土井さんに描いてくれた一枚の色紙である。（拙著『横浜事件の真相―再審裁判へのたたかい』笠原書店、一九八六年刊参照）

（不二出版、一九八九年刊）

〔『横浜事件再審裁判を支援する会』一一号、一九八九年九月刊〕

書評
『禄亭大石誠之助』（森長英三郎著）を読んで思うこと

いわゆる大逆事件にされた今世紀最大の政治的謀略事件をご存じの方も少なくなってきたようだ。

社会主義者幸徳秋水の名は知っていても、ドクトル大石の名を覚えている人は殆んどいないかもしれない。事実、五年前に岩波書店から出されたこの本を手にしたとき、ぼくはよく聞かれたものだ。「大石誠之助ってどんな人ですか?」

大石誠之助が和歌山県新宮市出身の医者であり、社会主義思想家幸徳秋水と親交のあった人物で、どのように幸徳秋水らと係わっていたのか、またその大石がなぜ幸徳らとともに「大逆事件」被告として死刑の宣告を受け、処刑されるに至ったのか、といった詳しいいきさつは本書を一読されたならよくわかる筈である。

ぼくがいま敢えてこの本を書評の対象にした理由は、そんな人物紹介とか思想研究のためではない。ぼくが本書を借りて言いたいのは、この国の支配権力、とりわけ治安関係官僚どもの狡智についてである。もっとはっきり言えば、天皇制官僚どもの得意とする秘密陰謀計画の悪質な狡智を公然と暴露・批判しなければならない、ということである。

そんな古いことをいまさらなんで批判せねばならないのか。天皇制官僚なんて第二次大戦、いや太平洋戦争の敗戦と同時に消えて無くなったのではないか、もはや関係のないことではないのか、——現代の青年たちはきっとこう反問するにちがいない。

しかし、この国の支配階級の特権官僚どもにとっては戦前も戦後も旧態依然としてなんの変りもない大衆支配を続けているのにすぎない。いままでと同様に、支配体制をおびやかすような彼らに不利なことは決して許しはしない。現体制にとって反体制となるような活動を許すほど体制支配者側は甘くはない。

ぼくは今さらのように、デッチ上げられた「大逆事件」が現代日本史に果した重大な役割におどろきを感じるのである。つまり、この国の現在に及ぶ支配史のうえで演じた「大逆事件」なるものの影響力の深さに目を見張るのだ。

権力の狡智ともいうべきこの種のフレームアップ作業は支配階級の常とう手段であることに不思議はないが、明治四三年五月、六月のころ、幸徳秋水、新田融、宮下太吉、新村忠雄、古河力作、森近運平、大石誠之助、成石平四郎、成石勘三郎、高木顕明、峰尾節堂、崎久保誓一、内山愚童、坂本清馬その他二十六名を相ついで検挙告発して、翌明治四四年一月一八日、二十四名に死刑の判決。一月一九日その内の十二名に特赦、無期懲役に減刑。一月二四日死刑組の幸徳ら十一名を処刑。一月二五日に管野スガが処刑される。——この仕組まれたデッチ上げ事件のいきさつを考えると、当時のこの国の支配階級がいかに大衆の「革命への目ざめ」に不安と怖れを抱いていたかが知れるのである。切迫していたロシヤ革命や第一次大戦直前のデモクラシー思潮抬頭の気配などによる「革命思想」をこの国の大衆から遠ざけておくためには、これらの変革思想や民主・人権思想を悪質な「危険思想」として一般大衆の頭にしっかり印象づけておかねばならない。そんな危険思想をもつ「危険分子」を世間から切りはなして押さえ込むためには、大衆がびっくりするような「大逆事件」なるものをデッチ上げて反逆分子をきびしく処断し、一般大衆に対して警告を発するようにすることである。

国家権力のきびしいお仕置きに国民大衆を震え上らせて、馴らしておけば、国民大衆は政府権力におとなしく従順に隷属するようになる。現に明治一一五年の今日になるまで、ここに天皇の国が存続していること自体がその成功を証明している。また、この国の支配階級の革命恐怖症はそれほどにも定着したということにもなろう。

その成功は、何よりもまず「大逆事件」のデッチ上げに始まる幾多のフレームアップ事件の歴史的成果であった、と言って過言ではあるまい。御承知のように、そのあと昭和初期に制定した「治安維持法」の功績も忘れてはならない。三・一五、四・一六など相つぐ共産党弾圧事件から前大戦末期のぼくたちまでをも連座させた「共産党再建準備会泊事件」デッチ上げに至るまで、数え上げれば無数に近いだろう。

　権力に弱いインチキゲンツァ（インテリではない）が、支配権力にとってどんな存在になるのか、その役割を自得しておくことも別に大事なことにちがいないが、野人にとって現在もうひとつ大切なことは、支配権力がつねに用いるフレームアップの巧みなかくし芸をもう少していねいに見破り、見届けるだけの眼力（批判力）と胆力とを養っておくことではないか、とぼくは考えるのだが、どうだろうか？

（岩波書店、一九七七年刊）

（一九八二・一・四）

『永田広志研究資料集4』一九八二年刊

書評
西園寺公一著　回顧録『過ぎ去りし、昭和』

西園寺公一さんのこの書に一貫する思想をひと言でいえば、日中両国の国交回復に蔭になりひなたになりして苦心なさった貴重な歴史的記録である、といえよう。

　このことは、本書に序文を寄せた故周恩来夫人の鄧穎超さんの文章にも実によく表現されているので、その一節をご覧に入れよう。

「西園寺先生が北京におられる十二年余、ちょうど中日両国の関係は険悪な状態にあり、中日関係の正常化を実現するために、先生は寝食を忘れ、日夜たゆむことなく中日両国の民間レベルでの友好交流の仕事を多くなされました。

　中国の人々は習慣に従って、先生を丁寧に『西公（シィーコン）』と呼びます。その間、周恩来同志とわたしは、時々彼にお会いすることができ、彼の卓越した見識、高潔なる人格と勇往邁進の気概に、深く感動させられました。先生と陳毅、郭沫若、廖承志同志らとの間の深い友情も美談となり、中日両国民の間に広く伝えられています。
西園寺先生は、戦後の中日関係が発展する証人として中国人民から敬愛されています。先生が中日友好関係を促進するためになされた大きな功績に対しては、中国人民は永久に銘記しています。」と書いて、その終りに、
「本書は、必ずや、アジアと世界平和を維持し、中国両国人民の子々孫々まで続く友好のために努力奮闘している人々を励ましてくれるであろうと、わたしは信じております。」と結んでいる。

本年六月初め、久しぶりに中国を訪ねた西園寺さんが、日本人で初めての輝かしい「人民友好使者」の称号を授与されて帰られたことも肯けるではないか。

（アイペックプレス書店、一九九一年刊）
『ジャーナリスト同盟報』一八一号、一九九一年八月一日号」

あとがき
『フリーメーソンは世界を救う』山石太郎著

田尾岩太郎さん（ペンネーム山石太郎）の著書『人間と世界の改造者——楽園を創るフリーメーソン物語』を新書名『フリーメーソンは世界を救う』として復刻再刊するに当って、私は現時点で本書の持つユニークな特長を述べておきたい。

去る八月末、私は戦後四十八年間追及を続けてきた横浜事件の人権蹂りん問題を国連欧州本部の人権委員会へ正式に提訴するために、同志五名つれだってジュネーブを訪ねた。

私たちの国連人権委員会訪問の意義についてはここでは触れないが、私としてはこのジュネーブの人権委員会には特別の感懐を覚えるわけがあった。そして本書の復刻再刊がどれほど有意義なことかを立証する理由も皆さんに明確にわかってもらえると思った。

ひと言《こと》で言えば、このジュネーブの国連人権委員会こそフリーメーソンによって創られた機関だったのである。

現在でも日本人は第二次世界大戦終結直前に創られた国連という機関が、フリーメーソンの有志によってできたものだ

という事実をご存じでない方が多い。まして国連の人権委員会開設が、かの米国大統領夫人エレノア・ルーズベルトの尽力によったことを知っている日本人は稀である。

ここではフリーメーソン・エレノア・ルーズベルトが国連の人権委員会開設を主張した記録報告書について、私が手許に持つ資料から貴重な報告をお伝えしておこう。

なぜいまこんな報告を伝えるか、というわけは、今夏の第二次ロシア革命や東欧・中東その他地域の激動が、国連の存在と国連人権委員会活動の将来に向って、さらに一層の存在意義を高めることが明白だからである。

さて、エレノア・ルーズベルトがフリーメーソン中央記録所に提出した基本人権に関する記録報告書は三部作になっており、「富の原理」、「個人の原理」、「社会の原理」である。

その書は、人間再生産の基本人権が持つすべての欲望を究明し、それをどのように啓発して、その保障をどのように組織づけるか、という内容を考究したものだが、まだ公開されてはいない。

なぜその記録が公開されていないかというわけは、つぎのようである。

人間の欲望は歴史的に、生命体としても、宗教としても、科学としても、まだ完全には解明されていない。たとえば、生命の源にあると思われる欲望について宗教は、「悟り」とか「解脱」というような自我認識で逃避している。しかし、生命の存続で重要なことは欲望の充足による「納得」であり、「納得する人権」の原理は、個と全体の秩序として日々新たな装いで登場する。

記録では、完成された人間、完成された共同体社会については、人権のもつべき「富」の優先保障という形で完全なものになっている。その完全な「基本人権」の原理に従って欲望を裸にした充足原理は、権力支配制の国家史の時代を経過している現実からは遥かに高次元のものである。

この高次元のものを現実化するには「世界連邦学」の体系に溶けこませる思考が正しいと信じたフリーメーソン長老は記録報告書の公開を避け、それを大金庫に収蔵したのだが、エレノア・ルーズベルトの名を不朽にするために「ゴールデン・ブック」と名づけられている。

そこには、自由な人間の基本人権と権力支配のない社会構造論が論じられているが、ルーズベルト大統領の死後、夫人は国連の人権委員会のキャップとして山積する全世界からの人権問題に取り組んでその全生涯を捧げたのであった。

第二次大戦後の基本人権は、完全な自由と繁栄を前提にした自由生存の権利、生活のための住居の権利、教養・学問・技術を機会均等の教育として受ける権利、労働の権利、思想・言論・表現・休養・結社の権利、保健衛生の権利、病気治療と保養の権利、結婚の自由とセックスの自由の権利、拷問拒否の権利、証拠のない逮捕拒否の権利などに分類され、現在も世界中が基本人権をさらに開発して〝人権の原理〟を定着させる努力を続けている。したがって、国連人権委員会が将来に果たすべき役割は一層大きくなっている。

エレノア・ルーズベルトは基本人権に「富」を持たせる財源についてもこう考えていた。彼女は富というものが、親子伝承の縦の関係と労働の所産という横の関係で獲得することが人類史に略奪と戦争という罪悪をのこしたことから、世界機構の体制資本と地域機構の構造資本から生ずる利子財源と企業収益を財源とする世界的規模の財政で、全人類を年金制にする発想を持っていた。この発想はコンピューターの発達以前では実現不可能な高次元のものであったが、電子計算機の大型化によって人間の完全管理が可能となり、彼女の予測的情報分析は正確に人間と世界のビジョンを指向していたのであった。

エレノア・ルーズベルトはさらに、基本人権を確立するための前提条件としての整備はまず人間形成の原理条件と社会形成の原理条件とを矛盾のないようにすることから始め、平等な男女、夫婦、親子の問題、欲望の開発と倫理の問題、教育責任の問題など人間再生産の安全性の再発見が必要であるばかりではなく、政治の仕方、管理の仕方、経済・文化のあり方などを現実につくり出さねばならないので、長い時間帯が必要になる。

長い時間帯というのは過去観、現在観、終末観のユートピアのことである。そのユートピアを現実に結びつける作業はまた逆に大変な思考を要求する。エレノア・ルーズベルトの「ゴールデン・ブック」が二十万語を超える大部なものになったのもこのためだった。

彼女の希いは、人間の思弁が啓蒙されて、その行動の長期積み重ねによって、人間が人間の「基本人権の富」をつくるしか道が残されていないことの啓示にかけられている。

私が今夏のジュネーブの旅がこれからの私たちの人権運動に画期的な意義を持つだろうと確信したのも、以上に述べた「ゴールデン・ブック」にみるエレノア・ルーズベルトの基本人権構想からの強い示唆によるものである。

私は本書を最初に刊行したとき、「誰が人類を世界最終戦争から救うのか」と題してその終りにこう書いている。

「いままで恐怖と憧憬のなかに閉じこめられていた世界人類最後のユートピア、フリーメーソンの新世界を内部から素っ裸にした最初の書である。

近い将来、世界共通の新体制が起こるので、これはまさに今世紀最後・最大の驚異の書となり、日本人にはもちろん、全人類の幸福と安全を保障する教書となるであろう」

（たま出版、一九九二年刊）

（一九九一年一〇月三〇日）

アナキズムに里帰り

「リベルテール」二〇九号拝受、毎々お世話さまになっております。クロポトキンの大杉栄訳『青年に訴う』に感動した昭和初期からもう六十余年経ちました。

道中マルクス・レーニン主義にも道草をくったりしましたが、「マルクス・レーニン主義」の名のファシズム（スターリニズム、宮顕主義）ほどおそろしい思想・運動はありませんでした。齢八十に垂んとしてやっと、アナーキズムへ里帰りしました。

どうぞ今後ともよろしく御教示下さい。

田無市・木村　亨

〔『リベルテール』二一五巻五号、一九九四年五月刊〕

石井部隊長、戦犯を逃れてアメリカへ

石井部隊長、戦犯を逃れてアメリカへ

私たち横浜事件の被害者たちが加害者の特高警察（特別公務員）の無茶な拷問暴行を共同告発した敗戦直後のこと、私自身は西園寺公一氏らと共に『世界画報』というグラフ雑誌を創刊して、微力ながらあれこれ編集を続けておりました。

正確な日時は覚えておりませんが、極東軍事裁判であった「東京裁判」が始まっており、東条らの処刑が決まったあと、A級B級戦犯がつぎつぎ問われていたさ中での出来ごとでした。

戦時下に例のゾルゲ尾崎事件関係で一年間ほど投獄の憂目に遭ったドクター安田徳太郎さんと私とは旧知の間柄でありました。ある日、安田さんから私に次のような電話がありました。

「木村さん、私の京大医学部の先輩に石井四郎という軍医中将がおりまして、大陸侵略のさ中に中国で生体実験をやったらしく、その戦争犯罪の嫌疑を恐れてアメリカへ逃避を企てているとの噂が伝わってきましてね。この二、三日市ヶ谷の自宅に帰ったらすぐアメリカへ連行される様子です。貴君はグラフの編集者ですから今がチャンスです。すぐカメラマンをつれて石井の家を訪ねてごらんなさい」

石井の家を訪ねる

戦争犯罪の追求は国民自身がやるべきだと主張していた私は、安田さんの知らせに小躍りして早速わが社のカメラマン田村茂君と助手の渡部雄吉君をつれて、市ヶ谷の石井の自宅へ駆けつけました。かなり古びた和風の二階屋で、私は玄関の戸を開けて入るなり、「石井先生いらっしゃいますか」と初訪問の声をかけましたら、奥からご自身らしい長身の和服姿の石井中将がヌッと姿を現しました。用件を聞こうとした石井中将に私の方が先手を打って、「今度中将はアメリカへいらっしゃるそうですね」と切り出しましたら、彼はこりゃまずい、とでも直感したのか、急に奥へ逃げ込んでしまいました。逃げ込まれる前に田村君が石井を撮ってくれたかと、そばの田村君をふり向いたら、六尺豊かで容貌怪異な石井に圧倒されたか？　カメラを持ったまま田村君がそこに倒れているではありませんか！　私は石井を追って渡部君と一緒に応接間と書斎へ入って、仕方がないから置いてあったアルバムを引

っ張り出し、石井が写っている写真を一枚ひっぱがして持ち帰ることにしました。これでどうやら私の石井取材の責めをふさいだというわけでした。

　生身の石井を撮りそこなった田村君の失態は後々も渡部君と笑い話になりました。それでも私はこのときの石井取材をスクープとして多少の誇りを感じていましたが、それにしても何故大手の新聞や通信社の記者たちがこのとき石井を取材に来なかったのか？　不思議でした。戦争犯罪の追及は当時御法度になっていたのか、私には今なお残念でなりません。

　ドイツやイタリアがヒトラーやムッソリーニを国民自身が裁判をやってその犯罪と責任を明確にしたのに対して、私たちの日本ではなぜ国民が主体的に戦犯とその責任を追及しなかったのか？　そこに私たちは今なお大きな忘れ物の責任問題を感じざるをえません。私たちの七三一部隊展の貴重な事業とその果たす役割がどんなに大きく深い意義をもっているかは、必ず歴史が証明すると確信します。

〔『月刊731展』〕

戦犯秘話　ペスト菌爆弾事件の真相

　生きている人間を解剖台にのせて切り開き、生き肝をぬいて醤油で食ったという、例の生体解剖事件が横浜戦犯法廷で異常な注目のうちに最終論告に入った。生体解剖事件はこんどの戦争犯罪でも最も悪質な犯行の一つにちがいない。ところが、このおそるべき殺剖《ママ》事件や、ひと頃人心をしんがいした帝銀毒殺魔事件をはるかにこえるペスト菌爆弾事件の真相が、なぜか今までかくされている。

　話はちょっと古くなるが、終戦直後、正確には一昨年一月六日付の“Stars and Stripes”は二面のトップ記事に「日本軍部がペスト菌の実験に捕虜を使ったか？」という大見出しで大要つぎのように報じている。日本軍部はハルピンと奉天で、細菌戦の実験のために、アメリカと中国の捕虜にペスト菌を使ったが、終戦直前、ソヴェート軍がハルピンに迫ったとき、日本軍部は証拠隠滅のために、あわて、この実験所を空中から爆破してしまった。ハルピンと奉天で行われた惨虐な『人間モルモット』実験を指導した男は前陸軍軍医中将、ハルピン石井研究所長、石井四郎ではないかといわれている。石井は千葉県の大地主で、かつて戦死をよそおって、偽の葬式を行い、村長も情を知って黙ってそれを見のがしたということだが、満州から内地へ逃亡して現に生存しているのである。

　この問題について、ワシントンのアメリカ軍務当局は、厳密な調査の結果、日本軍部が広範囲にわたって細菌戦を展開する準備をととのえていた事実が発覚したことを、先週発表した、云々。この記事が出て約二ヵ月の後、同紙は再び「SCAP石井中将の潜伏場所を発見、取調べを開始した」一月十八日石井が東京に拘留された旨を報じて、ペスト菌爆弾事件がいよいよその真相を追求されるに至ったことを伝えている。同紙によれば、この事件を取調べる特別命令を受けたA・T・トンプスン中佐が急遽ワシントンから東京へ急行し、係官とともに七週間にわたって尋問を行い、軍医を含む二十五名の証人も呼び出された。石井はアメリカ人や中国人捕虜にペスト菌を注射した事実を否認したが、つぎのことを認めた。すなわち、彼は陶器製のペスト菌爆弾を考案したという事実を認めたのである。せんりつすべきこのペスト菌爆弾は日本政府から石井研究所に与えられていた年額六百万円の経費によって着々準備せられていたのであった。当時石井は部隊を総務、一部、二部、三部にわけていたが、その第二部が問題のB・KのAで（バクテリヤクリーグのアグレシィフ?）、東京軍医学校で製造したペスト菌をハルピンの満人に接種して生体実験をやり、奉天ではアメリカ人に同様の生体実験を行ったのである。又ペスト菌を蚤にうえ、ねずみにつけて放って成功している。当時広東に蔓延したペストはそのためだといわれ、もし彼のペスト菌爆弾が使用されたならば、おそらく原子爆弾にも劣らぬ威力を発揮したであろうといわれる。人道のためにあるべき科学や医学を最も残虐に使用する戦争の犯罪性はいわずもがな、ペスト菌爆弾の発明に至ってはまさに全人類破滅の脅威である。

“Stars and Stripes” 紙は、ペスト菌爆弾発明者石井四郎を評して、彼は頑固で残忍な性格の持ち主だといっているが、一見すぐそれと知れる人相で、鬼面人を驚かすていの凄味をもっている。彼は一九三六年以来満州医大教授として軍部と緊密な連絡をとりつつ、細菌戦の用意に専念していたのである。

〔『世界画報』一九四八年六月号〕

プールを飲んだ話

もう五十何年も前の昔話だから覚えている人はいないだろう。ぼくらは昭和三年の入学組だったが、その出来ごとは昭和六年秋に起こったのだ。そのころ新宮中学へ水泳プールをつくろうということで毎年新入生各人が一人五円ずつのプール建設基金の寄付に応じたわけである。

このプール基金が全部でどれだけ集まっていたのか、その金額は定かではない。

学校では、書道の学習時間があって、新宮中学の会計を担当していた人が習字の先生だった。もう五十を超えた年輩の人だったが、噂ではこの人が芸者町のとある若い芸者に惚れこんで毎晩のように通っているとのことだった。

そして結局、妻子を棄ててその芸者と心中事件まで起こしたのだったが、誰が言ったか、この先生の飲み代はすべてぼくらのプール建設基金から出ていたのだと聞いた。ショックを受けたのはぼくだけではなかった。

こんな不正事件はそのまま見逃がせない問題だと、ぼくはその真相究明に塩見亀蔵校長の責任を追求する決心を固めた。今でこそどんな中学、高校でもそれぞれの学校新聞を出しているが、当時はまだ御法度だった。ぼくの燃える正義感はそんな禁止をのりこえて、どうしても新中生の新聞を出して全校の生徒にこの不正事件の責任追求を訴えるべきだと思った。

ぼくは一人で「新中タイムス」という名の新聞を出すことにした。ある日の授業中に、教科書を前に立てておいて、ぼくは秘かにその原稿を書き出した。トップ記事だからそれにふさわしく「プールを飲んだ塩見校長」と題して一心に書き始めたときである。廊下を巡回中の塩見校長がうしろからそっと入って来ていたのを知らなかったのだ。彼は背後からヌッと手を出してその原稿をワシづかみに差し押さえると「木村、ちょっと来い」と校長室へぼくを引き立てて行った。あとはお察しの通りで、ぼくは「退校」を命じられたのだが、今でもこの「新中タイムス」事件を知っている同級生が一人いる。新宮にいる川嶋博君である。彼は広島で原爆にあった被害者なのでぼくは彼の健康を案じているところだ。

（新中第二八回）

［『かんとう新中会報』一号、一九八五年一〇月一日刊］

お祝いありがとうございます

人生は不思議なものです。僕のような愚か者がこんな倖せにめぐり会えるなんて。

これも、皆さまのお蔭です。もしも皆さまのご協力がなかったら、このめぐり会いはありませんでした。

一九三九年に僕が中公へ入社して、すぐに提案した最初の出版プラン『支那問題辞典』が幸いにも出版部で採用され、その監修者になった細川嘉六さんに、僕は初めて出会ったのでした。

人生は出会いだ、とよく言われますが、細川さんとの出会いほど僕の人生に大きな生きる契機を与えた人物は、他にありませんでした。

僕の出版企画『支那問題辞典』に心から賛同してくれ、熱心に協力してくれた細川さんが、ご自分の著書『植民史』と同時に出たこの辞典の出版祝いに、僕たちを郷里の富山の泊へつれていってくれたのがあの「泊旅行」だったのです。

一九四二年七月初め、泊町を中心に過ごした愉しい三日間の旅が、あれほどまで大きな言論弾圧事件にフレーム・アップされるとは夢にも思いませんでした。

権力犯罪というものの怖さをいやというほど思い知らされたのが横浜事件でした。この事件を特長づけたのは何よりも『中公』や『改造』に対する言論弾圧でしたが、第二の特長は、畑中元編集長が指摘されたように、拷問犯人どもが被害者の僕たちを不法に裁いた無茶な人権蹂りんの権力犯罪だったことです。

あのひどい拷問で、友人の浅石晴世君や和田喜太郎君、また西尾忠四郎君らが獄死したいきさつを思うと、その権力犯罪は断じて許せず、徹底的に追及し、糾弾せざるをえません。四十七年前の敗戦直後から僕たちが彼らの犯罪を共同告発して現在に至る半世紀に近い努力は、甚だ微力ではありましたが、知る人ぞ知ると申しても許されようかと愚考いたします。

はっきり言えば、横浜事件はまだ終ってはいないのです。なぜなら僕たちの人権は奪われ、失なわれたまま、回復していないのですから。

最近、僕たちの人権回復運動に共鳴し、協力してくれる人が次第に増えて来ました。特にジュネーブの国連人権委員会へ僕たちが日本の遅れた人権状況を提訴してから、一緒に闘ってくれる仲間がぐんと多くなっています。

この度、僕と一緒になってこの人権運動のすべてにわたって共に闘ってくれている人が松坂まきさんその人です。公害病患者でもある僕の病身を介護して、昨夏の八月には一緒にジュネーブまで行ってくれました。今夏もこの八月一〇日からジュネーブの旅でお世話になります。これからの僕たちの人権闘争の余生は苦難の多い闘いとなることでしょう。

しかし、この出会いと闘いは、遅れた日本の人権水準を世界に通用する人権日本に脱皮させるためには不可欠な闘いであり、この苦難を乗りこえる闘いの中にこそ僕たちの真の倖せがあると確信して疑いません。

〔『日本会々報』第一五号、一九九二年刊〕

秘密陰謀団にされたフリーメーソン

怪文書と吉野作造

怪文書の流布

半世紀前の大正一〇年（一九二一）のことである。六月号の『中央公論』巻頭に文学博士吉野作造の「所謂世界的秘密結社の正体」と題する一文が掲載された。四百字詰で百枚を超える長論文である。

当時、吉野作造はデモクラシー（民本主義）思想の啓蒙家として『中央公論』を舞台に活躍したことは広く知られているが、その吉野がとらえた問題にこの怪文書問題があったことを知る人は少ない。

短い紹介なのでその一端をのぞくにとどめるが、いったい怪文書といわれる問題の書とはどういうものだったのか、ここで取り扱われた秘密陰謀団「マッソン結社」とはどんな団体なのか、また本来のフリーメーソンとは何かを右の吉野の論文によって明らかにしてみよう。

本文の理解を助けるために、吉野が右の論文を執筆する以前に同じ『中央公論』の大正九年（一九二〇）一月号の雑評欄で書いた「マッソン秘密結社なるものについて」という短評を全文お目にかけておきたい。かなり広く流布されたと思われる怪文書について吉野が筆を執らざるをえなかったその執筆動機がよくわかるからである。

○マッソン秘密結社なるものについて

シベリヤに居る軍人が何を間違ったか、フリーメーソンとシオニズムとを混同して「マッソン秘密結社」なる空中楼閣を描き、これが自由平等博愛の宣伝によって世界を顚覆せんとする怖るべきユダヤ人の陰謀団だ、と独り決めに決めて隠密のうちに言いふらして居ることは公然の秘密である。これは愚にもつかぬ妄想なるのみならず、たまたまもって驚くべき無知蒙昧をさらけ出すものであるから、不問に付するに忍びずして十二月初めの黎明会において講演した。詳しいことは講演集に譲るが、その後聞くところによれば、この荒唐無稽のいわゆる陰謀計画は、去年の春すでに偕行社月報とやらに載せられたもので陸軍部内には余程早くからひろまったものだそうである。従って上級の将官連にもこれを真面目に信ずる連中が多いそうだ。然るに、去年十二月の「公論」という雑誌をみると、これにもA秘密結社の陰謀とやらいう題で、麗々しく同じ材料を並べて居る。A結社などということがすでに彼らの無知を証明するもので、つまりフリーメーソンのシンボルがコムパスと弧形尺度より成るを、その形だけをみてAと間違ったのであろう。

とに角内容を読んだだけで、荒唐無稽なることがわかる程度のものなのに、これをさも鬼の首でも取ったようにいかにも世界一の秘密を探り当てたかの顔をするのは実に噴飯の至りである。しかしこれだけならまだいい。聞くところによれば、東北の某県では県庁の役人が民力涵養委員と計り、時勢に適切な極めて有益な材料だと称して態々これを複製して役場、小学校、青年団、在郷軍人分会、県会議員、郡会議員、富豪、郡県立学校、図書館などに配らしめたということである。県庁の命を受けた郡役所では「出所確実にして根柢ある闘査に基けるものに有之、現下国民の一読すべき重要なる印刷物と相認め申候」と付言して居る。これがたまたま地方の問題となって当局の官憲に詰問すると、彼はどこまでも時勢に適切有益な印刷物と強弁して止まない。こういう頭脳の所有者が牧民官として民力涵養を計って居るという驚くべき事実を我々国民として看過することが出来ない。（用語は現代当用語に改めた。以下の引用も同じ。……筆者）

冒頭に「シベリヤに居る軍人」とあるのは一九一七年一一月のロシア革命に対する同盟諸国の武力干渉で、これに加わってシベリヤに出兵した日本陸軍の将兵のことである。

怪文書「過激思想の由来」

問題の怪文書は「過激思想の由来」と題するタイプライター刷りの百四十頁ばかりのもの。内容は四部から成り、第一篇は「世界革命の陰謀」、第二篇「シオン長老決議録」、第三篇「猶太牧師の猶太民族に与えたる訓令」、第四篇「マッソンの陰謀」となっている。これによってマッソン秘密結社の何であるか、そしてまたユダヤ人が何を計画しているかの大要を、同書のありのままに紹介しよう。

マッソンとは秘密結社の名称とされており、これを中心としてユダヤ人の企てている陰謀は、全世界を征服し、ユダヤ血統の王を立て、世界にユダヤ人の主権を確立しようというのである。（二〇五頁）

ユダヤ人はすべての国家を滅ぼしてユダヤ人専制の下に世界を征服統一せんとしているものとみられているが、かくの如き観察が真面目に受取られるべきものかどうかはしばらくおくとして、特にここに注意せんとするのは、西洋における流説は、この秘密結社の挑戦せんとする相手をただキリスト教国とのみ言ってすべての国家とは言わないという点である。マッソン結社なるものを日本にとって怖るべきものだと説くためには、この辺に手加減をする必要を見たのであろう。

マッソン秘密結社とは実はフリーメーソンリーを指してい

ることはこれを註釈してフリーメーソンなり（一〇六頁）と書いてあることでわかる。ところが西洋においてフリーメーソンリーのことはかなり広く知られているが、その会員は実はユダヤ人に限っているのではない。殆んど世界の人があまねく網羅されている。この訳者はフリーメーソンについて殆んど何ら知るところがなかったとみえて到るところにその無知を暴露している。たとえば『久しき以前より世界を擾乱し、遂には世界を支配しようとする組織立った秘密の結社がある。その名称は時代によって異っているが、目下はマッソン結社といっている。』（五頁）とあるが、フリーメーソンリーは時代によって名称を異にしたことはない。一体マッソン結社という名からしておかしい。フリーメーソンリーは時としてマソニックという形容詞で呼ばれることはある。しかしどうもじって読んでもマッソンという発音は出て来ないのである。甚だしいのは英国ではこの結社をフリーメーソンの名称で呼ぶが、ドイツ、フランス方面ではマッソン結社というなどと出鱈目をいっている。ドイツではフライマゥラライ、フランスではフランマソンヌリーで、マッソンとはどうしても読めない。

そこでユダヤ人がマッソン秘密結社を通じて世界を征服する方法はどうか。彼らの言うところによると、第一には、自由平等博愛の思想を鼓吹することによって民心の社会的帰趨を紊乱することである。第二にユダヤ人の有する広大なる金力によって世界の人の物質生活を極度に苦しめることである。第三にはさらに種々の手段を講じて人心の頽廃の勢を助長することである。第四にはこの種の運動の遂行に最も邪魔になる君主制を何よりも先に打破することである。第五に、かくしてなお世界征服の功を完了しえざる時は、遂に最後の大々的革命手段に出るというのである。

これらのことが第二篇の『決議録』と第三篇の『猶太民族に与えたる訓令』とに詳しく説かれている。

フリーメーソンリーが自由平等並びに四海同胞の人道主義の基礎の上に立って個人的道徳修養を専らとする団体であり、又一つには人種宗教等の差による各種族の抗争を排し、純乎たる四海同胞の大義の上に完全なる人類和親を主張するものであることは公知の事実である。そしてこれが『危険なる世界顚覆の陰謀の巣窟』だというのだから我々には不思議である。なぜかくの如き団体が世界顚覆の陰謀を企てているといえるのかといえば、彼らは言う。『自由、平等、平和の思想によって民心を荼毒弛頽し、主権と国家とを崩壊せしめ、暴民の擡頭を促し、漸を以てこれをユダヤ人の支配下に置かんとする』と。『自由平等というと一寸みると人道的だといって人は喜ぶ。そしてその背後の陰謀を知らぬから自分が人道のために尽していると思っているが、何ぞ知らんその陰には破壊、革命、暴動、ひいては国家の滅亡という怖ろしいものがはらんでいる』(八頁)というのである。彼らは自由平等の主張によってまず君主独裁制を破り、盲目な群衆の手に政権を移す。立憲君主制になったということがそれ自身すでに君主の主権を弱めることになる。なぜならこれは『主権者が政治の一部を臣民に与うることになる。即ち主権を弱めたものである』。(一〇頁)さらに進んで彼らは立憲政体を共和政体に導き、さらに無政府状態に引張ってゆく。ここに至って天下は全くユダヤ人のものになる。各国が無政府状態とまで行かなくとも、民主政体まで崩れた時は彼らの目的は達せられたのである。(一〇頁)かくして彼らは今日自由とか平等とか四海同胞とか真面目になって唱えているものは、皆人道のため、世界平和の進歩のために尽しているつもりであろうが、その努力のために何物が現われて来るかといえば、ユダヤ人の陰謀の遂行に便利な状態に外ならない。かかる状態を来さんがために初めから悪意をもって自由平等を唱えているものも少くないが、善意をもってこれを唱うるものといえども、畢竟マッソンの傀儡《かいらい》にすぎないから、うっかり雷同してはならないというのである。要するに『自由平等同仁なる語は、盲従的な吾人の諜者によって世界の隅々まで喧伝せられ、幾千万の民衆は吾人の陣営に投じ、此旗幟を担ぎ廻って居る。然るに実際をいうと此標語は到る所平和安寧一致を破壊し、国家の基礎を顚覆し、非ユダヤ人の幸福を侵蝕する獅子身中の虫であって、従って吾党の幸福を大いに増進したことは諸君の直ちに首肯せらる所であろう』(四一—四二頁)と決議録に述べている。荒唐無稽な作り話であるという面目はここにおいて遺憾なく発揮されている。

怪文書の正体

この本がいかなる拠があって出来たか、又これを作る時の考えはどういうものであったかを考察してその正体を解剖してみると、その出鱈目なことが益々明白になる。

これには西洋の種本がある。その種本はフリーメーソンリーとユダヤ人とに対する西洋人伝来の反感を利用してボルシェビズムに対する不信を唆らんがために作ったいわゆる為にする所あるいかさま本に外ならない。

然るにわが国の訳者は恐らくフリーメーソンリーのことも又アンチ・セミティズムのこともあまり御存知なく、従って種本の真意を諒解せず、自分達の頑迷な思想の宣伝に利用しようとしたものだと考える。次に簡単にこれらの点を説明しよう。

この本の第一篇『世界革命の陰謀』は日本人の作と断ってあるが、第二篇『シオン長老決議録』と第三篇『猶太牧師の猶太民族に与えたる訓令』の二つは共に明らかに翻訳である。

前者は僕の手許にもある。そこで最後の第四篇『マッソンの陰謀』もまた日本人の作ではないかと疑われる。そこで第二、第三の両篇はあまり正確ではないが西洋の種本の翻訳であり、第一、第四の両篇はこれを翻訳せる某日本人の註解とみてよい。少し精密に研究してみるとその註釈がまた全然原書の真意を取り違えているから面白い。最初僕がこの本を読んだとき、日本人の起稿と断ってある第一篇の趣意と、第二、第三両篇の趣意とがまるで違っているのに驚いた。やがて第四篇をみるとこれが又全然第一篇と同趣意で出来ているからこれは翻訳とはいうもののおそらく日本製の偽物であろうと考えたのである。

何れにしても本書は過激思想の由来を説いてユダヤ人の陰謀の恐るべきを警告せんとしたものであろうが、西洋の種本の作者の着眼点と日本でこれを利用せんとするものの着眼点がまるで違う。

まず日本の訳者は何の目的にこれを利用せんとしたかといえば、極端に頑迷な保守思想の擁護にあることは疑いをいれない。……自由、進歩、平和等の目的を有する一切の運動を皆マッソンの為す所だといって排斥している。即ち日本におけるこれらの文化的新運動のすべてをマッソンの汚名と共に排斥せんとするのがその根本目的であるようだ。驚くべき頑迷な反動思想で一貫していることは前段の紹介によってもわかるだろう。

さらに吉野は、日本版の訳者がとんでもない原書の読み違いをしているが、西洋の原書そのものがすでに途方もない出鱈目であるときめつけ、この原書がなんのために作られたか、その理由は欧米の民衆をボルシェビズムから引き離し、革命の伝播をなんとか食いとめようと策したからに外ならないと書いている。けれども『この目的は容易に達せられない。レーニン政府はロシアの民衆の間になかなか堅い根柢をもっている。のみならず自分達の国においても労働者階級はややもすればレーニンに加担して自国政府の反過激派援助の行動を妨害』（三三一―三四頁）しようとしている。何とかして民心をレーニン一派から背かせようと苦心しているのだが、効果があがらない。そこで最後の窮策としてマッソン結社の流説を作り出したのである。

フリーメーソンリーの精神

吉野はこの論文でフリーメーソンリーについては詳しくは改めて他日の解説を期しているが、その起源や組織について簡単に紹介したあと、その精神を略述してつぎのように書いている。

「この団体の標榜する精神主義は何かというに、四海同胞ということである。フランス革命の標語たる自由、平等、四海同胞は実はこの団体の旗幟に外ならない。これフランス革命は彼らの陰謀に出づと昔から信ぜられたことのある所以である。とにかく四海同胞という点が彼らの最も重んずる所だから、昔からヨーロッパに絶えなかった人種宗教の争いなどに対しては極めて激しい反感をもっている。人類はすべて唯一人の神の子だ。いろいろの教は明暗の差こそあれ、等しく神の光りを反映するものである。神は即ち宇宙の大建築士で吾々はその一素材に過ぎない。石塊はそのままでは立派な建築材料にはならないように、吾々もまた神の建築せんとする精神的宇宙の一分子たる使命を果すには錐やノミでいろいろ削りこなされなければならない。荒削りのままでは駄目だ。道徳的修養を必要とする。（中略）

今日殆んどすべての国際的運動は悉くこのフリーメーソンリーに関係ありといっても敢えて過言ではあるまい。しかも有名な世界の宗教家、政治家、学者、文人にしてこの団体に入っている者が非常に多い。当代の偉人としてはウィルソン、ロイド・ジョージ、ブリアン等を数え得べく、少し古い所ではイギリスのエドワード七世、ロシアのトルストイ、アメリカのマッキンレー等、皆フリーメーソンである。さらに遡ってはカント、ゲーテ、フランクリン、ワシントンその他数え挙げれば各方面に際限はない。フレデリック大王始めドイツの皇室にもこれに帰依する者が頗る多く最近ではカイゼル、ウィルヘルム二世を除いては殆んど皆フリーメーソンであった。してみると、フリーメーソンは危険どころか非常に結構な、この上もなく立派な団体だといわなくてはならない。僕自身にした所が縁故がないから入らないものの、出来たら是非入りたいと考えている位だ。西洋滞在中適当な機会があってこれに加入した日本人は、私の知人の中にも多少はある。知名の人としてはかつて外務大臣であった故林薫伯は熱心な団員の一人であると聞いている。とにかくフリーメーソンリーは危険な団体でも何でもない。むしろその一員たることを誇って然るべきものといっていい。」（三六頁）

またこの怪文書は、マッソン結社がユダヤ人の組織であると勝手に断定している点について、「フリーメーソンとユダヤ人とは直接の関係はない。ユダヤ人も沢山入っているにはいる。しかし、国によってはキリスト教徒でなければ入れないと決めているところもある。だからこの両者をごっちゃにするのは大変な誤りであるが、そうしてごっちゃにしたのはフリーメーソンに対する反感のみでは足りない。併せてユダヤ人に対するキリスト教徒一般の反感をも利用せんとしたのである。」（三八頁）と言い、つづく数頁をアンチ・セミティズムについて書き加えている。

四王天延孝らの世論操作

吉野作造の怪文書批判はその後の展開をみないうちに、次第に高まったこの国の軍国主義的風潮によってかき消されてしまった。怪文書を流布した側のフリーメーソン＝ユダヤ禍の宣伝が正しい真実の批判を圧倒したのである。言いかえると、大正デモクラシーは軍国主義との闘いに敗れたのだ。この間の消息を山石太郎氏は『日本フリーメーソンの概要』（ダイヤモンドグループ刊）の中でこう書いている。

「吉野作造は一九二〇年（大正九年）に、国際連盟を発足させたフリーメーソンの民主的な国際主義に魅惑されて、ヨーロッパの文献を集め、その厖大な資料にとりくんだが、軍国主義との闘いに敗れて、フリーメーソンの存在を紹介したにすぎなかった。その吉野作造と反対の立場からフリーメーソンを取りあげた四王天延孝は、国際連盟を脱退した日本軍部の侵略戦争を正当づけ、民主主義を抹殺するために、ナチスのヒトラーをまねて、フリーメーソンをユダヤの陰謀秘密結社ときめつけ、暗黒街の犯罪秘密結社を印象づけるような書籍を内外書房から刊行した。

だから多くの日本人は国際連盟のような民主的国際主義のフリーメーソンをユダヤの秘密結社だと誤信し、それを悪魔のような犯罪結社として恐れたのである。」

日本の軍部機関がシベリヤ出兵を正当化するために行なったこの怪文書キャンペーンはその後いっそう悪質な反フリーメーソン、反ユダヤ思想運動となり、系統的意識的また計画的に展開された。昭和の初期から敗戦に至る間の彼らのユダヤ禍宣伝は目にあまるものがあった。それはナチス・ヒトラーと固く手を握った彼らがついに大日本帝国を破局に導いた罪業の一つである。

そしてその反ユダヤ思想運動によってこの国の世論操作を行なった元締めが陸軍中将四王天延孝とそのグループにほかならない。

戦後すでに四半世紀を経ているが、この国には一向に民主主義や自由主義が根づかない理由の一つは彼らが戦前四半世紀にわたって強力に遂行したこの種の反自由主義と反民主主義の世論操作にあることは明白である。

大宅壮一氏が亡くなる二年前に、病床で私に語った一事を忘れることが出来ない。彼が第二次大戦中、日本陸軍の従軍記者に徴用され、東南アジア各国を歩いたときの話だが、インドネシアのある都市の一角に建てられていたフリーメーソンのロッヂを、日本陸軍と憲兵の一隊が彼の目の前で容赦なく無惨に打ち壊したのを目撃したという。

（ダイヤモンドグループ主宰）

〔『伝統と現代』第一〇号、一九七一年九月刊〕

私の南方熊楠翁訪問記

1

いまこの現在、南方熊楠さんその人にお会いしたことのあるジャーナリストで、まだ生き残っている人がいるだろうか?――まあこれはヤボな問いで、冗談だが、実は私自身が南方さんに会った最後の編集記者ではなかったかと秘かに自負している。

以下、私が半世紀前に南方熊楠翁を田辺市のお宅にお訪ねしたときのことを書いておこうと思うのだが、記述の順序として、その前にまず私自身がその南方熊楠さんという人物に関心を向けたいきさつから話してみたい。

皆さんは、『南方随筆』という南方熊楠さんの名著をご存じだろうか?

その本は大正一五年ごろに、確か関書院という出版社から刊行された南方さんの随想録である。続篇も出されたそうだが、私はこの名著には一九三五年ごろの学生時代に神田の古本屋で初めて出会ったのであった。

もちろん私はすぐその書物を買い入れて下宿の三畳間で読みふけった覚えがあるが、正直言ってその中身はもう殆んど忘却してしまった。

とはいえ、私にも二つのことだけはその著作から教えられたと思う。その一つは、南方さんが若いときに国外へ出かけて、自ら進んでさまざまな苦労をなめつくした稀有の人物であったことであり、二つには南方さんの頭脳はまさに天才的な博覧強記のお人であったということである。

何よりも驚かされたのは、南方さんの語学の習得法である。こんなユニイクな勉強法は、後にも先にも南方さん以外には誰も思いもつかないことであろう。南方さんはいったいどうしたのか?

南方さんがそれを始めた場所はカナダだったか南米メキシコだったか忘れたが、できるだけ多数の外国語を学び、身につけたい一心から、南方さんはあるサーカス(曲芸団)に書記として入団したそうである。サーカスの営業はもちろん世界各国を巡回する旅興業であり、書記という仕事は異国でのお客さんの通訳係など雑務に携わる世話役である。

南方さんは異国を歩きながら、その地の娘たちから貰うラブレターを読むだけでもたいへんいい語学の勉強になった、と記している。

南方さんがサーカスの旅で身につけた外国語の数は驚くばかりであった。いったいその外国語の数が何十カ国語に通じていただろうか？　おそらくこんなに沢山の外国語に通じていた学者は、日本人にはもちろん国際的にも見当るまい。

2

さて、私が南方さんを田辺のお宅へ訪ねたいきさつを書いておこう。

それは昭和一五年一一月（一九四〇年）のことだから、今からまさに五十一年昔のことである。私はその前年の春、学校を出て初めて就職した職場が中央公論社という出版社であった。

当時はご存じのように中国・アジア侵略の十五年戦争のさなかであり、すべてが軍国主義一色にぬりつぶされた暗黒時代であった。

作家の堀田善衛さんが慶応大学の仏文科に在学中のころ書いた「あゝいやなこった」と題した厭戦思想の詩を、堀田さんと同級だった友人の和田喜太郎君から見せられて共感を感じたことも忘れられない。

人道上許し難い人殺しの侵略戦争をだら〳〵と十五年も続けていた天皇制大日本帝国に対して、私たち若者は心を傷めていたのである。

当時の天皇の命令がたとえ絶対服従だったとしても、そこに人間が生きる逃げ道はないのだろうか？――これが私たちの極限の苦悩の声であったことを忘れたくない。

そこで私の身上に返るが、私の現役入営は中央公論社入社の翌年四月一日だった。

憲兵や特高につきまとわれて、和歌山の中部第二四部隊に入隊した私は、入隊一週間後から早くも「現役免除」を狙って苦しい闘いを開始した。私はそのいのちがけの現免の闘いを別に書いているのでここでは省略するが、簡単に説明すると、真夜中に起き出して洗面所に出て、真っ裸になって冷水を頭から躰中にぶっかけ、水を拭かずにそのまま兵舎に戻って寝床にもぐり込むのだ。自身で風邪をひいて熱を出すのである。わが身を病身に仕立てるわけだが、この闘いはそれほど楽な作業ではない。結局私は風邪から肺浸潤になって陸軍病院へ入院したのであった。後半年間淡路島の岩屋にあった陸軍病院で静養ののち、昭和一五年一〇月に計画通りの「現役免除」を獲得して除隊することに成功したのである。私の本心はこれでホッとした思いであった。なぜなら、私は中国やアジアへのそんな侵略戦争に加担したくはなかったからである。

南方さんを田辺に訪ねたのは苦心惨たんして現免闘争に打ち勝った直後のことである。私は東京へ帰る前に約一カ月ほ

熊野灘にて（1992年10月20日）

ど郷里の新宮で静養したのち、上京の途上で田辺に立ち寄ったわけだ。

そのころ南方さんはもう病床に臥しておられた。私を招じ入れてくれた南方さんの枕もとには奥さんが座っておられた。

もちろん初対面の私には横たわった寝床の南方さんとの対応にはちょっと戸惑ったが、もとより直情径行型の私だったから、開口一番、例のロンドンでの孫文救出※の美談の大きな役割と意義を話したところ、耳を傾けていた南方さんは、私の切り出しことばが意外に面白かったのか、私の仕事などをたずねた。私は率直に現職を伝え、以前から尊敬していた南方さんには是非とも例の『十二支物語』を中央公論社から出させていただけないか、と頼んでみたのである。

意外も意外、熊楠翁はそのとき、私の率直な依頼に対して、その場ですぐこう返事してくれたのだ。

「よろしい。私の『十二支物語』は君のところから出すことにしよう」

南方さんのこんな快諾の返事は夢にも思っていなかった私は、すっかり嬉しくなって「ありがとうございました」をくり返しながら辞去した。

上京した私は丸ビル五階にあった中央公論社へ帰社の挨拶に出かけた。まず社長室へ嶋中雄作さんを訪ねて、入隊（入院）中に私にくれた励ましの手紙に感謝を述べたあと、早速、南方さんに会って『十二支物語』をわが社から出すことに快諾を得た報告をした。

案の定、私のみやげ話は嶋中さんをよろこばせたらしく、彼はこう語った。

「木村君、あれほどジャーナリスト嫌いの南方さんがよく君に会ってくれたね。これはありがとう。ご苦労さん。」

しかし、当時の暗黒時代である。思想、表現の不自由な時代風潮を考えると『十二支物語』がそのままで刊行が許されるものかどうか、社内でも慎重に扱われ、刊行準備は遅々として進まなかった。

翌年の昭和一六年（一九四一年）、南方さんはその刊行を待たずに逝去してしまった。

やがて、例の横浜事件という言論弾圧事件が突発して、中央公論社や改造社も解体休業に追い込まれ、『十二支物語』の刊行はどうなることかと案じられたが、結局、敗戦直後になって、中央公論社の営業局長だった牧野武夫さんが退社し、新しく牧野書店を創立してこの『十二支物語』を刊行したのであった。

※『南方熊楠日記』によると、孫文はそのとき支那公使館に捕縛されており、実際に孫文を救出したのはスコットランド人のマッカートニーという人であったということである。

［新宮市立図書館内熊野地方史研究会発行『熊野誌』第三七号、一九九一年一二月刊］

第7部

会員に支えられて

—— 会報より

私が人権に目覚めた横浜事件

ビデオを見て下さった方にはおわかり頂けると思うが、私の人生は横浜事件によって始まり、横浜事件に終わるといってよかろう。

今、私は自分の一生を改めて省みる記録を書き始めたところだが、何の才能も取柄もない平凡な私に自分自身の貴重な人権というものを開眼させてくれた横浜事件こそ、文字通りに反面教師として私の生涯を貫いたと思う。

五人の親友を拷問によって殺された横浜事件のように残酷な拷問を受けたら、どんなに鈍感な人でも、なぜにこんな目に遭わねばならないのか、とそんな拷問をやった犯人たちに対して不信を抱き、怒りを覚えるにちがいない。

人間が同じ人間をどんな理由を持っても暴行したり殺したりすることは許されない。

昔、天皇と臣民の封建的な主従関係では、天皇制に反することを不敬罪で取り締まったことはあった。しかしそれは戦前戦時の天皇制ファシズム下でのことだ。今の民主主義社会では、それは決して許されることではない。ところが、百年にわたる天皇教育のお蔭で、今だに権力者側は天皇制を復活させるために警察力で人民を臣民扱いにして乱暴をはたらく不法事件が相ついでいる。また、婦人たちに暴力を振う事件も多い。こんな権力犯罪は断じて放置してはならない。

それにはどうすればいいのか?

言うまでもなく私たちは今まで自分自身の人権にうっかりしていたことを率直に反省して、自分の尊厳な人権に目覚め、勇気を奮って自分たちの「人権宣言」をやってみせることである。実は、横浜事件の再審裁判を請求している私たちの狙いも、最高裁において、私たちの奪われたままの尊厳な人権を奪還するのが目的なのであり、この闘いに勝つことによって、私たちは自分たちの「人権宣言」を現実に勝ち取りたいのである。

それをきっかけにして、この国の民主主義を世界に通用する人権尊重民主主義国に引き上げたいと念願している。

［横浜事件を考える会『会報』創刊号、一九九〇年二月刊］

皆さんの熱意に励まされて

長崎市長襲撃事件やフェリス学院大学学長への脅迫事件が相ついで起こるようになって、「考える会」の集会は今年に入ってからぐっと質度が高まってきたと思う。

意見がちがうからといって相手を暴力で殺すファシズムはまったくの時代逆行である。

こうした傾向は人権じゅうりん、最も悪質な言論弾圧であり、私たちが体験した横浜事件と同様の苦い経験をくり返すことになるだろう。これは断じて許せない反民主的反動である。

いまのうちにこの危険なファシズム兆候を防ぎ止めなければ、と気づかう皆さんの気持ちが私たちの集会の内容を高めてきたのだと信じている。

つい数日前の早大での講義の帰りのことだが、熱心な学生たちの一団が私の帰途の電車へも一緒に乗り込んできて、私の話の補足を求めたのであった。その熱意に動かされて、私は話せなかった大切な一点に絞って二十分ほど車中話を続けてしまった次第だ。

その一点というのは、現代日本人の人権意識を鈍らせ、日本人自身の『人権宣言』を遅らせてしまった原因である〈天皇教育〉についてであった。

この大事なテーマに答えるには、私の車中談はあまりにも不十分で学生諸君には相済まなかったことだが、この国を世界に通用する人権日本国に引き上げ、脱皮させるには避けられない関所なのだ。

皆さんや学生諸君の熱意に励まされた私は、これからもその大問題と四つに組んで行きたいと思っている。そしてまた、このことが私たちの再審請求活動の重要な一環であると信じて疑わない。

［横浜事件を考える会『会報』二号、一九九〇年八月刊］

私たちの人権奪還闘争はこれからが正念場

私たちの横浜事件再審請求は皆さんの熱心なご後援に支えられ、励まされながら今日を迎えましたが、去る三月一四日付で棄却されました。今回最高裁が行なった人権無視の棄却決定は、断じて許すことのできない暴挙であります。

私たちの再審請求は、横浜事件の被害者が権力機関であった特高警察の残忍非道な拷問を、四十六年前の敗戦直後から共同告発しつづけて来た人権奪還闘争であります。告発理由は単に特高警察の不法な拷問を、被害者としての私たちが告訴して報復しようとしたものではありません。

真の告発理由は、長期にわたった日本の侵略戦争を内部から促進した天皇制ファシズムの悪法治安維持法を糾弾することによって、あの侵略戦争の戦争責任とその戦争犯罪とを追及する一翼を担ったところにありました。

権力犯罪の最大の罪科は戦争であり、拷問にみる人権蹂りんであります。

ところが政府支配権力は自ら犯したアジア大陸侵略戦争の責任を何ひとつ反省することなく、自ら行なった数々の人権蹂りん事件を戦後も四十六年間にわたって犯しつづけているのであります。

それは、敗戦直後にGHQから出た「人権指令」をサボり通して、治安維持法の撤廃もその実施を遅らせ、天皇制を護持した一例によっても明らかであり、国民一人一人が持つ主権者としての尊い人権を、戦後一貫して無視しつづけてきた事実によって明白であります。

私たちは支配権力が重ねてきた多くの権力犯罪の正体を決して許さず追及し、究明して、彼ら権力者が自らの犯罪を認めて私たちにその罪悪を謝罪する日まで、力を合わせてとことん闘いぬこうではありませんか。

私たちは私たちの人権奪還闘争を勝利の日までつづけることをここに厳粛に誓うものであります。

［横浜事件を考える会『会報』三号、一九九一年五月刊］

私たちの人権回復運動を今こそ

早いもので、私たちがデッチ上げの横浜事件に連座し、弾圧されてから丁度五十年、半世紀の時が流れました。日本の侵略戦争が十五年間も続き、一九四五年八月に敗戦となったその秋十一月に、私たち被害者が集まって「笹下会《ささげ》」をつくり、侵略戦争の手先をつとめた特高警察の無法な拷問を「人権蹂りんの特別公務員暴行傷害事件」として共同告発してからでももう四十七年目になります。

第一次の横浜事件は、犯人（特高警察）が被害者の私たちを裁いた事件だと言われる有名な権力犯罪でした。そして敗戦直後に笹下会が告発した第二次横浜事件は、被害者の私たちが彼らの権力犯罪を共同告発した事件です。

第二次の共同告発による横浜事件は七年間の裁判の結果、特高の拷問事実が認められて特高警官三名が有罪判決を受けました。しかし政府と裁判所は当時発効した日米単独講和の特赦で有罪犯人三名を無罪釈放して、彼ら犯人を守ったのでした。

そんな勝手な権力のやり方を許さなかった私たちは、一九八六年七月三日、横浜事件の再審裁判を請求して横浜地裁に告訴しました。これが第三次の横浜事件といわれるものです。

横浜地裁は一九八八年三月末に、控訴した東京高裁は一九八八年一二月に、裁判記録が無いという理由で棄却して来ました。そこで直ちに最高裁へ特別抗告しましたが、これまた一九九一年三月一四日、理由にならぬ理由で私たちの請求を棄却して来ました。彼らが理由とした裁判記録の欠如というのは、実は一九四五年八月の無条件降伏の直後に、彼ら裁判官や特高警官が戦争犯罪で追及されることを怖れて、横浜事件のデッチ上げ裁判記録を自らの手で焼却していたのでした。ここで彼らは自らの権力犯罪を二重に重ねました。

つまり、拷問によるデッチ上げと証拠湮滅という二重の重大な権力犯罪だったのです。

考える会の皆さまは御承知のことでしょうが、二十五年前の一九六八年に国連は大変人事な国際条約「戦争犯罪及び人道に対する罪に対する時効不適用に関する条約」を採択し、発効させました。今なお日本政府はこの大切な条約を批准しておりませんが、一日も早くこれは批准させねばなりません。私たちが昨年の八月末にジュネーブの国連人権委員会へ横浜事件の拷問の実態を訴え出たわけは、もうおわかりと思いますが、前述のような二重の権力犯罪の真実を訴えるためだったのでした。

　私たちはもちろん国内でも、第二次、第三次の再審請求をつづけてゆきますが、ジュネーブの国連人権委員会へも毎年告訴をつづけて、私たちにひどい屈辱を与えた権力犯罪をとことんまで（勝利するまで）闘いぬく決意を固めております。

　日本のような人権のひどく遅れた国を、なんとかして国際的に通用する人権国に解放する一助にも、私たちの人権回復運動を活用したいと存じます。

　会員の皆様！　今こそ私たちは私たちの人権運動を大きく広げてゆくことを、ともどもに誓い合おうではありませんか。

［横浜事件を考える会『会報』五号、一九九二年二月刊］

今夏こそ最大限のアピールを！
——第二次ジュネーブ提訴に当たっての決意

　皆さんの熱心なご協力のお蔭さまで、今夏も八月一〇日から一五日までジュネーブの国連人権委員会へ提訴にでかけることに決まりました。

　英語の不得意な私に、高橋敬基先生や森川金寿弁護団長が積極的に今回の提訴に御同行くださることは、何よりも嬉しいことです。

　国連人権委員会では新しく「拷問被害者基金」が創設されました。二百万ドル（第一回）が拠出され、全世界からさまざまな拷問の人権蹂りん事件が提訴されています。もちろん、これからが大切です。

　昨年八月に、私たちは初めて私たちの横浜事件の人権蹂りん問題をジュネーブへ提訴しました。幸い、NGO諸兄姉の目の前で、私たちは日本における拷問の実態を見せることができました。彼らは日本の野蛮な拷問警官の暴行に驚き、私たちは圧倒的な支持をえました。

　今夏もまた、積極的に国連人権委員会のロビーを活用して、ビデオ映写や拷問写真を展示してＮＧＯや国連当局の人々に広く働きかける予定です。
どうぞ皆さん、第二次国連提訴に御期待と御支援をお願いいたします。

［横浜事件を考える会『会報』六号、一九九二年七月刊］

国連ビルを背に（1992年）

第二回ジュネーブ提訴のご報告

去年のジュネーブ行きの成果を踏まえて、今夏のジュネーブ提訴も大きく前進したことをご報告できるのは嬉しいことです。これも皆さんの熱烈なご協力の賜と深くお礼を申しあげたいと思います。本当にありがとうございました。

今回のジュネーブ提訴は、ＷＣＣ（世界教会協議会）とのつながりの強い高橋敬基先生の献身的なご協力によって、予想以上の成果をかちとることができました。わざわざジュネーブ空港に出迎えてくれたジュネーブ駐在のＷＣＣの呉在植さんをはじめ、ＷＣＣ総務チャールズ・ハーパーさんとの出会いも大変貴重なつながりでした。

ジュネーブ到着第二日目の八月一二日午後二時から開かれた「アジア・太平洋地域対策会議」へはルネ・ワドローさん（友和会）のお誘いで出席できたうえに、議長指名で高橋先生が起って堂々十分間「横浜事件」のアピールを行ってくれまして、場内を大いに緊張させました。高橋先生の熱弁に続いて戸塚悦朗弁護士も起ち上がって私たちの「横浜事件」の不法を訴えて下さいました。戸塚弁護士の応援演説も大きな波紋を広げました。お蔭様で私も、例の拷問再現の拡大写真を皆さんにお見せすることができ、強い反応を得たこともご報告しておきたいと思います。この議場で、パーカー弁護士（三年前に日本のダイヨーカンゴクを視察して日本政府へ廃止を勧告した弁護士）が、親しく協力の声をかけて下さったことも忘れられません。

今回のこの貴重な発言は、九三年度の本会議での発言につながる大事な出来事であったと、私たちは予想以上の収獲によろこんでいます。

その翌日一三日は、全員で近くに散在する人権NGOの事務局を訪ねて歩きました。SOSトーチュアのエリック・ソータスさんともお会いしました。

ただ一つ悔やまれてならないのは、本会議場ビル内にある日本人の『記者クラブ』の皆さんと話し合う機会をつかめなかったことです。私たちのたたかいは一方で「情報闘争」であることをうっかり忘れた誤りです。これからの私たちのたたかいは、真実を明らかにするための情報闘争の意義をしっかりとわきまえて活動しなくてはならないと改めて自戒しています。

終わりに、これからこそ私たちの「人権を返せ」のたたかいを本気でたたかいぬく所存です。

［横浜事件を考える会『会報』七号、一九九二年九月刊］

望年座談会　ヤル気満々
第二次再審請求にむけて

出席者

木下信男（横浜事件を考える会代表）
木村　亨（横浜事件再審請求人）
高橋敬基（横浜事件を考える会事務局長）

活動をふりかえって
――素朴な怒りをバネに!!

司会　去年三月一四日に再審請求が棄却されました。内容をつづめて言えば、戦前戦中の治安維持法弾圧というか、人権侵害については、当局に責任は問えないというものでした。それに対する怒りが、運動として第二次再審請求に向けての取り組みと国連人権小委員会に訴えるというかたちとなったわけです。この二つを軸にして、来年に向けて話し合いたいと思います。まず、木下さんから。

木下　主要な目標を第二次再審請求におくならば、前回棄却の論拠をふり返って、運動の展望を切り開く必要があると思います。第一次再審請求棄却にあたって、それが応急措置法適用というかたちでなされていることは重要で、戦後民主主義のなかでの横浜事件の扱い方に注目する必要があります。

森川さんもおっしゃっているように、戦後民主主義の形成の過程で刑事訴訟法も改正されるはずであったのですが、米ソの冷戦構造にまきこまれた日本はアメリカの占領政策の方向転換もあり、反動化していって今にいたっているわけです。逆の方向で横浜事件が流れだした最初は確か一九五二年でしたね。

木村　そうです。事件に関連した三人の特高刑事がいったんは有罪とされながら、講和の特赦で獄につながれず、当局はその責任を問おうとはしなかった。

木下　敗戦後すぐ、自らの弱点になるような書類を焼いて証拠湮滅をはかった当局は、再審請求棄却を機にもう一度、横浜事件を歴史から抹殺しようとしたのです。こうしたことを視野に入れて、再審請求に向けて論をたてていくことが大切だと思います。

司会　最近問題になってきたアジアの民衆に対する戦争責任ばかりでなく、国内などの人権侵害などもいっさい葬りさってしまおうということでしょうか。

木下　特に一九四八年、新刑事訴訟法ができるころＧＨＱと司法省高級官僚との折衝・攻防の過程で、戦後民主主義が悲劇的なことですが崩れていきます。

木村　そのポイントは、敗戦当時の内務大臣ですが、あの山崎巌が十五年も経った一九六〇年に、自治大学校での座談会で「当局に不利な書類はみんな焼かせた」と発言、同席した当時の局長たちも大いに働いたと語り合っています。この記事を、カナダの女性研究者が図書館を捜しまわって、つきとめてくれました。これは大事な一つの証拠ですが、もう一押し、裁判記録をいつ誰が焼いたか、もしこれがわかるといいのですがなかなかみつからない。

高橋　当局の命令で、いろいろな書類を全国津々浦々で焼いた、というだけでは駄目ですかね。やはり横浜事件裁判関係書類に限らないと。

木下　裁判記録が手に入らないとむつかしいでしょうね。軍隊は、八月一五日天皇の放送の直後から焼きはじめたことが確認されています。しかし、内務省関係はもう少し後だったろうと思います。横浜の看守だった方。

木村　土井さんですね。

木下　あの方の話など振り返ってみると八月末から九月初めにかけて焼いたようですね。こうしたことの追及と同時にもう一つ、さっき申しました応急措置法の変遷の過程の把握も大事です。広島の山本老人や横浜事件は、応急措置法の適用によって再審請求は棄却されましたが吉田巌窟王の場合はそれがプラスにはたらいて再審無罪が確定しているのです。
高橋　私は、法というものは本来、利害が対立した時に第三のものとして設定するわけですから、基本的には人間を生かすものだと思います。
木下　同感です。応急措置法が再審請求に取り組むにあたっての根本問題ともいえますね。
高橋　日本というこの国では、法律が権力によって自分の力を保持するように使われて、本来のはたらきをしていないことを痛感しています。人を生かすという法の精神からいうと、棄却の論拠は通用しません。日本という小さな国のなかの、もっと狭い法曹界では通用するかもしれませんが、これは通用しないぞという単純素朴な怒りが強いです。
司会　私たちの運動のバネも、ここらあたりにあるわけですね。

ジュネーブの国連人権委へ
——国際人権闘争と連帯!!

高橋　戦後半世紀近くたって、いろいろなことが客観的にみえてきた。遅まきながら戦争責任も見直され、狭い国内の言いつくろいや法律いじりではすまなくなり、日本の司法そのものが国際的に問われはじめてきました。
木村　来年は、国際的な場面に従軍慰安婦問題や七三一部隊も持ちだされるでしょうし、持ちださせたいですね。ところが、学習院大学で先月開かれた小集会でしたが、国連の日本側委員である波多野さんが「ああいう問題は、とりあげたくない」と平気で言うんですよ。それくらい感覚がどうかしてしまっている。国連人権小委員会で従軍慰安婦問題の調査を決議したあとも「戦争に関することはいっさい受け付けない」と言うんです。
司会　そういう発言は問題ですね。
木村　日本政府の委員は、人権小委員会に行って「日本は厚生省にも法務省にも人権局を作ってちゃんとやっていて、何の問題もない」と日本での人権侵害を一つも認めようとはしていません。
高橋　朝日新聞の「ひと」欄ですから、お読みの方もいると思います。国連職員の白石さんが「日本から人権小委員会に訴えて外圧を期待する運動のやり方はもう終わった。日本人はもっと広い世界の人たちの人権問題をやるべき」と言っています。ある意味ではそうですが、おそらく外圧を感じているからこその発言ではないでしょうか。
木村　高橋さんも言われたように、日本の戦争責任や戦争犯罪の追及は、どうしても国際的なところでやらなければ。
高橋　この夏以降、人権のグループに会うと七つか八つの団体がカウンターレポートを書くと聞きました。しかし、一つ一つ、こういう不当なことがある、侵害があると提出して終わりということにせずに、私は全体を通して日本政府が黙ってお茶を濁していられないような土俵にひっぱりだす手立てをすべきだと思います。しかし、私たちには提訴権がありませんから、面識ができたパーカーさんを通じて発言してもらうとか、然るべき委員会でとりあげられるように工夫したいと思っています。

木下　そういう問題はどこからきているかといえば、日本政府の第三次のレポートを見れば明らかなように『いかに日本には戦争責任がないんだ、人権侵害がないんだ』ということを強調しているのと同じです。そこで、私たちは第二次再審請求を進めるとともに戦争責任を風化させてはならないというかたちで追及を続けたい。横浜事件なんかを国連に訴えていっても金ばかりかかって役にたたないという見方もあるようですが、訴える場所があればどこへでもいくべきです。

木村　一二月の九日、一〇日に東京で「日本の戦後補償に関する国際公聴会」が開かれます。アジアの被害者はもちろん世界中の人が集まる国際公聴会です。この場で、国内法はどうあろうとも国際法を優先するという「強制適用」が中心議題の一つになると思います。これは今夏ジュネーブでお会いした戸塚弁護士が話していたことですが、私たちも是非ともこれを活用したいと思います。

高橋　やったほうは無かったようにとりつくろっていくけれど、やられたほうはなかなか忘れるものではない。法律的に証拠がないと言うけれど、拷問された人が現にここにいる。戦後五〇年近くも放置されてきた人たちが、恥ずかしい、伏せておきたいという気持ちでも抑えきれない怒りをもって黙っていられなくなった。それも続々と。

木下　高橋さんが今夏、国連のアジア部会で発言された内容こそが、書くべきカウンターレポートの眼目です。

司会　この辺で、来年に向けて具体的にどうするかということについて。

現実をみすえて
――さらなる前進の追求を!!

木村　最高裁長官に公開質問状をだすということは今までにないことなので、絶対に世論を喚起できるでしょう。

木下　大きな運動として記者会見をしたり、イベントも考えましょう。経済的には負担かもしれないけれども。

木村　応急措置法にある不服申立てをできなくする、裁判を受ける権利を奪うものだ、と英仏独文に訳したりして、公開質問状の運動のキャンペーンをくりひろげたいのです。

高橋　この点については、ジュネーブで戸塚弁護士とお会いしたときに、「どのセッションに関係するのか」と弁護士やロビーストと話した結果、「10のＤ　裁判を受ける権利というのがあるが、再審についてはふれていないので、是非とも再審を請求できる権利を取りいれさせたらいい」というのを教えてもらいました。

木下　第一次再審請求は一九八六年でしたね。戦後四十年も経っていた。そこまでこぎつけるのに木村さんたちは大変な苦労をされた。請求人を九人十人と組織したり、相談にのって力を貸してくださる弁護士さんを探すことも。いま横浜事件を具体的に再審請求で共闘できそうなグループはまわりをみてもなさそうです。

木村　残念ながらね。

木下　事件後半世紀経って私たちは第二次再審請求に取り組むわけですから、状況はいっそう厳しいです。率直にいって木村さんも十月に喜寿を迎え、川田さんはお元気といっても八十歳です。亡くなった方もおられます。状況はこうですが、今まで私が語りかけた人は誰も皆、こんなことが法治国家で許されるのかと怒り運動を支持してくれました。多くの困難につきあたるでしょうが、経済的な援助も願いたくさんの人たちの知恵とお力を基盤にして、運動体を徐々に大きくして頑張っていきましょう。

司会　来年の国連行きについては？

高橋　経済的なことやジュネーブ滞在の期間もありますが、来年は少し早めに出発して遅めに帰国したらと考えています。国連人権小委員会の全期間は無理かもしれませんが、スイスの山近くに三、四人の部屋をとれば、高い航空運賃を払ってホテルに数日泊まるよりも、経費がふくらまないと思います。

木村　ありがたいですね。

高橋　ただ、その間の足の問題ですが早めに手をうてば協力してもらえそうな人はいます。

司会　今年は人権委員会の記録に登場したり、アジアの部会で発言できるという大きな成果がありました。

高橋　来年は、さっきも言いましたように、面識ができた人たちを通じて私たちの言いたいことを代弁してもらったりワークショップをしてもらうように準備しようと思っています。一二月の九日、一〇日の会場でも、お目にかかって関係を深めたいと思います。

司会　頑張ってきた甲斐があったような気がします。展望もみえてきました。今日はありがとうございました。

［横浜事件を考える会『会報』八号、一九九二年一二月刊］

ありがとう！　ジャネスさん　さようなら！

マツムラ・ジャネスさんはカナダのヨーク大学から一年半前の一九九一年九月に、博士課程の研究生として来日した。外国人学生としては珍しく、その研究テーマは「横浜事件」であった。

ジャネスさんと

早大の鹿野政直教授の研究室で鹿野教授の教示を受けられたことはもちろんだが、特高警察や治安維持法の研究で知られた小樽商大の荻野富士夫教授の協力も大きかった。ジャネスさんの研究は、短期ながら深く貴重な成果をあげることが出来たと思う。その成果は博士論文としてやがて公表される筈だが、私たち横浜事件の再審請求人にとってはまことに大切な研究成果を寄与してくれることと感謝している。

その成果の大きな一つは、日本が第二次大戦に敗北した一九四五年の八月に、当局の責任者たちが、戦争責任＝戦争犯罪につながることをおそれて、重要書類を焼き棄てるように全国の役所へ命令をしていた重大な証拠湮滅の事実を発見してくれたことである。

そんな重大な文書の一つは『山崎内務大臣時代を語る座談会』（昭和三五年九月六日、場所は地方財務協会）という五九頁に及ぶものであった。座談会の内容は何れ詳細に紹介するが、その席上で、当の山崎巌自治大臣（当時内務大臣）や奥野誠亮自治省財務局長（当時内務省財政課事務官）らが、公文書の焼却処分の決定について全国の役所へ通知した、と語っている。

奥野局長などはこう言っている。「一五日以後は米軍がいつ上陸してくるかもしれないので、その際そんな文書を見られるとまずいから口頭連絡にしようと（略）」

ジャネスさんは、このほかにも種々貴重な資料を見つけて事件の背景を研究してくれたが、去る四月一四日に帰国した。帰りぎわに平館登志子さんや小野貞さんに会ってもらった。

［横浜事件を考える会『会報』一〇号、一九九三年五月刊］

第三次国連提訴
今夏こそ結実のとき

権力犯罪「横浜事件」の被害者である私たちが、敗戦直後から「人権を返せ」の共同告発を始めて、五十年の歳月が流れました。

ご存知の通り、第一次再審請求は最高裁が一九九一年三月一四日、人権無視の棄却を行なったので、目下第二次再審請求の用意を進めております。

政治も裁判も腐敗堕落した日本に対して、改めて日本の戦争責任と戦後補償を問い直す国際的世論が高まりました。今やアジアの従軍慰安婦問題や七三一部隊にみた生体実験が、国際的に糾弾され始めて、私たちの横浜事件もまた日本の十五年戦争犯罪の一環として、ともどもに告発される気運が高まって参りました。

皆様のご熱心なご協力と貴重なご支援カンパのお蔭さまで、一九九一年夏の第一回ジュネーブ提訴を開始して以来、昨年夏の第二回提訴では「アジア・太平洋地域対策会議」で最初のスピーチを行なって、大きな反響を呼びました。

今夏の第三次ジュネーブ提訴こそは、私たちに対する「特高」の人権蹂りんを日本の戦争犯罪の側面として糾弾する本番を迎えます。国連人権小委員会で私たちが正式に発言権をもって上述の提訴を行なうときが、いよいよ迫ってきました。

事情をご賢察のうえ、度重なって恐縮ですがご協力をどうぞよろしくお願い申しあげる次第です。

［横浜事件を考える会『会報』一一号、一九九三年六月刊］

司法行政と被拘禁者の人権

横浜事件における拘禁に関する発言

国際連合
人権委員会
差別防止と少数者保護小委員会
第四五会期

第一〇号議題　司法行政と被拘禁者の人権
横浜事件における拘禁に関する発言
世界教会協議会　国際問題に関する諸教会の委員会

議長
世界教会協議会（ＷＣＣ）は、世界中の三〇〇以上の教会組織を代表して、日本キリスト教協議会（ＮＣＣ）と木村亨氏――日本における不公平な裁判の犠牲者の一人である――から国連人権小委員会のこの会期に対してなされる訴えを、支持したいと思います。訴えは木村氏自身と私が申し上げます。

第二次大戦中、アジア、太平洋への日本の軍事侵略を批判した市民はもとより、政府の戦争政策に同意することを拒んだだけの者さえも、多くが不法に逮捕され、残忍非道な処遇を受けました。この人びとはほとんどみな、残酷な拷問と、非人間的、屈辱的な扱いを受けりました。

この弾圧の大きな歴史的実例の一つが、横浜事件という名で知られているものです。一九四二年から四五年の間に、六十二人の自由主義的ジャーナリスト、平和主義者およびその友人たちが、共産党の再建を企てているとの口実で拘束されました。取調べと裁判は大戦終結の一ヵ月後まで続き、裁判所は三十二人を有罪としました。その中には、クウェーカー教徒の川田夫妻もいましたが、夫妻は一九四二年、アメリカ合衆国から横浜に帰ってきた直後に逮捕されたのです。川田夫人は拷問を受けただけでなく、性的暴力をも加えられました。残虐な拷問の結果、四名が獄死し、さらに二名が釈放直後に死亡し、さらに他の二名が釈放後一年にして亡くなりました。

私、木村は、残酷な拷問を受け、有罪の判決を下された者のひとりです。私はこの事件の他の被告たちおよびその家族たちと共に、私たちの奪われた名誉を回復するために、一九八六年、事件の再審理を請求しました。しかし、第一審、第二審の判決は私たちの訴えを棄却し、最高裁も一九九一年、この棄却を確定しました。

横浜事件は日本政府による人権侵害の典型的な例です。このような事件は、以下の理由によって、今日もなお、起こり続けています。

一、拷問

拷問はけっして単なる過去の戦争中の悪夢ではありません。戦後の時代を一貫して、今日に至るまで、拷問は起こり続けています。一九四七年に発布された日本国憲法は、「公務員による拷問及び残虐な刑罰は、絶対にこれを禁ずる」と宣言しています（三六条）。にも拘らず、拷問によって得られた自白に基づく冤罪が、今日なお後を断ちません。被告人の無罪を示す証拠があるにもかかわらず、身体的、精神的拷問によって強要された虚偽の自白に基づき、不公正な審理が死刑判決にまで至る事件は数多く存在しています。最も顕著な例の一つは、狭山事件です。被差別部落民である石川一雄氏は、一九六三年に虚偽の「自白」に基づいて殺人犯に仕立てられましたが、その「自白」は被差別少数者に対して偏見を抱く警察が、石川氏に強要したものでした。彼の無罪を示す多くの確かな証言と証拠があったにもかかわらず、一九七七年、最高裁はついに有罪判決を下しました。石川氏は今も獄中から再審を請求しつづけています。今日日本において死刑判決を受けた五十二人の囚人のうち、およそ二十人が再審請求をしたか、またしようとしています。

二、代用監獄

なぜ日本には今なおこのような著しい司法の誤りがあるのでしょうか。一つの大きな理由は「代用監獄」の制度であって、これは政府、裁判所および警察によって強力に支えられています。

この制度は一九〇八年に、監獄の不足を補うための暫定的措置として規定されたものです。日本の拘置所・刑務所は、ここ二十～三十年はかなり空いているのに、現在の政府はこの制度を保持しているばかりか、拘禁に関する二つの法案によってその恒久化を企てています。代用監獄制度の下では、被疑者は起訴される前に上限二十三日間まで警察署内の留置所に拘禁されます。しかも被疑者が二十三日よりもずっと長く警察の留置所に置かれるということが、たびたび生じています。というのは、初回の拘禁は別の容疑を理由に簡単に繰り返され得るからです。この拘留期間中、取調べは司法当局のいかなる関与もなしに、警察によって執り行われます。私自身、拘置所に移される前に一年間警察の留置所に拘留され、そこで拷問にかけられました。第二次大戦後でさえ、この制度は拷問の温床であり、あらゆる種類の残虐な、非人間的あるいは屈辱的な処遇あるいは刑罰の温床であります。警察留置所に拘留中は、被疑者は国選弁護人を得る資格がありません。被疑者が弁護人を選任することができた場合でも、被疑者と弁護人が会える時間は、取調べ官が拘留の全期間中にたった十五分の接見一〜二回に制限することが多いのです。日本においては、弁護人に相談する権利を有効に行使することは全くできません。

代用監獄制度が存在するかぎり、拷問と誤った自白とはけっして減少しないでしょう。

三、再審理される権利

一九四五年九月一五日、横浜地方裁判所は横浜事件で起訴された三十二人全員を治安維持法違反により有罪としました。この法律は、日本における思想・言論の自由を抑圧するために、一九二五年に定められたものです。唯一証拠とされたものは、残忍な拷問によって得られた虚偽の自白でした。ところが、判決後まもなく、政府の役人たちは裁判記録がアメリカ占領軍当局に読まれるのを防ぐために、記録をほとんどみな焼却してしまいました。

一九八六年に、元被告とその家族計九人が事件の再審理を訴えました。しかし一、二審は、今日証拠あるいは記録が何も残っていないため、事件の審理を再開することは不可能だと言って、訴えを棄却しました。一九九一年三月一四日、最高裁はこれら二つの下級審の判決を確定し、かくて私たちの名誉回復に対して扉を閉ざしてしまいました。この決定は司法当局の手による法（正義）の歪曲であり、日本国憲法三二条の否定であり、ICCPR一四条五（再審理される権利）に対する違反です。裁判の記録を消滅させたのは当局の者たちなのです。もし彼らが自分たちの下した有罪判決と宣告は証拠に基づいていたと主張するなら、今日でもその判決の正しさを証明することは彼ら自身がしなければならないことです。

四、日本政府の戦争犯罪

横浜事件は、全体主義的政府が国民を統制して侵略戦争を遂行するために思想・言論の自由を抑圧した、典型的な例です。現政府は、この抑圧が行われたことを認め、過去の誤った行為を正さないならば、戦後の憲法に保障されている市民の基本的人権を尊重しているとは見なされません。

私たち、WCC、NCC、及び横浜事件の元被告人とその家族たちは、この事件の犠牲者たちの名誉を回復するために、司法制度による公正な扱いを要求しています。この事件は、人間の権利と尊厳が真に尊重されるか否かの、試金石であります。私たちはここに、横浜事件に対する国際社会の注意を喚起し、この事件の再審理が開かれるように、日本に対し国際的な圧力をかけるための必要な手段を講じて下さるよう、願う次第です。

（一九九三年八月一三日）

木村亨　横浜事件の再審請求人代表
アル・センチュリアス

※アンダーラインの部分は木村亨さんが発言、他の部分はアルさんが発言しました。

〔横浜事件を考える会『会報』一二号、一九九三年一〇月刊〕

国連93
ジュネーブ10分間スピーチ

1

第三回目の私たちのジュネーブ国連提訴は去る七月一三日から八月二一日まで、約一ヵ月間にわたる旅でした。

今夏は、東海林勤先生を団長とする一行四名。主な目的は、人権小委員会の本会議でスピーチをして、横浜事件の人権侵害を国際世論に訴えることでありました。幸いに多くの人びとのご協力のお蔭さまで、その目的を果たすことができました。

もちろん、それは東海林先生のご尽力でWCC（世界教会協議会）という有力なNGOの協力を得て、私たち自身の発言権を確保できたからこそ実現できたのです。

三度目の正直と言われますが、まさにその通りになりました。本会議で発言した意義は、歴史的にも重大だったと思われます。

なぜなら、私たち横浜事件で体験した拷問がただ単に代用監獄による権力犯罪といっただけに止まらず、横浜事件そのものが第二次世界大戦における大日本帝国の侵略戦争の戦争責任と深い係わりをもっていたという客観的事実が、その意義を有力に物語っているからです。

2

本会議でのスピーチは、八月一三日午後六時から十分間行なわれました。東海林先生が作ってくださった原稿を、アル・センチュリアスさんと私の二人で交互に読み上げる形式で実行されました。私自身の英語がたとえ下手くそでも、事件の生き証人として英語で話したほうがよろしいという皆さんのおすすめで、私もその気になってやったお蔭さまか？意外に好評を得まして、ホッとしました。

スピーチが終わるや、場内のあちこちからそのスピーチ原稿のコピーを求める声が多く、その配布に忙しいくらいでした。

同行者がその日のスピーチの様子をいきいきとメモに残しておりましたので、メモの一部をつぎにご紹介いたしましょう。

『突然、発言順がきた。アルさんが手を挙げてスピーチを始める。よく通る声で手ぶりを混え、熱のこもったスピーチ。〝ここに証人の木村氏がいます〟と木村さんを紹介。木村さんは大きなはっきりした声で、練習の時より格段によい。会議の参加者は体の向きまで変えて注目しながら聴き入っている。

終わると、三十人ほどの人がスピーチのコピーを求めて私たちの席へ集まってきた。〝よかった〟と声をかけてくれる人もいる。アルさんも木村さんも満足そうに握手を交わす……』

ご多忙な東海林先生の帰国後に、発言の機会を得た。東海林先生、昨年引率して下さった高橋先生と交友のあったフィリピン人のアルさんが、進んで協力して下さり、ありがたいかぎりである。

［横浜事件を考える会『会報』一二号、一九九三年一〇月刊］

裁判所が犯した犯罪は誰が裁くのか？

Ⅰ　裁判記録の焼却は犯罪じゃないのか？

私たち横浜事件被害者が八年前に起こした再審裁判の第一次請求は一審二審とも、訴訟記録が存在しないから調べようがない、として棄却された。横浜地裁の一審判決では次のように記している。

「太平洋戦争が敗北に終わった直後、米軍の進駐が迫った混乱期に、いわゆる横浜事件関係の事件記録は焼却されたことが窺われる」と、まるで他人ごとのような主語のない無責任きわまる言葉で、自らの証拠湮滅を明白に証言している。

昨年、カナダの大学院からわざわざ日本の大学院へ「横浜事件の真実」を究明するために来日したジャネス・マツムラ君が、小樽商大の荻野富士夫先生の協力を得て発見した貴重な記録書類『山崎巌内務大臣時代を語る座談会』（昭和三五年一二月五日自治大学校史料編集室作成）がハッキリ証明しているとおり、日本が前大戦で無条件降伏して、いつ米軍が上陸するかもしれないから、戦争責任（戦争犯罪）に係わる文書を取られてはまずいので、降伏前に早くも焼き捨ててしまっていたのである。

Ⅱ　訴訟記録もなしに何を根拠として横浜事件を判決したのか？

私はさらにもっと重大な矛盾点に気づく。もしも訴訟記録をすでに焼き捨てていたのならば、全面降伏後ひと月も経った九月一五日になって行われた私たちへの判決は一体何を根拠として行ったものか、まったく不思議ではないか？

森川金寿弁護団長は指摘された。「裁判所を含む国家権力が、戦争犯罪の証拠湮滅のために『裁判を受ける権利』を奪い去ったのであるから、司法はその責任をとるべきである。（中略）また、最近は従軍慰安婦問題など戦後補償請求の法理に、『ユス・コーゲンス』（ニュールンベルグ国際軍事裁判などの『人道に反する罪』に該当する補償法理論）の考え方を取り入れようとする有力な国際法理論も出てきている」（横浜事件を考える会『日本人の大きな忘れもの　人権――横浜事件五〇年のたたかい』一一三頁参照）。

もちろん私たちはこれからも国内で第二次、第三次の再審請求をつきつけてゆくが、それだけでは足りない。「横浜事件を考える会」が九一年から毎年行ってきたジュネーブ国連人権小委員会への提訴をこれからもさらに強化して、横浜事件にみた重大な人権侵害の権力犯罪を国の内外にわたって追及し、弾劾しつづけてゆかねばならない。
［横浜事件を考える会『会報』一三号、一九九三年一二月刊］

森川金寿弁護士（左）と

拷問は断じて許してはならない

拷問がどれほどむごたらしい人権侵害になるかは改めていうまでもないが、『朝日新聞』二月二三日夕刊の《きょう》にこんな記事がでている。

「裸にされ、竹刀でたたきつけられる。三十分も続く。最後の一撃がきた。失神した。吊るされ、太い針で刺される。めちゃくちゃになぐられ蹴られ、顔が「お岩」になった。指に鉛筆をはさんで締められた。繰り返し首を絞められ窒息させられた。

「一九二八・三・一五』に官憲の拷問のすさまじさを描いた小林多喜二は一九三三年二月二〇日、警視庁特高に逮捕され、虐殺された。二三日に自宅で告別式。火葬に付された。見るも無惨な跡が、からだに残っていた。二十九歳だった。（河）」

人類の罪悪を象徴する戦争と拷問は、すでに国連で人道に反する犯罪として告発されており（一九六八年）、拷問禁止の条約もとっくに発効している。にも拘わらず、日本政府はいまだにこの大切な条約を批准していない。

私たちが敗戦直後に共同告発した横浜事件における特高の拷問も、一度は有罪を判決しながら、一九八六年に再審を請求した第一次提訴は最高裁から一九九一年三月に棄却されてきた。この措置は私たちに対する二重の人権侵害であり、国と裁判所の権力犯罪である。

私たちはもちろんこれを許さず、一九九一年夏から国連人権委へ拷問の提訴に踏み切り、三回目の昨夏には発言権も得て、その不当さを訴えた。

今年から私たちは日本の政府と裁判所の人権侵害の犯罪性と誤りに対して、国内裁判では第二次、第三次の再審請求で、また国際的にも日本の遅れた人権侵害の実状を告発しつづけることで、真の人権解放を闘いとる覚悟です。

会員の皆さん、どうぞ今後一層の強力なご支援とご協力を賜りますよう、切にお願いする次第です。

［横浜事件を考える会『会報』一四号、一九九四年四月刊］

森川弁護団長の半世紀にわたる人権擁護闘争に日弁連から表彰状

私たちの再審請求弁護団長の森川金寿先生は、去る五月二七日に、大阪で日本弁護士連合会からつぎのような賞状で表彰をお受けになりました。
「あなたは法曹となられてから既に五〇年の永い歳月を経過されました。この間の人権の擁護と社会正義の実現を天職として社会のためにつくし、また司法の改善発達と弁護士の地位向上のため、たえざる努力を重ねてこられました。あなたのこの尊い業績をたたえるため、記念品をお贈りして表彰いたします。
平成六年五月二七日
日本弁護士連合会
会長　土屋公献」
皆さんご存知の家永教科書裁判をはじめ、私たちの横浜事件や横田基地問題等のたくさんの事件はもちろん、昨年からは例の七三一部隊（生体実験）展などの代表もつとめられ、今年も中国へお出かけになられたり、昨春は傘寿（八十歳）

のお祝いも元気に過ごされておられます。

立ち遅れた日本の人権水準を国際水準にまで引き上げるために、森川先生が敗戦後の半世紀をご奮闘下さったご努力に対して、心から御礼申し上げます。

この七月四日には、先生とご一緒に第一次再審裁判でご努力していただいた弁護士諸先生とともに、学士会館でお祝いをかねた懇談会を開くことになりました。


［横浜事件を考える会『会報』一五号、一九九四年六月刊］

左から木村亨、森川金寿、木下信男

横浜事件で細川先生が夫人へ宛てた獄中書簡
——貴重な一七通出現

家の引っ越しは大変だったが、資料の整理中に思わぬ見つけものをした。

昭和一八年七月五日から二〇年七月八日に至る間に、獄中の細川嘉六先生がみね子夫人へ出した獄中書簡一七通で、非常に深い意味を伝えた手紙である。これらの貴重な手紙はいずれ公開されるときがくると思われるが、その中から、一通だけをとりだして紹介してみよう。昭和二〇年七月二日の便りはこんな風である。

「……お差し入れ品受領いたしました。誠にありがとう。つぎの差し入れ書物は（英文）グリーン著ヒストリー・オブ・イングランド、日本人類学会編「日本民族」（菊版）（中略）お願いします。私の公判はのびのびになっていますが、いつまでも放っておけるものでないから近い内に開かれるものと期待しています。……空襲の危険厳しい際ですから決して決して公判へお立会いなさらないで下さい。私の事件は今まで公表した諸論文に限ったことであり、わが国民中最良、最有識層幾千万の人々の承知しているところであり、毫末もあなたが気にかけるほどのことではありません。それに申し分なく立派な海野、三輪両氏が弁護に当たって居られるのですから……。（中略）」

文中の海野弁護士は森川弁護士の師匠に当たる人権弁護士であり、敗戦後、日本初の人権団体「自由人権協会」をお二人で創設した先達である。

また、この手紙には、細川先生が青年時代上京して初めて書生になった師匠小野塚喜平次先生の一周忌を哀悼する心も誠実に表現されており、最後に「詩経」から長詩を引用してこう書いている。「三千年前のこの漢詩が示す自然と人生との健康さは、この未曽有の時代に生きる者に対してつきない光、力、安心、健康を与えます。私は毎朝夕にこの詩をとなえています。……一層の御健康を祈ります。」としめくくっている。細川先生の夫人思いの一念が文面からヒタと迫ってくるような気がするのは私だけではなかろう。

［横浜事件を考える会『会報』一五号、一九九四年六月刊］

敗戦直後のぼくの痛恨事
――遅すぎたか？ わが反省

ある先輩のことばに「忘却は不便だが、記憶は不幸だ」という一句がある。

四十九年前の昔話で恐縮なのだが、ぼくは不幸にも大変残念な失敗体験を味わった。

それは一九四五年一一月に、横浜事件の特高が犯した特別公務員暴行傷害（拷問）事件を共同で告発した直後のこと。細川嘉六さんとも相談のうえで、ぼくは戦後初めて合法紙になった『赤旗』編集局へ一人の新米記者として入社した。敗戦の年の暮れのことだ。

その会議の責任者は、編集局長で主筆をかねた志賀義雄氏で、出席者は二十名ほどだったと記憶している。しばらく議論のあと、ぼくは発言を求めて、次のような提案を行なった。

「先日ぼくたち横浜事件の被害者一同（三十三名）は、特高警察が犯した拷問犯罪を共同告発したが、ここでぼくは日本の戦争犯罪について重大な提案をしたいと思う。ぼくは横浜刑務所を出る前に、細川さんと獄中で、出獄後第一にやらねばならぬ課題として、日本の侵略戦争の責任と犯罪をぼくたち国民自身が法廷を開いて裁くべきであると申し合わせたが、今やその時がきたのだ。ぼくはその重大な戦争犯罪追求の国民法廷を開くことを提案したい。」

この発言と提案を聞いた志賀さんが、そのとき突如起ち上り、ぼくを指さして

「木村君、君は現にいまマッカーサーが『東京裁判』を準備していることを知らないか。戦犯裁判はマッカーサーがやることでわれわれが口出ししてはならない。」

ときめつけた。出席者の中には当然ぼくの提案を支持した者もいた様子だったが、志賀さんのそんな高圧的な問責的発言には誰一人として異議を申し立てる者もなく、ぼく自身もそれきりで黙ってしまった。なぜぼくは自分の提案を志賀さんに向かって強く主張し、説得しなかったのか？　どうしてぼくは自分が出した提案を志賀さんや全出席者に承諾させるように精一杯努力しなかったのか？

マッカーサーの『東京裁判』と並行して、べつに国民自身が開く戦犯裁判を堂どうと決定し、実現すべきではなかったのか？

翌年になってから、黒木重徳さんの努力で田村町にあった飛行会館と、神田の共立講堂の二か所で、ぼくたちは「戦争犯罪を追及する集会」を開いたことは事実だが、それきり戦犯を弾劾する国民法廷は開かれないでしまった。

大きな期待を持って提案したぼくの発言がこんな結果に終わったことに腹を立てたぼくは、もちろん間もなく『赤旗』を辞めた。そして、細川さんのすすめと西園寺公一さんの招請を受けて、『世界画報』の編集長に転じたのであった。

最近とくにこの二、三年来、世界各地で日本の侵略戦争が残した従軍慰安婦問題や強制連行問題、また中国における生体実験の七三一部隊の一件などが次つぎに暴露され、糾弾されて、その責任と補償が求められている。これを見ると、ぼくは改めて敗戦直後のその時の提案を、そのままに終わらせたぼく自身のだらしなさを残念至極に思い返している。

もしもぼくが真剣にその提案を説得していたなら、日本の戦争犯罪の裁判を国民自身が実現し断罪していたはずである。

遅すぎた反省だと笑われようが、ぼくは今その誤りがどんなに深く重大な自分自身の間違いだったかを、痛烈に自己批判させられている。

［横浜事件を考える会『会報』一七号、一九九四年一二月刊］

平館登志子さんと高木健次郎君の逝去を惜しんで

今年になって一月早々に二人の大切な友人を亡くしてしまいました。一月一一日に高木健次郎君を、そして、故平館利雄夫人の平館登志子さんが一月一四日に亡くなられたのです。

平館登志子さんは亡くなられる三日前に、私へ電話をくださいまして、近日中に私の住まいへ訪ねてくるとのことで、お待ち申していたところに、突然のお宅からのお知らせで驚きました。残念至極な思いでした。

細川嘉六先生と親しい平館利雄兄は私たち泊組の一人で、細川先生に招かれて富山の泊（朝日町）へ旅をした仲間でした。同行の西尾忠四郎君が撮った一枚のスナップ写真を、検挙の折に西沢富夫君が当局（特高）にとられたのがもとで、フレームアップされたのでした。

再審裁判の第一次請求（一九八六年）のとき、私が平館兄のお宅へ相談に伺った折のことでした。平館登志子さんが夫君の検挙された一九四三年五月一一日の朝、泊旅行のスナップ写真を隠すために、漬物樽の重石の下へ押しこんだ苦心の物語をしてくれたことを、昨日の出来ごとのように思いだされます。特高警察のデッチ上げのネタになるような写真は絶対にとられてはならないからでした。

夫人はそればかりではなく、さまざまなご苦労をなさったらしく、お会いするたびに涙を浮かべてはお話しして下さいました。それらの苦労ばなしを忘れることはありますまい。

もう一人の高木健次郎君は政治経済研究会を主催していて、一九四三年九月九日に和田兄ら中央公論の友人たちと同時に検挙された研究会のリーダーでした。

高木君は敗戦後出獄して最初に会ったとき、初めて彼らの研究グループがやられた原因を私に話してくれたのでした。私自身何ひとつ知らず、もちろん私自身は特高には浅石君や和田兄のことなどはひと言もしゃべってはいませんでした。高木君は私に彼らの検挙の端緒は、浅石君が押収されたアドレスブックだった、と打ちあけてくれたのでした。そして、浅石君の検挙は新井義夫君の検挙につながったということでした。高木君からこの真相を聞いて、私も初めて同僚の浅石、和田の両君がやられたいきさつを知ったのでした。獄死した両君を想うと、残念でなりません。

なお、平館登志子さんの告別式には、木下信男考える会代表と木村らが出席して弔意を捧げました。

［横浜事件を考える会『会報』一八号、一九九五年四月刊］

恒例の早大講義報告

去る五月一八日は、いつもの早大人間科学部の講義で新入生七百名が大教室に一杯だった。考える会発行の人権パンフレットもその場で百十四冊売れた。

話はもちろん横浜事件という権力犯罪の被害——言論弾圧と拷問による人権蹂りんの実況を伝えるもので、若い学生諸君には初めて知らされた出来事だったらしく、後日、次に紹介するようなレポート（受講感想記）がたくさん送られてきた。二、三の例を伝えてみたい。

N君はこう書いている。

「横浜事件は、改めて私に、日本には人権というものが存在しなかったということを知らしめてくれた。第二次大戦中、治安維持法で不当逮捕された人々は、拷問で自白を強要され、有罪判決を受けた。……やっとの思いでその拷問に耐え、いきのびた人たちも、生涯忘れることのできない屈辱を受け、心に深い傷を負った。……人権は、与えられるものではなく自分で獲得すべきものである。……戦時中の日本では、人権意識など一般に知られておらず、国家権力もそれを保障していなかった。当然いくら獄中から人権の保障を求めても、だれも保護してはくれず、うるさいやつだと拷問を繰り返されるのがおちだったろう。歴史が人権の客観存在を否定していたのだ。

『横浜事件』に今日的意味があるとすれば、それは、権力にうらづけされた人権の確立を民主的に促進するための原動力になりうることではあるまいか。事件を風化させないために、人権が認められ、保障されない人間はこんなにも悲惨な生活を送らなければならないのだ、と国民みんなに知らしめ、人々を鼓舞し、新たな国民の権力をつくり上げるきっかけを与えることである。（後略）」

Y君はこう記している。

「（前略）私は日本について余りにも知らなさすぎた——これが木村さんの講演後の私の正直な気持ちです。たくさんの冤罪事件問題や、例の軍隊慰安婦問題などが耳に入ってきますが、木村さんの体験された生々しいお話を聞いて、身震いしてしまったのは私だけではないでしょう。私たちは戦争を知らない世代です。人権とはいったい何なのか？　私たちはそんな問いにもはっきりと答えられないでしょう。これは人

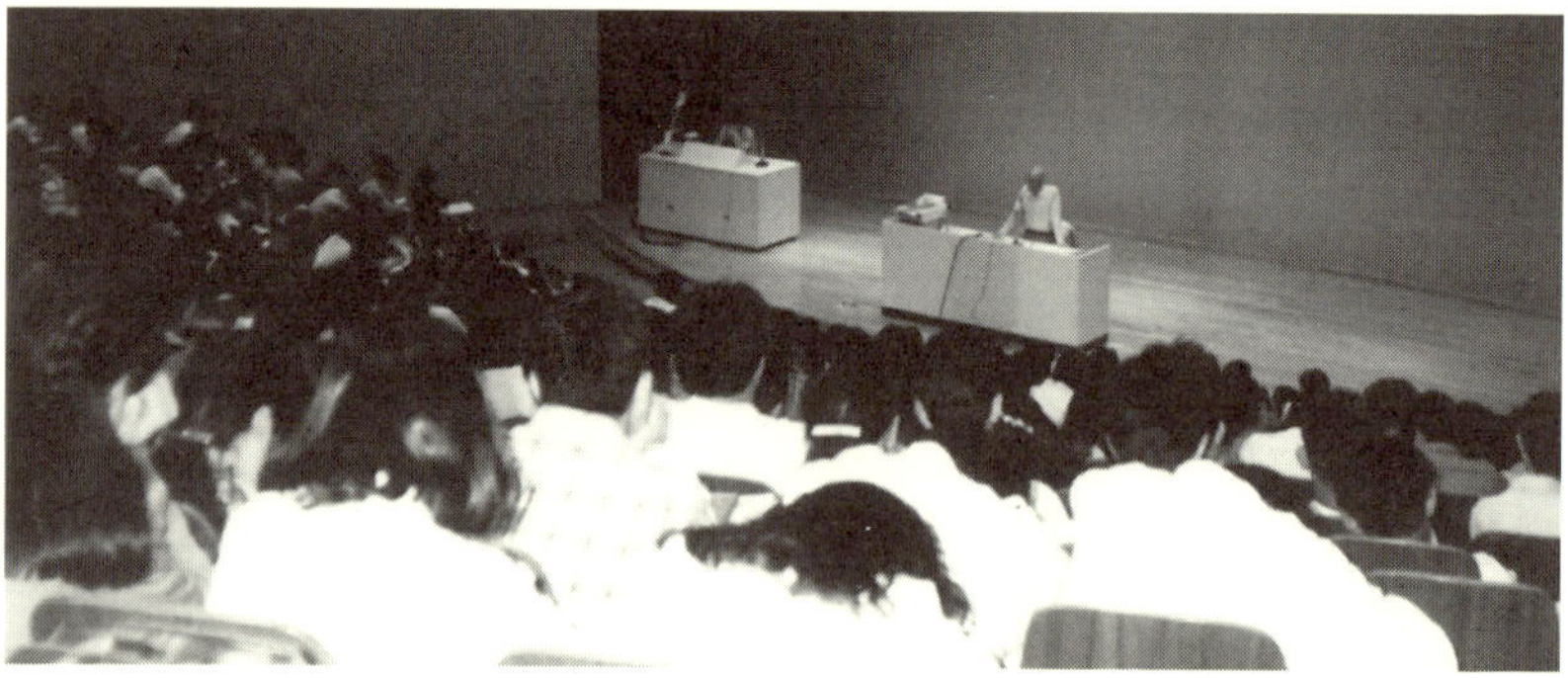

早稲田大学での講義

権という言葉を知らないというのではなくて、人権というものに目覚める機会を持ったことがないからです。木村さんは『特高警察の拷問が自分に人権を目覚めさせてくれた』とおっしゃっていましたが、人権に限らずどんなことでもそれを自分自身が意識する何かが無ければそのことを知らないにひとしいのです。……私たちが木村さんの講演によって、木村さんの横浜事件に対する強く深い気持ちを知り、他のあらゆる人権問題について考えさせられる機会を持てたということこそ、一番重要なことではないかと思うのです。」

またK君はこうレポートしている。

「私は自分の人権についてあまり深く考えたことはありませんでした。人権は人の誕生と同時に備わっているもののように思っていました。しかし、今回木村先生のお話を聞いて、大きなショックを受けました。（中略）私たちがこんな日本の過去の誤ちを見過ごしてしまうことは、いつまた人権侵害が起きても不思議ではない状況を生み出してしまうことになりかねません。そうさせないためにも、私たちは日本の過去の人権侵害の出来事を正しく知り、みずからの人権の尊さを深く考えなければならないと思います。今度の授業を通して木村先生方皆さんの人権活動が日本国に過去の誤ちを認めさせ、国際人権条約にも批准させて、『真の人権日本国』をつくるものであることを知り、深い感銘を受けると同時に、先生方の活動が達成されますよう希求いたします。」

［横浜事件を考える会『会報』一九号、一九九五年七月刊］

アジア民衆法廷ブックレット

『司法の戦争責任・戦後責任』

――内外の民衆抑圧を支えた司法の実態

今年の一二月二一日～二二日に予定されている「アジア民衆法廷大法廷」を準備する連続〈小法廷〉の記録⑤として七月に刊行された本書を簡単にご紹介しよう。

このブックレットは九五年一月二一日に開かれたアジア民衆法廷準備会がおこなった連続小法廷の内容をまとめたものだ。

前半は「司法の戦争責任」と題して内田雅敏弁護士が話されたもので、冒頭こう述べている。「すべての分野において戦争責任の問題がなおざりにされてきたのはやはり天皇制の問題に結びつくということをますます強く思うようにいたった次第です。」

つまり、この国の司法の戦争責任の一つは、一九三一年に始まる十五年戦争で国内において司法を国民の戦時動員体制へ加担させたこと、もう一つは植民地（占領地）において司法官がその地の人々の生活の侵害にいかに加担していたかの問題である。と前置きして、主として国内で司法がいかに検察庁や警察、弁護士会を巻き込んで侵略体制を強化していったか、を語っている。それはつまり悪法「治安維持法」による弾圧の実相である。

注目したいのは、戦後の司法研修所ではそうした戦時下の弾圧の歴史には一切触れないで、司法の戦争責任についてはちっとも反省しなかったという事実である。ドイツにおける戦争犯罪の厳しい追及が今なおつづいているのとくらべての検討は私たちに大きな教訓となる。

後半の「証言」は横浜事件の被告として連座させられた木村が、事件の権力犯罪性を、拷問被害者として訴えた告発である。

天皇お抱えの暴力団であった「特高警察官」が「治安維持法」を盾にどんな権力犯罪をくり返したか、その真相こそ天皇ヒロヒトの戦争犯罪の国内版でなくて何であろうか？　全面降伏（45・8・15）の直後、横浜刑務所の獄中において細川嘉六先生と木村が天皇をトップの戦争犯罪を追及する国民法廷を開こうと決意して、出獄早々それを提案したのに対して、志賀義雄氏がマッカーサーの「東京裁判」に一任して、私たちに口出しならぬ、と断念させたことは何度くり返しても私たちの痛恨事である。

（定価七〇〇円、樹花舎）

［横浜事件を考える会『会報』二〇号、一九九五年九月刊］

第三次再審検討会のご報告

一一月二四日（金）、新築の弁護士会館（霞ヶ関）で午後五時から七時まで「横浜事件再審請求研究会」が開かれました。森川金寿弁護団長を中心に内田剛弘、関原勇、竹下甫、斉藤一好、新井章弁護士に、新しく環《たまき》直彌弁護士も参加し、事件被害者側からは小林英三郎（元改造社）氏と木村亨（元中央公論社）の二名および考える会代表の木下信男、ビデオカメラ係松坂まきが参加し、合計十一名の会になりました。

当日の検討に備えて、木下代表が苦心して編集作成された『横浜事件――経過と問題点』（全二八頁）を全員に配布したあと、木下代表の司会挨拶ののち、森川先生から、予め示された検討テーマ試案

1、敗戦時の判決その他一件記録の保管とその処分状況（保管に関する法令）
2、判決その他一件記録の焼却、その他隠匿処分の責任と被害者の名誉回復の方法
3、第一次再審棄却決定（横浜地裁、東京高裁、最高裁）の再検討
4、戦後五〇年、現代世界の関心の喚起の方法
5、アメリカその他における事件記録の探究と国際的規模での人権問題の提起

などをふまえて、これからの活路をどのように考えてゆくか、皆さんからのご発言を求められました。

当然のことながら、その前に木村と小林氏から被害者としての感想とお願いをしたあと、参会の諸先生からの熱心なご意見が寄せられました。その貴重な見解を以下簡単に要約してご紹介しましょう。

まず内田先生からは第二次再審請求の経過が求められ、小林氏から経過の説明がありました。竹下先生からは、事件の関係資料をもう一度国会図書館に調べにゆく必要があるとの提案がありました。環先生は敗戦まぎわの一九四五年五月から約三年間横浜地検におられて、当時の思想検事や、判事らの動向を語られ、あの敗戦時の記録焼却は司法省の責任ではないかと述べられた。又、関原先生は「難問ではあるがもう一度再審をやってみてはどうか」と話された。新井先生は「再審以外の方法で、民事の手続きで当時の不法に闘う方法を考えたい」と提案された。

森川先生からは、以前から提言されているユス・コーゲンス法理論の活用（適用）その他で活路を打開できないか、新

しい突破口をどこにみつけるかをさらにみんなで考えたいと語られた。

　木下代表も、日本の裁判に見る多くのえん罪とともに、横浜事件の不法裁判の実体を国の内外で糾弾する新しい人権国民運動を起こしたらどうかと、提唱された。

　私どもの第三次再審請求の具体案を提示するためには、今後何度かの打ち合わせを必要とするでしょうが、今回の検討会で得た明るい打開の示唆は、何ものにも代え難い貴重な試みであったと思います。検討会を重ねながら、必ず第三次再審への道をきりひらいていく決意です。その第一歩をついに踏みだしました。


［横浜事件を考える会『会報』一一号、一九九五年一二月刊］

国家権力の犯罪を裁く人道の法はないものか？

　よくご存じのように、現在わが国会では無断で私たちの税金を流用する住専問題や官僚と民間業者が共謀して多数の重病人や死者までつくり続けているエイズ問題が、国の犯罪として大きな政治問題化しつつあります。この国の支配者（権力者）たちの腐敗、堕落はその極に達していると言っても過言ではありません。いつも言われるように、その被害者は私たち正直者の国民大衆自身であります。

　国の拷問犯人「特高警察」が、被害者だった私たちを裁いたことで有名な私たちの横浜事件の第一次再審請求は、五年前の一九九一年三月一四日に最高裁によって棄却されたことにもおわかりの通りです。

　新規明白な証拠〈拷問〉も提示したにもかかわらず、私たちの第一次再審請求では裁判当局側が言を左右にしてこれを認めようとはせず、不法にも拷問によって彼ら自身がデッチ上げた横浜事件の権力犯罪をそのまま押し通したのでした。

　二重三重のこんな不当極る国の権力犯罪を断じて許さぬ私

たちは、昨秋から第三次の再審請求を有効に提訴するために検討会を開いて打開の道を探究してまいりました。つい先日の三月一四日にも第二回目の検討会を開いた報告は別記ごらんの通りです。森川弁護団長をはじめ内田剛弘、竹下甫、環直彌、斉藤一好、新井章先生たちのご熱心な提言に、改めて心からのお礼を申しあげたいと存じます。

笹下の横浜刑務所で獄死した浅石晴世君や和田喜太郎君、また敗戦直前に瀕死の重態で笹下からかつぎ出されて、間もなく亡くなった西尾忠四郎君たちの〈拷問死〉を立証する証拠品や、一九四五年八月一五日の全面降伏の際に、私たち被害者を有罪判決にした自らの権力犯罪の追及をおそれた特高内務官僚が、司法裁判所側と協力して横浜事件関係の刑事記録を一切焼却した事実の究明、など新しい明白な証拠を提出する用意を整えねばなりません。

国の権力犯罪を追及して、私たち被害者の無罪をかちとる闘いはまさにこれからです。

皆様のご協力を切に希いあげます。

［横浜事件を考える会『会報』二二号、一九九六年五月刊］

細川嘉六先生の証言と石川予審判事のこと

1

「（獄に）入っているうちに、天子さまが頭を下げたという――どうせ負けることじゃと思っておったがね――そうしたら裁判所で早く出てくれという。執行猶余（予）にしてやるから我慢せよという。それはだめだ、わたしは裁判所か国家があやまらない以上は、こゝは死んでも出やせぬぞ、わたしは日本が民主主義的に平和な発展をすることだけを望んだ、それは民衆に基礎を置かなければだめなんだ。わたしは軍国主義侵略戦争に反対し、民主主義を主張した。この主張しか持っていないわたしに、悪かったと頭をさげよ、出てやる、とに角大官連中がこの拘置所に入れかわる都合があるから、出てくれという。こゝにいる木村君は木村君で、出てくれといわれるけれどいうことを聞かない。予審判事と喧嘩して、予審調書も成立たせないで大喧嘩していた。今度戦犯でいれかわりに入った彼等のことを考えると、天網恢々疎にして漏石川予審判事が公表していた「細川・相川予審調書」がインチキ偽造文書なることもバクロされており、「泊組」は単なる「相川博らの事件」（昭和二〇年六月、「司法省が帝国議会へ提出した報告」参照）にすぎないことも判明した。石川予審判事があの全面降伏直後に私（木村）を呼び出して、自らの誤りを認めて、「どうかもうこのへんで勘弁してくれないか」と私に「党再建のことは取り消す」と約束したのであった。

当然のことながら、私たち泊組は既にこのとき細川先生と同じく「免訴」に結審されるべきではなかったか。

〔横浜事件を考える会『会報』二四号、一九九六年一〇月刊〕

らさずじゃ」

この細川嘉六先生の証言は、敗戦直後私が創刊した『ひろば』誌の創刊号（四七年四月）で「カッパ放談」と題して語ってもらった横浜事件の真実であった。

無謀な日本の侵略戦争にケジメをつけさせ、この国を民主化させようとの憂国の一心で発表した「世界史の動向と日本」（『改造』誌四二年八月・九月）の一文が、治安維持法違反どころか、いち早く戦後の日本に明確な民主化の進路を示す憂国の大論文であったことは、八並達雄裁判長をして細川先生を「免訴」に結審させたことに証明されているではないか。

2

この「会報」の前号でも書いたことだが、私が笹下の拘置所に移されて、石川勲蔵予審判事の調べを受け始めたとき、私は山手署の留置所で受けた無茶苦茶な拷問によってウソの自白を強要された「共産党再建準備会」なるものを徹底的に否認し、石川予審判事に対して強硬に抗議したことは明確にくり返しておきたい。

拷問の非道さ、党再建準備会の嘘偽、そして私たちの立場が共産主義者でなく民主主義者であることの三点を石川予審判事に何回となく申し立ててきた事実は、改めて再確認しておく。

不法に奪われた僕たちの人権を、今度こそ取り返えそうではないか

私たちが被害を受けた横浜事件の第三次再審請求に当たって、私は決意を新たにして取り組む考えを明らかにしておきたい。

まず最初に、本件の発端にされた細川嘉六先生の憂国論文「世界史の動向と日本」は、あの暗黒時代において、この国に初めて民主主義建国を敢行せよ、と命がけの提言を行った論文であり、その「先見の明」に敬服すべきであろう。

私たちが投獄されていた笹下の獄でも、細川先生は私にすばらしい励ましのレポを伝えてくれたことを忘れはしない。「木村君、われわれに対する今回の不法投獄は断じて許せない。総理大臣か司法［法務］大臣に、われわれひとりひとりの独房へ個別に来訪させ、彼らの誤り（犯罪行為）を謝罪させようではないか。国家の全責任者の天皇が謝罪すべきことは言うまでもない。彼らが自らの犯罪を直ちに私たちに謝罪しない限り、われわれはこの獄を死んでも出てやらない覚悟を決め給え！」

しかも、敗戦後の日本は、細川先生が指摘し、提案したとおり、いわゆる「民主憲法」を実施すべき国家になっていたのだ。当然のことながら民主日本は人権日本を実現すべき舞台なのである。

残念ながら、この民主日本＝人権日本はまだまだ本物ではない。天皇制をなくす民主化さえも未完である。

第三次再審請求に当たって、私が決意を新たにする理由は、この裁判を日本人に真実の「民主日本＝人権日本」を実現させる絶好の動機として役立たせたいからである。この再審裁判を日本人の国際的に有効な本物の「人権宣言」たらしめたい、と強く希求するからである。

［横浜事件を考える会『会報』二七号、一九九七年六月刊］

小樽・札幌へ人権講演の旅

小樽望洋台教会の柴田作治郎牧師のお招きで、九月二五日、初めて北海道の地を訪れました。「人権を返せ！」のビデオ上映と私の講演会を、小樽と札幌で開いてくださることになったのです。妻まきもビデオ持参で同行しました。

二五日の昼に羽田を発ち札幌着。小樽行きに乗り換え、窓外の木々、家々の煙突に、北の国を実感しながら進んでいくと、突然広々とした海が現れ、ずっと小樽へと誘ってくれました。

小樽といえば、小林多喜二や小樽商大を思い浮べ、ぜひ一度は行きたいものと、憧れておりました。小樽湾には、新聞などに報道されましたように、九月五日から九日まで、米空母インディペンデンスが寄港しました。

小樽を軍港にするな！　と、市民が抗議集会やデモ行進をして敢然と闘ったのでした。その余韻もさめやらぬ小樽の町です。駅に出迎えてくださった柴田牧師と語らいながら、会場へ向かいました。

こじんまりとした集会ではありましたが、とても熱心な方々が集まってくださいました。いつものように、約一時間のビデオ上映のあと、私が四十分ほど話をしました。質疑応答では、今まで質問されなかったようなつっこんだ質問が、何人かの方からなされ、圧倒されました。とてもうれしいことでした。

北海道の講演会にて

会が終わった直後、女性の方が駆け寄ってこられ、「全然知りませんでした。私たちに届きませんでした。どうしてもっと早く教えてくださらなかったんですか」と、言われました。力不足だったのです。その通りです。

翌日の札幌集会は、あいにくの雨にもかかわらず、熱気溢れる方々が集まってくれました。横浜事件について知らなかったので、数日前に勉強会を開きました、というグループの方々には感激しました。会の進行は小樽と同じです。札幌でも力のこもった多くの質問がなされました。

両集会とも、私たちの闘いにたいへん関心が厚く、これからの闘いに資するものが多大でした。私たちの人権を返せ！の闘いで勝ち取るべき人権には、必ず抵抗権を含むべきだということです。国家の不法な命令に対して、拒否権を行使できる自由を確立すべきです。拷問や不法な命令には公然と抵抗する権利を確立しなければなりません。私たちが闘いとるべき「人権日本」は、この抵抗権をハッキリ認めた人権の国、つまり、国民主権を確保する人権国でなければなりません。

温かい心の人間の勁さをもった方々と出会い、大いに励まされ、触発された旅でした。どうもありがとうございました。今後ともご一緒に頑張ってゆきましょう。

［横浜事件を考える会『会報』一一八号、一九九七年一一月刊］

権力による拷問と裁判記録の焼却をとことん弾劾し、断罪する!!

権力犯罪横浜事件の不法・非道性は、八六年に再審請求を提訴以来、十年にわたる過程で、しかも一度ならず再度に及ぶ再審請求において明らかにされた筈である。にもかかわらず、司法・裁判が、今日まで再審請求を棄却し続けてきたわけは何だろうか。

この事実は、旧憲法から現行憲法になったとはいえ、実質的にはいまだ天皇の裁判であることを立証し、司法・裁判当局者が、一片の人間的良心も持ちあわせていなかったということを物語っている。

今回、いよいよ私たちが意を決して第三次再審請求に立ち上がったうらには、なみなみならぬ覚悟を秘めていることを皆さんにはおわかりいただけると確信している。

横浜事件が、いかに非人道的な権力犯罪であるか、その理由を二つに限って明白にしておきたい。

その一つは、いまさら言うまでもないことだが、あの特高警察が犯した残虐きわまる「拷問」の不法事実である。国体

を守ると称して、天皇お抱えの暴力団特高警察は、殺人犯罪を繰り返した。

拷問によって獄中で殺害されたもの四名、出獄直後の死亡一名、失神状態に陥ったもの三十余名に及ぶ。

かろうじて生き延びた私たち被害者は敗戦による出獄直後、彼らによって受けた拷問の数々を、手記として生々しく書き残した。

もう一つの犯罪事実は、あの敗戦の時点で、法的に極めて重要な意義をもつ横浜事件の裁判記録を、保管義務のある当局が故意に焼き捨てるなど隠蔽したことである。

第二次世界大戦下の日本の戦争犯罪は、今日に至るまで追及されず、あいまいのままに放置されているが、決して許されることではない。少なくとも、アジア諸国に対する日本の侵略行為は、これからでも徹底的に追及されねばならない。

そして、国内においては、戦争に賛同しないものの声を封じるためにでっちあげられた横浜事件も、今度こそ、必ず断罪され、謝罪されなければならない。

［横浜事件を考える会『会報』二九号、一九九七年一二月刊］

国が謝罪するまで私たちは不法に侵害された「人権を返せ！」の告発をやめない

あの日から——敗戦のとき、笹下の獄中で細川先生と申し合わせた大切なこと、つまり「日本の民主化だけを願った私たちの念願がかなわず、もしも私たちを有罪扱いするならば、総理大臣か司法大臣自身が獄中の私たち一人一人の独房に謝罪に来るまでこの獄を出てやるな！　死んでも出てやるな！」という細川先生のきびしい呼びかけを受けてから五十三年経った。

森川弁護団長をはじめ弁護団の諸先生の長期にわたるご協力やご努力には心からの謝意を捧げたい。

裁判所側に人間としての一片の良心があったならば、もうとっくの昔に細川先生をはじめとする私たちに対して免訴と無実を証明し、拷問で侵害された私たちの人権には正当な回復を補償したにちがいない。

今からでも遅くはない。第三次の再審裁判の提訴に当たって当局はまともに反省し、人道と民主主義の大道に立ち還って、「人権を返せ！」の半世紀に余る私たちのいのちがけの希いに正しくしっかりと答えて頂きたい。「捨てし身の裁きに拾ういのちかな」

（一九九八・四・二）

〔横浜事件を考える会『会報』三〇号、一九九八年五月刊〕

第8部

「横浜事件の真相」補遺

季刊誌「直」から

横浜事件とは何であったのか？
カッパ事件の謎

＊

笹下《ささげ》会の共同告発闘争とは別に、ぼく自身が出所後に自分の生活の経済的根拠をどこに求めたか、またぼくはどんな仕事をしていたか、という私事について簡単に書いておこう。

ぼくの出所後、ぼく自身の生活をどのように再建するか、ということで親身に心配してくれたのは山田勝次郎さん夫妻であった。

山田勝次郎さん夫妻とは、ぼくが中央公論社時代に親しくして貰った間柄で、信州の追分や鎌倉のお宅へもしばしば訪問して戦況の行く末を秘かに案じ、時世を率直に語り合ったものである。とりわけ山田とく夫人の温かく細やかな心くばりは、当時どんなにぼくらを勇気づけてくれたことか。

その山田夫妻が、出所後久々に訪問したぼくに早速援助の手を差し伸べてくれたのである。ぼくを高崎市で山田勝次郎さんが経営していた高崎倉庫という会社の非常勤嘱託にするからその嘱託費で生活しなさい、ということになったのである。ぼくは山田夫妻の御好意に甘えて敗戦の秋の一一月から翌年の六月まで、半年あまり、高崎倉庫の嘱託として暮らしを立てていたのであった。

昭和二一年四月、敗戦後のわが国で初めての衆議院選挙が行なわれた。合法政党となって公然と姿を現わした期待の共産党は、当然のことながら初めて候補者を立ててこの選挙戦に臨んだ。ぼくは細川さんに誘われて長野と富山を廻ることになった。選挙応援を目的にしていたので、細川さんは道中、長野の松本市で共産党候補の応援演説を行なった。ここの演説会場で、ひょっこり旧友の曾根正哉君に会ったことも印象的だった。それからぼくらは富山市へ立ち寄って、さらに泊へも廻ったのだったが、ぼくは細川さんの随行秘書といった恰好であった。

そしてその汽車の旅で、細川さんから、

「さいきん西園寺君が始めた雑誌の仕事を君が手伝ってやったらどうかね」

と、その春に創刊された『世界画報』というグラフ雑誌社に協力するようにすすめられたのである。

丁度そのころ、小森田一記氏が世界評論社を創立しようとしており、当の小森田氏から再度にわたって社への参加を求められていたことも気にかかっていたので、ぼく自身どこに職場を求めるかの肚を決めかねていた。

四月の末ころだったろう。大阪から名和統一さんが上京してきて、東松原のぼくの住いへ訪ねてきたことがある。用件は、京都にお住いの河上肇先生が戦時下に書きためておられた『自叙伝』の出版を、どこの出版社へ相談したらよろしいか、ということだった。

そこでぼくは即座に名和さんに対して、

「それを小森田さんの世界評論社で出版させてあげて下さい」と頼んだら、名和さんも異議なく賛成してくれたので、その旨を小森田氏に伝えて、ぼくとしては小森田さんへの義理を果たした思いであった。

そこで、ぼくが正式に世界画報社への入社を決意して、西園寺公一氏に会いに行ったのは、初夏のころではなかったかと記憶する。こうして敗戦後の最初のぼくの職場が決まったのである。もちろん、それ以後高崎倉庫の嘱託は辞退することにした。

＊

敗戦直後、ぼくの出所をよろこんでくれた同郷の友人川嶋博君と試みた、郷里新宮での小さな地方文化のサークル活動についても触れておこう。

ぼくが横浜へつれてゆかれたあと二〇年九月四日の出所まで終始ぼくの安否を気づかってくれた川嶋君へは、出所するなり誰よりも先に郷里の彼あてにぼくの出所を知らせたのだが、折返し川嶋君から、「広島から帰郷したばかりだ。被爆はしたが、心配に及ばぬ、とにかく会いたい」旨の返電を受け取った。

敗戦直前に召集を受けて、広島の比治山の陸軍部隊に在った川嶋君は、その日の朝早く兵舎を出て市内の作業に従事していたが、小休止して作業場から比治山の兵舎へ戻って、巻き脚絆を解いていた午前八時、あのピカドンに遭ったのだ。一瞬目先がくらくらしたそうだが、被爆地の市街へ直ちに救助に急いだという。文字どおり九死に一生を得て帰還した川嶋君には、そのときの体験を綴ったまことに貴重な記録がある。

川嶋君にしてみれば、自身がそんな目に遭いながら無事帰郷したところへ、ぼくが横浜の未決から帰宅したとの知らせを受けて、お互いの生還をよろこび合おうというわけだ。

ほんとの話、ぼくにとっても川嶋君からのその返電は小躍りするほど嬉しかった。

前にも書いたことだが、やんちゃ者だったぼくは、郷里の新宮中学で、昭和六年（一九三一年）九月、塩見亀蔵校長の排斥運動に火をつけた「新中タイムス」事件の首謀者にされて、退学を命ぜられたことがある。

塩亀校長の命令で担任の柴安教頭が新鍛冶町にあったぼくの下宿先まで調べにやってきて、六畳間のぼくの勉強部屋をすみずみまで調べたあげく、こんどは天井にまで手を伸ばして、背伸びしながらトントンと天井板を叩いたりして、その裏に何か秘密の書類でも隠していやしないか、などと特高まがいの捜査の真似をされたことを忘れない。そのことは中学四年生、十五歳の傷つきやすい少年のこころに深い影を刻みつけたことは事実である。

そんなとき、ぼくに励ましと慰めの言葉をかけてくれたただ一人の級友が、ほかならぬ川嶋博君であった。

事情があって川嶋君は大連の逓信講習所に進み、東京の逓信官吏練習所を抜群の成績で出て、当時新京にあった満州電々本社の企画部に勤務していた。森繁久弥と一緒だったそうだ。

その川嶋君が昭和八年（一九三三年）春に最初に大陸へ渡って間もないころ、ぼくにくれた忘れ難い一句がある。

「どこ行きの軌道馬車だ、俺は降ろしてくれとわめく」

満州事変を契機として最後の倭寇といわれた日本ファシズム軍が中国大陸へなだれのように侵入してゆく「狂気の時代」が、彼のこの一句にみごとに反映していたと思うのはぼくだけだろうか？

お互いに真っ裸で時代の生き苦しさや悩みを語り合った数少ない友人のひとりである川嶋君は、ぼくが泊事件で横浜へ検挙された直後の昭和一八年（一九四三年）春、皮肉にも東京勤務となって上京した。

治安維持法違反事件にひっかかるようなことがあると、そのころは被疑者の家族までが「国賊」扱いにされ、住居も村八分の白眼視の中におかれて、留守宅を見舞う者さえいなかった。そんな危険人物の留守宅に近づくことは時節柄たいへんに危険なこととされていた。

そんなとき、川嶋君は敢えてぼくの留守宅を時折見舞ってくれたばかりか、最も危険とされていたお見舞い金までくれてよこしたのである。

当事者であるぼくは刑務所という特別官舎にいて三食据膳つきの官費生活なのに、留守番の妻君は夫の職場から糧道を断たれ、孤立無援なのだから、ぼく自身より却ってずっと苦しい目に遭わされていたのかもしれない。それを思うと、川嶋君の友情は何にもまして有難いことだった。

彼からのその電報を受け取ったぼくは、もうじっとしてはいられなかった。山形から帰ってすぐの一〇月末、ぼくは郷里の新宮へ発った。

久しぶりに降り立った新宮駅へかけつけてくれた川嶋君と抱き合って再会をよろこび合ったが、そのあと二人で考え出したのが熊野地方の文化サークル運動であった。

ぼくは戦争中のあるとき、細川さんの紹介で下野浪人時代の風見章さんに会ったことがある。五反田駅近くの上大崎の風見さんの自宅へは、細川さんとのほかに友人の加藤政治君や相川君とも連れだって何度も訪問した。時には六本木のうなぎ屋「大和田」で会ったりしたものだが、そんな訪問の際の雑談の中で、風見さんは信州の信濃毎日新聞社時代に、進歩的な文化人たちと語らって、「長野自由大学」というのを昭和初年に開設した昔話を聞いたことがあった。

川嶋君と二人で相談した話というのは、その風見さんの昔話に因んで、紀州熊野の地にも新時代が訪れたのだから、まずこの地方の有志諸君に呼びかけて、ぼくらの「自由人クラブ」をつくろうではないか、ということである。そして、そのクラブの組織のうえに、ぼくらのかねての腹案の「熊野自由大学」という私塾をつくろう、というのである。

その後ぼくは二、三度帰郷して川嶋君らと打ち合わせたが、「熊野自由人クラブ」は、主として川嶋君の組織力と説得力が実を結んで、翌年一月一三日には、ささやかな発会式をあげるまでに基礎固めができた。その折に川嶋君が書いてくれた「声明書」も残っているので原文のままで次に紹介しよう。

声明書

戦争に因る膨大な非生産的消費と戦災の結果、吾々の郷土もまた幾多の悲惨なる現実に直面せり。之が経済的再建、政治の正常軌道への復帰は当面重大なる問題たるは論を俟たない。而して、政治経済の新生は文化の基盤に立ちて初めて可能なりと吾々は信ずるものである。

然るに、文化の現状は満州事変以降の文化活動の自由喪失、文化的鎖国のため、民主主義思想の再来に当面して、その向うべき方途をも知らず、唯混迷彷徨を続くるのみ。

吾々はこの現状を直視し、吾々相互を啓蒙し、その文化水準を向上せしむる目的の下に茲に啓蒙的文化サークルを結成せんとす。

省みれば幾多の進歩的先覚を有したる嘗ての紀南文化の光耀については今敢えて例証するを要せざるところと信ずる。

然し、現在の紀南地方の文化水準が従来の歴史的誤謬と吾々自身の消極怯懦の結果、永い麻痺状態にありたることを思い、吾々のゼネレーションがこの再建の義務を負うべきものと考え、微力ながら同志相寄り、「熊野自由人クラブ」を結成し、些かなりとも郷土文化の昂揚に資せんことを期するものである。

昭和二一年一月一三日

（東京）木村亨、（勝浦町）川嶋博、（新宮）小西重兵衛、杉本三郎、（勝浦）岡田美夫、（在東京）下西清朝

結成された熊野自由人クラブが主催した第一回の「熊野自由大学」が開講したのは昭和二一年三月末のことであった。会場には新宮市内の第一小学校の講堂を拝借することにして、講師はぼくの交渉で承諾してくれた作家の徳永直氏、映画評論家の清水光氏、歴史学者の岡本三郎君の三氏に決まった。前座を受け持ったぼくは、開講の日に間に合わせるような行程を組んで、講師の三氏を東京と京都から案内して大阪まわりで新宮へ向かった。

「太陽のない街」を書いた徳永直氏は、日米戦争が始まるや自分で当局に申し出て自作の「太陽のない街」を発禁本にしてしまったほどの人物だけに、小心な人であった。清水光氏や岡本三郎君と一緒に紀勢西線を南下したのだが、白浜をすぎたあたりからトンネルのたいへん多い紀勢線に閉口した徳永氏は「木村さん、まだトンネルが続くのかね？　ぼくをこのへんで降ろしてくれないか。とてもたまらんよ。」と、おろおろ声で泣きベソをかく始末。なだめすかして勝浦の越之湯へ辿りついた道中のことも忘れられない。

ユーモリストの清水光さんは紀勢線は初乗りだったが、トンネルの連続に参った徳永さんが前述のような弱音を吐いたとき、すかさず、

「木村君、熊野の山奥に人類が生息しとるのかね？」

と、ぼくたちを笑わせたのも記憶に残る。

自由大学のその日の講義は、新宮近辺や、串本からも講堂にあふれるほどの聴講者を集めて、成功をおさめることができた。文学好きの有志たちは徳永氏をかこんで、その夜もぼくらの旅館で座談会を開いて夜更けまで話し込んだことを覚えている。

民主主義のいわれや、人権というものの尊厳さについて泊事件に連座した体験に即して説いたぼくの前座はあまりいい出来ではなかったが、清水、岡本の二人はそれぞれ熱のこもった話で聴衆を魅了した。

この調子で何回かを続ければ、この熊野自由大学は大きな成果を収めることができたであろう。

ところが、ぼく自身の仕事が忙しくなって、熊野自由大学の続講を準備する時間的ゆとりもなくなってしまったばかりでなく、地元の諸君も御自分の生活をかかえていて、なかなか余暇を見出せず、第二回は演劇の公演でお茶をにごすような破目になった。

残念にも、こうした企画は財政的な基礎が固められない限り、片手間仕事では継続できないことを立証したようなことになってしまった。

だが、そんな尻切れトンボに終った熊野自由大学ではあったが、もうひとつ、ぼくたちの熊野自由人クラブが発会当初の一月半ばに試みた小さな企てのことも、忘れずに記してお

きたいと思う。

それは、今世紀における日本の最大の政治的陰謀事件とされた大逆事件で、幸徳秋水とともに処刑されたドクター大石誠之助と成石平四郎、死刑の判決を受けたが恩赦で無期懲役となった高木顕明、峯尾節堂、成石勘三郎、崎久保誓一等の紀州グループの復権を求めて、出来ることならぼくたち市民の手で、彼らの名誉回復のための復権式のような行事を公式に開催したい旨を、川嶋君とぼくたち有志代表が時の新宮市長杉本喜代松氏に申し入れたのである。

敗戦直後の混乱期であり、戦争中から同じ市長職を続けていた杉本市長にそうした犠牲者の復権に同意を求めたのは無理な話だったかもしれない。杉本市長の答えはつぎのように返ってきた。

「時世が変ったのだから共産党が公然化したのは結構だ。しかし、あの大逆事件だけは別だ。許せない。」

大逆事件のでっちあげと政治的謀略についてはそれまでその真相を知らされていない一般市民に対して、ぼくたちはその機会にその真実を知って貰おうとしてそれを企てたのだったが。(森長英三郎著『禄亭大石誠之助』二七七頁「紀州グループのデッチ上げ」岩波書店 一九七七年刊 参照)

〔『直』一六号・一九八二年一月二〇日刊〕

「かっぱ事件」こぼれ噺
現役二等兵の病院ぐらし

1

初の職場だった中央公論社での配属部署は出版部であった。そしてそこでぼくの最初の出版企画『支那問題辞典』が正式に刊行を決められたのは昭和一五年(一九四〇年)の二月であった。それからひと月ほどのちに、ぼくは現役入営のために郷里の紀州新宮へ帰郷したのである。ぼくの現役入営は和歌山の中部第二四部隊で、入隊期日は四月一〇日だった。

前夜の四月九日には和歌山市の旅館に宿をとって一〇日の入隊に備えたのだが、前にも書いたように、このとき、東京の住いから郷里の新宮へ、そして新宮から和歌山まで、ご苦労なことにぼくのような青二才にさえも特高のスパイ(刑事)と憲兵が、二重にそれぞればくの行動を監視するために、つかず離れずついて歩いていたのである。いわゆる尾行というやつだが、ぼくにとってはまことに煩わしい尾行にちがいなかった。

おまけに、四月一〇日の入営直後、数日も経たないある日、演練から夕方帰営してみると、実に不愉快ないやがらせが行なわれていたのである。いやがらせというのはほかでもなく、兵舎内務班のぼくのベッドの枕元に設けられている手箱が、ぼくの不在中にぼくに無断でひっくり返され、かきまわされていたばかりでなく、手箱にしまっていた手帖などの私物が、全部バラバラにされてベッドの上に雑然と放り出されていたのである。こんなことは憲兵のやったことだったが、抗議するにも抗議の仕様もない「こそ泥」的仕わざに対しては、いかにお人好しのぼくでも、ついに堪忍袋の緒が切れてしまった。

監視つきのこんないやな軍隊生活はもう一日も我慢がならなくなったぼくは、なんとかしてこれにさよならをする方法はないものか、とあれこれ思案にくれた結果、窮余の一策として思いついたのが「現役免除」をうまく闘い取ることなのであった。

もちろん、「現免」を狙うなんてことは極秘の計画で、うっかり表面に出ようものなら万事休すである。すべては密かに知らぬ顔で進めねばならない。

何しろ当時のこの国の大陸侵略は一九三一年の東北（満州）から始めて北支、中支、全中国へと年一年と拡大しており、国内の反戦・反軍思想と運動に対する当局の弾圧と検挙・投獄の手は日ましに強化されていたさ中のことである。学生時代にまったく合法的にマルクスやレーニンの本を読んだぼくたちの読書会でさえが、御法度の禁制にされてしまったあんな聖戦万才の時世をおもうと、厭戦すらが許されない風潮だった。戦後の青年には思いもよらぬことだろう。

そんな中でのぼくの現免工作は、もとより「いのちがけ」だったと言っても言いすぎではなかったと思っている。幸いにも無事計画通りに「現免」をかち取ることが出来、半年後には予定通りに職場へ復帰することが出来たものの、その間の本当の事情についても、当時のメモや古日記が泊事件（かっぱ事件）の検挙の際の押収をまぬがれて手許に残されていなかったならば、つぎに記述するような経緯を辿ったことが明らかにはされなかったであろう。

2

「肺浸潤」の診断を受けたぼくが部隊の病院に移されたあと、どうして病院へこんな日記帖を持ち込んだものかわれながら定かでないが、この古日記の中の表現法をみると、病院のベッドへ、いつなんどき特高や憲兵が踏み込んで来て調べられても、一応は大丈夫なような書き方をする心くばりはしていたようである。

一冊のボロボロになって残されていた古日記から、当時のぼくの病院ぐらしの実状をさぐってみよう。

七月二七日（一九四〇年）

四月一〇日の朝、洋服を軍服に着替えてからもう一年も経ったような気がする。それほどぼくの生活は急激にさまがわりしたのだ。兵舎で演練を続けたのは五月一七日までで、その後二週間の練兵休を取ったのち五月末の入院以来ずっと病院ぐらしのため、入院生活の方が長くなったわけだ。

ぼくはそんなことで五月一七日に行軍演習で倒れたままこちらの病院へ収容される身となったのだが、四月一〇日の同日入営の同期兵たちはみんな七月初めの第一期検閲も済まさずに外地へ出発したとのことだ。（註記……この部隊がのちにフィリピンのバターン半島で全滅したのであった）

まずこの部隊付属病院では、新入院のぼくにはこちらの部隊の患者と大陸からの還送患者とでは患者の様子がえらくちがったものに感じられた。満州（東北）帰りの竹内さんや南支帰りの吉田さんのような先輩の古兵たちも長い病床に痩軀を横たえて養生していたが、年齢のちがいもあったろうが日常の起居、動作のすべてにシンが通っていて胆がすわっているように思われた。戦地を踏む前とあととで気持にどんなちがいがあるものか、と彼らに聞いてみたら、「生きる一日」を無駄にしない、という張りが出て来て、以前のようにぼんやりした遊び半分の気持は消えて無くなった、ということだった。

入院早々のひと月くらいの間は読書も案外に自由で、歴史、哲学、経済、各領域とも社会主義と共産主義関係の本を除けば何でも借り出せたのだが、七月初めから特にぼくだけに禁令が出て、『中央公論』誌さえも読んではならぬ、とのお達しが来たのには閉口している。総合雑誌すらも読書禁止にするあたりに小心翼々たる当局の不安がよめて却っておかしい。これがこの国の当時の兵営という所なのだろう。すべては天皇の「命令」に支配されるのだ。

外からの手紙を受けて読むこととこちらからの通信のみが残された唯一のたのしみなのだが、ぼくの場合は手紙書きも躰にさわるからいけない、と止められている。検閲だけは無いものの、やはり憲兵や特高の目が光っているのにちがいない。

八月一日

木内高音さん（中公出版部長）からの便りでは今日恒例の一泊旅行に全社員が出かけた筈だが、今年はどこへゆくのだろう？　昨夏はみんなで塩原温泉へ一泊旅行だった。この旅行がすめば鎌倉の「海の家」へ行くことになる。去年の逗子の浜辺や鎌倉の海浜ホテルをなつかしく回想している。

中央公論社が主催する夏期講座は社で開催されるという。これはぼくの以前からの提案によるものだ。この計画は社の新規事業としてぼくが嶋中社長に進言してすすめたプランだけに、今夏実現したことに聊か満足している。この間、こちらへくれた嶋中雄作さん自身からの見舞状には心を打つものがあって感銘したことも記しておきたい。その手紙はぼくのような風来坊に対して「君でなければやれないことがあるのだからどうぞ無事に、健康を回復して帰って来てください」という懇切な文面であった。

昨日は岡崎三郎氏から辞典（『支那問題辞典』）の仕事が進んでいるから安心しなさいと葉書で知らせてくれた。これは気になっていたことの一つで、ぼくが社への置き土産にした『支那問題辞典』のことである。細川嘉六さんも特別に力を入れてくれているとのことだ。

社の連中や細川さんらへも便りをしたいのだが、短いものなら許可されようか。

藤井正夫君のところへは荒川さんが行ってくれたらしい。今日の正夫君からの便りで、『支那問題辞典』中の「文化運動史」の執筆は受諾した、とある。辞典の方の仕事がこんなに順調に進んでいるのは何よりも結構なことだ。

3

八月一三日

淡路島の岩屋へ、そこの大阪陸軍病院の分院へぼくたち二名の患者が転送される、と知らされたのは昨日の正午のことだ。あまりに突然の通告にはぼくもおどろいた。どこへこれを知らせる手だてもなく、転送されるままに身を任せるほかはない。

午前八時、ぼくと森君の二人が転送されるのを内藤曹長の護送で和歌山を発ち、天王寺（大阪）駅前で一服して明石に着く。明石で中食をとったのち向いの淡路島岩屋へ一二時四〇分到着。分院のある小高い丘の上にたどり着いたのが一時少し前だった。二、三日来ぶり返した残暑は岩屋の海辺をきびしく照り返している。

森君とぼくの二人は大阪陸軍病院岩屋分院第一病棟二号病室に落ちついたが、診断を受け、申告をすませて、血沈、肺活量、心肺検査などをやっているうちに日が暮れた。

病棟の百名近い患者全員が夕刻、定例の散歩で丘の上から海岸へ出る。ぼくは久しぶりに瀬戸内海の海辺を歩いて心が落ちつく感じだ。森君と二人で砂浜に寝ころんで和歌山へ残して来た病友のことなどを語り合う。

今日から三十五日間つまり五週間の岩屋での療養生活である。

八月二一日

病院の裏山で泌み入るように蜱が鳴く。すぐ下の入江を二、三隻のポンポン蒸汽が遊泳している。瀬戸内海には白帆が点々と浮び、その間を縫うようにして大型の外国船が走る。

岩屋は漁師町で鯛釣りができる、と聞いたが、タイではなくタコ釣りらしい、タコ壺を無数にいけた漁船が港に船体を並べてつながれている。

毎日夕方にやる散歩もよろしい。岩屋の渚に寝転んで金色に光る海と空を眺めていると、チェーホフじゃないが「海と私――そのほかには何もない」という気がしてくる。

暑さももう峠を越えた。

八月二五日

この病院の付属図書館で思わぬほどのめっけものの本を見つけた。大都会のド真ん中の図書館でも、今どき珍しいほどのめっけものなのだ。誰にも気づかれずにこの陸軍病院の分院の図書室の片隅に身をかくしていた一冊の本、それはほかでもなく、森戸辰男さんの「クロポトキンの片影」（大正一〇年、同人社）であった。如是閑さんの「我等」誌に寄稿した森戸さんの論文集なのだが、こんな本になぜぼくが異常な興味を持ったかはひと言解説が要るだろう。

一七才の春、ぼくが郷里新宮の中学を追われて上京したとき、神田で見つけた一冊の小さなパンフレットが、ぼくの心をとらえて離さなかった。ぼくは生まれて初めて人を感動させる本にぶつかったのである。クロポトキンの「青年に訴う」（大杉栄訳）である。ひとはぼくを幼稚で単純な男だなァと笑うだろうが、何とひとに評されようともぼくはクロポトキンの叫びに胸を打たれたのが真実なのである。クロポトキンは言う、――「ここに自分の奴隷的境涯を自覚して、そこから脱け出ようとしている人びとがいるのだ。しかるにそれを助けようとする人たちがどこにいるのだ？　自分の野心のために彼らを利用しようというのでなく、本当に彼らのために尽しに来る人はどこにいるのだ？」

「知識と才能を有するすべての諸君、もし諸君が多少とも義憤の心を有するなら、諸君の友人たちと共に、行いて諸君の知識と才能のすべてを挙げて最もこれを必要とする者のために尽すがよい。しかし忘れないでくれ給え、諸君が行くのは主人として行くのではなく、戦友としてであり、支配のためではなくして新しい境遇に入って自ら霊感を得るためであることを。さらに諸君が行くのは民衆を教訓するためではなく、民衆が熱望するところを感知し、会得し、組織立て、日常生活でこれを実現させるように青年のあらゆる活力をもって倦まず撓ゆまず働らくためであることを。さらに記憶していてくれ給え。そのとき、そう、まさにそのとき、諸君は人間たるものの完全な生活、合理的な生活を確保するのであることを。そして諸君は諸君の一切の努力が着々とその効果をあげるのを見るであろう。そして諸君の行動と諸君の良心の命令との間の一致から生まれる調和の感情は諸君自身もかつて想像もしなかったほどの力を諸君に与えるであろう。民衆の中にあって真理と正義と平等のために闘う諸君は、人生においてこれに優る美わしきものを他に見出せるだろうか？」

八月二六日

一番病棟には現在三九名の患者が収容されているが、何れも胸部疾患である。岐阜、鳥取、加古川、大阪、信太山、和歌山等々から送られて来た患者たちだ。三番病棟まで八十余名に上る胸部疾患の全患者を黄トンボ、桃色トンボ、赤トンボの三種に分けているのだが、黄トンボは軽作業に耐える者、即ち軽作業療法による全快見込者。桃色トンボは黄につぐ作業即ち草ひき、石拾い、などを日課とするもので海水浴は許されない者。赤トンボはぼくもその一人だが、重症患者である。この病院には十名の赤トンボがおり、これは絶対安静を必要とする患者たちなのだ。

社の堺誠一郎さんからの便りでは彼の友人の軍医邑楽氏からもゆっくり養生するよう伝えてくれとあるが、ぼくも切角の機会だからあせらずに養生させて貰うつもりだ。

八月二七日

桃色・黄トンボ諸君は今日は遠距離散歩でお向いの明石方面へ出かけ、分院はガランとしている。打ち寄せる波の音と発動機船のエンジンの響きに蟬しぐれが交互に入り乱れて晩夏を奏でている。今日は澄みきった青空で、瀬戸の対岸はくっきりと鮮やかな緑をみせている。

ベッドの枕辺にジャン・ジャック・ルソーの「ざんげ録」を取り出して読む。もう忘れてしまったくだりが多く、初めて読むほどの感慨で改めて興をそそられたが、読み進むにつれて昔読んだ憶えがよみがえって来て一層心をひかれる。平凡にして凡ならぬこの著者の独立自尊の確乎たる精神がどのようにして幼い時から育まれていたか、エミイルに劣らない教育論でもあるのだ。

誰だったか、小説を書くのには日本橋の真ん中で真っ昼間に真っ裸になって逆立ちをするだけの勇気が要るんだぜ、と言ったのを聞いた覚えがあるが、真っ裸になっての告白はよっぽどの苦行にちがいなかろう。いずれはぼくも勇を奮ってぼく自身の告白を書きつけねばなるまいと思うのだが、果たしてこんな風に自分自身を正直に真実のままに語りつくす勇気があるだろうか？　口先ではなんとでも言えるが、至難のわざではあるまいか。

八月三一日

社の堺誠一郎兄から又便りがあった。社内のいわゆる新体制協力運動もいよいよ白熱化して来たもようだが、先頭を切っているのは青木君で、その中心になって動いているらしい。非常時意識が人一倍強い青木君の力み姿が目に見えるようだ。信州のサナトリウムへ療養に行っている片上兄などはこれを一体どんな気持で見ていることだろうか。

よく考えてみると、この際のわれわれの言動は一層慎重さを要するのじゃなかろうか。ものごとのひとつひとつを十分に熟慮して、計画し、組織するのでなければ悔いを千載に残す結果となるにちがいない。今の彼らの新体制運動なるものにしっかりした基礎理論があるわけではなく、ぼくなんかはそこに何の指導性をも認めないのみならず、民意をとらえていない官製の社会運動なんてのはむしろ反動性を持つものとして拒否したいものだ。

したがって、もし真にわが国の正しい歴史的進路を定めようとするのならば、何よりもまず広汎な国民大衆が現在何を求め何を欲しているのかを的確に把握して、これを達成するに必要な組織と指導理論を形成するために謙虚に心をつくすべきではなかろうか。武器は何よりも冷徹な批判の展開にあるとぼくは考えるがどうだろうか。もちろん、批判の武器は武器の批判に堪えうるものではない。しかし、ぼく自身としては、批判の武器を磨くほかにどんな役割をになうことが出来ようか。今度の堺兄からの便りはぼくを考え込ませてしまうのだが……。

『直』二一七号・一九八六年八月一日

「かっぱ事件」こぼれ噺
「現役免除」をかちとった実話

九月五日

浮世ばなれした岩屋の病院生活も余すところわずかになった。紀州の海にみる男性的な風景はないが、瀬戸内海の女性的な美しさにはやはりそれなりの魅力がある。ひぐらし蟬やつくつくぼうしの声も初秋の気配を漂わせてさみしそうだ。晴れた空に見渡す須磨、明石の対岸の街や禿げ山になった六甲山の山並が手に取るように鮮やかに映る。

渚に立った時は、私は水際の砂を裸足《はだし》でざくりざくりと踏みしめながら、打ち寄せる小波とたわむれているときの快さに酔う思いだ。

逞しい漁師を乗せた小型のモーターボートが沖に向って出てゆくと、入れちがいに出漁していた小さい漁船が帰って来る。今日は漁船の出入りも少ない。

漁港の埋立地の突端に坐って釣糸を垂れている親父さんは何を釣ってござるのか。

九月六日

早暁五時五〇分ごろ、突然ものすごい爆音と地響きに目をさまされた。窓辺に出てみると、神戸あたりの空にむくむくと黒煙が立ちのぼっている。石油タンクの爆発事故でもあろうか。めらめらと天をも焦がさんばかりの焔のすさまじさを眺めていると、爆撃での戦場の凄惨さを想像する。そして戦争の惨劇を思うのだ。科学戦の発達はやがてこの悲劇を極限にまで追いつめるであろう。科学兵器の進歩がついに人類絶滅へと拍車をかけることになろう。人類絶滅＝滅亡の日まで平和は望めないものか。

如是閑（長谷川）さんの「アンチミリタリストの孫」ではないが、ふと私は自分の祖父元之助爺さんの話を思い出した。幼時のころ、私の父から聞いた祖父の昔話は面白かった。明治五年だったか維新政府が初めて徴兵令を実施したとき、祖父の元之助は適齢期で、徴兵検査を受けて現役入隊をしなければならないことになったのだそうだが、祖父はその兵役という軍隊づとめが大嫌いで、徴兵をのがれるために一案をひねり出したのだそうである。その一案というのが面白いことに、そのころ小口村で漢方医をしていた木村玄雄《げんゆう》の一人娘のこまんにほれて結婚を申し込んだのだというのである。祖父の元之助は当時那智の滝の裏側の色川村に住んでおり、清水姓を名乗っていたが、その申し込みに玄雄爺さんの許可が出て木村こまんを嫁にする木村家の養子に入ったのである。つまり元之助爺さんはむこ養子に入ったというわけだ。私の木村姓はそこから出ているのだが、木村元之助の徴兵忌避《きひ》のいきさつはそんなわけで私にはたいへん面白い話であった。人殺し戦争を嫌うそんな祖父を持ったことに誇りをもつようになった。私もまた出来ることならそんな結構な方法はないものかとひそかに探していたアンチ・ミリタリストの孫なのだった。

こんな話はもちろん公には危険だから誰にもいえないことだったが、たまたま志賀直哉の小説、「或る男・其姉の死」の二八章に私の今の気持をそのまま描いた箇所があったのに遭遇して感動を覚えている。志賀直哉のそんな文章を引用しておく。姉にあてた手紙の中で、兵役を免除されて除隊に決まったそのときの様子をこう書いている。「……そのすぐあと僕は一体どんな様子をしたと姉さんは思いますか？　僕は営内の白壁へ行って身体と頬とを無闇に擦りつけて歩いたのです。ニコニコするどころではありません。万才！と叫ぶどころではありません。僕はただ真面目くさった顔つきをして壁へもっていって頬も身も擦りつけていました。一種の表情にはちがいありませんが、われながら不思議な表情もあればあるものだと後で感じました。僕のは元来は思想から入ったものでした。それがしまいには感情の底まで浸み通ったアンチミリタリズムになってしまったのです。……それはわがままな、そしてより気分的なアンチミリタリズムなのです。……」

（「現代日本文学全集」三七一頁）

九月一二日

夜半来襲の台風はきびしく、海は荒れ、横面から吹きつける風雨は庭の樹木を横倒しにしてベンチを吹き飛ばしてしまった。嵐をさけて島蔭に錨を下ろした数隻の漁船も激しい風雨に翻弄されてゆれ動いている。

だがなぜか私は落ち着いた気分で入院来の手紙類やメモ類を整理する気になった。ノートをめくってみると、六月の半ばに部隊の付属病院で一緒だった竹内藤男君のことがメモしてあった。私には入隊以来初めて会った「人間」の感じで、毎夜深更まで話し合っていたものだ。竹内君は満州帰りの伍長勤さんで現役三年兵の勉強家だった。話はソクラテスの弁明から始まってシェストフの「真理とは何か」による精神の覚醒の話、さてはお互いの恋愛観や趣味論など今その会話を思い浮べても実に愉しい。竹内君に会って私は久しぶりに心のゆたかさを感じる。私のメモにある竹内君の言葉――「本当のところ、まじり気のないとこ」「なぜ人は己れを佯らねばならぬのか」「勝敗何れにありやですな」「ぼくもこれで相当考えちゃいるんですよ」「自分の思想や考えを他人に伝えるということはたいへんむつかしいことですね」等々。

六月の末に竹内君は現役免除で西浜の養母の家へ帰郷したのだった。

九月一四日

鳥取組が転出した。愈々私たちの番が巡って来る。待つ間は長く、過ぎた時は短い。正子、川嶋、浅石君らから便りあり、浅石君は佐々木惣一氏の原稿をとりに京都へ来ているらしく、しらふで現役入隊したい、とある。

出版部へ残して来た『支那問題辞典』の編集はたとえ単に啓蒙的なものに止まるものにせよ日本の一般民衆に現代支那の実態をわからせる有力な資料になることは疑えないと確信している。

淡路島岩屋の明け暮れはとにかく興味深いものであったが、愈々近くこの療養所ともお別れだ。

最後の診断で森、寺田、小林、木村の四人とも不急治癒患者となった。

九月一七日

午前八時岩屋を発つ。やや高浪だが快晴に恵まれ、快適だ。大阪で森君の家へ寄ったりしてひる飯は南海高島屋で代用食のボロボロソバ食をとる。一二時一〇分発の急行で和歌山へ。本院へ帰着したのが午後二時。

帰院早々診断あり、不急治癒。あと一、二ヶ月は辛棒せにゃなるまい。即刻復隊かと思ったが、病院ぐらしが続くわけだ。

賀川豊彦さんは余生を闘病で送ると聞いたが、私も自分の闘病方針をしっかり固めておかんといけない。新谷中尉のレントゲン所見によると私のは殆ど石灰化しているとのことだが油断はなるまい。

九月一八日

白浜療養所から帰院した連中の中で、不急治癒の患者はそれぞれ処分（現免など）されたという。

静かな本院にはおどろいている。静寂そのものである。ポンポン蒸気と波風の音になれた耳にこの静けさはまるで死の世界にまい込んだような気がするくらいだ。

森さんが入隊（臨時召集）して間もなく奥さんを亡くされた。二人の子どもをのこして逝ったのだそうである。池田有二さんが先妻を亡くしたときのことをよく知っている私には森さんの心境がよくわかる気がする。

森さんも有二さんと同様に亡妻には多くの悔いをのこしているようだ。「日ごろ随分苛めていたのを省みると、まるで自分が妻君を殺してしまったようなものだ」と森さんが悲しげに述懐するのを聞くと、妻君は大事にしなきゃいけないと沁み沁み悟る。

今日は満州事変を起こした日である。

九月二一日

この病院に入院中の傷病兵を見舞いに来る除隊兵の話によると、現役の四年兵で満期除隊をして結婚したが、結婚生活三カ月で再び応召入隊した兵隊が九月初めの召集兵に多いということだ。補充兵でも三年兵や四年兵がいるのだからおどろきだ。

前田君が見舞ってくれた。竹内君がどんなわけでか北京へ発つとのこと、一度会っておきたい。

意気の昂揚する日と阻喪する日が交互に私を襲う。昨日は明らかに後者だった。天候のせいもあってか、気分がすぐれず、たえずいらいらする精神の不安と動揺に悩まされた。しかし、今日はちがう。いかにも秋空の明るい感じで、心がゆったりした心地よさだ。

たとえこの私の病気が治療に意外な日数を要するにしても、私には決してへこたれないだけの心がまえが出来ていると思っている。

慌ててはならない。つねに備えよの用意を怠ってはならぬのだ。不用意なことは決して許されない。

この一年、二年の生活は私にとってゆるがせにならぬ重要な日時である。この一年か二年の間が私の生涯でないと誰が言えようか。

この病床生活の間にこそ私は自身の生命を生き切らねばならないのだ。私の人生にとって大いなる試練のときである。

九月二二日

正直言って私は自分の知識が新聞・雑誌的知識に過ぎないことを知っている。私の勉強というのも十分間読書の域を出ない。なぜそうなのか自分でもよくわからないのだが、性分かもしれない。風来坊なのである。

じっとひとつところにとどまっていることの出来ない性分で、たえず動きまわっていないと気がすまない質《たち》なのだ。

私が動きまわるのも、一定の目的を追って動いているのならいいのだが、そうではなくて動いているだけのことだから困るのだ。あてもなく動きまわり、歩きまわるのが性に合った所作なのだ。まさしく風来坊だ。

九月二六日

午前九時二〇分。田中診療主任の呼び出しについで槙本少尉の診断あり。「大したことないのだが、現役免除になるからな」とのことだ。書類は診断書が主だが田中中尉が鉛筆で下書きしたものを槙本少尉が清書して事務の方へ廻したから二、三日中に師団（大阪第四師団）司令部へ送るのだろう。

ああ、これでやっと念願の「現免」をもらえることになった。現役入隊のとき私の心中密かに契ったただひとつの希いは日帝の中国大陸侵略戦には断じて参加しないように努めることにあったのがどうやら実現できそうなことになったわけだ。投獄を予期したハデな反戦闘争はできなかったが、出来るだけ目立たない地味なやり方で合法的に「現免」を獲得することに成功したのである。へっぴり腰の闘いだと笑われるかもしれないが。

平、杉森、水藤、畑中、堺、篠原、山本、青木、浅石、小森田の諸兄から正子あてにお見舞いのお菓子を送ってくれたとのことだ。じかに諸兄に会ってお礼を言う日が近いと思っている。

一〇月九日

午前九時半、田中中尉より突然に明朝退院の旨知らせが来た。そのあと槙本少尉からもその旨伝えて来た。一三〇日間も消えないで残っていた黒板の私の姓名も消えた。さっぱりした気持ちだ。

「現免」に勝利した私は聊か自信を深めることが出来た。この闘いを勝利に導いた決定的要因は、周到な用意・計画と不撓の闘志にあったと思う。これを貴重な自分の体験として噛みしめながら帰郷するが、これからの私の生活に不可欠なことは何ごとによらずこの計画的な闘いというものだ。

一〇月一〇日

第二の誕生日。早暁から目がさめてじっとベッドで眠っておれない。中庭に出て朝露を踏んで晴れわたった秋空を仰ぐ。爽快だ。

朝食後、軍隊手帖を返して貰って八時すぎにカルシウム注射を受け、病友たちに別れを告げて退院。病院の正門を出るなりすぐそばの石壁へ思う存分に小便をひっかけて気持を落ちつけ、胸を張り両手をあげて背伸びをする。何たる愉悦ぞ。

県庁前の山崎新ちゃんの家にあずけていた何冊かの本を受け取って午前一〇時すぎ東和歌山駅から新宮へ。百に近いトンネルの間にちょんの間だけ青空が見えるだけの紀勢線は新宮までに石炭のすすで顔が黒くなるほどだ。

母と正子の出迎えを受けて新宮駅に着いたのが午後七時二〇分。夜半まで話がはずんで就寝は一二時前。久しぶりの畳の感触はいいものだ。

一〇月二七日

正午新宮を発って上京の道中田辺に立ち寄り、南方熊楠翁自宅に病床の翁を見舞う。かねてより私が中公出版部で出したいと考えていた南方熊楠翁の「十二支物語」を是非出版させてくれと頼んだところ即座に翁が「出してよろしい」との返事をくれたのにホッとして上京。これで嶋中社長への私の除隊みやげが出来たわけだ。どういう風の吹きまわしか、あれほど新聞・雑誌記者ぎらいだった南方熊楠翁が自著の作品の出版をその場で応諾してくれたとは驚きだった。

（この年の暮れに南方熊楠翁は永眠されたのであった。）

一一月一四日

半年ぶりに世田谷在の細川嘉六先生を訪ねた。留守中お世話になった『支那問題辞典』について暫く話し合ったあと、「中央公論」へ寄稿した「アジア諸民族の史的発展と大陸政策」に言及してさらに話し合ったが、オーソドックス派の細川老人の見識には共鳴し、敬服した。ジャーナリズムを真に正しく理解している論客であり珍しい硬骨漢である。こんな大人物がまだこの国にいたのである。

一一月一六日

昨夜はデザイナーの石橋君の壮行会があり帰途、畑中、堺の両先輩と語った。

細川老人が前に発表している『支那革命と孫文』を拝借して読みたくなった。孫文なんて人物は日本には育たない異色の人材なのだ。いかにも東洋的な特長を持った革命家だ。別の本で南方熊楠翁が若かりしころロンドンで働いていたが、当時ロンドンに滞在中の孫文が検挙されて拘禁され、遭難中のところを一夜南方翁の力で救出されたエピソードを読んだことがあったが、私にはショッキングな面白い話だった。私が南方熊楠翁を好きになったのも実はそんな孫文救出の義侠心あふれる逸話を知ってからのことであった。

［『直』一二八号・一九八六年一二月一〇日］

愚直記者の人権奪回闘争

1

今年五月三日の憲法記念日に朝日新聞社の阪神支局で起こった問答無用の記者殺傷事件は、何を意味する出来ごとだろうか？

丁度そのときぼくに送られて来た『北日本新聞』五月三日号は《憲法四〇歳——人権のトリデ》「教訓『泊事件』」「一枚の写真で投獄」との見出しで、細川嘉六氏（朝日町出身の政治学者、故人）や編集記者たちの「泊事件」から四四年が経った。神奈川県警特高が架空の共産党会議をでっち上げ、治安維持法を盾に大がかりな言論弾圧に及んだ横浜事件の中核になった泊事件。敗戦後、同事件を戒めるかのように新憲法は言論の自由など基本的人権を保障する諸規定を設けたが、最近国家秘密法（スパイ防止法）など憲法を骨抜きにする動きが目立つ。きょう三日は四〇回目の憲法記念日。泊事件の証言者を訪ね、憲法の価値をかみしめた。——というような文意で、ぼくたちの愉しかった泊旅行の様子を生き残りの証人たちの証言で語り、共産党会議などというありもしなかった空中楼閣のフレーム・アップの事実を裏づけている。

この記事は、昨年夏七月二日に横浜地裁へぼくたち「横浜事件」の被害者九名が再審請求を行なったことをも伝え、さらに「横浜地検は今年二月、再審請求却下の意見書を横浜地裁に提出した」と報じ、ぼく（木村）の発言として、

「平和な現代では、想像もできないでしょうが、つい少し前のことなのです。憲法が保障する基本的人権は空気みたいなもので、今その価値を認識している人がどれだけいるか……

国家秘密法は、新憲法で拒否されたはずの治安維持法の再現であり、国民に対する侮辱。絶対に許してはなりません」

暗黒時代の犠牲者である木村さんは、憲法をないがしろにする右傾化の風潮に警鐘を鳴らした。と書き、最後に、「木村さんら再審請求原告団は、七月四日に泊を訪ね、細川氏の墓参を予定している。」としめ括っている。

『北日本新聞』が指摘する通り、ぼくも基本的人権を保障した現行憲法を否定するような反民主主義的テロリズムは断じて許せない犯罪行為だと信じている。したがって、今度朝日

新聞社阪神支局を襲撃した「問答無用」の惨虐な記者殺傷事件こそはネオ・ファシストの暴力犯行として徹底的に糾弾し究明しなければならない、と思っている。

せっかく戦後の四〇年をかけて基本的人権の貴重な意義を、即ち民主主義の基本原則を定着させようとする善良な市民たちの努力を一瞬にして破壊し去ろうとするネオ・ファシズムの暴虐行為は、まさにわが国の新生民主社会を根底からおびやかす最悪の反社会的犯罪である。

ぼくたちの再審裁判請求の目的も、実はこんな無謀なファシズムの再現を防ぐための人権擁護のたたかいなのである。

そんなネオ・ファシズムの抬頭を断じて許さない希いを込めての再審請求だったにも拘らず、早くもその憂慮すべき事態が眼前に起こったのである。第二次大戦直前の二・二六事件や軍部ファシストたちの行動も、数名の兇徒のピストルから始まった。これがいちばん危険な兆候なのである。そう言えば、二・二六事件のときも言論機関の代表であるかのように「朝日」がやられている。

その「朝日新聞」の五月九日号は「外国人特派員も怒り」という見出しで小尻知博、犬飼兵衛両記者の殺傷事件について、何人かの外国人記者の怒りの言葉を伝えている。その一人、在日二十五年の米国人ジョン・ロバーツ記者は

「私はファシズムの時代を生き抜いたので、こういう事件にはとても敏感だ。

アメリカの方が個人テロは多いかもしれない。しかし、日本では血盟団事件などの例にみられるように、狂信的なグループが登場するのが特長ではないか。その流れは今も続いているのだろうか。

愛国主義はならず者の最後の逃げ場だと私の国では言われている。日本人はこのことをもっと考えたらどうか。」

と語り、英国人記者のアンドリュー・ホルバート記者は

「通信社に送られた脅迫文が〈ほかのマスコミも同罪である〉と言っているが、私は自分が小尻記者たちと同じ立場と考えられることを嬉しく思う。

日本人の、愛国者か、非国民かという言い方は、外国人に対する親日、反日という分け方と同じで、戦前の暗黒時代を思い出させる。言論を暴力で封殺する勢力が戦前から現在までも日本に潜んでいることは大変おそろしいことです。」

と、それぞれきびしい言葉でその感想を語っている。

今度の朝日支局襲撃事件（記者殺傷事件）が物語る危険信号の意味は、ぼくたちの再審裁判請求とのつながりでどうなのかがほぼおわかり頂けるかと思う。

2

「問答無用」といえば、ぼくたちが前大戦末期に遭遇した「横浜事件」で受けた特高警察の取り調べがすでに「問答無用」であり、一般に考えられている「取り調べ」とはまるきりちがったやり方だったことを、この際ここではっきりさせておいた方がいいと思う。

前述のように今回のぼくたちの再審裁判請求に対する横浜地検検察官の意見書は、「横浜事件弁護団通信」第四号(一九八七年二月二六日)にある通り、今年二月二〇日付で裁判所に提出され、二月二三日付の求意見書とともに同日弁護人窓口大川弁護士あてに交付された。

弁護団としてはまず早急に新聞記者会見を行ない、検察官の意見書に対する反論の提出時期とその内容上のポイントに関する説明を行なうことにして、記者会見は三月六日午後二時横浜弁護士会館会議室で開き、請求人平館、小野(故人の妻)、木村の三名が、森川、大川ほかの弁護団と、そこへ集まった各社の記者数十名の方々の前で行なわれたのである。

弁護人意見書の提出期限は七月末まで延期するよう裁判所に対して要請。

意見書作成の準備前提として、検察官が主要な争点としている「請求人に対する拷問の事実関係」を中心として、既存資料よりはさらに詳細な聞き取りを行なうことにし、「具体的には横浜事件のいわば本筋に関与したとされる木村亨氏からの総括的聞き取りを弁護団の全員でまず行ない、そのあとでグループ別に弁護人が分担して全請求人からの詳細な聞き取りを行なう」ことになり、三月二七日午後一時から四時までぼくからのその聞き取りを行なったわけである。

その折のぼくたちに対する神奈川県特高警察の「取り調べ」の実相がどれほど非道で無礼なものであったかについては、聞き取りを行なった弁護人の方々さえも初耳の様子で、唖然となさったような次第であった。戦後の一般常識では、「取り調べ」というのは一定の取り調べ事項について昼間に取調室において警察官なり検察官なりが、順を追って相手に対して質問を重ねてゆくのが普通である。ところが、ぼくたちの「取り調べ」は、そんなのんきな生易しい問答ではなかったのである。無茶苦茶な拷問から始められたのだから。

治安維持法を盾にする取り調べは、前提として何よりもまず先に検挙した個人個人を、ひとりひとりそれぞれ個別に「共産主義者」に仕立てないことには「特高警察の仕事」にならなかった、という厳然たるルールがあったのである。

引き立てられていった人たちの中には例外者もいたにちがいない。特に横浜事件の一〇年前に当る一九三三年春の佐野・鍋山の転向声明以後は、特高警察側の演出通りに、一種の「転向ブーム」を流行させたことも事実であり、中には乗り遅れじとばかり率先して「転向を契った」人も少なくはなかっただろう。特高拷問の怖さをご存じの人たちはそんな拷問をやられる前に「忠誠を誓」ったり、「改悛手記」を提出したが、ぼくたち横浜事件の被害者の中にもいたことははっきりそれとわかっていたのであった。

断わっておくが、別に今ここで、そんなことを誰彼についてぼくが言おうというのではない。ぼく自身もあの空中楼閣のような嘘を事実であったかのように認めさせられた一人であり、自身の弱さをよく知っている。そんな嘘偽のデッチ上げを認めてしまった自分の恥辱は終生つきまとうものである。そんな意味で、今回の再審裁判の請求自体がぼく自身に恥の上塗りをするような一面があったことは否定できない。

それにも拘らず、ぼくたちが敢えてこの機を逸せず「再審裁判」の請求に踏み切ったわけは1に述べたような時局の危険な潮流に抗するための警告とともに、「問答無用」の拷問取り調べだった裁判の真実を明らかにさせることによってぼくたちの失われた「人権」を取り返したい一念からにほかならない。

右の三月二七日に横浜弁護士会館で開催されたぼくからの聞き取りの模様については「横浜事件弁護団通信」第五号(一九八七年四月三日)がつぎのように記載している。

「前略……当日は各請求人の体験談の聴取の手始めとして木村亨氏からの聞き取りを行なった(録音テープで約二時間分)。

国民が特高警察で受けた拷問の模様については、その概要が昭和二二年の告訴時に申立書に添付された『口述書』(笹下同志会編『横浜事件資料集』八五頁所収)および同氏著『横浜事件の真相』(新版二三頁以下)に記録されているが、直接うかがったところはやはりはるかに生々しく詳細である。

とくに特高警察の暴行の態様について、逮捕直後の時点では、取り調べの過程でその手段として暴力が用いられた、というよりも、木村氏を取りかこんだ十数名の警官全員が各自兇器(椅子のこわれた足とか木刀とか太いロープや角棒など)を持って集団暴行(ないしはそれによって本人に生命の危険を感じさせる行為)を自己目的として行なったことがうかがわれる。また暴行は『泊会議の目的が共産党再建にあること』や、木村氏が『中央公論社内の左翼勢力の中核であったこと』などの重要な事実関係の自認、ないしそれを前提とする手記の執筆を拒否ないし躊躇すると暴行はエスカレートし、これらの点について本人が屈伏することによってようやく収束する、というものであって、着物や弁当の差し入れ禁止などの虐待の継続も、これと同様の節目を持っていたことがよくわかった。」

3

以上のような横浜事件の拷問（特高警察の問答無用の特技）は軍部・官僚が主導したわが帝国＝旧日本のファシズムの実態を赤裸々に自己曝露した歴史的証拠であることをはっきりと確認しておかねばならない。

治安維持法と称する「問答無用」の悪法に抗する道は、あの時点で、横浜事件に関する限り、細川嘉六老が身を以て示した抵抗の大道のほかにいったい何が残されていたであろうか。

細川老が憂国の至情から執筆した「世界史の動向と日本」（『改造』一九四二年八月号九月号連載）が問題にされながら何ら法にふれるところもなく釈放されようとしたとき、横浜から別件で再逮捕されて笹下刑務所に移監されてみると（一九四四年五月ころ）、そこで検事や予審判事からつきつけられた、ぼくたち泊組各人の特高調書やひとさまざまな手記の類を見たとき、あの細川老はどんなに驚き怒ったことであろうか。

笹下の未決刑務所の一舎階下の独房に端然と正座した細川老からひそかにぼくに送り届けられた何通かの貴重なレポ、いまなおぼくの瞼に浮ぶそれぞれの重厚な文面、――すでにそのレポの主要なものは全文を紹介ずみではあるが、なおごく一部の「ことば」は公表を差し控える必要からいまだに発表していないけれども、それらのレポを通して共通する重要な要件は、ひと言で言って「当局の不法拘禁には徹底的に抵抗し、抗議し、必ず当局の謝罪を斗いとれ」ということにつきるであろう。

敗戦時の無条件降伏直後のレポ「総理大臣か法務（司法）大臣がこの笹下刑務所のわれわれのところへ謝罪に来るまでここを出るな」という細川老からの檄文は、何回くり返し書いてもぼくには書き足りない教訓だったと銘記している。

大切なことは、当時、支配階級の仕組んだ政治謀略「泊事件」という出鱈目なつくりごとに対しては「当局の手に乗るな。奴らの仕かけたワナにかかるな」という一事であって、細川老は決して「公判廷で堂々と斗おう」などとは言っていない。否、むしろ「公判」という敵が作った土俵には断じて上るな、と強く指示したのである。

だからこそ細川老は当時、横浜へ移監直後に予審判事石川勲蔵から示された「細川・相川予審調書」なる作文に対して、烈火の如き怒りを石川予審判事に爆発させたのだ。そしてその細川老の激しい怒りの姿をその場へ同行して部屋の片隅で目のあたりに見た土井看守が、歴然と証言してくれたのである。これほど貴重な証言は他にあるまいと思われる。

土井看守はその光景を眼前にしてこう語っている。

「石川予審判事さんの調べのときなどは片隅に腰をかけてわたしも聞いておりましたが、細川さんの頑として強い否認の主張には判事さんのほうが困ってしまって、ほんとうに立ち往生しておりました。」（拙著『横浜事件の真相』笠原書店刊九四頁参照）

ここでそのとき石川予審判事がデッチ上げた「細川嘉六・相川博予審終結決定」のインチキ性をはっきりと指摘しておかねばならない。それこそ細川老が根も葉もない虚構だとして最初から斥けた《空中楼閣》だったのであり、前述のように烈火のような怒りを爆発させた問題の偽造文書だったのである。

いかに治安維持法関係の事件だったにせよ、二名の被疑者を連名にして作成した問答無用の「予審調書」なるものがかつてあっただろうか？　それはまことにふざけた文書であったと言えよう。

おわかりの通り、それこそ石川予審判事が細川老の頑強・激烈な拒否を受けた虚偽の内容にも拘らず、細川老を泊組の党再建準備会の主役として陥れようとはかったワナだったのであり、石川予審判事が自分勝手に作りあげた偽造文書にほかならなかったのである。

海野弁護人が戦後森川弁護人に「質《たち》の悪い判事が一人いた」と伝えたその判事こそ石川予審判事だったことは明らかである。

ぼくたち原告団＝笹下同志会が請求した横浜事件の再審裁判の狙いは、右の「細川嘉六・相川博予審終結決定」を一例とするような虚偽の事実を明示して真実を明らかにすることであり、不法な特高拷問の諸事実を立証してぼくたちの人権を奪った権力犯罪の真相を曝露するところにある。

たとえどんな意見書――今回の検察官から提出されたような――が出されようとも、また彼らがぼくたち原告団の再審裁判の請求を何度棄却しようとも、ぼくたちは決して屈しないで勝訴するまではとことん闘いぬく決意であることを改めてここに誓い、一日も早く再審裁判が開始されることを望みたい。

〔『直』三〇号、一九八七年一一月一日刊〕

「人権意識の欠如」というおかしな話

古くさい話で恐縮だが、五年前にこんなことがあった。本誌の『直』へそれまで十回位連載させて貰った拙稿を、一冊の本にまとめて筑摩さんが出してくれた直後、いくつかの書評が寄せられた中で、ぼくにはたいへんうれしい「お叱り」を頂戴した一つの書評が現われた。それはどこかの大学の先生が書いた一文だった。その書評をひとことで要約するとこんな主旨だったと記憶している。

「反戦運動も何もしていないのに、検挙されたり、拷問に遭ったりした事件関係者たちはなぜ当局に文句をつけずに黙ったままやられっ放しだったのかおかしいではないか。そんなことをさせておいた方がヘンだ。やられた方がどうかしている。」

つまり、ぼくたち被害者たちにそのときごくあたり前の人権意識があったのなら、その当時でもそんな無茶な弾圧は許さずにハネ返せた筈だ、というお叱りである。

そのころは、何の抵抗も反戦活動もしないでも、当局側の政治的な謀略として、あいつらは、「アカ」に仕立てて投獄しろ、と憲兵や特高を使って、無茶苦茶をやったのがファシズムという奴の怖さだったことは事実だが、それは別として、ぼくはこの大学教授がぼくたちの人権意識の欠如をきびしく批判したその一文には敬服した次第だ。

去年の一月に出た岩波ブックレットNo.78に『横浜事件——言論弾圧の構図』はご存じかと思われるが、共著者奥平康弘教授の文中にも、「希薄だった人権意識」(四九～五三頁)という指摘があり、こう述べておられる。

「(略)もう一つの問題点は、そういう法律で取り締まられる側にも問題があったということを、あえて指摘したい。(略)何年か前から、いくつかの大学の大学院の特別講義で治安維持法の話をしたことがあるのですが、そういうとき通常、『あんな法律、あんな悪法を、またそんなにもひどい適用事件を、日本の国民はどうして反対しなかったのですか』と、こういう批判を受けます。(略)

「三・一五事件、四・一六事件、それからずっとくる過程のなかで、現に持っていた自由、確立した自由、あるいは権利を自分たちはいま侵害されつつある、これは、たいへんにけしからんことなのだと批判する原点を、日本人は一般にもっていなかった。(略)つまり市民的自由いわば抵抗体が、われわれの側になかったということが一ついえます。」

もう一ついえることは、と奥平教授はそれに続けてこう言っている。

「（略）当時の日本の知識人たちは、ある意味でいうと――『ある意味でいうと』ですが――市民的自由、ああ、そんなものはブルジョア的自由だ、革命が成立したらもっといい自由、輝かしい自由を持つのであって、そんな言論の自由とか集会の自由は、支配階級のいうたわ言だと考えていたふしがある。」

こうした批判やお叱りはぼくには痛いほどピンと来るので、今さらながらにぼくたちの人権意識の希薄さを反省させられる。いや、それは希薄などといえるものではなく、まさに人権意識の欠如、あるいは欠落と言うべきものだと思う。

戦前、戦時に治安維持法違反で検挙されることは、それだけで何か進歩的な人にされたり、名誉なこととカンちがいした人がいたものだが、それどころか、検挙された件が「共青再建のけん疑」だったり「共産党再建の疑い」だったりすると、それに係わったこと自体で英雄気取りになったり、密かにそれを誇りに思ったりする御仁がいたことも事実だったようだ。それは特高警察や司法当局に対する敗北にすぎなかったことだが……。

ぼくが学生だった一九三六、七年ころ、新宿に近い新大久保の川上家アパートに住んで慶応の仏文科へ通っていた友人の和田喜太郎君の部屋へは時折遊びに立ち寄ったものだ。

そんなある日、その和田君の部屋へ訪ねてゆくと、彼の机上にガリ版刷りの映研サークル誌の最新号が見開きで広げられており、右肩トップに彼の同級生だった堀田善衛のサインで

《ああ、いやなこった》

と題した一篇の詩が目に止まった。それは全文何行の詩だったかはもう覚えていないが、ミリタリズム一色だった当時、時流に抗したその抵抗のうたをホッとする思いで読み下したものだ。堀田善衛のみごとな諷刺詩はぼくに強烈なショックを与えたことを今なお忘れることができない。

残念ながらこの国ではそのころ京都で出していた新村猛さんらの『世界文化』誌のほかでは、すでに反戦運動や厭戦運動といった抵抗活動は全滅状態であり、堀田善衛のそんなはっきりした厭戦詩はどこにも見当たらなかった貴重な作品であったことは特筆に値することだった。一銭五厘で戦場へ狩り出され、死へ追いやられていた当時のぼくたち青年層にとって「ああ、いやなこった」はまことに尊い、良心の声であった。

あの時代に、人間らしい良心の声を上げるには作者がどれほどの勇気を必要としたことかは、現在ではもう誰にもわか

るまい。
それこそが本物の人権意識の産物であったのだ。そしてもしもぼくたち若者にそうしたいのちがけの本当の人権意識があったのなら、あれほども恥辱的な言論弾圧事件は惹起させなかったろうと思うのだが、果たしてどうだろうか？

〔『直』三二号、一九八八年五月一日刊〕

横浜事件再審請求中間報告Ⅰ
真実のほかにつくものはない

1．細川サダ夫人の末期の言葉

細川嘉六さんの夫人である細川サダさんが亡くなられる直前に、ぼくは妻の正子とつれだって夫人の入院先の病院へお見舞いに行ったことがある。夫人はもう二年余も病院ぐらしを続けていたが案外にお元気で気も確かであった。その頃出版された青山鉞治君の『横浜事件』を読んだ感想でも内容を適確に批評され、二、三の誤りを指摘して「木村さんは青山さんをご存じだったらご本人に伝えてください」と、著者青山君への伝言も伝えたことだった。そのとき何かたいへん不快な表情で語られたことのひとつで、ぼくたち夫婦にも意外だった話があった。その病院の近くの党の副委員長をしていた西沢富夫君が、長く入院生活を続けている夫人を一度も見舞ってくれない、といかにもご不満そうに「おエライさんになるとあんなになるんですかねえ？」と仰言ったのである。多忙ではあれ時には西沢君も受診に来院するのだろうから、せめて一度だけでも見舞ってあげたらよいのに、とぼくたちは顔を見合わせたものだ。

そのお見舞いのお別れの際に、サダ夫人が何気なく話されたひとことの言葉はぼくの胸を打った。

「わたしは長い一生、他人《ひと》さまへも、またわたし自身にもウソをつきませんでした。もういつ死んでも悔いません」

末期の言葉とでもいうのだろうが、死に直面してこれだけのことを言える人に、今までぼくはお目にかかったことはなかった。

2. 泊事件を横浜事件へ拡大させた一枚の写真の出所

ここでぼくは拙著『横浜事件の真相』の「一枚のスナップ写真」(三七頁)で、その写真の出所をまちがえて平館利雄君宅としたことの誤りを正さなければならない。ご本人の平館君と読者諸君にその誤りをお詫びしなくてはならない。

もちろんあの写真は平館君が一九五四年の『世潮』の座談会『実録・横浜事件』で、その出所について問われたとき「僕のところじゃないんです。西沢君のところから」と言っている(中村智子著『横浜事件の人びと』田畑書店刊七一―七二頁)。事実その通りだったのだ。

平館君の証言によると「その直後だったか、西沢夫妻が横浜の僕の宅へ訪ねて来て、あんな写真の出所が自分のところからとなるとこれから恥ずかしい目にあうから、どうか先輩のところから出たことにしてくれませんか、と夫婦が平館君にその出所をカブってほしいと頼みこんで来たものだから、いやそれも一度ならず二度までも頼みに来たので、僕がカブってやったまででね」というわけで、三年前の再審請求の際に木村が平館君を訪ねたとき、「西沢君も亡くなってもう一年経ったからね、ホントのことを言うよ」と、そのスナップ写真の正しい出所は西沢君の家からだったことを再確認した次第である。

平館君ご自身もそんな写真の一枚がもし押収されたら、どんな役割を演ずることになるかくらいのことは先刻ご承知で、泊旅行の直後に西尾忠四郎君から一組のスナップ写真を貰ったとき、すぐに奥さんと相談して、漬けもの樽の重石の下へその写真を隠した苦心談をご披露してくれたが、そのときの様子を平館夫人がそばで詳細に説明したときは、いかにもあの戦時下の苦しかった生活の様子がうかがえるような話しぶりであった。

横浜事件という言論弾圧の権力犯罪で一枚の写真がどんな大きな役割を果たすか、今ではおよそ誰でもそのフレーム・アップの手口に驚くばかりだが、戦争末期のあのころ、そんなスナップ写真の一枚や二枚をそんなに神経質に考えることもあるまい、と西沢君あたりは軽く考えていたのかもしれない。事実、あの夏、泊旅行へ細川さんに招かれて出かける汽車の中で、平館君が同行の西沢君に「この旅行は危険だ。前例にある五色温泉会議と同様に泊温泉会議として共産党の会議にデッチ上げられるおそれがあるから、大いに注意しなければならない」と警告したにも拘わらず、西沢君は平館君のその話がピンと来なかったようで、不用意にもあの写真を特高の押収に任せてしまっていたのである。

せっかくにも平館君が車中で西沢君に話した「五色温泉会議」のことなど、西沢君は果たしてご存じだったのかどうか？　その意味がわかっていたのかどうかを疑いたくなるくらいだ。戦後に何かで西沢君が書いていたのを読んだ記憶があるが、彼は戦前のコミンテルンの日本に関する三二年テーゼや人民戦線テーゼ（一九三五年）を読んだこともなく知らなかった、というのである。この記事はおそらく読者の皆さんの中でもお読みになったおぼえのある方がおありだろう。しかし、彼のロシヤ語は確かに堪能であった。

「そんな写真は誰から出てもいいじゃないか」

そんなことを言う人もいるが、それは治安維持法という悪法の正体を知らない、あまりにも無知な人の放言か、あるいは特別のわけがあって写真の出所を西沢君にさせられないと思っている人か、のどちらかにちがいない。あの無茶な侵略戦争の最中にあんな写真を所持していることだけでもどんなに危険なことだったかは、当時のぼくたちの間では常識であった。一枚の写真がもとになって特高に事件をデッチ上げられた事例はまだ沢山あるが、一九三八年ころの企画院事件もその一例で、同事件に連座した朝日新聞の小沢正元さんが戦後のあるとき、ぼくに「ぼくらも一枚の写真で言いがかりをつけられて事件をデッチ上げられてね」と語っていたのを覚えている。

3. 再審請求棄却に対するぼくたちの抗告上申書

去る三月末に横浜地方裁判所はぼくたちの再審請求を子どもだましの理由――裁判記録が焼失してしまった、とか、拷問の証拠がないなど――で棄却して来たことに抗して、弁護人とともに四月一日、東京高等裁判所に抗告することを通知し、四月一八日にぼくは森川弁護団長とともに自分自身の上申書を認めて東京高裁へ提出したのであった。ぼく自身がどんな上申書を認めたか、原文通りに左にお目にかけてご参考に供したい。

上申書

請求人　木村　亨

以下ここに記述するそれぞれの事実は、終戦直後に私どもが共同告発しました『特別公務員暴行・傷害事件の告訴状』

に「口述書」として提出したものと同一の事実であります。
一、横浜事件に関する人権蹂りん犯罪人告訴事実
　被告訴人（暴行、脅迫、不法拘禁犯人）
　山根隆二検事
　松下英太郎警部　森川清造警部補　柄沢六治警部補
　荒木巡査部長　赤池巡査部長　ほか数名
（イ）昭和十八年五月廿六日午後五時頃、山手警察署二階特高取調室板間
　暴行人　柄沢六治、佐藤兵衛、荒木ら六、七名
　私（木村）を板間の床上にひきすえ、土下座させ、手に手に木刀や竹刀のバラ竹、こわれた椅子の足などをブラ下げて取りかこむ。柄沢警部補の目くばせで、二、三名の刑事が私の両手をいきなりつかみ上げ後ろ手にしばり上げてガチャリと手錠をかけると、柄沢が私に近づいて私の顔を両手で左右交互にピシャピシャと殴りつけ「この野郎！　この聖戦下によくも図々しく生きのびていやがった！　貴様のような共産主義者は生かしちゃ帰さぬからな、そう思え！」と怒鳴る柄沢の声を合図に、刑事らは前記の凶器をふり上げて、一斉に私に殴りかかり、頭、胴、背中、手足を滅多打ちにする暴行を始めるのであります。私は彼らのそんな暴行に、度胆をぬかれましたが、喘《あ》えぎながらもやっと「ぼくは共産主義者ではありません！」と言い返しましたら、とたんに柄沢は「何だと？　往生ぎわの悪い奴だ！　ここは東京とはちがうぞ！　小林多喜二の二の舞いを覚悟しろ！」と叫びざま、今までよりもうひとつ激しい暴行の拷問が続いたのでしたが、私の意識がもうろうとして来たところを狙って、柄沢はかねて用意のわら半紙へ柄沢自身のペンで勝手に「わたくしは共産主義者であります木村亨」と書き流したのを私の面前につきつけ、後ろ手にしめた手錠をとかせて、「さあ、貴様ここへサインしろ！」と右手首を掴んで強引にその一行の下へ私の拇印を押させたのであります。柄沢は「ようしこれでよし、この野郎、あとで文句を言ってみろ、ほんとにお前を殺してしまうぞ！」とすごんで見せながら全員が引き上げました。それは約三、四十分間にわたる拷問でありましたが、それが特高の取り調べというものの実相でありました。房へ帰った私の全身は疼痛はげしく、滅多打ちされたあとは腫れ上り、発熱して寝込みました。
（ロ）昭和十八年五月廿七日午前十時頃、前と同じ床上、但し防空用カーテンで暗室にしました（外部から隠すためでした）。
　森川清造警部補は五、六名の特高刑事をつれてぞろぞ

ろ入って来るなり、

「木村！　貴様の担当は今日から俺になったからな、いいな」と前おきの挨拶を終ると、二名の刑事が私に近づいて来て上衣をひっぱがすように手荒に脱がせ、ズボンもとらせてランニングとさる股ひとつの真っ裸にして、左右両手を前のように後ろ手にしばり上げて手錠をかけました。今度は床上に長さ五十センチ位に切った丸太棒を七、八本位乱れ置きに並べました。ごつごつしたデコボコづらの丸太棒の上に私を正座させたのであります。七十五キロの体重が両足にかかりますから丸太棒のそのアバタ面《づら》が両足面にぢかに刺すように鋭くくい込んで来ます。すごい痛さでした。私が「痛いっ！」と叫び声を上げますと、待ってましたとばかり森川は悲鳴を上げた私に向って、

「おい木村、泊でお前らが何をやったのか正直に言ってみろ！　ネタはもうすっかり上ってるんだぞ！　ようし、貴様が言わぬなら言わせてやるから覚悟しろ！」と、屈強な刑事の一人に目くばせすると、その男が私のひざの上に飛び乗って泥靴のままゴシゴシともむように踏んづけるのであります。これには私も参りました。思わず「痛いッ！」とうなるように悲鳴を上げましたが、必死の声で、

「泊旅行は出版記念の会だ、そんな会じゃない！」とやっとの思いで答えますと、森川は私の声をさえぎるように睨みすえながら、

「この野郎！　トボケるな！　泊の会は立派な共産党再建の会合じゃないか！　貴様がまだそんなシラを切るなら、覚悟しろ！」とその場に私を取りかこんだ刑事たちに合図して拷問の開始を命じたのであります。刑事たちは木刀、竹刀のバラ竹、こわれた椅子の足、ロープなど各自が手にした凶器で私の頭、胴体、背中、手足をところきらわず殴りつけて来たのであります。四、五本のロープを一束にした縄ロープの殴打は私の裸の躰にまきついて、みるみるうちにその傷あとが黒煮えて腫れ上って来るのであります。私はこの拷問でとうとう失神しました。丸太棒の上に倒れて伸びてしまいました。どれくらいの時間が経ったかわかりませんが、バケツの水をジャブジャブ頭から躰にかけられましてハッと気がついた次第です。二、三の刑事が私をひきずるように留置場へ運びこんだのを覚えております。

　森川は運ばれてゆく私に対して
「こいつ、いい度胸だ！　一年くらい中で考えておけ！」と言い捨てて引き揚げてゆきました。

私は全身の激しい痛みにふるえながら房に戻ってみますと、私の顔やからだ中が変形するほど腫れ上り、見苦しい面相におどろいたのは誰よりもまず同房の牢名主でありました「新小安の勝さん」でありました。「新小安の勝さん」が同房の若い衆に命じて私の全身をタオルで冷やすように介抱させ、親切な看護に当らせてくれました。勝さんはこのとき、「わしも長いこと見て来たが、お前さんほどひどくサツの拷問でやられたのを見たことがない。こいつはひでえや、お前さんもよく頑張りなすったねえ」と私を励ましてくれました。

前科十一犯とかのこの「新小安の勝さん」を私は特別公務員暴行・傷害罪の証人として申請したことは言うまでもありません。さらに山手署の地下留置場の看守でありました高橋、遠藤の二名の巡査も私の拷問の証人に申請しました。不審に思われますのは証人申請をしました「新小安の勝さん」や高橋、遠藤の両看守をなぜに当局が証人として取り調べをしなかったか、というところにあります。

(八)昭和十八年八月六日午後八時頃、同署道場板間
暴行人　森川清造以下六名
いつものように私を板間に正座させ、裸にしておいて、森川は目をひき吊らせて私を睨みすえながら怒鳴る

「この野郎！　よくも今まで黙っていやがったな。貴様の中央公論社には浅石という立派な同志がいるじゃないか。浅石も泊へ行くことになっていたそうじゃないか！」

私をとりかこんだ刑事たちは例によってそれぞれ手にした木刀、竹刀のバラ、梶棒、数本のロープの束を持って私に対して一斉に殴りかかって来ました。頭から足までところきらわず殴る蹴るの暴行が続きました。森川がつぶやいた次の言葉を忘れていません。

「この野郎！　西尾みたいな奴だな！　西尾の奴はコッテ牛みたいな奴だからな」

彼ら特高の拷問に抵抗して斗っている西尾忠四郎君の名が出ました。この拷問で私は三度目の失神を体験しました。バケツの水を二、三杯頭からぶっかけられたので意識をとり戻しましたが、二名の刑事が私をひきずるように留置場へつれ戻すと、留置場の高橋看守も今度はびっくりして腫れ上った私の全身を冷やすように同房の者に指示しました。発熱疼痛はげしく、随所に傷跡からの出血があり、衣類もよごれ、ほころんでおりました。

拷問による傷害でへとへとになっている私を特高は決して医師に診させず、もちろん入院などをさせなか

ったのはなぜでしょうか？

　拷問の証拠を残してはまずい、という特高の非人道的な判断と措置によるものではなかったのでしょうか？

　西尾忠四郎君や私を半殺しの目に遭うような非道きわまる拷問で人権を蹂りんしながらも、証拠さえなければどんな拷問＝暴力を加えても人権蹂りんはやっていないと強弁するための卑劣な手口に他ならなかったのではないでしょうか？

　西尾忠四郎君は瀕死の重症で仮釈放直後に死去しましたが、この死は私の体験から推して明らかに拷問死であったと断定できますし、又獄死した浅石晴世君や和田喜太郎君の死も同様の拷問死であったと私は考えておりますが、証拠がないからという理由で、益田直彦君以外の告訴人の提出した証人や証拠物件をなぜに認めなかったのかが、私には全く理解できません。

　私に最も不可解な謎のひとつは西沢富夫君の入院についてであります。泊旅行を共にした七名の者は何れもきびしい拷問にしごかれまして入院を必要としましたのは西尾忠四郎君ほか何人かはおりました。ところが実際に入院を許されたのは唯一人西沢君のみでありました。泊旅行のスナップ写真によって私が検挙されました五月廿六日の五日前、五月廿一日に西沢君は保土ヶ谷の野方病院へ入院して六月廿九日まで四十日間を病院で暮らしております。共同告発ではその病院長の野方二郎氏と近野有護婦を西沢君は証人に申請したにも拘わらず、その有力証人を取調べておりません。なぜに取り調べなかったのか、その謎は深まるのみであります。重ねて申しますが
　益田直彦君の証拠物件のほかは証人や証拠物件を一切棄却した理由が私にはどうしても不可解な謎に思われてなりません。

　なお、私は昭和六十二年三月、持病の主治医であります豊永大勇医師に依頼しまして頭脳のＣＴ撮影で調べて貰った結果、頭脳の中にその時の拷問による殴打の微かな痕跡が残っていたことが判明しました。目下その厳密な検査を続行中であります。

――以上「上申書」終り

〔参考資料〕
1．再審請求書に添付した甲第五号証一7、三三一～三六頁
2．木村亨『横浜事件の真相』（笠原書店刊）一三～一七、一一九頁。
3．青銅プロダクション制作『被害者木村亨の被拷問真相ビデオ映像』（約三〇分もの一本）

4. 権力による囮作戦とはどんなことか？

事件と称されるものには必ず主役の人物が存在するものだが、横浜事件には主役がいない。いやむしろ特高警察自身がその主役であったとはっきり言った方がいい。いつも引用するが、再審請求人の一人であり、『中央公論』の編集長であった畑中繁雄氏がこの事件を要約して「犯人が被害者を裁いた事件である」と言ったのはけだし名言である。

横浜事件というのは『改造』や『中央公論』はもとより岩波書店や朝日新聞社までをもつぶしてしまえ、という狙いを持った特高警察（正確には神奈川県特高警察）の権力犯罪であったと規定するのが正しいであろう。

そして、権力犯罪には必ずムチとアメによる被疑者屈服戦術が伴っていたことは言うまでもあるまい。まず拷問作戦によって被疑者を圧倒し、力づくで押え込む。被疑者の降伏（敗北）を確認したあとは、手のひらを返したような抱き込み作戦（食物や入院その他の甘言による懐柔戦術）によって「タレコミ」を誘導するのである。これが事件を拡大する彼等の囮《おとり》作戦というものである。

あの大戦中にはクリスチャンも沢山検挙投獄されたが、横浜の紅葉坂教会の岸本羊一牧師(1)さんもその一人で被害を受けた。その岸本牧師が昨年の集会でぼくにしみじみと語ったことは、「矢張り同じクリスチャンの被疑者が仲間を裏切って『タレコミ』をすることほど迷惑なことはありませんでした」という苦い体験談であった。

何喰わぬ顔で仲間を売る「タレコミ」ほど憎むべき者はいない。賢明な読者の皆さんはもうおわかりだろうが、ぼくたちの横浜事件にもそんな手合いがいたのである。泊事件のデッチ上げにも、そんな卑しい根性の男が敵権力に身売りをしていたことが事実として判明したのである。あることないことをタレこんで身の安全をはかった「タレコミ犯」がいたのだ。

タレコミはスパイとは呼べないかもしれない。しかし、特高警察はお得意の囮作戦の中で、まず最初にこのタレコミを養成する秘法を用意していたであろうと想像される。なぜならぼくたちの泊事件と横浜事件でも、事件を拡大してゆく方法としていかに巧みにこの「タレコミ」犯を利用したことか。今度の再審請求に当ってぼく自身が初めてその実相を確認したのである。真実は隠せないものだ。

5. 再審抗告の闘いと『細川証言集』の近刊

ところで、前節3で東京高裁への抗告上申書全文をご紹介したが、そのあと森川弁護団長のもとへ東京高裁から会見申し込みがあり九月一九日に森川、大川、陶山三弁護人にぼくも同行して東京高裁へ出向いたのである。そのとき高裁の田村承三判事は弁護団に対して「細川嘉六さんの裁判記録は読みました」と言明している。この言明は大切な意味を持っている。なぜなら、当局が横浜事件の発端に仕立て上げた「共産党再建準備会としての泊会議」という虚偽の空中楼閣を徹頭徹尾否認しつづけてそんなフレーム・アップの拒否を貫いた唯一人の人、細川嘉六さんの裁判記録を裁判官が本気で読んだなら、再審を請求したぼくたちの意図とその真相がハッキリわかるからである。のみならず、当局がそんな囮戦術を用いて『中央公論』や『改造』をつぶし、そのうえさらに朝日新聞社や岩波書店、日本評論社へも弾圧の魔手を伸ばそうとした権力犯罪の構図も、まる見えに見えて来るであろう。

折しも今秋九月二七日は細川嘉六さんの生誕百年に当るので、以前からその記念出版として細川さんの裁判記録から再審裁判に有効な証言を選び出して『細川嘉六裁判証言集』（仮題）を刊行しようと、笹下同志会と弁護団がその出版計画を立てて着々と準備を進めて来たのであった。そして一一月二日には監修をお願いしている森川団長から、八分通りの証言原稿をぼくが受け取ったばかりである。解説などを加えて本書の刊行はたぶん来年六月ころとなろうが、もちろん版元も既に決まっている。(2)

今回の再審裁判でその証言が有効に役立つことを希っているが、もとより楽観は許されない。この三年来、いろんな面でお力ぞえ下さっている皆さま方がもしこの証言集をご一読下さるなら、こんなありがたいことはない。

注

（1）岸本羊一氏は日本基督教団神奈川教区国家秘密法反対特別委員会委員長

（2）追記：森川金寿編著『細川嘉六獄中調書――横浜事件の証言』（一九八九・八　不二出版刊）

［『直』三三号、一九八八年一二月一〇日刊］

横浜事件再審請求中間報告Ⅱ

「人権宣言」を今度こそわれらに！

忙々閑なし

八八年の旧ろうはいつになく忙しかった。体調が小康状態だったのが何よりで、一二月一〇日の「世界人権宣言」四〇周年記念日には広島で開かれた「横浜事件を考える広島集会」に招かれて初めて原爆ドームの前に立ち、原爆記念館や資料館を案内されて、改めて核戦争の脅威を思い知らされた。中学校からの親友の川嶋博が広島の比治山で受けたピカドンにやられ、今なお新宮で病院ぐらしをしているので、広島の友人らと比治山へも登ってみた。

広島の街は百万都市の名にふさわしく、立派に再建されたかにみえたが、内状はやはり旧態依然の感が強く、人間を返せ、いのちを返せの峠三吉の詩碑が痛く胸を打った。

帰京してすぐ一五日には所沢に新設された早大の人間科学部で「わが人生における横浜事件」と題した講演を行なった。これも予期しなかった依頼で、ガラにもない特別の授業ということだった。大きな講堂で三五〇名もの学生を前に九〇分に及ぶお話なので、どうなることかとわれながら案じられたが、まあ無事に済んだ。後日、そのときの話に感じた学生が例の「証言・横浜事件」というビデオを購入したというから、無駄ではなかったか、と胸を撫でおろした次第だ。

そのあと一九日に、東京高等裁判所からその年の三月末から四月までにかけて行われた「即時抗告」に対する棄却の通知を受けた。

どういうわけか知らないが、ぼくは相手から断られたり、ものごとを拒否されたりすると、そのたびにかえって元気が湧いてくる性分で、われながら不思議な性格だと思っている。自分自身の闘志をふるい立たせるにはこうして相手側が拒否して来たり、断ってくる方が、ぼくにはかえってやり甲斐を感じるいい刺戟になる。

気を取り直して正気にかえるには、逆に窮地に立たせて自分の気息を整えるのがぼくには一番いい闘い方だと思っている。

もちろん、その棄却通告に対しては森川弁護団長とご相談して、直ちに最高裁への特別抗告を行なうことに決定した。二二日の相談会のあと、二四日には森川団長の指示に従って午前一〇時、最高裁への特別抗告の手続きに東京高裁のビル内の所定の窓口を訪ねて無事に完了した。この種の手続きには五日間とか一週間とかの期限内に行なわないと無効にされる法規がある。

その「特別抗告」の申立書（理由書）はかなりの長文ゆえ、ここには割愛させて頂くが、東京高裁からの棄却通告を受けた一二月一九日から同二四日の「特別抗告」に至る六日間の申立書の作成には、森川金寿団長に文字通り五日五晩にわたる昼夜兼行の徹夜作業の無理をおかけしたことをご報告しておきたい。弁護団にはこのように並々ならぬお世話を私たちがおかけしていることを忘れてはならない。

ぼく自身はこの「特別抗告」に当って別に「『人権宣言』を今度こそわれらに！」と題した拙文を綴ったので、舌足らずではあるが、つぎにお目にかけようと思う。

最高裁への特別抗告のアピール

新年正月早々に行なわれた天皇の交代劇を見ていると、四五年の敗戦に至るあの十五年侵略戦争を演出した狡猾きわまる国家権力の正体をまざ〱と見せつけられた思いが強い。

大日本帝国が一九三一年から仕かけた十五年戦争の末期に『中央公論』や『改造』をつぶし、さらには朝日新聞社や岩波書店までも弾圧の魔の手を伸ばした「横浜事件」の権力犯罪を共同告発している私たちの再審請求は、昨年三月末に横浜地裁が棄却し、即時抗告した東京高裁も昨年末に至って棄却を通告してきた。理由は、拷問を行なったことは否定し難いが、立証すべき裁判資料が見当らない、というのである。四五年八月一五日の無条件降伏の折に、裁判当局があわてて自ら焼却してしまった裁判資料を、まるで他人《ひと》ごとのように「見当らない」と称して棄却するとは何という暴挙であろうか。

私たちはもちろん直ちに最高裁に対して特別抗告の申し立てを行ない、一月二〇日には森川弁護団長ともどもに「弁護人選任届」も提出した。私たちの最高裁への再審請求の闘いは、新年に入っていよいよ正念場を迎えた次第である。

この再審請求には重大な二つの告発理由がある。一つは、権力が仕組んだあの事件で、五人の友人が特高警察の拷問で虐殺されただけでなく、残る私たちも彼らの不法拷問によって人権を蹂りんされて、今なお自分の人権さえも回復していない私たちが、彼らの非道でむごい権力犯罪を告発したものである。もう一つの理由は、侵略戦争のさ中に「聖戦」の遂行を妨げるとして強行された権力による言論の弾圧を告発したのである。この二つの告発理由をさらに要約すれば、天皇の名によって行なわれた拷問と言論弾圧を権力犯罪と人道に反する罪として告発したものである。

当時、日本国民は天皇の臣民として十五年にわたる侵略戦争に一銭五厘で狩り出され、すでに朝鮮と台湾は領地化されていたあと、中国・東南アジア諸国を次々に侵略していた。

たとえば中国だけについても、南京虐殺のほかに中国各地で二千万人にのぼる中国人を殺害したのである。

一九四五年八月一五日の無条件降伏の翌年一月、十五年戦争の最高責任者である天皇は、いち早く天皇ただ一人だけの「人間宣言」を行い、自らの戦争責任をごまかそうとした。さらにまた、今度の天皇交代では、天皇を再び戦前、戦時と同じ「元首」に返り咲きさせようと企んでいる。

最高裁への私たちの特別抗告は、拷問を証明する歴然たる証拠や無罪を裏づける種々有効な証言によって行なう闘いであることは言うまでもないが、敗戦時のドサクサにまぎれて行なった私たちへの有罪判決を無罪にくつがえし、さらには権力側の謝罪を闘いとろうというものである。そうすることによって初めて私たちは、自らの「人権宣言」を現実のものとして獲得できると確信する。

私たちのこの「人権宣言」を突破口にして今度こそわれわれ日本国民は、臣民ではない人民主権者として、真のわれらの「人間宣言」を高らかに謳い上げたいと希求するものである。

全国の皆さんの力強いご協力と団結とを心から期待している。

拷問資料は「十五年戦争博物館」へ展示したい

お気づきの方もあろうかと思うが、一月九日の朝日新聞の「声」の欄に「十五年戦争の博物館設立を」と提案した奥村正二氏の一文は、私たちの共鳴をよぶものであった。

私たちはずっと以前から横浜事件で受けた特高権力の拷問の真相を、資料館でも作って何としてでも一般に知ってほしいと思っていた。昨年末に『朝日』(二六日夕刊)が報じた「証言・横浜事件」の映画完成のことも、その拷問の一端を弁護士との対話の形式で作った映像であるが、実は完成したものではなく、四名の被害者が拷問のあらましを話として弁護士に語った入門乃至序論である。実際の拷問は目をそむけたくなるほどどむごいものだが、残念ながら戦後の若い人たちには全くと言ってよいほどおわかり頂けないでいる。

ビデオ撮りで拷問を映画にするのなら、それだけの計画と用意を必要とする。折角の映像が「お話」だけに終ったのでは話にもならない、というのがぼくの持論である。

やるならあの事件で私たちをどんな拷問道具でどのように責めたてたか、たとえば私たち泊事件の者たちはいったいどんな拷問を受けて何度失神したのか、特高警察が常備していた責め道具の数々を実物によって一つ一つ説明するのでなくては迫真性に欠ける。

昨年の七月二日の集会で、ぼくはほんの二つ三つの責め道具を壇上に持ち出して拷問の話をしたが、そうした小道具集めにも協力者にはかなりお世話になった覚えがある。ましてそんな拷問の真実を映像化するとなると、多種多様な拷問道

具をきちんと揃えて、そのひとつひとつをどう使ったか、という具体的な使い方をも詳細に説明することが必要なのだと思う。
もちろん今回の最高裁へも特別抗告の大事な証言のひとつとして別の写真を一括して提出している。
前記の奥村正二氏の提案の「十五年戦争博物館」がたとえ「資料館」としてでも開設されるならば、ぼくはその一隅に是非とも私たちの横浜事件における拷問記録を展示したいと考えるものだが、どうだろうか？　それには「話」だけではなく、責め道具（拷問道具）もそのすべてを揃えて展示しないと不十分だと考えている。
これまた、皆さんに種々のお考えやアイデアでご協力を頂きたいものである。

〔注〕笹下同志会は横浜事件再審請求人の会

〔『直』三三号・一九八九年八月一五日刊〕

第9部

横浜事件のころ

一編集者の戦時日記

横浜事件のころ
——編集者の戦時日記

1

（1）中央公論社入社

ある親友からの手紙（一九九〇・四・一二発信）。

「昨日ビデオ・ドキュメント『横浜事件を生きて』を見せてもらいました。要点を押えながらの見ごとな編集で、さすがだと感じ入りました。事件とはどういうものだったのか、そして人権の重さ、尊さを訴えるフィルムとして大きな役割を果すことを祈っている。

君がアパートでの自炊の一場面があったが、小生には君の心中のわびしさが伝わってくるようで、つらかったよ。

あのビデオを見ていて、あのころの自分の大陸時代の荒れ果てた日々を想い出したが、もう誰にも二度とあんな目にあわせたくないもんだな。

あの中で石堂（清倫）さんが『細川（嘉六）さんは真っ向から軍部や政府を批判するような言い方はしなかった。だからすぐにひっかけて処断するというわけにはいきにくかった』という意味のことを言われていたが、それが当時の良心的知識人のいつわらざる姿だったと言えるだろう。

戦後、進歩的、良心的知識人でござい、とのさばり出て来た連中の殆んど全ての人が、戦時下には八紘一宇だ、聖戦だなどと言って戦争賛美の太鼓を叩いていたのだからね。

それを考えると、細川さんのような人こそ真の国士と言える人だったんだろうね。

細川さんのような偉大な人にくらべて一匹の虫けらにすぎない小生自身のことを言うのはおこがましい限りだが、小生が東京丸ビルの満州電々東京支社に在勤中、赤紙（召集令状）を受け、その壮行会のとき、挨拶を促されて、『私は何も言うことはありません。黙ってこのまま行かせてもらいます』とだけ言ったことを覚えている。その時の小生には、この一言が精一杯の反抗の表現だったわけだ。」

最近受け取った親友川嶋博からのこんな手紙の文面から、

私は五十年前の自分の職場だった中央公論社の状況をさまざまに回想するのであった。

ここで、中央公論社へ同年（昭和一四年）に入社した作家の杉森久英さんの著書から、当時の中央公論社の様子を書いたくだりを参考に引用させて頂くと、つぎのようである。

「私といっしょに中央公論社へ入ったのは木村亨、水藤春夫、野口某（失名）の三君だった。あとから聞いたところでは、受験者は百名ちかくあったそうだから、当時としては相当の競争率である。もっとも、私の場合、厳密に上から勘定して四番以内の成績だったかどうか、疑問である。私はほかの三君とちがって新卒でなく、すでにほかの職場を経験している老兵であり、篠原梵の手引で、特別に受験を許されたのだから、たとえ順位が少々落ちていても、変った男だというので、拾い上げられる可能性はないでもなかった。（中略）

新入社の私たち四人は、社の規定によって、はじめ半年ばかり、校閲部に配属された。しかし、野口君だけは二カ月くらいでやめてしまった。（中略）

昭和になると、一般公募による入社試験で採用するところが多くなった。私の記憶では、ＮＨＫ、朝日新聞社、文藝春秋社などもそのころから入社試験をするようになったようである。

中央公論社がはじめて入社試験をやったのは昭和十三年で、そのとき合格したのは前にも述べた通り、青木滋（ペンネーム青地晨）、篠原敏之、山本英吉の三氏だった。ところが、この三名が予想外に優秀だったので、社長はじめ幹部たちの間に、やはり入社試験に限るという意見が強くなり、まもなく行なわれた校正技術者の採用も、試験によっておこなわれた。このとき入社したのは、黒田秀俊、沢赳、田中康弘の三君である。しかし、入社のときの約束が校正係だからといって、人材の発見と登用に熱心な民間企業は、役所とちがって、約束に拘束されたりしない。まもなく黒田氏は雑誌『中央公論』の編集部へ移り、のち編集長となり、沢氏は出版部へ移って、共に横浜事件の被害者になった。（後略）」（『大政翼賛会前後』）

2

杉森久英さんの記述によると、私たちの入社試験は第一回の山本英吉、篠原梵、青木滋（青地晨）、松田ふみ子、田中かね五名の合格者につづく第二回の入社組であった。

そのとき提出した入社志願理由書なるものが入社後に返却されて手許に残っていたので、そのままつぎにお目にかけよう。恥ずかしいほどうぶな文章だが、当時の入社試験というものを想いおこすのに参考にはなるだろう。

中央公論社志願理由書

「ここにくだくだしく志願理由を書き綴るつもりはない。〈なぜ君は中央公論社を志願したのか〉の問いに答えて私は只一言〈貴社を信愛するゆえに〉と言うほかはない。まことしやかな、そして大袈裟にさえみえるあの志願理由書というものを私は書けないのである。仰々しい志願理由がその実心にもない理由であったりするのが皮肉な世のつねではあるまいか。

何が果たして真実の志望理由であるのかは実際に仕事をしてみるのでなければ明らかにはされないと思う。それがたとえいかなる仕事でもよい、わが中央公論社の編集に関するものであれば、まずそれをやらせて貰いたい。何よりも具体的に仕事を課してみてほしいのである。そうすれば、そこに志望の理由が明白に示されてゆくであろう。

もし今、私自身がそれを課されたとするなら、誇張ではなく文字通りそれに粉骨砕心する情熱を持っていると確信して憚からない。なぜなら私はわが中央公論の伝統と風格を熱愛し来ったがゆえに、その現在と将来に対して深い関心を寄せているから。

あらゆる意味で今日の日本ほど深刻な歴史の審判の前に立たされている国は他にはないであろう。わけても現在のわが国の文化が担う世界史的課題の意義は極めて大きい。この国の文化が今後いかに展開してゆくかは無限の興味を誘う問題であると共にわれわれ自身の厳粛な責任において問われるべき課題である。しかも、この新しい日本文化の黎明のときに当って、その媒介体たるべきジャーナリズムの使命ははかり難く重大であると言わなければならない。それはまことに日本のジャーナリズムが受ける〈世紀の試練〉であると言ってよかろう。

もとより、真のジャーナリズムは真の文化の媒介体として健全な文化を育みゆかねばならぬとする限り、その道は決して安易な道ではなく、却って辛苦に充ちた難路であろう。けれども、この極めて辛苦な難路を、過去においてつねに健全に歩一歩前進し来たったわが中央公論社のすぐる半世紀に余る足跡は、まさにわが国文化の進展をそのままに記録して来たモニュメントであったと言っても過言ではない。

将来に向っての日本文化の足跡もまた、もちろんわが中央公論の上に刻まれてゆくであろうし、刻んでゆくのでなければならぬと思う。わが中央公論を守り、これをますます健全に育ててゆくことは、日本の文化を守り、その進展につくすことである。こうして新しい日本の建設的文化は、わが中央公論を媒介として展開されるに相違あるまい。けれども、どこまでも必要なものは執筆者、編集者、および愛読者の三位一体による協力であり、とりわけその編集にあたる者はわが国文化が直面するこの未曾有の歴史的時期に生きる自己の深重な文化的役割を明確に自覚すると共に、わが中央公論社の半世紀にわたる輝やかしい伝統と風格を理解体得して、刻々に到来する現在に備えて、健全な文化の建設に全身を打ち込む激しい情熱を内に蔵えていなくてはならぬと思う。それは良心の問題であると同時に情熱の問題である。

かくして苟もその編集に携わらんとする者にとって最も根本的なことは、依然として仕事への熱情であり、誠実である筈であり、そこからのみいかなる労苦もいとわぬ不断の活動力が湧き出てくるのである。

私にとっては苦難の道はもとより覚悟のうえである。もともと私は中学生のころからジャーナリストたることを目指して生き抜こうとの決意を固めていたのであった。なるほど、今日真のジャーナリストたることは又難い哉と言わねばならないが、それゆえにこそ却って私の初志は固められゆくのみである。

いま、私は大学の門を出でんとして、わが中央公論社に志願するの好機を得たのである。日ごろ栄えある舞台と望んだわが中央公論の編集に、幸い参加することを許されるならば、私のジャーナリストとしての第一歩は甚だ恵まれたと言わねばならない。その悦びは必ずや私を駆って厳粛な責圧感を自覚せしめ、身を中央公論の発展に捧げしめねばおかぬであろう。」

中央公論社時代の木村亨

3

一九三九年一月一〇日、幸い入社試験にパスしたとの通知が中央公論社から届いた。私はまず母校早稲田の当時の文学部長だった吉江喬松先生にその旨を伝えた。世田谷の住いを訪ねた私に吉江先生はたいへん喜んで下さって、ジャーナリストとしての私の門出に対してひと言、餞けの言葉を下さった。当時のメモが残っていたので記しておこう。

「吉江先生はこう仰言った。日々の〝ひらめき〟をノートにしておくことが大切だ。ドキュメントをつくり給え。

時代と一つになること、新しい時代はわれらのものだという自信を持つことだ。

つねに微笑しながら生きていけるような人間になるように自分自身を鍛練してゆくんだね。早稲田のヒューマニズムを忘れなさんなよ」

その昔「種蒔く人」同人として活躍した吉江先生のこころがみえるような「餞けのことば」であった。

そのころ、中央公論社の社内の様子はどうだったのか?

時折にメモした私の「随想」ノートが見つかったので、いくつかを取り出してそのままに写し取ってみよう。

私たち新入社組は全員校閲部に配属されて校正の手習いをさせられたが、それが見習社員の半年間の義務とされていた。

「五月二二日
校閲部会議――編集プランから軍部の情報部活動の報告あり。ジャーナリズムとアカデミズムの問題に関連して新しいジャーナリズムを創ること（嶋中社長の理想主義）。

編集部スタッフが十名に増員され、二部制をとり、一層計画的になるだろう。

『婦公』の編集はシンセリティと強さにおかれ、『中公』の編集は言論文化の指導性におかれる。

指導精神（デモクラシー？）、ジャーナリズムの一般的危機に直面して、的確な指導理念なくして総合雑誌の使命はない。

今日果たしてこのジャーナリズムの危機を一人で責任をもって立つだけの覚悟と勇気があるか？

危機における人間の立場との深い関連のもとに、危機におけるジャーナリストの立場を徹底的に、主体的に考究すること。

――根源の課題はこれだ」

「六月二一日
第四回新人会。水藤春夫君の児童文学論を中心にして討論。初めに司会者役の杉森さんがテーマを狭く限定しなかったので、水藤君の話も無限定に進み、会の進行は意外に波乱を呼んだが、活発な討論は愉快であった。藤田圭雄さんが児童読物編集と出版の実務的立場から水藤君の話に問いを発したのは少しムリだったようだ。

総じて、片上さんだけは言葉を知っていた、と感じた。

この次ぎは、私の『中公』批判ということになるのだが、
私はこれを、いかなる立場で、どういう風に取り上げて、対象の中央公論誌を論じるか？

読者としての立場からみるか？　編集者としての立場で

みるか？　他誌との比較で論じるか？　具体的に、実証的に、私の総合誌への理想からの建設案をひねり出すこと。その点、今回の討論を教訓にしよう」

「七月一八日

黙っておれば、無気力だ。もの言えばおっちょこちょいだ、生意気だと、口さがなき京わらんべどもが喚めく。ジャーナリストどもの悪いくせだ。中央公論社へ入ってまる四カ月経ったが、総合雑誌ジャーナリズムの世界の実相はまだつかめない。おそらく、もしその実態がわかったなら、いやになるにちがいない。

社内の旧人に対して作られた新人会そのものが、早くも旧人会に堕さんとしているのだ。私はまずそれを憂える。思想的に最も親近感を持っていた片上晨太郎さんが病いに倒れたことも、ちかごろさみしくなった一因だが、これはと思った人が、意外に腰ぬけだったりした本体をみせつけられることも情けないことだ。シンのある人はまず一、二にとどまるようだ。

社長は私たちに苦労させるつもりでいつまでも見習生にして、校正のまねをさせつづけるのであろうか？　不服を言うのじゃないが、やるなら、せい一杯活動できる部署で苦労したいものだ。校閲部だけは真っ平ご免蒙りたい」

「七月二五日

サラリーを貰ったが、「銀星」（丸ビル一階の小さな食堂）と書籍代で忽ちゼロである。

しかし、安月給を嘆くよりも、先日小森田編集長に言われたひと言を肝に銘じておきたいと思う。小森田さんはこう話した。

『木村君、総合雑誌の編集長たるものは一国の総理大臣の見識を持たねばつとまるものじゃないんだぜ』

さすがに小森田さんだわい、とつくづくそのひと言に感心したものだ。

今、私自身がひとりの編集人として持つ哲学的立場は何だろうか？　きわめて大事なことで難問ではあるが、敢えて言うならば、実存弁証法の立場であり、いわばアントロポロギー（人間学）の思想であるが、編集態度はつねに『行動的ヒューマニズム』でなければならぬと考えている。

不偏不党とか公平無私の立場などはありえない話である。といって、客観主義のなんでも屋でいい筈もない。新しい編集人は、自己の編集者の立場や態度を主体的、実存的に開示する哲学者でありたいと思っている。もちろん、スケールを大きく、つねに人類世界への広い視野に立つことが必要である。

私は近い内に映画理論を研究して、系統的、組織的に編集理論というやつを勉強しようと思う。研究の対象、範囲は〈総合文化雑誌〉として、初めは雑誌の発生と発展を歴史的にしらべあげ、編集技術としても詳細にしらべてみたい。これはおそらく図書館学よりは面白く、有意義な成果が期待できるだろう。参考として、小山栄『新聞学』、今村太平、プドフキン、ポール・ローザらの映画理論も研究したい。

多望な未来性に約束された映画に対して行きづまったかにみえる現在の総合雑誌の将来性についての問題である。果たしてマンネリズムに落ち込んだ総合雑誌の現状を変革しうるのだろうか？　またもし変革できるとしたら一体どんな形態で将来に展開するのだろうか？

哲学も、文学も、経済学も、社会学も、芸術学も、このテーマに向って集中的に活動させねばならない。中心課題はこれにつきると言って過言ではない。『今』を空しくしない唯一の活路はここにあるのだ」

「八月一〇日

《整理が大切》入営（来春）が迫るにつれて、今までのいろんな、中途半端な仕事を整理しなければならぬ内的要求を感じる。断片的に、あまりに断片的に手をつけすぎた恣意的な仕事ばかりだったから、今となっては整理の仕方もないのだが、入隊となると実際に生きて戻れるかどうかわからないのだから、何とかして一つでも二つでも、まとめられるものはまとめておきたいものだ。

私が何よりもまず気になることはといえば、小生意気な言い方かもしれんが、《世界史の現段階における革命的ヒューマニズム》の理論的な基礎づくりである。

ラモン・フェルナンデスやマルロオらの行動的ヒューマニズムと大陸侵略に直面するわれわれの行動的ヒューマニズムとは自づからその理論を異にせねばならない。基本的には唯物弁証法へと通じる実存弁証法哲学が現在のわれわれの行動の指針でなくてはならぬが、その社会観、人生観、世界観に至ってはいまだに具体的ではない。

まずその哲学的基礎をわがものとして、主体的に確立したなら、当然のこととして〈現代日本社会の批判〉がなされなくてはなるまい。同時にそれは組織し、闘争する主体として鍛練されねばならない。

基礎理論としてもう一度、マルクシズムの古典的諸著作を読み返し、がっちりと理論武装することだ。

この際、整理しなければならぬ作業として、従来ノートし、あるいは抜粋し、感想などを書きつけた断片や原稿は一切まとめて清算すること。過去の日記のたぐいはすべて焼き捨てることだ。

一九一五年—一九三九年、満二十四年の生涯であった。内面的な自分の声は、悔恨のすすり泣きだ。外的な私は社会のか弱い見習生にすぎない。何ものでもない。何ものでもないものが消えてゆくのは自然の理でもあろうか」

4

半年間の見習社員期間が過ぎて、一〇月から新しく私は出版部に属することになった。杉森さんも、水藤君も同様に出版部へ廻された。私のメモも二カ月ほど空白があって、一九四〇年(昭和一五年)正月になった。

「一月一七日

早くも昭和十五年だ。私の前半生は終ったにしても、この前半生は私の後半生に決定的な影響を与えるであろう。

何よりも本格的な討究をしたい。昨日から新入社の人たち(浅石君、近藤君、目黒君の三名)もみえた。誰がこの人たちを教育するのか、新人には片上兄のような教育係が必要なのだろうが、その片上兄は入院中だ」

「二月四日

先月の末に又唯研の残党狩りがあったらしい。森山啓や広島定吉らも加わっているという。広島は例の赤化判事と言われた尾崎とクラスメートとかで、早稲田では一緒に文化理論なんかを研究していたらしい。

今度の検挙には慶応の学生が多数やられたというが、学生がやられるのはお気の毒だ。私自身の体験から言っても、それは徒らに青年の反逆精神を強めるだけで、逆効果をあげる意味でのみ意義があろう。

いったい何ゆえにやられたのか本人がわからぬような検挙では困りものだ。マルクスをどうこう言ったって、まだ本気でその理論を勉強もしていない学生をつかまえて、強引に『転向』させるのもナンセンスだ。

現にそうして転向したというインテリ層の多くは、研究の点でも中途半端で、実践的にはむしろデカダンツに走っている連中にすぎないのだ」

「二月七日

例の出版準備委員会というのへ、『支那問題辞典』企画案を提出したら、意外にも議論ふっとう、プランを出版協議会へ廻すことになった。

本会の模様を詳細に書けば面白いのだが、むしろ私自身が説明を十分にできなかったことからモメてしまったのだ。私は私の失敗を認める。この日の会議から私は三つの教訓をえた。第一には私が自信のあまり、楽観的に考えすぎていた。第二には、正確な理論づけと解説を忘れて枝葉末節にとらわれてしまった。第三は、論争の相手が何を根拠にして反対しているのかを早く見ぬけなかった、等々」

「二月八日

今朝、杉森さんと話したが、やっぱりどちらも疲れたらしい。あんなに激しくやり合っても、翌朝はカラリと談笑出来るこんな社風はよろしい」

そんなわけで、私の入社早々の初の出版プラン『支那問題辞典』はもめにもめたあげくに刊行されることに決まった。実際に刊行されたのは一九四二年（昭和一七年）三月末のことであった。その間、私は現役入営で一九四〇年四月五日から同年十月初めの現役免除による職場復帰まで約半年間の陸軍病院生活があり、さらに中央公論社へ復帰後から横浜事件に連座して検挙されるまでの約二年半にわたる編集記者ぐらしがあった。

そうした記者生活の中でも、忘れ難い出来ごとといえば、やはり私の提案の『支那問題辞典』で、内容構成や執筆者選択といった編集作業に熱心に協力してくれた尾崎秀実さんらの事件（＝尾崎・ゾルゲ事件）であるとともに、その周辺で出没した伊藤律、高倉テルらの興味深い人物像である。

それらの記述に入る前に、私が入社一年のところで書きつけた反省メモをつぎに記しておこう。

5

「三月一三日

入社一周年だ。今日から第二年に入る。

顧みてまず私が思うのは、年来探し求めている熟練の手――よき指導者が未だに現われない、ということだ。

しかし、私たちはもうそんな熟練の手を他に求める時代ではなく、私たち自身をその熟練の手に訓練するように、独学独習すべきときなのかもしれない。おそらくそれが本当なのだろう。

組織すると同時に指導する主体性の確立こそが私たちに課された現実の問題なのだろうと思う。

最近、私の反省が教えるところでは、過去三カ年の私の生活は、自力ではどうにもできないカオスとデカダンツの淵に落ちこんでいたと思う。それは、柴山正雄君という親友を亡くした絶望的な低迷の時期であった。柴山を亡くしたのは三年前の春であり、確か五月の十二日であったかと思う。

私はかつてないショックを受けて、呆然自失したことをかくせなかった。それほど私は私の全生活を彼にかけていたと言った方がよい。それは、二十歳の私にとって又とない友であり、兄貴であり、親情あふれた教師であった。思想的な信頼というものが同志的結合と呼べるならば、まさしく彼こそは私の唯一の同志であった。

柴山を知って、僅か三年にして彼は夭折してしまったが、その三年間の交友は、私の全生涯を決定したとさえ言えようか。

二十歳の心はまだ感じ易い青春の年ごろである。特に私の育ちがおくてだったせいか、クロポトキンの『青年に訴う』（大杉栄訳）で目をさまされた私が、手さぐりで出会った人類解放の理想主義に親しく導入してくれた柴山正雄は私にとって輝く星であった。

この尊敬すべき友柴山について、私はいずれまとめて誌しておくつもりだが、彼の死後、私は激しいスランプとカオスの淵に投げ込まれてしまった。

暗中模索の三年間が過ぎて、私は見失なっていた自分自身を再び泥沼からひきずり出す契機をつかんだのである。

その契機とはほかならぬ『支那問題辞典』という出版プランの決定で初めて出会うことができた細川嘉六という人物との出会いであった。私は自分の再出発をつぎの四点に求めた。

一、弱さをかくすことはない。弱さを矯めて、強さに転化する性格の陶冶。

一、冷徹に行動する主体を確立し、理論的に訓練すること。説得力を身につけよ。但し、あの指導者根性は唾棄すべし。

一、問題の核心をすくつかむ鍛練。

一、組織する主体の確立と形成」

［『記録』一九九〇年七月号］

（2）「批判の武器」

1

中央公論社へ入社した私の現役入営は翌年（一九四〇年）四月一〇日のことであった。ところが、いよいよ入営直前になった三月二〇日ごろになって、早大の学友だった佐藤重男君が社へひょっこり訪ねて来て、唐突にこんな頼みごとを持って来た。

「俺は東節子と結婚することになった。君、突然ですまんが、仲人をやってくれないか」

と、私に仲人役を依頼してきたのである。もちろん私にしても仲人役なんて初役だったので、ちょっと戸惑ったが、司会役には友人の堀井正一君をわずらわそうと考えついて、とにかくそれを引き受けてしまった。

四月一日に、内幸町にあったレインボーグリルというところで略式ながら同君らの門出のお祝いを果たすことが出来たのでホッとしたものだ。中央公論社の知人として小森田一記さんや堺誠一郎さんら先輩の参加をえたのもよかったと思う。

佐藤君は哲学科で、入学式当日に文学部の玄関先で顔を合わせたのが縁でか、話を交わすたびに気が合って、私は彼を「バロン」とあだ名し、彼は私を「プーシュキン」とあだ名で呼び合う仲よしになった。お互いの考え方や生き方にちがいはあったが、戦時色濃厚な、ミリタリズムのご時世に対しては相共に抵抗感が強く、時世に背を向けた仲間であったことに間違いはなかった。彼はそのころ妹尾義郎氏が主宰していた「仏教青年同盟」（略称「仏青」）に加盟しており、私は柴山正雄君らとの「共青」の残党として暮らしていた。

佐藤君は二、三年先輩にあたる松浪信三郎君（昨年亡くなった）とも親しく、私たちはヤスパースやキェルケゴール、ベルジャーエフなどをよく話題にしたものだ。戦後盛んになった実存主義思想である。のちにサルトルがやったように、私は私なりにマルクス主義と実存主義とをキスさせたかったわけだ。

私と彼との交友で忘れえないことが一つある。というのは他でもなく、一九三五年からフランスやスペインで展開されていた反ファシズム人民戦線運動への関心であった。

昔のようなムキ出しの反戦運動はもちろんきびしい弾圧下にあったので、私たちは公然と反戦闘争はやれず、実際のところ手も足も出ない苦境に追い込まれていた。

佐藤君と私は、そうした反ファッショ運動の世界情報を『世界文化』（一九三四年ころから京都で出していた反ファシズム・ミニコミの雑誌）から摂取することに決めており、毎月店頭に出るのを待ちかねて神田の三省堂書店へ出かけて行った。今ではそんな『世界文化』の読者だった人もきわめて少数で、もうその誌名を知る人さえも少なくなった（戦後復刻版が出ているが）。

私たちは、この国の反ファッショ運動のあまりの脆弱さと私たち自身の無力によるこの国のレジスタンス運動の欠如に対して、やるせない思いを強くしていたことも事実である。

そんなある日、佐藤君は思いつめたような表情で私に語りかけて来た。

「木村よ！（プーシュキンと呼んだかも）　俺たちはこのままスペインの人民戦線を見捨てていいんだろうか？　次第にフランコ側が強くなり、フランコと戦っている人民戦線派が危険にさらされている。なんとかして彼らの反ファッショ人民戦線軍を支援する義勇軍に参加できないだろうか？

おい木村、一緒にファシスト・フランコをやっつけるスペインの人民戦線軍の義勇兵として志願してみないか？」

同じようにスペイン内乱の不利を心配していた私はこう答えたのを覚えている。

「佐藤よ、お前の提案は貴重なものだ。出来たら俺も一緒にスペインへ行って義勇軍に加わり、反ファッショ闘争を戦いたいものだ。

しかし、俺はあのソヴェトがなぜにスペインの不利な人民戦線軍を支援しないのか不思議でならないのだ。反ファッショ人民戦線軍をソヴェトが黙って見殺しにしてしまうのはどういうわけか？」
と、私は私なりの疑問点を率直に明らかにしてみたが、佐藤君も口をつぐんで黙ってしまった」。佐藤君のその提案は結局のところ実現性を持てずに終わってしまったのは残念だったが、私たちと同じ考え方をしていた日本人が一人いたことが戦後判明した。その日本人、ジャック白井は海外に在住していた青年で、単身スペインに渡り、反ファッショ人民戦線軍に単身参加したとのことであった。

詩人の佐藤君はその後私と同様に現役入営のため、私の和歌山入営と前後して浜松の航空隊へ入隊したが、一年ほどで帰郷したと知らせがあったのを覚えている。

佐藤君は敗戦後、詩集『地獄の歌　火の聖女』（森英介）を遺して一九五一年に三十三歳で夭折した。

2

見習社員の半年の間、私はひそかにそんな時代の逆風に抵抗する同友が社内に一人や二人くらいいやしないかと探してみたが、前にも記した片上晨太郎氏と平武二、堺誠一郎の両先輩くらいのもので、心をゆるして話し合える友はごくわずかしか、いなかった。

編集関係で一年先輩にあたる青木滋君（戦後の筆名、青地晨）には驚いたことがあった。拙著（『横浜事件の真相』笠原書店刊、一六五～一七五頁）にも書いたが、中央公論社が入っていた丸ビルから近い宮城前へ、青木君は私の新入社間もないあるとき、突然、私に宮城遥拝をさせるんだと片腕をとらえて強引にも引っ張ってゆこうとした。私は即座に「僕は宮城遥拝はしませんから」とハッキリお断りして、つかんだ彼の手を振り切ったら、うらめしそうに私をにらんで、「もうマルクス主義の時代じゃないんだぜ、時流に取り残されるぞ」とうそぶいたのを忘れない。

やがて青木君は一年か二年後に翼賛壮年団の幹部に転じ、風間道太郎さんの話によると、翼賛会の中で肩で風を切って威張って歩いていたということだ。中央公論社に勤めていた間でも津久井龍雄氏と親しく、毎日のように津久井氏の家に入りびたっていたことを私に話していたことも忘れていない。時流に敏感に随ってゆくのが青木君としての生き方であったろう。横浜事件にどういうわけで連座したのか事情はよくわからないが、連座した青木君の言動の真相については拙著にゆずって、ここには敢えてくり返さない。ひと言だけ加えると、私にとっては彼の「指導者根性」が何とも鼻もちならぬ嫌な感じであった。というのは、私が上京してすぐに出会った柴山正雄君というすぐれた「共青」のキャップから教えられていた禁じごとの第一項に、それが明示されていたからかもしれない。青木君はまさしくその指導者根性をムキ出しにした人物であった。世間には「俺について来い」と他人をアゴで使う型の人がいるものである。

3

私自身がどうしてそんな時代認識を持っていたのかということ、やはり私が学生時代に培った抵抗精神のいわれを述べておかねばなるまい。

そこで、ここに私の学生時代の畏友、柴山正雄君が病床から私にくれた手紙を引き合いに出して、そのころの私たちがどのような時代認識を持っていたかをわかってもらいたいと思う。多少長いが、ご容赦ねがいたい。

「……小生の躰の状態は良好です。秋になればずっと回復するでしょう。医師は全治まで今後二ヶ年を要すると申しましたが、現在の小生は何年かかっても落胆しません。しかし、是非とも再び活動できる躰にならねばならぬと思います。なぜなら小生は敵を有し、それ故に勝利を掴まねばならぬからであります。諺に『最後に笑うものは最もよく笑う』と言います。小生の志はただ自己の分に応じ、自己の持ち場を守り通し、かくして『最後に笑う者』たらんとする以外の何ものでもありません。

ご承知の如く、現在、社会は経済、政治及びイデオロギーの全領域にわたって急激に再編成が行なわれつつあります。各人が何れの戦線に属するか、又いかに闘ってゆくか、は与えられた客観的、主観的条件に制約されるでしょう。しかし自己がこの際、強固な理論的基礎を把持し、且つ行動綱領《テーゼ》を生活から汲み取る必要があるということは絶対的な意味を持っています。したがって、イデオロギーの領域において各自がより深い、より広い世界観とテーゼとを有することは、同時に武器を有し、武装せることを意味します。そしてわれわれは生活の中に綿々たる主要な流れを＝赤線を形成することに努力せねばならぬと思います。われわれは各自が自己自身の手によってヒューマニティとモラルとを探求せねばならぬ時代に生きています。われわれの青年時代が現今のような反動的空気の下に経過せねばならぬということは勿論不幸でしょう。否譬えようもない不幸なのであります。したがってわれわれの日程は、執拗なあるいは陰惨な闘いの中にともすればニヒルとデカダンに埋没せんとしています。ただこの中から如何にしたらヒューマニティとモラルとを把握できるか？　これが、問題として各個人に提出されるでありましょう（特に主体的な又は心理的側面において……）。

親愛なる木村兄、いつもの小生の固苦しい理屈をガマンしてください。小生の貧弱な経験において、しかもただ誤謬と失敗の連続にすぎないことを想起しつつ書いているのですから見当はずれなことを言っているかもしれません。(中略)現在のデカダニズムはファシズムとともにイムペリアリズムの双生児であり、二つの側面なのであります。ファシズムのわれわれに対する侵略は、生活と理論の両方面からのみでなく、心理的、感情的にはデカダニズムとして行なわれ、これによって正しい理性と生活意志とを破壊するものであります。

以上の所論において、ヒューマニティとモラルとをその内容から明らかにせねば不十分でありますが、おそらく前述までのところで小生が何を言わんとしているかを貴君はご了解せられたでありましょう。……われわれは問題の歴史性、社会、階級性なるものを具体的に理解し、自然性と社会性、心理と論理等々の弁証法的把握を身をもって学ばねばならぬと思います。とまれ、小生は貴君の前進をひたすらに祈るものであります。(後略)」(一九三六・七・二六)

それからも柴山君の病状はさらに悪化を辿り、翌年五月に二四歳で夭折してしまった。病床からの最後の次の手紙も、そのころの私たちグループの時代認識をよく伝えているので、ご参考までに、これまた少し長いが、ご一読ねがいたい。

「炎暑にも拘わらず、度々長いお手紙を頂き、愉しく拝読いたしました。暑気と退屈さとには閉口している小生にとって貴君のお便りは無限の鞭撻であり、慰藉であります。……この八月中は読書を放棄しているので、一日が大変長く感ぜられます。

ヘーゲルの『大論理学』上巻を入手しましたが、当分眺めているに止どめねばならないでしょう。七月三〇日付、貴君のお手紙で貴地の労働ストの模様を興味深く拝読しました。労働者階級の昂揚はまだ全国的、もしくは一般的ではありません。昨昭和十年度官庁統計によると、スト総数は確か一八〇〇余件にすぎず、以前より低下しています。もっとも、金属、化学工業の部門が比較的多く、土木建築のみは増加しています。小作争議の方は年々増加の一途を辿り、昨十年の総数は五〇〇〇件を突破しました。土地獲得の要求が最も多く、小作料減免、小作契約維持に関するものが次いでいたと思います。しかし、おそらくまだまだ時機を待たねばならぬでしょう。わが国における客観的情勢の評価に対して農業問題の理解の必要は無条件的であることは勿論ですから、今のうちにその理論的基礎部分だけでも一応は考究、勉強しておくとよいと思います。カウツキー『農業問題』及びさらに『ロシアにおける資本主義の発達』の理論的部分がよいでしょう。後者は岩波文庫から新版になりました。両者とも比較的に理解し易い本です。

なお、お手紙による貴君の小生に対する御信頼のお言葉に対してはむしろ赫然として恥じざるをえないものがあります。小生は性格の上からも弱点多く、誤謬と失敗のみの経験者にすぎません。どうしたら貴君の信頼に応えうるものか？　と疑います。しかし、出来るだけお互いに努力致しましょう。貴君から小生が学びうるものも数多くあるので、小生の方こそ感謝せねばなりません。ゲーテの言葉に『他人の偉大な特性に関してはこれを愛するよりほかにわれわれを救う道はない』という美しい言葉があるそうです。他人の個性を、特に優れた個性を理解するには、まずこれに驚き、かつ愛するという感情なくしてはそのありのままに理解することは出来ないでしょう。そして又、個性を尊重する感情なくして人間性を確立することは、即ちこれを把握することは出来ないでありましょう。しかし、個性の理解はエンゲルスも言っているように、『個性は彼が何を（Was）しているか、ということだけによってではなく、さらにそれをいかに（Wie）なしているか、ということによって特長づけられる』（ラッサールへの手紙）のであって、われわれはこのいかにということを行為者としてみてゆかねばなりません。総じて、行為・実践は普通考えられるよりも個性的もしくは性格的なのであります。そして、個性の有様はつねに関係的なものとして具体化されるのであります。それゆえにわれわれは、生活のさまざまな領域、問題、対象に対する自己内省と対立意識との統一せられたものとしての自覚の程度をもって個性をはかることが出来ます。この自覚の内容を形式づけたのが世界観でありましょう。したがって個性は自らの世界観と理論（イズム）を持っています。無理論的なものは無性格的なものです。そして、性格は自らの内に無性格なものを持っていることに注意すべきです。態度とか〈姿勢《アティテユード》〉は自覚の発現形態ともいうべきものでありましょう。即ち実践的態度であります。自覚の内容を形式づけたものが世界観であると、小生は書きましたが、この形式づけは外的には教育、指導、就中支配的思潮に影響、制約され、個人はこれらの諸条件の中から内省の深化と、対立意識の強化とによって自らの世界観を発展せしめるのであります。そして自覚の内容は窮局《ママ》において環境（就中、階級性即ち所属階級の歴史的位置と現時点での階級的力関係）に制約され、決定されることは言うまでもありません。最後に個人は環境の中にあって、特に対人関係を通して実践的に自己を把握するに至るには、個性、理論、態度の結合による自己確知、内的生活と外的生活との統一（ヘーゲル『小論理学』二一五頁参照）による目的の追究という主観的要素と客観的情勢の正確な評価、行動（生活の、又組織的の）の根拠と条件とをしっかり掴むこと、と客観的要素とを鍛練することが重要でありましょう。

貴君の言われる『主体化された世界観』という考えも大体以上の如く主体化を説明することによって幾分明らかになったことと思います。したがって、主体化とは、普通の言葉に直せば、実践化もしくは理論と態度との結合ということになります。そこで個性とは世界観を実践化してゆくに際しての継続的態度を指すことになりましょう。それゆえに、ここで目的意識乃至有目的々ということが関係します。又、性格的とは目的固執の人間を形容すると考えてよいでしょう。以上は一般論に過ぎませんが、次に貴君のお手紙にあった今後の実生活の選択に関しては、まずアメリカ行きの件※は、その実現性が十分であるなら、小生は心から悦ばしいことと思います。貴君の健康は恐（ママ）らく何よりの強味を発揮するでしょう。十分に準備をしてから行かれ、彼地では十分ご勉強、ご活動を祈ります。

貴君は自らを書斎派でも学者型でもないと言われます。おそらくそれは正しいでしょう。その点に関する限り、小生も共通であって、何れも実践型らしい。したがって、今後の社会生活も、活動的場面を貴君が選ばれるというのは正しいと思います。ジャーナリストとしての活動などは貴君にはかなり発展性があるように思われます。小生個人について言えば、職業は特別にこれでなければと考えておりません。教師をやるか、雑誌記者をやるか、あるいは古本屋でもやるか、結局、それは生活手段《レーベンスミッテル》にすぎません。自己の職業における地位、名声等は捨てねばならぬと自分に言い聞かせています。しかし、もし何らかの機関誌紙等に立て籠り、文化戦線の領域を中心に、啓蒙的、組織的活動が許されるならば、一切の力をそれに集中したいと思っています。しかし、そんな機会に恵まれない限り、何らかの職業によって自分一人の生活をする上に勉強し、組織的なものをつくるために働きたい、などと愚考しています。もしわれわれが現在の世界観、イズムを主体化せんと努力し、かつ実生活と一致させようとするならば、実に困難なことでありましょう。それは、数ヶ年前に比して（その当時ももちろん苦痛そのものであったでしょうが）一層に苦闘を要するものと思います。反動期にある現在の不幸と苦痛は何よりもこの点について言わるべきであります。貴君がジャーナリズムの世界に入られ、広汎な視野と活動領域を体験されるなら、それは非常に結構なことで、貴兄の生活発展上大きな収穫となるように祈っております。インテリゲンツィアのあの方面における役割は今後も減殺されないでしょう。何と言ってもインテリによる啓蒙、組織の領域は極めて多く残されていますから。

反ファッシズムの問題にせよ、わが国の特殊情勢の正しい評価のもとで解決せらるべきであり、この問題におけるインテリの過小評価は許されません。しかしまだ、われわれにとって「武器による批判」のときは来ていません。ただそのときのためにわれわれは「批判の武器」を益々強化し、尖鋭化させねばなりません。忍耐強く執拗に準備せよ！　これが今日われわれに与えられた現実の教訓であります。今後のお互いの批判と協働とを切望します。何れ又。
敬具

一九三六年八月十二日　　柴山正雄拝」

※拙著『横浜事件の真相』笠原書店刊、六頁、参照。〈……事実、そのころぼくは渡米を夢みていたのである。知人の朝比奈二郎氏がサンフランシスコで日系米人のための邦字新聞を発行していたので、なんとかして日本を脱出してその新聞社の仕事を手伝えないものか、と案じていたのである。ところがいざ渡米となると、渡航手続きが必要なことはいうまでもあるまい。そこで、所管の役所である外務省の窓口へ問い合せに行ったところ、「徴兵前の海外渡航は許されない」という返事で、雄図空しくぼくの渡米計画は断念せざるをえないことになってしまった。〉
〔『記録』一九九〇年八月号〕

(3) 忘れぬうちに

1

その夏（一九三六年）も過ぎて、上京した私は真っ先に柴山正雄君をその療養地、鎌倉山に見舞った。

療養地としての鎌倉山は申し分のない環境の中にあった。時折訪ねた柴山君の小石川表町の居宅とはちがって明るく、静かな緑の小丘の上に建てられた療養所は、小さいながらも心を和ませる雰囲気があった。

その日は長かった夏休みに続く秋の読書計画などを話し合ったが、帰りぎわになって正雄君はベッドわきの看護婦の不在を確かめて二人きりになってから、改まった態度で私にこう語りだした。

「木村君、以前から一度貴君に伝えておきたいと思っていたことがあってね……」

私がすぐ「一体何のことでしょうか？」と正雄君にその意を質すと、正雄君は続けて、

「時勢がきびしいからいつなんどき検挙されたり、捜索を受けたりすることが起こらないとも限らない。何もやっていないのだから別に改まる必要もないんだが、われわれにとってそんな検挙や捜索は洗礼として受ける覚悟を持たねばならない。ぼくの体験からそうした洗礼を受けた場合に、貴君には

ぜひとも心得ておいてほしいことがある。別にむつかしいことではない。その一つ二つをお伝えしておきたい」

正雄君がそうして話を切り出したとき、私は以前に正雄君が共青（共産青年同盟）メンバーとして検挙されたが、非転向で出所したことをご本人から聞いていたことを思い出していた。私たちにとって検挙されることが即ち洗礼を受けることになることも、正雄君から教わった大切な心得だと思った。正雄君はそのあとを続けてこう語った。

「その第一は、検挙されたときには相手（特高）がこちらのことをどこまで知ってのうえでやったのかをすばやく察知することです。第二には、こちらの組織は読書会といえども決して口に出してはならない、ということです。私たちにとっては組織がいのちですから、どんな拷問にあっても組織は守らねばなりません。組織を守るためには仲間（メンバー）の名を口に出してはならないことは当然のことでしょう。知友の名前も決して出してはいけません。組織と仲間を売ることは最もいけない階級的裏切りです。私たちの運動で一番迷惑なのはこの裏切りなのです。以上が私たちの『洗礼』に不可欠の心得ですから、しっかり心得ておいてください」

鎌倉山の柴山正雄君のこのときのお見舞いは、私にとってはそのあとたいへん重要な意義を持つ訪問になった。

2

「洗礼」という行事を柴山君から聞かされて半年も経たないその年の暮れ、クリスマスを数日後に控えた一二月二〇日、麹町の三畳間の下宿に住んでいた私の部屋へ、麹町警察の特高が二人で朝まだきに踏み込んできた。

私もやはり「洗礼」を受ける破目になったわけだ。いったいどういうわけで私を検挙したのか、はじめのうちはさっぱり見当もつかなかったが、麹町署に持ってゆかれて二、三日してその検挙は私たちが本郷で時折にやっていた十名ほどの読書会のせいであることがわかった。そのころはもう数人で勉強する読書会さえも許されない弾圧時代に入っていたのだ。

柴山正雄君から教えられていた「洗礼を受けたときの心得」を実際に応用するときが、そんなに早く来るとは思いもよらぬ出来事であった。

麹町警察の特高は竹内という刑事で、私の担当に当たっていた。取調べ室では、顔にビンタをくわせたり、向ずねを足で蹴っとばしたりの乱暴を行なった。今でもはっきり覚えているのは、私が入れられた房の向い側の房にはナウカ社を経営していたあの大竹博吉さんが入っていたことである。

年の瀬も押しつまっていた年末の留置場は大入り満員で、

汚い毛布一枚をあてがわれたきりの不衛生なその日暮らしであったが、ある日、大竹さんが向い側の房から私に手招きの信号をくれて、

「ここでは長びくと体調《からだ》が何よりも大事だからね。三分でも五分間でも思い立ったら自由体操をするようにしよう」

と自由体操を提唱して、やってみせた。看守もこれは見逃して私たちに勝手に体操をさせていた。

年越しの正月はその房で過ごし、私は昭和一二年（一九三七年）一月二〇日に不起訴で釈放された。もちろんそんなことで私を起訴できるわけはない。

こんな「洗礼」を受けた一人に佐藤正二君もいたが、五十余年ぶりに九〇年七月一四日の横浜事件前橋集会のあと、同市でコスモス医院を経営している同君と久しぶりに夕食をともにし、あれこれ昔語りをしたのだった。

汚い留置場でのそんな年越し体験ではあったが、これが私の初の「洗礼」となったわけである。

3

私がそんな「洗礼」を受けていたころ、畏友柴山正雄君は病床で重症の肺結核と闘いながらつぎのような日記を誌していた。彼はその日記をその年五月一二日に亡くなる少し前まで書きつけていたのである。死去の知らせを受けて馳せつけた私に、正雄君のご尊母はこの貴重な日記帳一冊を私への形見として恵贈してくださった。

ちょうど私がその前年末に検挙されたころにあわせて、つぎに柴山君の日記をして語らせることにしよう。当時、良心的な若者がどんな悩みをもっていたかがよくおわかりいただけると思うからである。

「一二月二一日

孤独は深く味わうべきものである。骨に沁み入るばかりの寂蓼は精神の糧たるものである。ここに私は独りいる。このことは無限の意味がある。なぜなら私は私以外の人間ではないからだ。

凝視、自己沈潜、感情の過剰を洗い去り、苦痛の煉獄の中に静思する。——これは一つの法悦境だ。白い焔が見える時、私は私として在り、それ故に真実の中にいる。

人間は真《まこと》に在らねばならぬ。（存在の自覚）

静は永遠の動の刹那である。

ヒューマニズムの問題、即ち新しい人間のタイプの探求、性格の創造。新しい人間の型は社会変革のために組織し、哲学する人間である。即ち組織人にして哲学者である。この人間のいる所には組織がある。革命的情熱による献身と行動の冷徹性が合一されている。又、批判＝革命である。

故に
(1)思想的立場、イズムを堅持する。
(2)組織力、指導性。
(3)ラヂカリズム、執拗にして果敢。
(4)非恣意的、非衝動的、目的意識的、計画的である。

一二月二二日
世界・人間の危機とその活路、これが思想の課題である。活路は革命的なそれのみではないだろうか。弁証法把握の意義もここにある。
革命的弁証法は唯物弁証法であるかどうかを研究すること。

人間の感覚のうちで最も人間的なものは視覚である。だから、人が悪を為すのは悪に(あるいは慾に)目がくらんだからだという。見究める、看て取る、見届ける、ということも意味深い。

しかし、人はただ見ているだけでは何も解らない、というのは本当だ。『プッディングの味は食うてみるに限る』だ。衝動的ということは生の欠乏、貧しさのことになる。

衝動は生命の充実であると共にその欠乏をも現わすものだ。

(神経的衝動、恣意的行為)

生活のテーゼ
(1)汝の神経を克服せよ。
(2)闘争する主体としての自己を確立せよ。
(3)思索せよ、思索せよ、さらに思索せよ。

一二月二三日
日常生活においての最上の態度は平静(平然として耐えてゆくこと)ということだ。なぜなら、日常性は擦過的なものだから。
神経的刺戟、その反応、神経的衝動行為——これらは日常性の意味である。
非感覚的に、冷たく目醒めていなくてはならぬ。『ただ見て過ぎよ、語るに足らず』、『現実は執拗なり』(レーニン)
自己鍛練
(1)思考(論理的、洞見的)
(2)情熱(沈潜的、執拗的)
(3)行動(組織的、決定的(的確))
生活 平然たること、非神経的(非衝動的、非恣意的)
目的意識性(『すべてに方法あり』)
《生ける直感より抽象的思惟へ、そしてそれから実験へ!》

一二月二四日

哲学の最高の精華たる弁証法の研究が何よりも必要になって来ている。一九三七年の勉強課題は弁証法を究めること。

先ず、（1）ヘーゲル『大論理学』を中心に、レーニン『哲学ノート』を参照して研究すること。（2）唯物弁証法と絶対弁証法との比較討究。（3）『資本論』（特に第一巻）における弁証法。（4）der dialektishe Materialismus は die Philosophie von Kant を如何に批判するか？

自覚せる意思によって統一せられたる自己は、その態度においてはモラリシュな、最高の態度としては節操ということであり、それが日常性に対しては平然たる耐性即ち平静ということである。節操は何よりも世界観、主義の堅持であり、行動に冷徹あらしめ、感情に規律あらしめることによって保持される。

過去の無意識的逃避に代えるに意識的闘争を、道徳的反省に代えるに哲学的考究を、神経的衝動に代えるに平静を、最後に無節操に代えるに節操を。

一二月二五日

自己に与える言葉――『苦痛を平然として耐え、歩一歩徹底的に考究し、前進せよ』

一二月二六日

俺の内臓や神経はもはや傷み切っている。それだのに、俺の意識はまだ真面目に悟り切れないのだ。何という救い難いことであろう。何という愚劣さであり、軽薄さであろう。しかし、人間の品位とか価値とかは結局この点に懸っているのだ。意識が自己について悟達するかどうかに。零《ゼロ》だ、なっていない。内省も祈祷も自責も遂に何ものでもない。汚辱だ、堕落だ、蔽い難い性格低劣だ。しかし、何よりも精神薄弱だ。

一九三七年一月三日

惑溺癖に対して肉体が堪え得ないということ。あるいは熱中、集中の傾向に対して肉体が背反しているということ。――私の不幸はそれ故に肉体の不幸である。苦痛は専ら肉体的である。苦痛は肉体をへて心に至る。もしも私に思想の苦闘が真実のものとなる時があるならば、それはただこの肉体が思想にかけられたときに他ならない。むしろ、矛盾の極、肉体を打ち捨てて思想に肉体あらしめる時、と言った方がよい。

肉体の苦痛は、それだけでは遂に人間を救わないのである。又、思想の苦悶は遂に肉体の此岸に至らぬのである。何時又何がこの二つのものを結合するのであろうか？　何時肉体は思想に到達するのであろうか？　だが思想は？思想の恋人は肉体なのである。

新しいヒューマニズムは抽象的な人間の規定から出発してはならぬ。人間の本質が社会的関係の総和である、というマルクスのテーゼがヒューマニズムの新しい基点をなす。人間の本質規定が非歴史的であったこと、抽象的であったこと、非実践的であったことが従来までのヒューマニズムの欠陥である。

現代においては、特にヒューマニズムは大衆の組織の力に訴えることを以てする戦闘的な性質を備えているのが当然のことと思われる。なぜならヒューマニズムは闘い取られるべきものとなっているから。

一月一〇日
私は再出発の現実的意義を執拗に問うた。第一に、理論的討究を再び生活の中枢の事業とするために。第二に、感情の＝情熱の鍛練を日々正しく行うために。しかし、何よりも問題は、生活全体の目標、抽象的、形式的な図式としてではなくて、生きた実践的目標の完全に近い喪失を再び取り戻し、さらに前述の二項によって確実にするということであった。
私の生活感情・気分は荒廃していた。（肉体と共に）
果たして再出発は現実的に準備され基礎づけられていたであろうか？　私の自己の目標の回復とは何か？　なぜに必要なのかを具体的に掴み得なかったために、かかる疑問には否定的に答えねばならなかった。しかし、今日、私はやっと〈回復〉の意義を悟る第一歩に到達することを得たと信じる。まことに私は生涯の目的を、実際的な放棄の意図とその行為によって日々抹殺したのに他ならない。心底においてそうであったが故に、理論の討究をも怠らざるを得なかったのだ。遂に自らを欺むくことは出来なかった。心底において一面この偽瞞と裏切りとは反駁され、否定されたのは事実であろう。しかし、それはその場限りのものでしかなかった。というのは、生活の日常性のために私はこの対立を直視するのを恐れたからである。
今や私は心底におけるこの対立を承認することから始めねばならぬ。目的への確歩か？　日常性への屈服か？
なぜに私の窮極目的は観念的なものであったか？　又なぜに私はこの目的を放棄せねばならなかったのか？
一言を以てすれば、社会的存在者としての自己が対立意識において把握されていなかったからだ。それ故に、私の思想も行為も社会の重圧と反動に対して脆くも敗退したのだ。この場合、目的は何ら血肉をもって掴まれてはいなかったのだ。

――以上の事情を悟った私は社会的存在および社会的存在者としての自己を探求する必要に迫られた。その上に新しいコースは築かれるべきであった。しかし、感性的に、なおかかる生活への出発のために欠けたものがあった。それは真に生活の全体から私が無反省になって心底の対立を看過したからに他ならぬ。そして卑小さが」

柴山正雄君が重態に陥ったとき、御尊父から私に送られた危篤の知らせをつぎに記して、柴山君の霊前に捧げようと思う。

「拝啓　愚息正雄病気については御懇篤なる御見舞いに預り、ありがたく存じ候　然るに昨今は病勢頓みに昂進、憂慮すべき容態に陥入り、再起困難と存じ候

今や人事を尽くして天命を待つの外これ無く、誠に残念に存じ候　平素の御懇情に対し右御通報申し上げたく、他の友人諸君へは貴君より然るべく御伝言下され度候

敬具

五月十一日夕　柴山雄三

早大構内　早大新聞社気付　木村　亨殿」

4

読書会で思い出されるのは、ちょうどこのころに津田左右吉先生門下の学生だった藤井正夫君（後に国会図書館専門委員）が、私と文学部の玄関先でばったり会った折に、私にエンゲルスの『家族、私有財産及び国家の起源』をテキストにして一緒に読もうじゃないか、と読書会を提案されたことがあったのを思い出した。

もちろん、私はその藤井君の呼びかけにはよろこんで応じたのであったが、そのあとどういういきさつだったかその読書会は開かれずじまいに終ったのは残念であった。

ただこんな一例を引いても、当時の私たちの思考態度や時代認識の如何がうかがい知れると思われる。もっとも、もしそんな読書会を実際に開いていたら、後日またしても私たちは検挙の再「洗礼」を受けて、何人かの学友たちに迷惑をかけたことになったかもしれない。

柴山君から教わった「洗礼」は、私はその戒めどおりに守り通したのでよかったが、誰しもその「洗礼」には苦汁を飲まされる思いがしたにちがいない。

そこで、私は敢えてこのくだりで、中央公論社に入ったあと、例の横浜事件に連座する直前の奇妙な実話を、忘れぬうちに記しておかねばならない。

それは昭和一六年九月初めのことである。初秋とはいえまだ暑さの残る虎ノ門の満鉄支社の調査部を訪ねると、いつもの平館利雄、西尾忠四郎の二君が不在で、西沢富夫君だけが残っていた。訪ねて行った私は西沢君から、

「二、三日中に伊藤律君が現在の仮釈放を取り消されて再び下獄するので、今夜伊藤君の送別会を開くから君も出ないか」と伊藤律君の下獄送別会に参加するように誘われたが、その日はあいにく都合が悪くて私は欠席した。

翌日、私はその会が気になったので再び調査部を訪ねたら、その時も西沢君ひとりがいたので、早速昨夜の会の様子を聞いたら、西沢君の答えは、

「木村君、君が欠席したのは残念だったが、さすがに伊藤君は大物だね」

と、えらく伊藤律君に感心している様子だった。そこで私はすかさず、

「貴君が伊藤君を大物だというのはいったいなぜだね?」

と問い返したら、西沢君はこう答えた。

「昨夜は気ごころの知れたごく少数の友人だけの会でね。伊藤君も遠慮なく話したが、特に検挙された体験のないぼくに、やられたときはこう対処するのがいいよ、とその秘訣を教わったよ。まず第一に、検挙されて取り調べを受けるときは並みのデカ(特高刑事)を相手にするな。話すのは警部クラス以上のおエライさんを相手に話せ。第二には、乱暴をされ、拷問を受けたりした場合は、必ずからだの不調を訴えてドクターを呼べ、入院させろと言うんだ、とこうなんだ。さすが経験豊かな伊藤君は心得たもんだよ」

正直言って、私にとってはこれはギョッとするほどにショッキングな話であった。西沢君のような未経験者にとってはこの伝授は「大物」伊藤律の直接のありがたい心得であり、検挙されたときの秘術であったのにちがいない。

しかし、前述のように私は自分の学生時代に柴山正雄君から受けた「洗礼」時の正しい対処法と、伊藤律君が西沢富夫君に授けたという秘術とでは大地のちがいがあり、私には特高とのそんな取り引きや「タレ込み」の示唆は断じて許せない裏切り行為としか思えなかった。しかも、平気で特高との取り引きをやる人物を大物と受け止めるようなことは、私には笑いごとにすぎなかった。

西沢君は昭和一八年五月一一日に横浜事件で検挙されたとき、まず例のスナップ写真を押収されたことは取り返しのつかないミスだったが、昭和一八年五月二一日には、検挙後十日目にもう保土ヶ谷病院へ入院して六月二九日まで四〇日もの間を、謎の病院ぐらしをやっていたのである。

西尾忠四郎君や私などが無法な拷問によって半殺しの目にあっていたとき、ただ一人西沢君だけが入院を許されて特高のデッチ上げのための「タレ込み」おとり作戦にマンマと踊らされたとはあきれかえる話ではないか。

〔『記録』一九九〇年九月号〕

（4）いのちがけの「現免」

1

中央公論社に入社した翌春（一九四〇年）、私を待ち受けていたのが陸軍第二四部隊（和歌山市）への現役入営であった。拙著『横浜事件の真相』に「ぼくの一等兵物語」（一九節）として書いたことと重複する記述になるのをお断りしなければならないが、私にはこの入営がまったく嫌なことで、シュベイクそこのけの珍道中になってしまった。

私の軍隊嫌いは生まれつきみたいなところがあって、学生時代の軍事教練は徹頭徹尾サボリ通し、もちろん甲幹も乙幹も一切お断りの入営だったから、当然のことながら最下位の二等兵入営である。甲幹とか乙幹といっても若い方はおわかりになるまいが、昔の兵制では一般人は二十歳で徴兵検査を受けて、合格すれば二年間の現役入営を義務づけられていたのだが、専門学校や大学へゆくとそんな徴兵を猶予されて卒業時に検査を受け、検査にパスした者を一年間幹部候補生として入隊させて将校に任官したのである。甲種幹部候補生は少尉に、乙種幹部候補生は伍長になった。

いま私は、自分の軍隊嫌いが生まれつきみたいだ、と書いたが、実はそこに多少の訳合いがあったからのことだ。つまり、私の家系にはなかなか面白い人物がいたのである。

この国の徴兵制度は明治三年（一八七〇年）に実施されたのだが、この徴兵にまっさきに反対して、というより誰よりも先に忌避したのが私の祖父・木村元之助なのである。

これは亡父・木村克彰《かつあきら》の実話でつくり話ではない。亡父は幼少時の私にこんなことを話したのであった。祖父の元之助は、那智滝の裏山の清水家の出身で清水元之助という出生であったが、小口村で長く漢方医を営んでいた木村玄雄《げんゆう》の長女こまんにほれて養子に入り、木村家の婿養子ということになった。押しかけムコさんとでもいうのだろうが、これには実は当時発布されたばかりの徴兵のがれの意味が含まれていたのである。発布された徴兵令の詳細は知らないが、婿養子に入ると徴兵をまぬがれたらしいのだ。亡父の話では祖父元之助は本当に兵隊嫌いだったということだから、こんな徴兵忌避が成立したのであろう。

アンチ・ミリタリストの孫、というと、長谷川如是閑の文章や志賀直哉の『或る男、其姉の死』の一節を思い出すが、私自身もやはりアンチ・ミリタリスト木村元之助の孫に当たるわけである。血筋は争われぬものだと思う。（参考までにつけ加えると、私の曽祖父木村玄雄は古い漢方医で、佐藤春夫の小篇『老父のはなし』にある実話だが、明治初期にこの国の最初の子宮外妊娠の切開手術を佐藤春夫の父の洋医に依頼した人物である。）

2

私の嫌々ながらの二等兵入営も、幹部候補志願の甲幹や乙幹でなくてよかったと内心ひそかに自らを慰めたものの、四月一〇日の入営早々に、私個人に対する思わぬハプニングが起こった。和歌山市の中部第二四部隊第八中隊第三班に入隊して洋服を軍服に着替えたばかりの私に、中隊長からの初の呼び出しがあったのだ。何ごとかといぶかりながら中隊長殿の前へ出てみたら、甲幹上がりらしい若い少尉の中隊長がいかつい顔で私をにらみながら、いきなり大声で、

「おまえは学生時代に何をしとったのか？　お前の今度の入営には憲兵と特高が、おまえの投宿した旅館にまでついて来ておったのを知っとるか？　ここは軍隊だぞ、天皇の軍隊なんだぞ。この隊内でヘンなまねをしてみろ、ただではおかん。厳重に処分するからな。気をつけろ！」

のっけからこんなお叱りを受けるとは私は夢にも思わなかった。というより、私一個人のことがこれほども重大な注意人物にされていたことに驚いたのだ。前にも書いたことだが、学生時代のささやかな読書会で検挙された一件以来、私は卒業後まで特高の監視下におかれており、毎月下宿先へ特高が訪ねてきたり、下宿のおばさんから私のふだんの行動を聞いていったり、不愉快なことが続いていたのだ。しかし、今度の私の現役入営に当たって、小僧っ子の私を東京の住まいから郷里の新宮市の実家へ、また和歌山市の旅館から兵営までも特高のスパイ（刑事）と憲兵がつきまとって見張っていたと聞いて、私は実にいやな気持ちになった。いくらなんでも憲兵と特高の共同の監視まで受けるとはあきれ返る仕打ちじゃないか、何たる煩わしさであろう。

そのうえに、そのあと二日目のことだ。演習にひき出されて、その日の演習を終えて兵舎に帰ってみると、私のベッドの枕もとにあった私物入れの手箱が無断で、留守中にひっくり返され、かきまわされて、手帖だの財布だのが全部バラバラにされてベッド上に投げ出されていたのである。軍隊だからとて、こんなコソドロみたいな人権侵害は許せるものではない。私は内務班長に誰がやったのかを問うたが、「知らぬ」とそっけない返事が返っただけ。

我慢ならなくなった私は、すぐその夜秘かにある一つの計画を練った。それは全く秘密の計画で、他人には決して言えないことだったが、実はこんな計画だったのだ。

警察（特高）や憲兵の、いやこの国の軍隊の私に対するいやがらせにはもうこれ以上許せないと考えたので、私は私自身を軍隊から脱出させる目的で、つまり思い切って「現役免除」処置を軍隊に取らせるための便法を思いついたわけである。

その便法とは何であったのかというと、私が自ら一日も早く病気になって入院してしまうことである。毎日続く人殺しの演習を私になるべく早く止めさせて私を入院させることだ。そして、できるだけ早い時期に私が現役免除（現免）を闘い取ることを固く心に誓ったのである。本当のところ、この計画のほかに私は私自身をそんな「人殺し軍隊」から脱出させる方法はない、と心秘かに悟ったのである。

とにかく、思い立ったからには実行が第一だと、私は夜半、みんなが寝静まったころを見はからって、こっそりベッドから起きだして洗面所に立ち、水道栓の前で真っ裸になる。水道の水をバケツに汲んで頭からざんぶり、四、五杯のバケツの水をつづけてかぶる。四月の半ばでも、かぶる水の冷たさは相当なものだ。思わず身震いするほどだが、わざと濡れたそのままの躰を拭かずに夜着をつけて、そっとぬき足さし足でベッドに帰ってもぐり込む。やがて起床ラッパが鳴り出すといった案配で、真夜中のそんな水浴びを四、五日も続けていると、果たせるかな、咳が出始め、微熱が出てきた。

さっそく医務室へ診断を受けに行って、その日の「練兵休」というのをもらう。「練兵休」を取ればもうしめたもので、連日の練兵休を取るためには、小腋にはさむ体温計をごしごしとこすって三七度から三八度近くへの微熱を出す。そんな〝努力〟を四、五日続けているうちに、ついに医務室の軍医に、

「おまえは肺浸潤の疑いがあるからレントゲン写真を撮ってみろ」

と言わせることに成功した。レントゲン写真の撮影もひと工夫を要したが、要は一般患者のやり方と反対に、わざと撮影時の呼吸を逆にやってみた。レントゲン写真係の衛生兵が「息を吸って」と言うとき私は息を吐き出し、「息を止めて」と言うとき、私は息を吸ったのである。

五月一七日になってやっと、医務室の医師が正式に私の病名を「肺浸潤」と診断してくれたのであった。

第二四部隊の付属病院へ入院したのは五月末であった。入院にはこぎつけたものの、所期の目的である「現免」を闘いとるまでは、まだまだ気のぬけない日が続くことを覚悟しなければならなかった。

3

そんな入院中の私の日記の一端をのぞくと、こう書かれている。

「七月二七日

（前略）院内でも戦地帰りの還送患者と内地の患者とでは随分ちがったものが感じられる。満州帰りの竹内さんはもう大分前に現役免除で帰郷したが、南支帰りの吉田さんはまだ痩躯をベッドに横たえている。戦地の様子を聞いたり、

戦争というものの実感をたずねてみるのだが、日常の起居、動作、言動すべてにシンがあって胆が坐わっている。戦争に参加する前の生活とくらべて現在はどんな気持ですか？と聞いたら、『生きる一日』をムダにしまいとする張りのようなものがあって、以前のように遊び半分の気持ちは消えて無くなった、という。

始めのうちは読書も案外自由で、歴史、経済、哲学など図書室に備えつけの本を二、三借り出して読んでみたが、七月の初めになって禁令が出た。特に私だけは雑誌『中央公論』も読んではならぬとのお達しを受けた。当局の小心よくよくたる気くばりが読めて却って滑稽なくらいだが、これがこの国の兵営生活というものだろう。……」

「七月三一日

岡崎三郎氏から『支那問題辞典』の仕事が進んでいることを知らせてくれた。気になっていたことだったので、この便りはありがたい。私が社への置土産にした出版企画である。細川嘉六氏も力を入れてくれているとのことだ。一年間在社した私の仕事の責も塞げるだろうか？」

「八月一日

木村泰之君から便りがあったが、彼は第三乙だった由、よかったね。

中央公論社主催の夏期講座が開催される旨、嶋中雄作社長が私への見舞状に誌していた。これは私自身が社長に入営前に新規事業としてすすめたプランだっただけに聊か満足を覚える。社長の手紙には、『君でなくてはやれぬ仕事があるのだから、早く快くなって帰って来給え』とあった」

八月一二日までその付属病院に入院していたが、転送命令が出て、私は翌一三日に淡路島の岩屋にあった大阪陸軍病院岩屋分院へ転送されていった。須磨、明石の対岸にあった岩屋の分院は、三百名ほどの胸部疾患者を収容した病院であった。そこは、岩屋の港の丘の上に建てられた病舎で、瀬戸の風光を満喫できる眺望のすばらしい環境にあった。

4

「八月一三日

岩屋へ転送と知らされたのが昨日の昼。あまりに突然の通告には驚いた。誰に知らせる手だてもないまま、命令に身を任かせるほかはない。

今朝、私と森君の二人は内藤曹長の護送を受けて和歌山を発った。大阪の天王寺駅前でひと休みしたあと明石に降りて昼食をとり、まっすぐ岩屋へ向った。丁度正午発の巡航船に乗り、岩屋へ着いたのが十二時四〇分。分院のある小高い丘に辿りついたら、時近くだった。ここ二、三日来もり返した熱暑は、海辺の風景をまぶしく照り返した。

正式には大阪陸軍病院岩屋分院第一病棟第二号室に入り、私物を整頓し、申告、受診、血沈しらべ、肺活量、心肺検査等々で日が暮れた。夕方の定例散歩で病院真下の海岸に出てみた。久しぶりの海の眺望には満足したが、渚に立って向い岸の須磨明石を眺めていると、急に郷里の紀南の海辺を思い出して家族のことなどに思いが走る。

命令によると、三十五日間（五週間）の療養である。そんな短期間で果たして自分の躰が恢復するかどうか疑問だが、空気はよいし風光もいい所だからしっかり療養して帰りたいものだ」

「八月二二日

裏山で沁み入るように蟬が鳴く。眼下をポンポン蒸気が浮び、点々と白帆が流れる間を外国航路の巨船が走る。

入道雲がムクムクひろがって、真夏の太陽が海辺を金色に染める夕景色はすばらしい。暑いには暑いが、毎日できる散歩のひとときは救いだ。

渚に寝転んで光る海と空をぢっと眺める――チェホフではないが、〈海と私、その他には何もない〉そんな気がする。

このところ例の慰問の演芸も少なくなって、病友は淋しがるが、私はこの方がいいと思っている。静かに島のくらしを送りたい。

昨日から病院側の命令で桃色リボンが赤リボンに変った。重症患者に指定されたわけだが、そう気にすることもなかろう」

「八月二五日

この分院の図書室には僅かながら私を喜ばせる書物があった。

ただ数百冊にすぎない蔵書の中にそんなめっけものがあったのは嬉しい。森戸辰男著『クロポトキンの片影』（同人社版）もその一冊だ。大正十年の刊行だからもう二十年も前になる。

森戸教授のクロポトキンに関する雑誌論文集で、長谷川如是閑主宰の雑誌『我等』へ寄稿した諸論文だ。クロポトキンといえば、私が一九二三年に上京して先ず入手した感銘の書『青年に訴う』（大杉栄訳）を思い出す。私の心を打った最初の本がこの書であった。森戸教授もクロポトキンの人となりを説いた一節で、彼クロポトキンが三度の回心をした最後のときに、ジュネーブでのテムプル・ユニクの会合で『革命のために一身を捧げる誓いを立てた一瞬間』を体験してつぎのように心中で叫んだというくだりを引用している。

《ここに自分の奴隷的境遇を自覚して、ここから脱け出そうとしている人たちがいるのだ。だのに、その人たちを助けようとする人たちが何処にいるのだ？

自分の野心のために彼らを利用しようというのでなく、本当に彼らのためにつくそうとする人が何処にいるのだ？》

クロポトキンはかの『青年に訴う』の中でもこう叫んでいるのだ。

《知識と才能を有するすべての青年諸君。もし諸君がいくらかでも義憤の心を有するなら、諸君の友人とともに、行いて諸君の知識と才能とを挙げて最もそれを必要とする者のためにつくすがよい。しかし、覚えていてくれ給え。諸君が行くのは主人としてではなくして、戦友としてであり、支配のためではなくして新しい境遇に入って自ら霊感を得るためであることを。さらに、諸君が行くのは民衆を教訓するためではなく、民衆の熱望するところを感知し、会得し、組織し、日常生活においてこれを実現させるように、青年の一切の活力をもって倦まず撓まず働らくためであることを。

さらに記憶していてくれ給え。そのときに、まさにそのときにおいてのみ、諸君は完全な生活、合理的な生活を営めるものであることを、そして諸君はその方につくした一切の努力が着着とその効果を現わすのを見るであろう。そして諸君の行為と諸君の良心の命令との間の一致から生まれる調和の感情は諸君自身もかって想像しなかったほどの力を諸君に与えるであろう。民衆の中にあって真理と正義と平等のために闘う諸君は、人生においてこれに優る美しさを他に見出しうるであろうか？》

と叫ぶクロポトキンを思うと、そこに私は彼がどこまでも自分を偽らず、曇りなき目をもって、ひたすらに社会正義を追求した純一の心をみる。彼のヒューマニスティックな情熱の中に私はたぐい稀な高邁さを見出すのだ」

5

おとなしく、じっと寝たまま退院を待つ諸君と一緒にのんきに瀬戸の海を眺めて暮らしているわけにはいかない。どうしたら一日でも早く現役免除（現免）をかち取れるか、と腐心していた私に幸いにも一計が浮んだのだ。岩屋へ転送されたことを新宮にいた妻君に知らせると同時に、私は読みたい二、三の書物を持参するように頼んだが、その中へ特に頼んで、河上肇さんの名著『第二貧乏物語』一冊も入れてくれるように注文しておいた。九月の初めにそれらの書物は届けられた。私は妻君から河上さんのその一冊を受け取ったときは、二、三度もその本を自分の額に押しいただいたことを覚えている。嬉しかったからである。

しかし、考えてみると、これは大変きわどいいのちがけの試みだったのである。なぜなら、河上肇さんのこの名著は当時の知識層に定評のあった社会主義入門書であったからだ。私が故意にこの書を選んで持参してもらったのは、こんな本を読んでおれば、きっと病院側が私を禁書破りのかどで放り出してくれるだろうと思い、大胆にも妻君にわざわざ持ってきてもらったのであった。さっそく軽症でブラブラしている同室の患者から同好の士を二、三名選んで、その河上さんの本をテキストにして読書会を始めてみたのであった。二、三回もそんな会を開いていたら、案の定、私の主治医の梶本少尉の目にとまった。巡回診察中の同少尉はさっそく私を呼び出して、軍医の部屋でこう語りかけてきた。

「君の症状はそれほど重症でもないようだ。しかしだ、君が今日持っていた河上さんの本はな、他の軍医に見つかると厄介な問題になりそうだから、見えないところへ隠しておき給え。知っての通り、ここでは『中央公論』さえも読書禁止なんだからな。

近く君を現役免除の措置を取るように手続きするから、早く帰郷した方がええぜ」

これは梶本少尉のあたたかい処置であった。私はこの梶本少尉に心から「ありがとう」を言いたかったが、敢えて黙ったまま引きさがった。正直にはっきり言えば、この措置こそが私の待ち望んでいた終局の目的だったのだ。

梶本少尉も言ったように、もしも他の軍医にこの本が見つかっていたらどんなことになっただろうか？　憲兵隊にひき渡されでもしていたなら、どんな処分にあっただろうか？　ゾッとするほどひどい目に遭って苦しんだかもしれない。いや本当にこれはいのちがけの「現免」とりだった。

こうして私は計画通りに一〇月一〇日に「現免」の措置を受けて除隊したのだが、兵籍は陸軍予備役一等兵（衛門一等兵とも呼ばれた）であった。私が何よりも嬉しかったことは、天皇の命によるあの侵略戦争に加担しないで、私の懸命の「現役のがれ」によって、人殺し戦争の加害者に加わらずに済んでホッとしたということであった。

「聖戦」気取りの侵略者側からみれば、私の行為は卑怯者だったかもしれない。しかし真のヒューマニズムの立場からみれば、私のような「現免」とりも勇気の要る闘いだったことには間違いあるまい。

〔『記録』一九九〇年一〇月号〕

（5）一冊の本の重み

1

苦心惨憺の末にやっと勝ちとった現役免除についてその知らせを受けた一九四〇年一〇月九日の「日記」に、

「午前九時半、突然に田中中尉から明朝退院、現役免除の知らせがあった。間もなく担当医の梶本少尉からもその旨通知あり、さっぱりした気持だ。この現免勝利を確保して私は聊か自信を加えた。思うに、この闘いを勝利に導いた決定的要因は、周到の計画と準備、不撓の闘志にあった。このことをわが人生の貴重な体験として今回は帰郷するが、今後の私の生活にも不可欠なのは何よりもこの計画的闘争だ。熟慮と断行、細心にして大胆に、だろう」

と書きつけている。

郷里の新宮で暫く休養したあと、一〇月二七日に妻正子とともに新宮を発った。その上京の道中で、お隣りの町田辺に在住していた南方熊楠翁をその病床にお見舞いした。前に私は名著『南方随筆』を読んで感銘を受けていただけに、南方翁が病床にあることを知ってひそかに案じていたからだ。訪ねてみて、南方翁が病床にありながらお元気で応待してくれたのには何とも嬉しかった。のみならず、記者嫌いで有名な南方翁が私の求めた『十二支物語』の出版に、よろしいとの許可を与えてくれたことは、半年ぶりに帰社する私にはいい土産話になった。

中央公論社へ復帰してすぐ私は嶋中雄作社長にこの話を伝えたところ、嶋中社長はえらく喜んでくれてこう語った。

「木村君、君が南方熊楠翁に会えたとは驚いたね。あの翁は有名な記者嫌いさんでな、かけだしの若い君なんかによくぞ会ってもらえたね。しかもあの『十二支物語』を出版していいことになったとは。よくやった、ありがとう」

なぜ私がそんな幸運にめぐり会えたのか、あとになって気がついたことがある。それは前述の『南方随筆』の中で、南方翁がロンドン在住中のこと、中国革命の父・孫文がやはりロンドンにいたらしく、わけは知らなかったが、そのロンドンで孫文が投獄の憂き目に遭っていたことを知らされた南方翁が、ある夜半ひそかに遭難の孫文を救い出したというエピソードを読んで、私はたいへん感動した記憶があった。それで私は病床の熊楠翁に向かって、翁の大胆不敵なそのときの義行と高邁な精神に打たれたことを率直にお話ししたからではなかったか？　私にはそう思えてならなかった。中国革命の父・孫文が私には尊敬される人物であったことも、私の話に勢いをつけたのかもしれなかった。

南方熊楠翁が惜しまれて世を去ったのは、その翌年のことである。

2

入隊中に出版部へ残していった仕事として一番気になっていたのは、言うまでもなく『支那問題辞典』の編集であった。その年の一一月一四日の「日記」に、つぎのようにメモしている。

「世田谷に細川嘉六氏を訪ね、『支那問題辞典』の進行状況など打ち合せたあと、細川さんの最近の論文『アジア諸民族の史的発展と大陸政策』に言及したが、オーソドクスな細川老の見識には頭が下り、改めて深い共鳴を覚えた。細川老は真にジャーナリズムを理解した論客として、珍らしい硬骨漢だ。大切な人物だと思う」

さらにその日のメモはつづく。

「夜、二時間にわたる嶋中社長の中央公論社内新体制の発表あり、小森田さんが編集総務部長に、松下さんが『中公』編集長に、荒川さんが調査部長に、堺さんが出版部副部長に、そして私自身は『中公』編集部にそれぞれ異動があった。私自身についていえば『中公』編集部は時節柄、精神的、肉体的にスポイルされる危険性が強いうえに、勉強する余暇も少ないだろうから、あんまり喜べない」

これは余談だが、私の『中公』編集部員生活はちょうど半年で解任されて、一九四一年四月からもとの出版部へ戻されたので、ホッとした次第である。

そこで、私は自分で初めて企画した『支那問題辞典』という一冊の本のことを、もう一度企画、発案の動機から見直しておこうと思うのだ。もちろんその最初の発想契機は、学生時代に購読していた岩村三千夫氏（ペンネーム中山耕太郎）らの『支那問題講話』（一九三〇年七月、プロレタリア科学研究所編集・発行、鉄塔書院発売）の中国革命と中国問題の研究書にあったことはもちろんである。しかし、それだけではなかったのだ。

私は一九三七年から三八年にかけての約二年間、『早稲田大学新聞』編集部に所属して学生記者をやっていたのだが、三七年の十月に、日本の大陸侵略が本格的に拡大強化されようとしていた情勢の先行きが案じられたので、いったい日本の支配階級は中国（当時は支那と呼んでいた）の実態や歴史、文化というものをよくも知らないからそんなマネをやっているんだろう。一般国民にも、お隣りの国がどんなに私たちにとって大切な国なのかを知ってもらわねばならない、これは当面する急務だ、と思い立って、私は『早大新聞』の一〇月二七日号（第八六号）で「支那民族と文化」の特集号を編集した。

その特集号の解説は割愛するが、主な執筆者と依頼したテーマを列記して読者のご想像にゆだねたい。

《特輯＝支那民族と文化　津田左右吉・支那思想を語る〈民

衆の生活と思想〉、長谷川如是閑・日本文化と支那文化の特徴、出石誠彦・歐米支那學の一断面、實藤恵秀・現代日支文化の交流、一氏義良・日支美術文化の建設に就て、高倉テル・支那文化と文字、等々》

そしてまた最近（九〇年一〇月）、刊行された石堂清倫氏の『続　わが異端の昭和史』（勁草書房）によって、私は初めて戦時下に出版された『アジア問題講座』の前身が石堂さんによって企画された『支那問題講座』のさま変りだったことを知った次第だが、なぜ『支那問題講座』の企画が『アジア問題講座』に変更させられたのかという詳細は、石堂さんの右の著書に譲るとして、ここでは石堂さんのその『支那問題講座』の企画にタッチしていたのが、他ならぬ尾崎秀実氏だったということを確認しておきたい。

3

私が現免で社会復帰して何よりも気にしていたことは入社第一発の出版企画『支那問題辞典』であったことはくり返し書いたところだが、その編集については誰よりも尾崎秀実氏にお世話になった。この辞典の編集顧問だった細川嘉六氏から一九四一年一月に紹介された尾崎秀実氏は、実際の編集にあたっては、文字通り手とり足とりの懇切な相談相手になってくれた。一週間に一度か二週間に一度は、多忙を極めた尾崎さんのスケジュールに貴重な昼食時を割いてくれて、銀座七丁目裏にあった小さな中国料理店の一室で、辞典項目の選定やら執筆者の選択、ほか細目に至るまで、私の勝手な相談に乗ってくれ、この辞典の編集作業をすすめてくれたのであった。尾崎秀実氏が、その間いつも変わらぬふくよかな笑顔を絶やさずに、私の相手になってくれたその姿がつい昨日のことのように胸に浮かんでくる。

尾崎さんがそんな相談役から不意に姿を消した一〇月一五日（一九四一年）の一件は、ゾルゲ・尾崎事件として読者の方がよくご存知のはずである。

ここでご参考までに、その約一年前尾崎さんを囲んだ懇談会のもようと、そのあとの感想を私の日記から抜き出してお目にかけよう。

「（一九四〇年）一一月二〇日（水）

夜、例の日本編集者会で開かれた尾崎秀実氏をかこむ会に出た。社からは堺、清水、青木兄ら同行。尾崎氏からは一時間余、新体制運動の現状について報告あり、そのあと討議、懇談に入る。僕がこの夜の会を終えて痛感するのは合法運動というものの限界性についてであった。堺さんと二人でその帰途話し合ったことだが、ある国の革命運動なんてのは、ひと握りの《死のう団》によってのみ決行されうるもので、口先きだけで革命的言辞を弄しても腹の中では獄と死を怖れているような連中ではとても変革なんかは望めない。二年や三年で出られるようなションベン垂れに投獄されるような連中には大したことを期待できない。本当に苦しむのは死刑か無期刑ではなかろうか？　ペシミズムに徹した者でなくては革命家たる資格はなく、火あぶりにされてもよい生命がけの覚悟のない連中の革命論議には耳をかすな、ぢっと相手の眼をみつめてみろ！　ともに死を誓えるか？

軽率に社会、国家の変革など口にしてはならぬと悟った」とあるのは、いまさらのように尾崎さんのドラマチックな一生を回想させるものだ。

4

一九四二年三月に刊行されたそんな『支那問題辞典』は大項目主義で編集したが、その内容構成を目次に従って項目名と執筆者にわけて、つぎに紹介して参考に供したい。

アジア的生産様式（森谷克巳）、アメリカ合衆国と支那（嘉治隆一）、イギリスと支那（岡崎三郎）、塩税制度（石濱知行）、外国の在支特権（植田捷雄）、外国の対支投資（宇佐美誠次郎）、外国貿易（吉田虎雄）、外蒙古（播磨楢吉）、華僑（福田省三）、家族制度（牧野巽）、関税制度（小林幾次郎）、北支那（国松久彌）、教育（石川謙）、協同組合（井上晴丸）、金融（塩谷安夫）、軍閥（知識眞治）、工業（尾崎庄太郎）、交通（岩城俊次）、鉱業（発智善次郎）、抗日政権（中村常三）、国債（塩野谷九十九）、財政（石濱知行）、国民政府（英修道）、三民主義（中西功）、資源（岡崎三郎）、支那革命史（佐野利一）、支那学（石田幹之助）、支那事変（尾崎秀実のち橋樸）、資本主義の発達（名和統一）、社会施設（小宮義孝）、宗教・哲学（福井康順）、住民（橋本増吉）、西南支那（小椋広勝）、西北支那（野原四郎）、ソヴェート連邦と支那（田中九一、浅田万喜雄）、村落組織（大上末広）、治水事業（池田静夫）、地文（藤田元春）、西蔵（青木文教）、中国共産党（中保与作）、中国国民党（田中香苗）、ドイツと支那（益田豊彦）、東亜新秩序（平貞蔵）、土地問題（天野元之助）、度量衡（岡崎三郎）、中支那（上田信三）、日支交渉史（平野義太郎）、日本と支那（蝋山政道）、農業（天野元之助）、フランスと支那（大岩誠）、文化運動（藤井正夫）、文化機関（奥野信太郎）、文学思潮（松枝茂夫）、幣制（小林幾次郎）、法制（瀧川政次郎）、満洲国と支那（柴三九男）、南支那（岡崎三郎）、民族運動（細川嘉六）、蒙彊（後藤富男）、列国の支那争覇戦（山川敏夫）、列国の事変対策（具島兼三郎）、列国の対支宗教活動（比屋根安定）、支那問題人名辞典（尾崎秀実）、支那文化史年表（向坂逸郎）、支那全図。A4判一〇三〇頁、函入り、定価十一円。

ご覧の通り、日本軍の中国侵略がアジア諸国全体への侵略に発展して、ついに日米戦争＝第二次大戦へとつき進んでいった時代に、これだけの執筆陣を動員して完成したこの辞典がどんな意義と役割を果たしたかは読者のご賢察にお任せする。ひと言付け加えれば、もしも、この辞典が「講座」として刊行されていたならば、あの切迫した時局の状況ではきっと弾圧の的にされて、すぐに発禁処分にされていただろうと思われ、企画の段階で、私がわざと「辞典」の形式にしたわけもおわかりいただけると考えるが、どうだろうか？

5

一九四一年秋のショッキングなゾルゲ・尾崎事件と、私たちの横浜事件の起きた四二年夏から四三年へかけてのはざまには、二、三の人物にからんだ出来事や言動が、謎のままに残されていることを忘れてはなるまい。

その一つは、さきに書いた（(3)だ）が、ここにはもうひとつ別の出来事を記しておこうと思う。

初めて公開するこの事実にもしも何か別の情報があるのなら、どうか遠慮なく率直に私にお知らせいただきたいものである。

その出来事というのは、一九四一年一一月のことであった。伊藤律君が九月に下獄したあと間もなく一〇月一五日に尾崎さんが検挙されて、何のことでか？　と私が不審に思っていたとき、丸ビル五階の中央公論社の受付に高倉テルさんが何の予告もなく訪ねて来て、私に面会を求めたのであった。呼び出されてテルさんに会ってみると、こんなことであった。

「木村君、突然だがちょっと旅行に出るので、暫く大磯の家を留守にするよ」

一、二年前からテルさんは神奈川県の大磯に住居を移していたが、私が現役免除で帰社してからのある日、ひょっこり丸ビルへ私を訪ねて来て、「一度私の家へ遊びに来ませんか」と誘われたので、乞われるままに大磯のテルさんのお宅を訪ねてみた。駅に近い山の中腹にどっしりした構えの和風の大きな屋敷があって、かなり広い間取りの家にテルさんが奥さんと子どもさんら家族そろって陣取っていた。あとで知ったが、写真家の土門拳さんもその屋敷を訪ねたことがあるということだった。

堂々たる邸宅に居を定めたらしいテルさんに、私は「立派なお屋敷へ落ち着きましたね」と挨拶したら、テルさんは笑いながら、

「木村さん、こういうご時世には安全第一を考えないとね。はっきり言っておきますが、ここは大磯署長の持ち家でね。私が特別に入居させてもらっているんです。これで私も絶対安全ですよ」

と語ったのにはあきれたが、以前からテルさんはよく

私に、

「検挙されたらすぐ転向を表明することです。大阪でやられた春日庄次郎君なんかのような頑張りは馬鹿です」と、即時転向することが検挙に対する対処法だと説明したのも、私にはショッキングな言い分であった。

その後半年ほど経ってから、テルさんは、「旅に出るから不在をする」と丸ビルへ私を訪ねて来たのであった。そして一週間ほどのちに、今度はテルさんの奥さんが大きな風呂敷包みを一つ胸に抱えるように持って、丸ビルの私を訪ねてみえたのである。奥さんの話にはまたも私はギョッとおどろいた。

「主人（テル）は今度自首して出ましてね、これから差し入れにゆくところです。木村さんだけにはお知らせしておきます」

聞けば拘置所へ拘置されているのだとの話に二度びっくり。そうして十日間も経たないある日、テルさんは奥さんが差し入れた和服姿で丸ビルへ立ち寄って私を呼び出して言った。

「なァに、大したことじゃないんですが、ゾルゲ・尾崎事件に連座した宮城与徳とは一面識あったものだから、先手を打って宮城とのかかわりを一切申し上げて来たんですよ。すっきりしました」

〔『記録』一九九〇年一一月号〕

（6）ゾルゲ・尾崎事件とのはざまで

1

世には奇人変人と評される御仁がたまには見られるものだが、高倉テルさんもそうした変り者のひとりだったと思う。

つい今年（一九九〇年）の三月に世を去った哲学者の古在由重さんを、死去されるひと月ほど前の一月一〇日に私たち横浜事件の再審請求弁護団長・森川金寿弁護士と私でお宅へ訪ねたとき、たまたまその高倉テルさんの話が飛び出した。

古在さんのそのときの話は、敗戦直後のことだったそうだが、古在さんや松本慎一さんらが集まっていたところへ高倉テルさんがひょっこり姿を現わして、皆の前で平然としてこう語ったという。

「三木清君はいいときに死んだものだね」

さすがの古在さんも、テルさんのこの一言にはあきれて二の句が告げられなかった、と苦笑していた。

敗戦の年の春に、検挙されたテルさんは、ある日の深夜に秘かに警視庁の雑居房（留置場）をぬけ出して逃走した。脱走であった。テルさんはその脱走の足で三木清氏の住まい（高円寺）を訪ね、三木氏の洋服を無断拝借して着用のまま逃走をつづけて、さらに山崎謙さんの椚村《くぬぎ》（茨城県）の家へ辿りついて暫時、山崎さんの家にひそんでいたことがあった。

テルさんの事件は何であったのかよくわかっていないが、この脱走の折に三木清氏のネーム入りの洋服を不用意に借用したことから、そのあとすぐ三木氏が検挙される破目となり、三木さんは長野刑務所に移されたまま敗戦直後の九月に、疥癬病で獄死する悲運に遭ってしまった。

前途有為の哲学者三木清氏の四十五歳の生涯は多くの有識者から惜しまれたが、三木さんを死に追い込んだ高倉テルさんの所作は非難の的になっていた。テルさんのそんな軽率な所作さえなかったなら、三木さんが検挙されるわけもなく、戦後も無事に活躍できたからである。

高倉テルさんには、古い昔のアナーキストの悪いくせがそのまま残っていたようである。いわゆる「リャク」（掠奪の掠、略とも書く）である。他人の所有物を勝手気ままに持ち去ることは、アナーキストにとっては当然の仕業と心得ていたようである。

テルさんに着服された三木清氏の洋服もその一例で、お気の毒にも三木さんはその被害者にされたわけだ。

テルさんの「リャク」については、私は他にもいくつか実例を知っている。たとえば、尾崎秀実さんの生涯を書いた『ある反逆』の著者・風間道太郎さんも、テルさんの「リャク」に遭った被害者の一人であった。敗戦直後の風間さんの話であるが、戦時下を通して風間さんの家で大切にしていたピアノを一台、テルさんは、

「こんな物はブルジョア趣味だ。私が処分してあげる」

と言って、古物屋さんへさっさと売り払ってしまったのである。さすがの風間さんも、この「リャク」には唖然としてあきれはてたということだった。

またある人は、大事にしていた高価な時計をとられてしまったが、テルさんにとってはそんなものは小さな「リャク」にすぎなかったらしい。

テルさんの親戚にあたる安田徳太郎医博からさえも貴重な資料の類を、しかもかなりの量を勝手に処分した話もそのひとつの例であろう。

（5）で書いたようなゾルゲ・尾崎事件に連座した画家の宮城与徳さんのことも、私の考えでは何も係わりのない人のことなら敢えて自首して出る必要はないと思われたのだが、被害妄想のせいか？　テルさんは自首して出たのである。

2

昭和一六年一二月（一九四一年）に日米開戦となった直後に、テルさんは、またひょっこり丸ビル五階の中央公論社へ私を訪ねて来た。

私はゾルゲ・尾崎事件の真相をテルさんに尋ねてみようと、一階の喫茶店へ連れ出して聞いた。

「いったい今度の尾崎さんらの事件というのは、どんな事件だったのですか？」

テルさんはこの問いに対して、確信ありげにこう答えた。

「木村さん、尾崎さんらの一件は非常に重大な意義をもっていましてね。ひと言で要約しますと、日本がこれまでソ連と戦う方針であったものを切り変えて、対米戦で南進するように改めさせたんですよ」

日本がナチス・ドイツと組んでソ連侵攻をはかっている、とばかり考えていたものを対米戦に踏み切ったわけがその話でやっとのみこめたような気がして、私はひそかに尾崎さんらの思い切った工作に感謝したいと思ったくらいである。

もちろん、テルさんからゾルゲ・尾崎事件の詳細を知らされたわけではない。大掴みながらも事件の大意がわかったというだけのことにすぎなかった。

時局は日米開戦で一段ときびしくなり、尾崎さんの検挙で、私の仕事であった『支那問題辞典』の編集も多少の変更を余儀なくされてしまった。尾崎さんの執筆項目「支那事変」などは筆者を橘樸さんに急遽変更したりしたが、幸いその他は前に尾崎さんと相談して進めたとおりの内容構成で、翌年（一九四二年）三月二〇日に無事刊行されたので、ホッと安心した次第だ。

これは余談だが、その年の夏七月に細川嘉六さんがご自分の郷里の富山県泊（現、朝日町）へ私たち若者七名を招待してくれたのは、ひとつはもちろん、ご自身の著作『植民史』の出版祝いであったが、もうひとつには細川さんが私に語った話では、私たちのこの『支那問題辞典』が上出来だったのを祝ってくれた意味もあった、ということだ。若い私が、細川さんの泊の招待旅行に無礼講のドンチャン騒ぎをしてよろこんだわけも、おわかりいただけるかと思う。

3

私が現免で中央公論社へ復帰してすぐの社内人事異動で、『中央公論』誌の編集部へ配属されたことは前にも書いたが、出版部へ戻るまでの半年間ほどの雑誌部での私の取材活動を、ここで書いておきたいと思う。

当時の軍国主義一色の時局に対してはこころよく思っていなかった私は、もちろん時局便乗型の筆者たちを訪ね歩く気は少しもなく、むしろ逆にそんな時流に抗していた人たちを探し歩いていたのであった。そのために私は社内の先輩・堺誠一郎さんをわずらわして、大塚金之助さんや宮本百合子さん、また秋田雨雀さんなどへの紹介をもらって、それぞれ訪ね歩いたものだ。

古い人では賀川豊彦さんとか石川三四郎老などをも訪問した記憶がある。賀川さんのバラック風の住居は印象的だったし、世田谷の陋屋へ石川老を訪ねたとき、石川老が吐きすてるように語った一語も忘れられない。その一語というのは、「ロシヤ革命ではレーニンという小生意気な若ぞうが現われてなァ……」だった。

宮本百合子さんの家は小石川にあったと思うが、最初は堺さんに連れていってもらった。そのあと単独で二度ばかり訪問したが、そのころは孤独だったせいか、私のようなたまの見舞い客でも大切にしてくれた。

百合子さんには敗戦直後、代々木駅でバッタリ会ったことがある。彼女は戦時中の私のそんなお見舞いを忘れていなかったのか、代々木駅頭で私が挨拶したら、すぐそばのアイスキャンデー店で一本のキャンデーを買って来て、「二人でたべましょう」と、そのキャンデー一本をかわるがわるに頬ばって駅から党本部まで喰べながら歩いた思い出がある。二人で間接キッスを味わったわけだ。

また、哲学者の西田幾多郎さんを訪ねたときの印象も強かった。そのころの編集長・松下英麿さんが西田さんと親しくしていると聞いたので、私は松下さんに紹介の労を煩わせて、鎌倉の西田さんを訪ねた。

話が意外にはずんで、ついにマルクスやレーニンにまで及んだとき、私の話が公式的で少しばかりラディカルになったのだろう。西田さんはそれまでご自分の座布団に静座していたのを急に起ち上がって、八畳間の書斎をゆっくりと歩きまわりながらこう言った。

「君、十冊や二十冊のマルクスを読んでいい気になっちゃいかん。スターリンはマルクスを読みちがえて、マルクス学説を一国社会主義へ踏みちがえてしまったのがわからんかねえ」

西田さんはかなり気色ばっている様子にみえた。そばに座っていた松下編集長はあわてて私を制して、西田さんに私の失礼を詫びて私に帰りを促した。私は松下編集長にせかされてその座は早々に辞去したが、そのときの西田さんの正論は五十年後のいまもなお生きていると思っている。

私は西田さんがそのころマルクスをよく研究していたことに頭の下がる思いがしたことも事実であり、そのときの話は西田さんが指摘したとおりだと思った。

別の訪問先に京都があった。私の学生時代の愛読誌『世界文化』が、人民戦線運動の嫌疑をかけられて弾圧されたのは昭和一二年（一九三七年）の秋のことだ。中井正一、真下信一、新村猛、清水光さんら十余名の学者、評論家が検挙され、告訴を受けて裁判中であった。取材を口実にして、末川博さんや田辺元さん、恒藤恭さんらを訪ねたのも事実だが、私の京都ゆきの本心は『世界文化』同人諸兄の安否を見舞うことにあった。

誰よりも中井正一さんや真下さん、清水さんたちが私の慰問をよろこんでくれた。新村猛さんはちょうどそのころ、フランスへ出かけて留守だった。三条あたりのビヤホールや小さな居酒屋で談論風発したものだ。

戦後、中井正一さんは新設された国立国会図書館の館長に推されたが、「アカ」のレッテルを貼られて副館長に格下げされたのは残念だった。

4

昭和一六年（一九四一年）六月二二日の独ソ戦開始から同年一二月八日の日米開戦への情勢は激変して、国内の空気は息苦しいまでに緊張した。あくまでもそんな緊張感に抗して生きようとした私の内省は年末の日誌にこう書いている。

「十二月三十日

永遠に子どもであることの不幸

そしてまた人が大人にならねばならぬことの不幸

顧《おも》うに私が故郷の新宮中学で例のいたずら事件を惹き起こしてから丁度十年の歳月が流れた。『新中タイムス』創刊号の無意識的行為が客観的存在から意識をよびさまされた端初であった。昭和九年四月柴山正雄君との会遇による意識的自覚」

ここで新宮中学での私のいたずら事件というのを簡単におさらいしてみよう。

いたずら事件とは実はこうであった。

昭和六年（一九三一年）九月初めのことだ。私は新宮中学の四年生で十五歳だった。ときの校長・塩見亀蔵は東京高師出の国粋右翼で、肩をいからせて歩くくせの強い男であった。三年ほど前の前校長（広瀬）時代に始めたプール建設基金を、この塩亀校長が芸者遊びに使ったという噂が広がり、生徒たちの校長排斥運動が始まろうとしていた。大阪朝日新聞の紀和版でもそのとき、「新宮中学生、不穏」を伝えていた。

私は以前から中学校で生徒が自分でつくる新聞を出したいと思っていたので、これを絶好のチャンスとばかり、たったひとりで『新中タイムス』というのを創刊しようと思い立った。ある日の授業中であった。私は机の上に教科書を立てて前の壇上の教師からは見えないように、隠れてその新聞原稿を書きだした。

「プールを飲んだ塩見校長」

こうトップの第一行に見出しを書きおろしたときだ。私の真うしろから大きな手がヌッと飛び出して、その原稿をひったくった。ふり向くと、そこに塩亀校長が突っ立っているではないか。

これには私もびっくりした。塩亀は、その私の原稿をワシづかみにしたまま私をひったてて校長室へ連れて行くなり、私をドナりつけた。

「お前はこの中学を放校退学にする。直ちに退学処分だ！いや、お前はこの中学から退校させるだけじゃ足りない、お前はお前の祖国ロシヤへ帰れ！」

その当時、串本小学校の校長をしていた私の父は、塩亀校長からの知らせで新宮中学へ飛んで来た。父のたっての請願によって私の処分は一級減じられて停学とされ、どうにか並みの卒業だけはさせられることになったが、担任教師の話では、私は内申書によって上級学校の受験はダメだと知らされた。

しかし、上申書でダメなのは官立の旧制高校や専門学校だけで、私立学校なら大丈夫だろうという。叔父が前に萬朝報の記者だったので、昭和八年春、私はその叔父宅の書生として上京したのであった。

世に反面教師という言葉があるが、塩亀校長の「祖国ロシヤへ帰れ！」のひとことほど私の人生を左右した言葉は他にはない。右も左もわからぬ十五、六歳の少年には、おそろしいほど大きな作用を与えた一語になった。

私の耳に残ったその一語の謎は、その後の私の生涯を貫いて今もなお生きており、「祖国ロシヤ」とはいったいどんな国で、何を意味するものなのか、を私は自分自身に問いつづけているのである。

5

『支那問題辞典』が昭和一七年三月末に無事出版されたあと、細川さんは五月のある日、満鉄調査部へ加藤政治君と私を招いて、三人で一緒に新橋の小さな行きつけの居酒屋へ飲みに行ったことがあった。

なぜかそのときの三人は特別に意気投合して大いに歓談したが、細川さんは例の論文「世界史の動向と日本」を書き上げたばかりのときだったせいであろう。たいへんご機嫌で、一高の寮歌などを鼻唄でうたってみせたり、私たち二人に、「敵は幾万ありとても」の曲で「百万人といえどもわれ行かん」という抵抗の一語をさりげなく口ずさんだのを忘れない。

細川さんはもうすでに最悪の事態に対処する覚悟を決めて、「世界史の動向と日本」の所論を書き上げていたのではなかろうか。

あとで気がついたことだが、細川さんのそんな覚悟のほどを一番よく表わしていたのが、あの「への河童」ではなかったか。

小川芋銭の河童の絵をお手本にして描きはじめた細川さんの河童は、しだいに細川さん独特のユニイクな河童さんに成長していた。細川さんのお宅に出入りする私たちの間でも、細川さん揮毫の「への河童」を懇望するようになっていた。

細川さんのそのころの心境をあけっぴろげに描いた「への河童」がとりわけ好評だったわけもおわかりいただけよう。

　細川さんがそのあと投獄の憂き目に遭ったときも、笹下の未決拘置所の看守さんだった土井郷誠さんにもその「への河童」を独房の中で揮毫している。

〔『記録』一九九〇年一二月号〕

（7）泊《とまり》旅行前後

1

『支那問題辞典』を三月末（一九四二年）に無事刊行したあと、（6）で述べたように、細川さんはこの辞典の出来栄えがことのほかよかったのを、たいへんによろこんでくれた。

　そして細川さんはすぐ風見章さんへ『支那問題辞典』を推薦して、風見さんに会うように私に懇切な紹介状まで書いてくれた。風見さんは近衛内閣では官房長官や司法大臣までつとめたが、昭和一六年（一九四一年）の一〇月に近衛内閣が総辞職して東條政権へバトンタッチした直後に引退していたのである。

　上大崎にあった風見邸を訪ねた私は、風見さんという人物を初めて知ることができた。友人からは風見さんが『朝日新聞』の出身で、『信濃毎日新聞』の編集局長もつとめ、その『信濃毎日』では、日本で最初の「自由大学」を創設し、大正末期から昭和初期へかけてのこの国のデモクラシーの風潮をあおった人だ、と伝え聞いてはいたが、細川さんの紹介でその風見さんに会って、初めてなるほどと首肯けた。

　というのは、風見さんがただ私の『支那問題辞典』を二十冊もまとめて買い上げてくれたからばかりではなかったのだ。

　そのあと何回も、麻布にあったうなぎや「大和田」の本店でご自身の大好物だったうなぎを御馳走になったり、本邸（上大崎）で珍らしい本を頂戴したり、私のような若造をたいへん大事に扱ってくれた。

風見さんから頂いた最初の本はエブリマンズライブラリーの『マッチニー伝』であった。ご存じかと思うが、イタリーの愛国者マッチニーの生涯は、ちょうど日本でいえば北一輝のような人物で、マルクスとも交際があった人である。

ヒトラーが電撃作戦で第二次世界大戦を開始したそのとき、風見さんはドイツからアメリカに亡命した評論家某がヒトラーのそんな野心を嘲笑して書いた『電撃戦は可能なりや？』（英文版）を読破しており、私に、「この本は最近丸善で入手して読んだが、いまのヒトラーの作戦は必ず失敗するにちがいない」と語って解説してくれたのを忘れない。

また、風見さんは私にこんなことも話してくれたのを覚えている。

「第一次世界大戦のあと、世界の君主国や王国がつぎつぎと共和国に変革されていったことに注意すべきだね。今度の第二次大戦によって、世界の王国はさらに数多く共和国に変貌するだろう」

風見さんはこの国の天皇制も、その頑固な「国体」も、国民の意向ひとつで共和国化することが予見されると語ったのである。風見さんでさえ、日本の共和国化をそれとなく予見していたのだ。

さらにまた、風見さんは明治四十年ころの学生生活を回想して、こう語ってくれた。

「私の早稲田時代では、同じ政治科にいた緒方竹虎、中野正剛両君とは特に仲よしでね。当時早くも軍国主義化して、学校教練が始まっており、私たちにも軍事訓練を授けようとしていた。

私たち学生を校庭に並べて教官が、右向け右だの、廻れ右だのと勝手なまねをさせようとしたことがあった。私は中野や緒方と三人で申し合わせて一緒に、そのときの軍事教官の命令にわざと正反対のことをやって困らせたものだ。右向けと言われたら左を向き、左向けと言われたら右を向く、といったように、ことごとく命令に反対の行動で答えたのだ。そして私たちは三人で口を揃えて言ってやった。『ぼくらは人殺しの戦争の勉強にこの大学へ来たわけじゃないぞ』ってね。早稲田の軍事教練反対運動に火をつけた走りだったわけじゃよ」

たしかに、風見さんは座談の名手であった。その話し方には独特の風格とユーモアが漂っていた。こんなことも言っていた。

「細川さんのような学者が一人もいてくれたならなァ、日本を変えることができるんだがなー」

風見さんにも、細川さんが稀にみる民主主義政治学者であることがよくわかっていたようだ。そして、細川さんもまた風見さんをつぎのように高く評価していたのだ。昨年（一九八九年）刊行された『細川嘉六獄中調書』（森川金寿著、不二出版刊）の中で細川さんは話している。

「風見という人は、片山潜老を別として、私の六十年の生活において稀にみる民衆政治家の一人で、私の人生でこんな人を見たことはない」（同書、三六二頁）

風見さんと細川さんは親友の間柄であったから、戦後中国革命が成功したあと（一九四九年）、中国への日本の侵略戦争の謝罪に二人が揃って出かけたことも首肯けることである。そのとき、北京にいた西園寺公一さんが風見、細川お二方の訪中をお世話したことも忘れてはなるまい。

2

細川さんが「世界史の動向と日本」（『改造』誌向け）を書き上げてから、前述のように風見さんを訪ねて語り合う機会を何回か持ったが、もう一人細川さんの親友の西春彦さんを紹介してくれたことも誌しておきたい。

西春彦さんは細川さんとは一高、東大を通じて唯一のと言っていいくらい深い仲の友人で、西さんはそのころソヴェト大使をつとめたあと外務省の次官をやっていた。

細川さんが私をつれて訪ねたのはその外務次官の官邸であった。西さんはなかなかの紳士で、初対面の私ごときをも大事に扱ってくれた。会えばすぐジョニ黒をふるまってくれ、細川さんもまた例の「へのカッパ」を描き与えていた記憶がある。何を話し合ったかはもう忘れたが、気のおけない細川さんとの交際だったから気がねなく世情を語ったはずである。

西さんも細川さんもお二方が同様に回想した新渡戸稲造校長（一高）とのショッキングな出来事は、ここでもう一度書いておいても無駄ではあるまい。

まず、西さんの話から始めよう。

「私が二年生のとき、一年間の交換教授を了えてアメリカから帰国したばかりの新渡戸校長が一高の校長を辞めるというので、矢内原忠雄、井上康二郎などの諸君の提唱で、激しい留任運動が起こった。桜鳴堂で生徒大会が開かれ、学生が代るがわる留任を叫んだとき、細川嘉六君が起って、諸君は何のために留任を叫ぶのか、一高出の某秀才に権勢家の娘をめあわせたのは誰だ、と怒号し、暗に新渡戸校長が後藤新平氏の令嬢を鶴見祐輔氏に紹介したことを非難して冷水をかけ、一同をしらけさせた。このことは新渡戸校長の怒りを買ったらしく、いよいよ一高を辞任するときの告別の辞のなかでこのことに言及し、Ich kann vergeben, aber ich kann nicht vergessen.（私は許すことはできるが、忘れることはできない。）と悲痛な言葉を残されたことを覚えている人は少なくないだろう。

　細川君は小野塚喜平次博士から学資を受け、鉄道のキップ切りをしていた弟と自炊生活をしていたが、決して貧乏にくじけることなく、ロバート・バーンズの My heart's in the highlands などを愛唱し、またよく後進を諄々と指導していたので、私は細川を吉田松陰のような人と尊敬し、親交を結んだ。

　そのころ、彼と深い交りのあった者は私ぐらいのものだった。彼は大学卒業後、大原社会問題研究所に入り、接触もとだえていたが、太平洋戦争が起こるや、私を慰めるのだと、しばしば外務次官公邸にやって来て、酒を飲みながら得意の河童の絵を描いて子どもたちを喜ろこばせた」（一九七一年四月刊『向陵春興』二五〜二八頁）

細川嘉六さんもまたその青春時代を回想して、つぎのように語っている。

「この間、私が横浜拘置所（笹下の未決）におった時に、いろいろ過去のことを省みて思ったことだが、私が高等学校（一高）におった時、いたく感じたことは、学問の目的というものは自分の立身出世ではなしに、ひたすら真理を求めて、国家、社会のために為すべきものだとばかり私自身は考えていたにも拘わらず、殊に一高という天下の秀才が集まるといわれたこの学校の空気は、それとは全く反対で、すべての者が立身出世のための学問だという考え方で勉強している。広く帝国大学の状態を見ても皆同じです。社会を見ても同じ考え方なのには実は私も驚ろきました。

　とに角学校の成績をよくする。そのために点数は一点でも多くとる。点数さえ高ければいい条件で官途につける。いい嫁さんも貰える。立身出世はとんとん拍子にいける、という状態です。しかし、これはとんでもないことで、一般の風潮もそうした立身出世主義が基準になってしまっていました。

　当時（明治四四年ごろ）校長は新渡戸さんでした。前の狩野校長時代には世間を白眼視して籠城主義で立つ、というのに対して新渡戸校長はソーシャリティ＝社交的態度を建て前にしていました。ソーシャリティに反対する者は籠城主義派の末弘厳太郎君たちや、柔剣道部の連中に多く、他方ソーシャリティの方は鶴見祐輔、前田多門の諸君とか言論部を中心とする先輩たちで、この一派の争いは激しく、私は末弘君側に属していました。（中略）

　新渡戸校長がアメリカから帰国して一高へ戻り、また例の記念祭で先生と生徒が感想を述べ合う会が開かれたときに、私は起ち上って新渡戸校長に向ってこう言ったのです。『校長は修養の道ということを言われるが、修養というものは必ずしも立身出世することを意味しないでしょう。修養のために身を破滅に陥し入れるということもあります。今日の生徒の修養の目的は専ら立身出世にあるようだが、校長はこれをどう思うか。また校長は個人としてある秀才の大学卒業生の相手に、ある華族の娘の縁談を取りもったということで、そのために学生の間ではそれを羨望の的にしているという噂が流されているが、あなたはこれをどう思っておられるか。』とつめよりました。……」

3

一九四二年（昭和一七年）七月初めの富山（泊《とまり》）の旅は日米戦ただ中であっただけに、より一層私たちに安息の快歓を与えてくれた。往きも帰りもたのしく、笑顔に終始した旅であった。

西尾忠四郎君が持参のカメラで撮ってくれた十枚のスナップ写真が、よくその旅行を正直に語っている。このスナップ写真のどの一枚を取り出しても、私たちにそのときのよろこびをじかに感得させるものばかりである。そのうちの一枚の中庭（紋左旅館）の写真を「党再建準備会」のネタにデッチ上げるなどとはまったく正気の沙汰ではない。

『改造』八月号に掲載された細川さんの論文「世界史の動向と日本」は、もちろん検閲をパスしている。次号（九月号）にその続篇が載ったとき、急に軍報道部が騒ぎだして、細川さんがそこで民主主義を説いているだけだったにもかかわらず、「アカ」だと言い始めたのだ。

軍部が「アカ」とキメつけた以上、その忠実な部下だった「特高」がこれを見過すはずもあるまい。その年九月一四日に細川さんは「特高」によって世田谷署に検挙されてしまった。

もちろん、細川さんの論文を掲載した『改造』編集部は即時改組されて、論文担当の相川博君が辞任、退社となった。

細川さんとかかわりのあった私たちも、ことの成りゆきに固唾をのんで見守っていた。

私たちは細川さんの留守宅を代わるがわるに見舞ったが、まだその時点では単なる筆禍事件と考えて、短期解決とばかり思っていた。

その年も暮れて、一九四三年（昭和一八年）を迎えた。私の「日記」はどうか？

「一九四三年一月元旦

午前九時大宮発、十一時半鎌倉、山田勝次郎氏夫妻を訪ね、新年正月を祝う。情勢の急変に応じて、研究の本格化と体力の強化について雑談。

今年の大体の方針として一月～三月中に主体性の確立をはかること、四月～六月中に自分の見識を固めること」

また、正月三日には、

「午前中、ローゼンベルグ註解第一巻。

午後一時、箕浦義文さん来訪。日米戦の性格（帝国主義戦争）、ロシヤ語マスターの絶対的課題を遂行することなどを話し合い、ともに酒をくみ交し、泊ってもらう。

翌四日、義文さんと大宮公園を散策してこの戦争の歴史的帰着について語る。同兄の高邁なる精神に感銘す」

とある。当時、埼玉県の与野町に住んでいた私は、時折、大宮公園を散策したが、箕浦さんとの散歩はとくに印象的で、心に残っている。

当時箕浦義文さんは中央公論社の校閲部に在職していたが、その経歴は、三・一五事件と四・一六事件の中間検挙で投獄された人で、八年の実刑を服務し終るまでの前後十年余も獄中にあり、中央公論社へは昭和一六年に入社した。箕浦さんは東京外語仏語科を出ていたが、出獄後に私と同じ東京外語のロシヤ語専修科でロシヤ語を習得している。（翻訳書もある。）

中央公論社での数少ない友人の一人として、私は箕浦さんとの交友を特に大事にしていた。もちろん、横浜事件では、箕浦さんや平さん、堺さん、浅石君や和田君など私の大切な友人の名前は、誰の名も一人として出していない。また、どんなにひどい拷問にあっても決して友人の名を出さなかったことが、あの事件に連座した私の顧みて恥じないひそかな自負なのである。

そのころの「日記」の一節にはこんな記述もあって、よくぞこの「日記」を隠し通せた、と自らを慰めている次第だ。

「私のみるところでは、わが日本の危機は一年の後に迫っている。支配階級上層部の危機はこの夏五、六月あたりから政治（内政）の危機として始まるであろう。

注目すべきはこの国の軍部の動向と、これに伴う為政者層（重臣、特に金融資本家と近衛、宇垣ら）の動静にある。

秋から冬へかけて、ヨーロッパ戦局は決定的段階を迎えよう。ナチス・ドイツの敗北が決定する時だ。外交戦もたけなわとなろう。

特に食糧問題に注目せよ。農村問題の急迫化と食糧難、資源難、さらに諸物価の急激な値上がりから来る大衆、庶民生活の窮乏化。全国民的危機は一年を出ずして到来するであろう。来春三、四月を注目せよ！　国内の混乱は目前に迫っている。

かかる急迫の情勢下にあって、われらは何を為すべきか？　いかに為すべきか？

働らく民衆のために働らく民衆の手によって真に新しい国を創ろうではないか」

〔『記録』一九九一年一月号〕

(8) 泊事件の突発と検挙の拡大

1

「世界史の動向と日本」(『改造』昭和一七年八月号、九月号)が軍報道部によって摘発され、細川嘉六先生は九月一四日に世田谷署に検挙されてしまった。もちろん、治安維持法違反を口実にする特高警察の仕わざであった。

細川さんのその論文は、十年余もつづけていた日本の侵略戦争に対する警告で、新しい民主主義こそが日本の将来を打開する唯一の活路であることを、憂国の至情をこめて真剣に国民に訴えた一文であった。だらだらと十余年も続けていた大陸侵略戦争を、一六年末の日米戦によってさらに世界大戦へ拡大しようとしていたときだけに、本心からこの国の将来を憂えた愛国者ならば、この細川さんの真心をこめた文章に感動したはずである。

細川さんが前年の暮れに、日米戦が開始された翌日の一二月九日に、私たちと満鉄調査部(虎ノ門)で顔を合わせたとき私たちに対して語ったことばは忘れられない。

「起こすべきでなかった日米戦を日本が始めてしまったが、こんな情勢ではどんな弾圧が行なわれるか知れたものではない。何が起きようとも驚いてはいけない。わしはどうしてもこの日本の行き方を黙認できない。肚を決めてわしの考えるところを書くことにする。どうか諸君の協力を願いたい。たとえどんなはずみで捕われの身となっても、けっして何ごともしゃべってはならない」

細川さんの鋭いまなざしがキラリと光ってみえ、ご自分の右手の人差し指を口許へ縦に当てて、キリッと真一文字に口を結んでみせた。もちろん、私たちの間には何ひとつ隠しごとなどがあったわけではない。(拙著『横浜事件の真相』一一頁参照。)

こんな状況のもとで、私たちにとって何よりも大事なことは、私たちひとりひとりの身辺の整理ということであった。細川さんでさえも、これだけきびしい自戒のことばを示していたのだから、私たち泊旅行参加の者たちは、もっと真剣に身辺の整理に取り組むべきであったろう。

泊への旅の車中で、平館が西沢に注意したことなどもそのひとつであった。その注意というのは、平館が泊旅行を前の共産党事件で有名な「五色温泉会議」事件のようにみなされる怖れがあるから十分これを警戒するように、汽車の中で西沢に語ったというのである。

泊旅行があまりに愉しく、全くの慰労の旅に終始したことから、西沢は平館のその警告を軽く聞き流してしまったのかもしれない。あとになって、平館が西沢の例のスナップ写真の特高への提供を残念がって、

「泊旅行のときに、行きがけの汽車の中で西沢君にあれだけ注意しておいたのに」

と、こぼしたことを忘れない。

泊旅行のスナップ写真は同行の西尾忠四郎君が撮ったもので、旅行のあと、西尾君から参加者全員に記念写真として受け取ったものであった。

泊旅行。帰路、泊駅にて。左から平館、細川、西沢、加藤、小野、木村

もちろん私も、そんなスナップ写真が万一にも特高の手に渡ったなら大変なことになるであろうと心配して、西尾君から一組（十枚）受け取ったあと、すぐに手もとから整理しておいた。平館も受け取った写真を隠しておく場所に困って、奥さんの知恵を借りて、漬物樽の上の石（おもし）の下に隠したそうである。写真の整理にはそれぞれに苦心したものだ。

ところが、特高の手によれば一枚の写真がどんな役割を演ずるものかを何もご存じでなかった西沢は、そんな整理もしないで、そのまま身近においたまま特高に押収されてしまったのである。

一度でも特高から痛い日にあった者なら、これくらいの注意は当り前のことであり、この整理を怠ることは許されない不注意として、その責任が問われても仕方のないことであった。

ハルピン学院でロシヤ語を学び、卒業と同時に大陸で満鉄に入社して、特高とは何の係わりもなく無事に過ごした西沢は、東京の満鉄支社に移ったあと、平館とともに参謀本部の特殊な仕事に携わっていたことも、そんな警戒心をなくさせていた原因だったのかもしれない。

当時、ソヴィエトの『プラウダ』を入手できて読めたのは、そんな特殊な要員に限られていたことも、彼に油断をさせるもとになったことは争えない事実であろう。

2

細川さんが検挙された昭和一七年九月一四日の三日前の九月一一日に横浜で検挙された川田夫妻の一件（世界経済調査会）で、翌年一月二一日に検挙された高橋善雄につづいて、五月一一日には平館、西沢、益田直彦らが横浜へ挙げられた。西沢宅から押収された泊旅行のスナップ写真から、早くも五月二六日には写真に写っていた相川、小野、加藤、西尾、木村の五名の者が検挙、横浜市内の各署に留置されてしまった。

検挙早々から始まった特高どもの猛烈きわまる拷問の実況については、くり返し書いてきたので、ここには敢えて省略するが、私の職場であった中央公論社内の人たち、特に浅石、和田の二君が、なぜそんなに早く相ついで検挙されたのか、その経緯について、つぎに述べておきたい。

浅石晴世君は昭和一五年春、私が現役入営して不在中に中央公論社へ入社した一年後輩の新入社員で、実際に顔を合わせたのは、私が現役免除でその年の秋に中央公論社へ復帰してからのことである。真面目な現代史学徒で、羽仁五郎さんとは親しくしているということであった。昭和一六年の八月に、私は浅石君の案内で軽井沢の別荘に羽仁さんを訪ねたことがあった。

浅石君が細川さんに最初に紹介されたのは多分、私の現役入隊中に相川博君を介してのことだったと思う。泊旅行の際に、細川さんの秘書役を自認していた相川君から、

「中央公論社からは木村君と浅石君が旅行に参加することになった」

と泊旅行の前に連絡を受けたのだったが、浅石君の体調がすぐれず、そのころ時折社を休んでいたので、ある日、私は細川さんと連れだって、浅石君を見舞ったことがあった。

幡ヶ谷の浅石君宅へ訪ねてみると、肺患の微熱が出るとかで臥床していた。ご尊母が病床で看護につきっきりで、食事も寝たままスープをスプーンで摂るありさまだった。帰途、細川さんは、

「今度の旅行には浅石君は無理だ。それに本人が寝たまま食事を摂らせるのは過保護だね」

と私に洩らしたのを覚えている。

結局、泊旅行には浅石君は不参加だった。したがって例のスナップ写真には写されていなかった。だから五月二六日の一斉検挙には入っていなかったのだが、浅石君の学友、新井義夫君がなぜか七月一一日に横浜へ検挙されたあと、七月三一日に浅石君も横浜へ検挙される破目になった。

あとでわかったことだが、私たちが拷問によって「党再建準備会」を認めさせせられたあと、特高が細川さんのところへ出入りする人物を詳細に調べあげたときに、細川さんの秘書

役を自認していた相川君の口から、細川さんと親しい新井、浅石の二君の名が吐かされてしまったのである。

新井義夫君は東大の文学部で同じ浅石君の紹介で、細川さんの著作『植民史』の助手役をつとめていたが、いずれも相川君の紹介でそのころ細川さんのお宅へ出入りするようになったらしい。私はそれを少しも知らなかった。

拙著『横浜事件の真相』中でも書いたことだが、八月初めの暑苦しいある夜の拷問で三度目の失神を経験した私は、怒鳴った特高の言い草をよく覚えている。

「この野郎！　よくも黙っていやがったな！　貴様の中央公論社には浅石という立派な同志がいるじゃないか」

正直いって、私は浅石君の名を聞いたときギョッとさせられた。

私がその名を出さないで突っぱねてきた友人のひとり、浅石君が七月三一日に検挙されていたのである。

相川君から新井、浅石両君の名を聞き出した特高は、さらに浅石君から昭和塾関係の政治経済研究会の十三名のリスト（名簿）を引き出して、彼らも泊組の共産党再建準備会に属する下部組織であるかのように事件の拡大を仕組んでいったのであった。

石川勲蔵予審判事の偽造文書といわれる「細川嘉六・相川博予審調書」の中では、新井義夫君とともに浅石君が「党再建準備会」の有力メンバーとして列記されていたことも、私には驚くばかりのデッチ上げ劇だと思われた。

3

浅石君の検挙で特高が手に入れた政治経済研究会の十三名のリストについても、私は残念な失敗であったと考える。同研究会のリーダーであり、キャップであった高木健次郎君の後日談によっても、それは明らかに浅石君の身辺整理の無責任から出た失策であった。

和田喜太郎君の検挙は、その研究会へ一度か二度出席したというだけのことで、他の研究会メンバーと同じ九月九日に一緒に検挙されている。何も知らなかった和田君にとって、そんなことによる検挙は寝耳に水の出来事であったにちがいない。

和田君が検挙されてからも、私には和田君のことについては一度の調べもなく、もちろん私からも和田君のことはまったく口に出していない。

浅石君と和田君の二人は私と同じ職場だった関係上、時間的に先に検挙された私からその名を出したのではないかと勘ぐる人もいたが、両君の検挙は私とは全然無関係に行なわれたのである。

前途有為の両君が二人とも、笹下の獄でいたましい獄死を遂げたことも私には言いようもない悲しさで、西尾君の死とともに今度の再審裁判の請求のきっかけとなったことである。改めて鎮魂の祈りを捧げたい。

4

昭和一八年九月九日の政治経済研究会メンバーの一斉検挙のあと、神奈川県特高の狙いは雑誌『改造』、『中央公論』両誌の編集部へ集中した。

私へももちろん特高の拷問はつづいたが、三度も失神の痛い目に遭わされると、私はもう一切彼らの問いには答えない肚を決めてしまった。それに私は中央公論社の出版部員ではあったが、雑誌編集部ではなかったから、雑誌『中央公論』の編集に関することに口出しする必要もなかったのである。

したがって、翌年一月二九日に中央公論社関係で検挙された小森田一記、畑中繁雄、藤田親昌、沢赳、そして翼賛壮年団の青木滋（元中公編集部）の五氏については、まったく私に係わりなく行なわれたことであった。

藤田親昌さんは私が出版部員のときに出版部長をしていたが、畑中編集長がやめたあとで『中央公論』の編集長をつとめていたためにやられてしまった。沢赳君は浅石君への手紙がもとで検挙され、小森田さんは元の『中央公論』編集長、青木君はそのときの次長ということでやられたらしい。

あとになって、例の『支那問題辞典』も左翼出版物ということで調べられたというが、当時私はその『支那問題辞典』を家内に差し入れてもらって、笹下の未決の独房で読み返していた。もし私の容疑事実にこの辞典が含まれていたのならば、そんな差し入れが許されるわけはなかったはずである。

先に検挙された者が後に検挙された者を売り渡したとする俗説のもとは、元『改造』編集長水島治男の著作『改造社の時代』にあった。私にとってこんな迷惑なデマは笑い飛ばして済ませないものがあった。後々に残る書物や著作がどんなに大切なものかを知る上にも、この際、私は水島の根拠のない放言に正式に抗議しておきたい。

それにしても、横浜の特高が私たち泊旅行組の検挙をはじめてからの、つぎつぎへの拡大検挙は、獄中の私たちには、いったいどこまで拡げてゆくのかを案じさせたが、やはり窮極の目的は『改造』と『中央公論』の解体と弾圧にあった。

5

昭和一九年五月に私が笹下町の横浜刑務所（未決）へ移されて間もなく、細川さんも東京から笹下へ移されて来た。担当の土井郷誠看守さんの親切な取り計らいで始まった細川さんからの私への最初のレポには、今まで公開を逡巡した一句がトップに書かれていた。その一句というのは「相川はスパイじゃないか?」ということばであった。

この指摘が真実であったことを知ったのは、一九八九年に公刊された『細川嘉六獄中調書』(森川金寿編著、不二出版刊)中の「公訴事実」(同書二七〇~二七七頁)起訴理由においてであった。同記述には、「右事実は被告人(細川嘉六)の否認するところなるも、(略)証人相川博の供述に徴するも被告人が依然共産主義を信奉し其の実践的意欲も亦旺盛なることを認め得るを以て本件事実は犯罪の嫌疑十分なり」とあったのだ。昭和一八年九月一一日の記録である。

真実を確かめるためには五十年に近い年月を必要としたのである。

相川と西沢に関する証言としては、細川さんの知友で私の最も信頼する先輩から三年余り前、私に寄せられた手紙がある。この手紙は昭和六二年二月のもので、私が特にそうした疑いをもった両人についてその真実を質問したのに対して答えてくれた一文で、貴重な証言でもある。

「治維法との闘争を戦後まで本格的に闘ったのは横浜グループだけであり、あなたもその中心のお一人であると尊敬しております。相川博については彼の上申書を早く読んでおりましたので、ほかの被告とはちがった目でみる必要があると秘かに思っていました。彼が一番弱い一環で、当局の脅しに負けて、あることないことをしゃべり、事件を成立させた責任を持っていると信じます。他方、西沢は敗戦時にもし満洲にいたら真っ先にソ連軍に逮捕され、シベリヤのラーゲルに入れられるような過去を持っているようです。東京にいたばかりに逆に共産党に入って、あれよこれよというちに最高幹部に昇進したのですが、これが『満鉄マルクス主義』の典型で、理論的には宮顕とちがい、社会主義革命説をとなえ、一年ばかり代々木病院に軟禁され、一転して(どんな風に転向したのか不明)党上層官僚に入れられたのでした。例の泊旅行の写真を平館君になすりつけようと企てたところなど面目躍如たるものがあります。人物が陰性のせいか、内心何を考えているのかエタイの知れないところがあり、疑いをかけるなら相川以上でないかと思われます」

右の手紙文中に「西沢は敗戦時にもし満洲にいたら真っ先にソ連軍に逮捕され、ラーゲルに入れられるような過去を持っているようです」とあるのは、彼が参謀本部要員であったことを指摘しているものと思われる。

〔『記録』一九九一年二月号〕

（9）獄中の情報闘争

1

一九四三年（昭和一八年）五月二六日から翌年五月一〇日までの満一カ年間、私は横浜市の山手警察署・地下留置場に拘禁されていた。

こんなことは体験した人でないとよくはわからないことかもしれないが、留置場という代用監獄に一日でも入れられてみたまえ、自由というものがどんなに有難いものかが身に沁みてわかるだろう。

むかし、学生時代に私は友人たちと読書会を開いたというだけで、ひと月ほど東京の麹町署に留置拘禁されたことがあった。それは一九三六年の一二月から翌年の一月半ばまで、正確にはひと月足らずの短期間ではあったが、同署の地下の汚なくて臭い代用監獄ぐらしの耐え難さと不自由さにはまったくやりきれないものがあった。

今度の横浜山手署における満一年間の代用監獄生活がどれだけの肉体的、精神的拷問だったかは、皆さんのご想像にお任せする。

もちろん、横浜事件連座の諸君がすべてそんな目に遭ったわけではない。雑誌編集者や研究会メンバーは長短さまざまで早い人は四、五カ月、長く留められた人も半年くらいの代用監獄ぐらしですんだが、一番長く留められたのはやはり私たち泊組《とまり》の七名だった。

そんな泊組の者がすべてそうだったかは知らないが、少なくとも私に対してはその一年間、一度も入浴を許さなかったのであった。前述の学生時代の苦い経験から、私は自房の中で努めて乾布摩擦をやったり、簡単な体操をして体の調整をはかったものだ。私のような怠け者はそんな自己鍛練もそう長くは続かなかったが、忘れてはまた思い出しながら、どうにか病気で寝込まずに一年間を過ごすことができた。

この間の、特に検挙の時から約一〇〇日にわたった非道で無茶な拷問の実際はここには省くことにするが、あれほどひどい肉体的拷問は、人権蹂躙問題として内外に告発すべき権力犯罪だったと考えている。

ところで、私の山手署の代用監獄ぐらしで思い出すのは、たしかその年の秋九月九日に、政治経済研究会のメンバーで検挙されてきた森数男君のことだ。一般に長期の者でも、調べがすめば雑役（主として食事係）に出されるならわしだった。私はついに一度もその雑役には出されなかったが（つまり、それほどマークされていたということでもあろうが）、森君はその年の暮れ、雑役に出され、私もお世話になったが、間もなく彼は未決拘置所（笹下《ささげ》）へ送られた。同じ治安維持法違反容疑者でもその扱いはさまざまだったわけだ。

明らかに人権無視の非人道的な代用監獄のそんな一年を耐え抜いてから、私は翌年五月一〇日に笹下の未決拘置所へ移されたのであった。

笹下では私を待ち受けていたものがあった。

2

私はまさかこんなところで師匠の細川さんに会えるとは夢にも思っていなかった。

笹下の未決拘置所(横浜刑務所内)へ移されて間もなく、新居の第三舎二階第六号室の私の独房へ一通のレポが舞いこんだ。レポとはいえお粗末なチリ紙に鉛筆の芯で細かく書きつけた連絡伝票であった。そのとき、私の房の下方にあった配食窓がひとりでパタンと外に開いて、「床屋」と呼ばれていた雑役囚が上窓から覗きこみながら、私に小声で、

「おい一四一番! 細川先生がおまえのことを心配しているぞ! これは細川先生からのレポだ。元気を出せよ!」

とささやきながら、下の配食窓からポイと一片のチリ紙を丸めたレポを投げ込んでいった。正座していた私は息をのみながら右手を伸ばしてそのチリ紙の丸めたものを取り上げるなり、急いでひろげて見て驚いた。

「相川はスパイじゃないか? 下胆《はら》に力を入れよ! 暴言を吐くな」

これはまさしく細川嘉六先生の直筆の文字である。二行に書き下ろされた言葉には、まず私はいつもの細川さんの不屈の気魂を感じて圧倒される思いだった。泊旅行を提案して、その旅を終えた直後に、「世界史の動向と日本」(『改造』昭和一七年八月号、九月号連載)の一件で世田谷署に検挙され、間もなく二年になろうとしていた時である。

私たちは私たちで神奈川県の特高に横浜へ検挙されて、たった一枚のスナップ写真から、細川さんを中心にした党再建準備会事件をデッチ上げられたので、細川さんの方はその後どうなっているかと、私なりに案じていた矢先のことだった。

第一行に書きつけられていた「相川はスパイじゃないか?」の文句には、私も打ちのめされるほど驚いた。鈍感な私には、そんな事件で権力側に協力する「タレ込み」スパイの裏切り行為が実際にはどんなことなのかが、まだよくは解っていなかったのである。

相川レポの第二行目の文句はすぐにわかった。

東京の特高に乱暴された細川さんは、私たちの受けた横浜特高の拷問がよくわかっていたらしい。私や相川、平館の三名の「特別手記」を読まされた細川さんが、それらは特高の拷問の産物だとわかって、それらの「手記」の偽瞞性を証明するために、三名の「精神鑑定」を当局へ要求したことは、よく知られている。

つまり第二行目の意味は、
「しっかり胆をすえて、ありもしなかった共産党再建準備会のようなつくりごとに乗りなさんな」
というわけであった。

3

細川レポの第一行目の意味を解くためには、一九四三年(昭和一八年)九月一一日に東京地方裁判所検事局報告として出された「細川嘉六に対する治安維持法違反被告事件公訴事実」の予審請求によるしか方法はない。

その「公訴事実」の「二、起訴理由」をみると、
「右事実は被告人(細川)の否認するところなるも、被告人が証人相川博の供述に徴すると依然共産主義を信奉しその実践的意欲もまた旺盛なることを認め得るを以て本件事実は犯罪の嫌疑十分なり」
とあるのだ。

別件逮捕で細川さんが東京から横浜へ移送されたのも、実はその前年に右のような相川の供述が横浜特高に対してなされていたからであった。相川、平館、木村の前記の特別手記を読まされたのは細川さんが横浜へ移された直後のことであり、そこで横浜特高の拷問の実際を知ったのである。

(8)の終わりで私の信頼する先輩が「相川の上申書」を早く読んでいたとあったのも、実は右の公訴事実による証言と、大量の(千枚をこえた)相川手記による「タレ込み」原稿を読んでいたというわけだ。

私は右の細川さんからの第一報を受け取るなり、その場でレポ係の「床屋」に言ったことも覚えている。
「細川先生が同じこの未決へ入っておられるのか? できたら先生にこう伝えてくれないか。
俺たちは残念にも特高警察の拷問に敗けて、事件のデッチ上げを許してしまった。なんともお詫びの言葉もないが、これから気を取り直して反撃しますから見守っていただきたい」

そこで私が直ちに開始した反撃の情報闘争こそ、例の「三カ条の申し合せの檄」であった。代用監獄で横浜特高が私たちに行なった無法な拷問によってデッチ上げられた、いわゆる「党再建準備会」調書という偽造文書に対して、根底からそれをひっくり返そうという私の提案である。

特に私は、細川さんを首領にデッチ上げるために、石川勲蔵予審判事が勝手に作った偽造文書「細川嘉六・相川博予審調書」のニセ物性を暴露する必要を痛感したので、つぎの三カ条を私たちの申し合せの基本事項と考えたのである。

第一条は、今度の検挙で初めから横浜で受けた無茶な拷問や事実を徹底的に暴露し、抗議することである、第二には、「党再建準備会」などというのは全く事実無根の砂上の楼閣で

あること、そして第三に、私たちは共産主義者ではなくして民主主義者にすぎないこと、の三カ条である。

この「三カ条の申し合せ」の提案は、床屋と呼ばれた雑役によって泊組の私を除く六名にレポとして届けられた。昭和一九年七月から九月中に西尾、小野、加藤の三君からは床屋を通して「承知した」旨の返事をもらって安心したが、残る三君からの返事はまだなかった。しかし、私は当然に残る三君も同意してくれたことと思っていた。

ところが、一〇月の半ばになったころ、再び細川さんからのレポが来た。開けてみて私はまた驚いたのである。

「私らは決して共産主義者ではない。思想的には民主主義者であることをはっきりと言うべきである。相川君はデッチ上げ予審調書をなぜひっくり返さないのか。弱腰ではダメだ」

私はすぐ相川君へレポを送った。

「率直に伝えるが、細川先生は予審での貴君の供述には不審をもっている。先日の三カ条の申し合せに従って、予審廷でこそ当局の偽瞞性を暴露しようではないか。われわれの名誉と真実のために闘いぬこうぜ」

4

石川予審判事が偽造した「細川・相川予審終結決定」という怪文書に対して、細川さんがいかに頑強に否認しつづけたか、当時その予審調べのために未決拘置所から横浜地方裁判所へ細川さんを護送した看守の土井郷誠氏の談話からその証言を、つぎにお伝えしたい。

「私が昭和十九年五月に笹下の拘置所勤務についたときは、すでに細川さんはもう東京から横浜へ身柄を移されておりました。私の担当の第一舎の階下二号室の独房が細川さんの房で、私（看守）の席に近いので、殆んど一日中顔を合わせることになりまして、その独房ぐらしの様子は私が一番よく知っておりました。さすがに『ツの組』（治安維持法関係者）の指導者らしい大した人物だと思いました。ふだんは独房にきちんと正座をしておられ、あの狭くるしい独房の中での歩き方にも細川さん独得の風格が現われておりました。なるはど皆さんから尊敬されている人物だということが私にもよくわかりました。（中略）

話は交わせませんが、生活態度や姿勢でおよその人柄というものの判断がつくものです。私にだって正義感はありますから、裁判所に出廷のときは決して細川さんに対して手錠をはめたことはありません。逃亡のおそれなぞないのですからそんな必要がありません。

石川予審判事さんの調べのときなどは片隅に腰をかけて私も聞いておりましたが、細川さんの頑固な強い否認の主張には判事さんの方が困り果てて、本当に立ち往生しておりました。……」

（土井郷誠「未発表笹下獄中秘話」）

私が泊組の人たちに提案した「三カ条の申し合せ」は細川さんの徹底抗戦に呼応した、私たちには精一杯の反撃の闘争宣言でもあった。

獄中の情報闘争はこんな形でかなり頻繁に細川さんと私との間で実行されたのだが、泊組以外の人たちには知らせず、全く無関係に行なわれたので、戦後のいまもまだ、ほとんど知られていない。

予審判事の石川勲蔵が、日本の無条件降伏の直後、私を呼び出して、「君たちの調書にある党再建準備会というくだりは全部取り消すから、どうかもう勘弁してくれ」と哀願するように私に泣きついたことは、私たちの「申し合せ」が実際に成果を挙げた証明として高く評価されてもいいのではなかろうか。

5

真実を明らかにするには勇気を要することはご承知のことと思うが、刑務所とか未決刑務所（拘置所）の中で、虚偽を暴露して真実を貫徹することは容易ではない。私は細川さんが横浜事件に関して徹頭徹尾、真実を守り抜いた闘いぶりには改めて心からの敬意を捧げる。いや敬服するほか言葉もない。

その細川さんの獄中の情報闘争でもう一つ、あの無条件降伏直後に私が受けた細川さんからの檄文ほど深い感動を覚えたレポは他にあるまい。それは獄中という極限状況下における情報闘争の決定版ともいえるショッキングな文面であった。

一九四五年（昭和二〇年）八月一五日の午後のことだ。三舎二階六号室の私の独房へ、例の「床屋」さんが息をはずませながら馳せつけてこう囁いたのだ。

「木村さん、あなたたちが言った通りになりましたね。つい先刻、天皇の降伏放送がありましたよ。これは細川先生からです」

投げ込まれたレポの初めには「初鶏や八紘一宇に鳴きわたる」

と書いた細川さんの諷詠があり、次にはこう書かれてあった。

「木村君、私たちに対する当局の今度の拘禁は全くの不法拘禁で許せない。総理大臣か司法大臣がここへ来て、両手をついて『悪うございました』と謝らない限り、断じてここは出てやらぬ肚を決め給え」

読み終った私は細川さんのこの檄文に共鳴と感激のあまり、瞬間的に身ぶるいするほどの感動を覚えた。

細川さんは九月一日、泊組の加藤政治、相川博、そして私は九月四日、平館利雄、西沢富夫は九月六日に笹下の拘置所を仮釈放になって出所、三年ぶりに各自の自宅に帰った。

その月の一五日、免訴になった細川さんを除く泊組に対する裁判が開かれて全員二年の有罪、三年の執行猶余の判決が言い渡された。海野弁護士の話で、その場での控訴はわざと取り止めた。

もちろん、私たちはその日のそんな出鱈目な判決を承認したわけではない。自宅に戻った私はすぐに世田谷の細川さんのお宅へ伺って、泣き寝入りはできない心境を率直に打ち明

出獄直後の木村亨（妻正子と）

け、早速にも特高警察の拷問に対する共同告発を相談したのであった。

泊組はじめ横浜事件に連座して特高警察の非道な拷問で五名もの犠牲者を出した横浜事件生き残り三十三名が、その年一一月一三日に東京丸の内の常盤亭で初顔合せを行ない、笹下会を結成した。弁護団として海野晋吉氏、三輪寿壮氏らの協力を得て、正式の告訴の共同告発に起ち上がったのである。

当時創刊された『東京民報』は、その「社説」で私たちの共同告発を取り上げ、

「言論弾圧の被害者横浜事件関係者がこのたび加害者の特高警察の暴力拷問を告発して、特高という特別公務員の人権蹂りんによる暴行傷害罪を糾弾したことは、日本の新生には重大な意義をもつものであり、事実で示した『人権宣言』である」

と論じたのは、私には特に印象的であった。

現に、いま最高裁へ再審を請求している私たちの闘いも、実はその共同告発につづく闘いであり、この国の権力犯罪に謝罪を求めた半世紀にわたる、私たちの「人権宣言」への闘いなのである。

〔『記録』一九九一年三月号〕

(10) 看守・土井郷誠さんによる獄中秘話

1

ふだんの細川さんは帯を結んだところに、いつも両手の指を三本ずつ入れて、へそに力を入れて歩く方でした。二本の指を外に向けて挾んで歩くので、自然に姿勢がよくなるわけですね。

ある時、私は細川さんになぜそうして歩かれるのかをうかがったことがありますが、細川さんは、「これは身体の鍛練のためだ」と言っておられました。細川さんは小柄な方でしたが、姿勢はいつも背筋を伸ばして真っすぐな姿をしていました。独房に正座しているときは、じっと瞑目して泰然自若としておられました。

あるとき私は細川さんに、何かご希望のものがあったら言ってください、とお聞きしたことがありました。細川さんは「抹茶を飲みたい」と言われましたので、私は何とかしてその抹茶を細川さんに飲ませてあげたいと思いまして、町でやっと抹茶を手に入れ、用意を整えました。当然のことながら用いる茶器も良いものをと思いまして、私は何回かにわけて抹茶茶碗や茶せんなどをわが家から運び込み、差入れ弁当のようにして、細川さんの独房へ持ち込みました。

秋のころだったと思いますが、ある夜、ひそかにその抹茶を立てて細川さんに差し上げましたら、細川さんに「お腹が温まって気分が非常にさわやかになった」とたいへんに喜んでいただいたことがあります。抹茶を立てて差し上げた回数は多くはありませんでしたが、喜ばれた細川さんがその抹茶のお礼に描いてくださったのがあの「河童の絵」なんです。

細川さんが河童の絵を描くのがお上手だということは前に木村さんや加藤さんからお聞きしておりまして、一度細川さんに描いていただきたいと思っておりました。しかし、実際にこうして描いてもらってみますと、こんなにお上手にお描きになるとは思いもよりませんでした。いま思うと、私もあのきびしい拘置所内でたいへん大胆なことをやったものだと思います。もちろん硯や筆、色紙などは私がわざわざ自宅から持ち込んでご揮毫ねがったのでした。

2

拘置所内では面会禁止、書信禁止と、何から何まで禁止ずくめのところですが、あの戦時下の召集令状さえも、木村さんみたいに突っ返された人がいます。すべては係りの検事の計らいで、中には面会や書信を許されることもありました。しかし、あのはげしい米空軍の空襲下です。

家族の方々が、差入れや面会に笹下の拘置所へ辿り着くまでに道中でよく空襲に遭って、命からがらこの拘置所へ逃げ込むように馳け込んで来たこともあります。

　書信にしてもいつでも出せるものではありません。ふだんは禁止です。検事からよほど必要と認められなければ手紙も書けないのです。

　敗戦の夏七月半ばごろのことですが、私は書信にかこつけて、西尾忠四郎さんを木村さんに会わせたことがあります。西尾さんはツの組（治安維持法違反者）の中では最も手ひどく拷問の被害を受けた人で、笹下（拘置所）へ移されてからも代用カンゴク（留置場）で受けた拷問の痛手が癒えず、胸や内臓を悪くしていました。西尾さんはそのころもう歩行さえも困難な重症患者でしたので、私はそれを見るに見かねて、西尾さんの仮出獄手続きを促しておりました。

　重態の西尾さんが、木村さんと一度会っておきたいと私にそっともらしましたので、歩行もむつかしい西尾さんに私がつき添って、書信を発信すると称して（口実にして）二階の書信室へつれ出し、別に木村さんをそこへつれ出しまして、深編笠をかぶったままでお二人を対面させてあげました。ほんの僅かな時間の、目と目を合わせるだけの対面ですからお二人は何も話せないような出会いでしたが、西尾さんも木村さんもその出会いをたいへんご満足の様子で、私も何よりだったと思っています。

　世間の人には想像もつかないような不自由な拘置所では、こうして友人同士がひと目でも目を合わせるだけでもお互いに力強い励ましになった、とあとで木村さんから聞かされたことでした。その一瞬の対面が西尾、木村お二人には今生の別れになってしまいました。

　西尾さんの仮出獄の手続きには意外と手間どりました。担当の介護者や看守長、医師、拘置所長など五つの印鑑が必要だったほかに、検事や判事の承認もとりつけなければなりません。もしも西尾さんの重症をそのまま放っておけば、浅石晴世さんや和田喜太郎さんのように取り返しのつかないことになり、私どもとしても拘置所の独房で人を死なせることは職務上の痛手になりますから、どうにかして執行停止、仮出獄許可の手続きを急いで取りつけたかったのです。

　そのあと、日一日と西尾さんの全身が青ぶくれになってきました。終戦直前になってやっと諸々の手続きが完了し、許可になりましたが、西尾さんは浅野屋さん（差入れ屋）の息子さんの肩に這うようにして背負われ、出獄間もなくご自宅で亡くなられたのでした。

　浅石さんや和田さんや西尾さんなど、本当に惜しい人たちが幾人もお亡くなりになりました。

3

　それにしても、あんな離れわざは、今考えるとわれながらよくぞやったものだと思います。私は一舎の担当でしたから、一舎同士の者なら一房おきに入っているツ組のことですから、わりに容易に会わせることができるのですが、これはもちろん大変な反則です。

拘置所の建物自体がパイプ状になっていますから、どこかのドアが一つ開いても、ギイーッという音がよそに聞こえます。いま開いたドアの房は何舎の何号室かすぐわかるようになっていました。

昭和一九年も過ぎて、二〇年に入った正月の寒い日の夜更けのことでした。B29の空襲はもう昼夜をわかたずに連続しており、戦況は日本にとって日ましに悪化の一路を辿っておりました。

拘置所の役人もつぎつぎに兵隊に応召してゆき、二人去り三人去りして、人手が極度に不足しており、看守の夜勤も、あの広い獄舎をたった二人で担当するような窮状になっておりました。間もなく、ただの一人の看守で全三舎（二階）の夜勤を受け持つようなこともおきて来ました。

その夜は、私一人の勤務だったからやれたのです。そんなときでもなければやれる芸当じゃないのですが、私の上役が監視のために三舎を巡回する道順と時間が私にはわかっておりましたので、所内の役人たちや各房の者がみんなよく寝静まったころを見計らった上で、三人の人たちをうまく連れ出せば、たとえわずかの時間でも一緒に会わせることができる、と私は判断しました。

細川さんは前々から木村さんと加藤さんの三人でぜひ一度、一緒に会えないものかと私にもらしておりましたので、私は「このとき」とばかり、その夜半に、大胆にもまず三舎の二階六号室から木村さんを二舎の空房へ連れ出し、急いで一舎に戻って細川さんと加藤さんの二人を連れ出して、その二舎の空房へ連れ込んで三人を一緒に会わせることに成功しました。

そのころの私はいつも皆勤で、その冬も精勤賞として貰ったビールを私のデスクに蔵っておりましたので、その一本のビールを小脇に抱えてその二舎の空房の三人のところへ運びまして、秘かにビールの栓を抜いて細川さんの手に渡しました。

それでも万一の危険がありますので、私はその房の前の廊下に出て、左右の見張り番をしながら、眼を房に戻してみますと、狭いその空房の中で、細川、木村、加藤の三人が暗い五燭光の電灯の光の下でお互いにしっかりと抱き合って、ともに歓喜の笑みをほころばせながら、細川さんから手渡されたそのビールを木村さん、加藤さんへと廻し飲みしておりました。三人は互いに両手を握りしめ合い、その一本のビールをじつにおいしそうに飲み干したのでした。それは四、五分にも満たないつかの間の離れわざでしたが、私はこの光景を自分の眼で見守り、細川さんのかねてからの念願の一つをかなえてあげることができたと、感慨ひとしおの思いでした。同じ獄舎につながれた三人が三年ぶりにそうして再会した気持ちは当のご本人でなければわからないことでしょうが、三人はたぶん感無量のことであったろうと思います。

4

昭和二〇年の夏、敗戦で私が笹下へ復員して就いた職場は、前の未決拘置所ではなくて本家の刑務所でした。横浜刑務所はすでに米軍の占領下で、MPが厳重に管理しておりました。以前に拘置所だった未決監を、本家の刑務所へ移して、そのあとを皮肉にも東条らA級戦犯の収容所に当てたのです。

進駐軍関係のGIたちもMPに捕まって多数収容されて来ました。しかし、日米の法律のちがいですか、ここに収容されたGIたちは、いかにも呑気にタバコを吸ったり、ペラペラ雑談をしたり、中にはあの建物の屋根の上に登って、大空を仰いで横臥して日向ぼっこを楽しんだり、てんでに自由行動が許されているのには驚かされました。外国の監獄法はこんなにも自由にできているのでしょうか？　それとも日本の監獄法が前近代的で古すぎたのでしょうか？

あとでわかったことですが、彼らは日本人とはちがって基本的人権を何よりも大事にしていたのです。戦後になっても日本人にはその人権なるものがまだよくわかっていません。

いつのことでしたか、日時を覚えていませんが、ある日の夜更け、もう真夜中ころでした。突然、急にこの笹下の刑務所へA級戦犯の大物たちが入って来るという知らせが伝わりました。間もなく、大勢のMPのジープで厳重に警護されながら、日本のA級戦犯容疑者たちが続々とここに収容されて来ました。何分、極秘のうちに行なわれたことなので、ジャーナリズム関係や一般の世間ではまるきり知らず、気づかれなかったことでした。

収容された連中がA級戦犯容疑者たちだということは私たちもあとで知らされたことでした。この連中の管理はもちろん私たちではなく、専らMPが当たっておりましたが、彼らも手不足で、入浴とか散髪といった雑用に日本人の私たち看守や雑役を手伝わせることになりまして、私も暫くの間その手伝いをさせられました。

そんな雑用で、私はMPの見張りをぬって例の戦犯たちの独房をのぞいてみました。

彼らはそれぞれあぐらをかいて坐ってはいましたが、独房の片隅には三つ重ねの絹布団をふっくらと積み上げており、中には明らかに婦人用の真紅のあでやかな厚い寝布団を深々と敷いているのも見かけました。

彼らの寝具はもちろん自宅からそれぞれ運ばせたものだっ

たのでしょうが、何しろあれほど窮乏していた私たちの戦時生活です。きびしい耐乏生活を常日ごろ強いられていた私たちの貧乏ぐらしにひきかえ、戦犯たちの何不自由のないぜいたくな暮らしぶりを見せつけられるようで、おエライさんは結構なものだなあと、しみじみ思い知らされました。

それにしても、全国に数ある刑務所の中から、よりによってこの笹下の横浜刑務所へそれらのA級戦犯たちを収容することになったとは、何と皮肉なことではありませんか。

拷問で非道な人権蹂躙をやったり、言論を弾圧したら、その下手人たちがどんな目に遭うか、ということを私は自分の目で確かめ、実際にその立証を見せられたような気がします。

私たちの日本という国を愛し憂えて、やむにやまれぬ気概から主張した細川先生の真に民主的な正義の言論を無謀にも「アカだ」と弾圧して、さらに泊へ旅行した皆さんを共産党再建だなどとデッチ上げた報いを受けたのでしょうね。因果応報とでも言いますか、皆さんをひどい目に遭わせたご本人たちが今度は投獄され、罰を受けるのです。天誅というものでしょう。しかも今度は全世界の人びとの裁きを受けるのです。

5

以上、看守の土井さんの実話であるが、いったい土井さんのような看守さんが、なぜあの戦時下で笹下の未決や既決の刑務所につとめておられたのだろうか？　不思議なことと思うのは、私だけではあるまい。

そこで今回のしめくくりに、土井さんご自身に自己紹介をやってもらうことにしよう。

「実は、私はそのころから十年ほど前にアナーキズム関係の事件で一度やられたことがあるのです。しばらく入っておりましたが起訴にはならずに出てきたのでした。起訴にならなかったからこそ、臨時雇いではあれ看守に就職できたわけです。

昔、この鎌倉に大杉栄という人が住んでおりまして、その人のつながりで、検挙のはしくれに私もひっかかったというまでです。

未決で私は細川さんや他のツの組の人たちと接しているうちに、横浜事件がデッチ上げであることは確かで、彼らの国を愛し時局を憂えての一念が特高によって曲解され、『アカ』に仕立てられているとしか思えなくなり、何とかして少しでもこの気の毒な人たちのお役に立ちたいという気持ちが強くなってまいりました。

私は無条件降伏の丁度ひと月ほど前に召集令状を受けましたが、九月初めに復員して笹下の職場に戻ったのです。私が留守をしたそのひと月余りの間に、戦争犯罪であとになって追及されるのをおそれたのか、政治や思想関係の事件記録や書類は警察署や裁判所で役人自身の手で全部を焼却してしまったということです。おそらくお役所にはもう何ひとつ残っていないでしょう」

私たち横浜事件の再審請求人にとって、土井郷誠さんほど有力な証人は他にいなかったにもかかわらず、天のいたずらか、一昨年（一九八九年）九月一三日にその土井さんが帰らぬ人となってしまった。

〔『記録』一九九一年四月号〕

（11）細川嘉六さんの「獄中訓」余話

1

笹下《ささげ》（横浜）の獄で、細川嘉六さんが日本の無条件降伏直後に私に伝えてくれた「獄中訓」のことは前にも書いた貴重な秘録だが、ここでもう一度その全文を記しておこうと思う。

再出発のための教訓
――甘っちょろさを今こそ清算せよ！

一、唯一の指導原理は「民土主義の徹底」にある
大胆な理想と老練な手腕を！
過去の誤まちや失敗をくり返すな！
当面する四政策
（1）戦争犯罪人（戦争責任者）の国民自身による裁判の実施と断罪
（2）言論・集会・結社・出版・放送の自由の確保
（3）権力の基礎を隣組、町内会、部落会など勤労者階級とサラリーマン大衆におくこと
（4）教育の大革新
二、「正名」*はいかなる革命にも出発点となるものである。
戦争犯罪人・戦争責任者どもはいち早く自己を韜晦し、

英米資本との妥協を試み、一切の悪辣なる陰謀と暴力を以て国民大衆の正しい力を破砕せんとするであろう。

イギリス式似而非（えせ）立憲民主主義に欺かれるな。一切の反動と、洋行帰りや転向組の再転向による大混乱、党内の分裂・対立抗争の危険性を避ける道は、広汎な大衆の心に基礎を置き、その時その時の中正な公道をとり、大胆にして老練に、一歩一歩確実にこれを遂行する執拗な努力を継続することだ。

理想のために現実を忘れるな。

大胆はよいが老練を欠くな。
三、天皇制の問題につまずくな。
天皇制を廃止して日本に共和制を建立することは当然の歴史的課題であるが、つねに大衆の意向に従いつつ変化させることに留意せよ。
四、言論機関の即時確立
新聞、放送、雑誌、出版の即時実施。

ロシヤ革命、中国革命の現実と発展から大いに学べ。
＊「正名」は孔子のことば

2

天皇制軍部ファシズムの侵略戦争を続けるために当局がやった言論弾圧事件のおかげで大きな被害を受けた私たちは、八月一五日の無条件降伏を当然の帰結と観測していた。予見通りだったからだ。

細川さんから示された前記の「獄中訓」は、私にとっては起死回生ともいうべき自己再生のテーゼとさえも受けとめられた。

したがって、私にはその一句一句が躍動する生きた言葉になって伝わってくるのであった。その生き生きとした感動に私は戸惑うばかりで、出獄直前の私の人生は――三十年に近い人生であったが――まるでこのテーゼのために懸けられていたのではなかろうか、とさえ思えたくらいだ。

出獄したら、私たちはこの「獄中訓」を実践するために、各人各自のいのちをかけて闘うべきではないかとさえ考えたものである。

何よりも私たちの第一の緊急課題は、私たち国民が自分自身の手によって戦犯裁判を開き、私たち国民自身がその戦犯たちを断罪する責任がある、という歴史的重大事である。

果たしてこの国の十五年にわたる侵略戦争を私たち自身がどのように分析し、批判していただろうか？

「天皇の名において」「聖戦を完遂するために」、天皇の手下である特高警察を動員して、勝手気ままに私たちを検挙・投獄し、非道きわまる拷問によって言論弾圧の治安維持法違反事件をデッチ上げた特高警察こそが、まさしく戦争犯罪を構成する重大な権力犯罪ではなかったのか。天皇制官僚と軍部はもちろん、内務官僚と特高警察、司法官僚もまたこの国の戦争犯罪者であり、その責任を免れうるものではあるまい。

前にも書いたように、私たちが出獄後直ちに笹下《ささげ》会をつくり（一九四五年一一月一三日結成）、神奈川県特高が犯した非道不法な人権蹂躙事件を共同告発したのは、けっして単純な報復措置ではなかったのである。

彼らの無茶な拷問のために被害者三十三名の者が失神する体験を持ち、獄死する者四名、重態で緊急出獄後死去した者一名を数えた私たちの横浜事件は、まさに当局の拷問犯人たちによって私たち被害者を裁いた悲惨な権力犯罪であったことを忘れてはならない。

こうした権力犯罪こそが、この国の長期にわたった侵略戦争を内側から支えて遂行させた戦争犯罪の一翼でなくて何であろうか。私たちの横浜事件などはまだまだ小さい、ほんの片隅の一例にすぎないとしても。

3

ご存じの通り、第二次大戦におけるドイツやイタリアの戦犯追及は、ヒトラーやムッソリーニの最期の例にみられたように、それぞれの国民の手によって自主的に裁判され、断罪処刑されている。たとえば、ナチス・ドイツが犯したユダヤ人の大量虐殺（アウシュビッツのような）に対するユダヤ人自身による追及の手は厳しく、アイヒマンの断罪以後も中断することなく現在もなお継続している。

ちょうど十年前にロイター電が伝えた戦犯情報の一つをたとえにお目にかけよう。

「ヒトラー・ナチスの副総統をつとめたルドルフ・ヘスは戦犯として七六年十月に三十年の刑期を終えたあとも釈放のめどがたたず、西ベルリンのシュパンダウ刑務所に収容されており、時々西ベルリンの英軍病院で健康診断を受けているが、ヘスの弁護人アルフレッド・セイドル氏はこのほどレーガン米大統領あてに釈放を嘆願する手紙を出した。すでに八七歳にもなる高齢の戦犯が釈放され、シャバで余生を送るのも容易なことではなさそうだ」

ところで、独伊と組んでファシズム陣営の有力な一翼を担ったわが大日本帝国の戦犯追及や戦犯裁判は、実際にはいったいどうであったのか。お隣りの中国への十五年に及ぶ日本の侵略戦争はもちろんのこと、韓国、台湾をはじめアジア諸国を侵犯したわが帝国の「聖戦」は、いったいどのようにその戦争責任を自己批判し、追及したのであろうか。

残念ながら、この国の戦犯追及は実際には僅かに連合国の占領軍（いわゆる進駐軍）だけの裁判に委ねられ、私たち国民自身による戦犯追及や戦犯裁判は何ひとつとして為しえないままに終ってしまったのである。

これについては、私にも忘れえない体験があったので、改めてここに誌して参考に供したいと思う。

一九四六年一月下旬のことであった。幸か不幸か、初めて私は『赤旗』編集局に入り、初期の編集局会議に参加する機会をえた。若輩の私はもちろんその末席に連なった一人にすぎなかったが。

その日の編集局会議の議題はたまたま「戦犯問題の取り扱いについて」というテーマを取り上げることになった。ここぞ、と思った私は真っ先に発言を求めて起ち上がった。

「私たち横浜事件の被害者一同は目下、特高警察による人権蹂躙の拷問を共同告発する準備を進めているが、この告発はただ特高という特別公務員の拷問を暴行傷害罪として告訴しているだけではなく、今次のわが帝国の侵略戦争の戦争犯罪を追及する一翼としても告訴しているのだ。

この国の戦犯追及はわれわれ国民自身の手で実施する国民裁判が行なうべきことであって、他者に委ねるべきものではない。あくまでも彼らの戦争犯罪（＝権力犯罪）を全国民の前に明らかにして、公然とわれわれ自身の国民裁判で処断すべきではなかろうか」

こう主張した私の提言に対して、主筆の志賀義雄氏は、私の発言が終るや否や、すっくと起ち上がって、威丈高に私をにらみながらカナ切り声を張り上げてこう言った。

「いまわれわれは、進駐軍の占領下にあることを忘れてはならない。とくに戦争犯罪の問題は連合国側が扱う仕事であって、われわれが干渉すべきことがらではない。戦争責任の追及はよいが、戦犯裁判のことは連合国側に一任すべきであって、断じてわれわれが口出ししてはならない」

マッカーサー指令部前へわざわざ出向いて「解放軍万歳！」と叫んだ志賀氏らにとっては、戦争犯罪の裁判は連合軍任せにすることを秘かに約束していたのではなかったのか？　私にとっては志賀氏の言い分はまことに解《げ》せない発言であった。ドイツやイタリア国民の自主的戦犯追及や戦犯裁判と比べて、これほどまでも他力本願だった敗北主義的な態度が、日本の「革新」派の本音だったのだろうか？

細川さんの「獄中訓」に共鳴していた私には、こんな志賀氏とのやりとりだけでその編集方針に嫌気がさし、間もなく同紙の編集局を辞めてしまったことを覚えている。

4

一九四六年三月だったと思うが、私は細川さんの誘いを受けて、久しぶりに細川さんの郷里の富山の泊（現在の朝日町）へ旅をすることになった。細川さんのお伴を仰せつかったわけだ。

道中、信州上田へ立ち寄ってから泊へ向かったのだが、車中で面白いことが起こった。

もともとおっちょこちょいな性格の私にありがちな出来事で、何も特に取り立てて言うほどのことでもないのだが、泊の駅にさしかかったとき、細川さんは急いで起ち上がりながら私に、

「木村君、ここが泊だよ。うっかり乗り過ごすところだったなァ。木村君には秘書役はつとまらんね。いや、おまえさんには秘書が要るな。呵々」

最高裁棄却後の「映画と講演の集い」での木村亨。(1991年4月26日)

事件以来、まる三年ぶりの泊訪問だったが、私の細川さんの秘書役テストはこれで見事に落第とあいなった次第である。

細川さんの政治学の深い学識には私も敬服していた一人だが、もともと私に秘書役などがつとまるはずもない。

ところで、この泊旅行の直後に、私は細川さんから別件の相談を受けることになった。

その話が、戦後の私の編集者稼業を運命づけた世界画報社への入社であった。

千歳船橋にあった細川さんのお宅で、戦後時折出会った人に越寿雄君という人がいた。西園寺公一さんと同じ職場で私と同年輩の越君が西園寺さんと相談のうえで、私を彼らの職場の世界画報社へ入れようという算段で、細川さんにそんな話をしたらしいのだ。

細川さんが改まって私に話した一件というのが、このような新職場紹介であった。

戦犯追及を国民自身の手でやろうという私の提案が、前述のように拒否されてしまった矢先のことだったから、細川さんからそんな話を受けて、私は一も二もなく快諾してしまった。

私には初めてのグラフィック誌の編集ではあったが、私の学生時代の愛読誌に『世界文化』誌とならんで愛読した『グラフィック』誌というのがあって、新しく入社した世界画報

社の雑誌はその『グラフィック』誌の後身誌と知らされて、なおさら親近感を抱くに至った。

おまけに、私は世界画報社の社長西園寺公一さんが、戦時下にすでに公爵という爵位を返上していたことを知っており、秘かにその勇気に敬服していたこともある。また私が中央公論社で刊行した出版企画の『支那問題辞典』の編集でたいへんお世話になった尾崎秀実さんと西園寺公一さんがポン友だったことを知って、これは私の就くべき職場だろうと早速、入社を決意したわけであった。

世界画報社は銀座七丁目の電通ビルにあって、私の処遇は西園寺社長、越専務についで常務取締役・編集局長ということであったが、なあに全社員十人ほどの小さな雑誌社であった。

5

「獄中訓」筆頭の第一訓「戦争犯罪人の国民自身による告発と裁判」はその後も私の念願となっており、たえざる執念のように私を捉えて離さなかった。

一度は失望させられたが、不思議なことにこの念願は世界画報社入社二年目に形を変えてかなうことになった。

世界画報社での私の編集稼業で何はさておいても特筆したいスクープといえば、やはり、例の石井四郎中将の、大陸における「七三一細菌戦部隊」のことであった。

なぜまた、私にそんな稀有のスクープがやれたものか？

そのいきさつは思いもよらぬようなことであった。私は戦前から安田徳太郎博士というドクターと顔見知りの仲で、以前からこの安田博士にはお世話になっていた。

一九三三年二月二〇日に築地警察署で特高の拷問に遭って虐殺された作家小林多喜二の死体を検死したドクターこそ、他ならぬ安田徳太郎博士その人であった。

敗戦直後に祐天寺裏に居住していた私は、白金台町の安田博士の医院へは時折お邪魔していたが、そんなある日、私の家へ安田博士から電話があった。話はこんなことだった。

「木村さん、今日私のところへ入った情報だが、満州で細菌戦部隊を指揮していた石井四郎中将が昨日東京の自宅に連れ戻されており、二、三日中に米軍によってアメリカへ連れ去られるということだ。貴君が『世界画報』をやっておられるのなら、カメラマンをつれてすぐにも市ケ谷の石井中将の家を訪ねるとよろしい」

安田博士は若い時に京大医学部で石井中将とは同窓で、「石井は戦犯もいいとこだ」と苦笑していた覚えもそのころの私にはあったから、安田博士からのこの知らせは、私にとっては絶好のありがたい情報だった。さっそく、世界画報社のカメラマン田村茂君と若手の渡部雄吉君の二人を誘って、市ケ谷の石井中将宅を訪ねていった。

かなり古びた和風二階建ての石井家に着いた私は、玄関に入るなり面会を求めた。暫時、玄関の土間で三人が待っていると、奥からヌーッと立ち現われたのが六尺豊かな和服姿の石井中将である。

容貌怪異な石井中将の異様な姿に私も一瞬たじろいだが、ここを撮らねばと思った私は、傍らの田村茂君に「おい頼むぜ」と声をかけた。途端に石井は奥へ逃げこんだ。ところがどうしたことか。田村君は玄関の土間にドドーッとくずれるように倒れ、カメラを握ったまま気を失ってしまったではないか。

私は「どうした！」と励ましたが、田村君は気を失って倒れたままだ。仕方なく渡部雄吉君とともに、応接間に上がり込み、石井のアルバムを引っ張り出し彼の写真を一枚ひっぱがして持ち帰った。それでやっと出来上がったのが『世界画報』の七三一石井部隊長の見開きの訪問記事であった。

〔『記録』一九九一年五月号〕

(12) ＧＨＱの「人権指令」をどう受けとめたか

1

笹下の獄で迎えたあの敗戦。茫々四十六年。私たちは、古い日本に対していったい何を考え、どう対処しようとしていたのか。
(11) で、私は細川嘉六先生からの「獄中訓」をご紹介したが、出獄後に私たちが何を為すべきかをその獄中訓は的確に教示していたと私は考えた。したがって、何よりもまず戦争責任を国民自身の手で追及しなければならないと思い、私なりにその具体的な方法を探ったわけである。
私としてはそのとき、最もその戦犯追及を行なうのにふさわしいと考えた職場で、私たち国民自身が行なうべき戦犯裁判を提議したのであったが、残念にも私の提案は最高指導者によって退けられてしまった。

正しいものと確信していた私の提案がなぜに拒否されたのか？　私たちが発議して国民自身の手でやろうと思った戦犯追及を彼らがどうして拒否し、何故にすべてを連合国軍の戦犯裁判に一任してしまったのか？

これには深いわけがあったらしい。

ここで私は敗戦直後のＧＨＱ／ＳＣＡＰが日本政府に対して命じた一九四五年一〇月四日の指令第九三号、いわゆる

「人権指令」についてふれておかねばならない。

「人権指令」がどんな経緯で発せられたのかについて、私は私自身が学んだ荻野富士夫氏の大著『特高警察体制史――社会運動抑圧取締の構造と実態』（せきた書房）から、関係者などの発言を中心に引用させていただく。いまさら告白するまでもなく、私たちは当時（敗戦前後）の事情の真相については案外に無知であったことを、きびしく反省しなければなるまい。

以下の引用は、もちろん著者の荻野富士夫氏に御諒承いただいたものである。

2

まず、「ポツダム宣言」からつぎの言葉を記すことより始めよう。

「日本国政府は、日本国国民の間における民主主義的傾向の復活強化に対する一切の障害を除去すべし。言論、宗教及び思想の自由並びに基本的人権の尊重は確立せらるべし」

そして九月二日の降伏文書の調印で、米バーンズ国務長官は、

『精神的武装解除』の重要性を強調し、『過去において真理を閉ざしてゐた圧迫的な法律や政策の如き一切の障碍を除去』することに言及した。そして、九月二八日の『降伏後ニ於ケル米国ノ初期対日方針』によって『人権指令』の基本精神が示された。（「日本国国民ハ個人ノ自由ニ対スル欲求ニ基本的人権、特ニ信教集会言論出版ノ自由ノ尊重ヲ増大スル様奨励セラルベク」）」

一〇月二日に連合国最高指令官総指令部（GHQ／SCAP）が設置され、本格的な民主化に着手できる体制が整ったので、四日、その「人権指令」が発せられたのである。

荻野氏の指摘によれば、「人権指令」が出される直接の要因は、第一に、それがGHQの前述のような既定方針であり、日本政府の民主化への〝頬被り〟と怠慢がもたらしたものであった。そして第二に、内外に特高警察廃止・政治犯釈放の声が高まってきたことである。国内では九月二二日の無産党結成懇談会開催のころから政治犯即時釈放の要求が表面化し、九月二六日の豊多摩拘置所における三木清の獄死を契機に、政治犯の即時釈放は一つの社会世論を形成しつつある状況に立ち至った。新聞などでも公然と内務・司法当局の責任を追及する声が上がったのである。GHQは三木清の獄死に注目し、一〇月二日には係官を杉並区高円寺の三木清宅に派遣したり、内務省に政治犯の処遇などについて報告を求めていたのである。

また一方、アメリカ本国では進歩的な新聞や雑誌が日本国における政治犯の釈放を求める声を強めており、たとえば

『ネーション』誌九月二九日号で、アンドルー・ロスは

「占領軍が本当に民主主義を日本に普及しようと思うのならば、政治犯を釈放することが先決である。それを怠ると、日本人はポツダム宣言でわれわれが約束した民主化政策の真の意図を信じなくなるだろう。日本の民主化に関心を寄せるアメリカ人は〝宮城〟ではなくて、刑務所に目を向けるべきだ」

と、マッカーサー批判を展開している。

また、AFP特派員ロベール・ギランらは府中刑務所を一〇月一日に訪ね、徳田球一氏や志賀義雄氏らと劇的な会見を行なった。

こうした内外の特高警察廃止・政治犯釈放の要求の高まりに逆らって、日本政府側は、特高警察は秘密警察ではない、と防禦線を張りながら、特高警察体制の存続・温存を強弁しつづけたのである。したがって一〇月四日の「人権指令」は予想をはるかに上回るその内容の広さと徹底度、および緊急性において大きな衝撃を与えた。

3

ここで例の「人権指令」の内容を明示すれば、つぎの通りである。

治安維持法を筆頭に、国民の政治的・公民的自由を拘束する弾圧諸法令の一切の廃止、政治・思想犯の即時釈放、特高警察など一切の思想抑圧機関の廃止と全特高警察官・警察高級官僚などの罷免を主内容とするもので、この覚書は、戦後の日本の民主化政策の第一弾であった。

一九四七年九月一六日付、マッカーサーの片山哲首相宛の書簡もまた、こう言っている。

「戦前十カ年間、日本の軍閥の最も強大なる武器は中央政府が、都道府県庁をも含めて、行使した思想警察及び憲兵隊に対する絶対的な権力である。此等の手段を通じて、軍は政治的スパイ網を張り、言論、集会の自由更に思想の自由迄弾圧し、非道の圧制に依って個人の尊厳を堕落させるに至ったのである。日本は斯くて全く警察国家であった」

と、天皇制の侵略戦争下は全くの暗黒時代であったことを正しく指摘している。

ところが、「人権指令」を受けた日本政府、とりわけ内務省が一〇月四日午後六時に同指令の手交を受けたあと、どうしたか。同日午後六時から翌五日午前三時まで、さらに五日午前中も警保局首脳は対策を協議し続け、午後十二時半からは終戦連絡事務局の主催で、内務、司法、外務、情報局、文部各省の関係局課長会議を開き、治安維持法などの法令撤廃の具体的措置方法、特高警察官の退職後の措置などを打ち合せたとのことである。

日本政府がこの「人権指令」にどんな抵抗を見せたか、さらにはそのあといかにしてその機能を「公安警察」に継承していったか、その詳細の経緯については荻野氏の前述書にゆずることにしたい。

ただ二年ほど前のことだが、自民党幹部の者が次のように語った記事をみても、彼らの成果がかなり鼓吹されているのがわかる。

「われわれは敗戦直後にGHQに命じられた治安維持法の撤廃を二カ月遅らせる努力をしたおかげで、わが国体＝天皇制を護持できたことを忘れてはならない」

さらにまた、昨年の天皇交替期をのがさず、文部省が「日の丸」の掲揚と「君が代」の斉唱を強制復活させたことをみても、その裏に再び天皇制を戦前通りに復旧させて、帝国主義的ファシズム思想の復活をひそかにはかっていることがみえみえではないか。

もうひとつはっきり言えば、ファシズムと民主主義との闘いであった前大戦の思想的背景さえも、うやむやのうちに風化させて、自民党独裁ファシズム体制を一層強化しようとする動きが強い。

4

GHQの「人権指令」にしぶとく抵抗しながら、その後、公安警察をつくったうえで自民党はついに破防法を制定し、さらには現に「国家秘密法」までも画策して前の「治安維持法」に代えようとしているが、戦時に「治安維持法」で大きな被害を蒙った私たちの側は、その「人権指令」に対していったいどんな反応をみせたであろうか。

あらためて、私たちは自分たちがその「人権指令」をどう受け止めたのかを顧みよう。

治安維持法が撤廃されたことに対して前述の荻野氏は、その「あとがき」のところで河上肇、高見順二人の反応を「日記」からみている。

＊河上肇の一九四五年一〇月五日

「聯合国最高指令部の命により治安維持法以下の自由束縛の弾圧諸法令撤廃、政治思想犯人尽く釈放、内務大臣以下思想警察に関する全国の官吏は、府県の警察部長を始め、特高警察の官吏尽く免官。内閣総辞職。」（『河上肇全集』第二三巻、七〇〇頁）

＊高見順日記の同年一〇月六日

「特高警察の廃止、――胸がスーッとした。暗雲がはれた想い。しかし、これをどうして聯合軍指令部の指令を俟たずして自らの手でやれなかったか、――恥しい。これが自らの手でなされたものだったら、喜びはもっと深く、喜びの底にもだもだしているこんな恥辱感はなかったろうに。」

（『高見順日記』第五巻三七九頁）

このあとへ荻野氏のコメントがつづくのだが、それは省略させてもらって、私は私なりにそのときの実感を拙著『横浜事件の真相』でおよそつぎのように書いている。

「十月四日の朝刊は、連合軍最高指令部が日本政府にあてた通牒を一面トップに四段ぬきで報じた。大見出しは〈政治犯の即時釈放と内相らの罷免要求、思想警察も廃止〉とあり、治安維持法の廃止を求めたものである。右の通牒は最高指令部情報教育局長ダイク大佐より発表されたものだが、該当する政治・思想犯人の数は三千人に達すると報ぜられている。……」

一〇月五日に私が細川さんを世田谷のお宅に訪ねた折に、細川さんから、

「木村君、昨日ここへ朝日の記者が今度の事件について話を聞きに来たが、詳しくは木村君と小森田君からも聞いてみたまえ、と君の住まいを知らせておいたよ」

私を訪ねて来た朝日の記者に話したことが細川さんの話とともに出たのが、一〇月九日の同紙朝刊の五段ぬきの記事であった。

見出しは「無理に〝赤〟と断定　真相を語る細川氏」であった。そして私は、自身の心境をこう書きつけている。

「正直言って、ぼくも治安維持法が撤廃された前後は、一種名状し難い解放感に酔ったことも嘘ではない。いざ、釈放されて自由の身になってみると、若者の一人として感無量な自由解放感にひたったことは間違いなく事実だったと思う。出獄後ぼくは時折細川さんを訪ねて拷問特高に対する共同告発のことなど種々と打ち合せたが、耳に残る細川さんの言葉があるので書いておく。

『今度の敗戦で連合国側はわが国に対して《民主主義》というボタ餅を投げこんでくれたが、残念ながら日本人はそのたべ方も味も知らない』

また、こうも語った。

『民主主義なんてのは言葉や文字じゃないぜ。文字や言葉で何回くり返したってナンセンスじゃ。本当の民主主義というものはな、何ごとにも、またどんな偉い人にも文句をつけるということじゃ。

われわれはまず今度の横浜の無茶をやった特高どもに文句をつけることから始めるのじゃ』」

敗戦直後から始めた私たちの横浜事件の告発は「被害者が特高犯人を告発した」重大な意味を持つ出来事であり、当時の「東京民報」の社説が私たちを励まして書いた結びの言葉に注目したい。

「これを契機として、他の多くの事件が今後ぞくぞくと告発され、真に具体的に『人権宣言』の実があげられることを

祖国の興亡に関する重大事として期待するものである」

5

ところが、私たちの周囲の期待と予想に反して、「人権指令」に呼応した革新側の動きは極めて僅少であり、徳田球一、志賀義雄らの獄中組がそれによって釈放されたよろこびを伝えるためか、マッカーサー指令部の前へ「解放軍万歳！」を叫びに出かけたくらいが目立った動きにすぎず、注目された悪法「治安維持法」に対する被害者からの告発の動きは皆無であった。

あれほど悪評の高かった治安維持法、またあれほど被害者の多かった治安維持法に対する告発が、横浜事件のほかに何もなかったというわけは何だったのだろうか。

それは「転向ボケ」と「大赦ボケ」に因るものだろう、と説明する向きもあるが、果たして真因はどこにあるのだろうか？

しかも、私たちが敗戦後何よりも大切な課題の一つと考えた「国民自身の手で戦犯裁判を開こう」という議案さえも、こちら側で揉み消してしまうという悲喜劇は何に因るものだろうか？

この真因もまた「転向・大赦ボケ」にあったのだろうか？

私がこの真因を探っているまさにこのときに、横浜事件再審裁判を請求した同志の平館利雄氏が逝ってしまった。

本年四月二五日の夜一〇時すぎの電話だった。いつになく力のない平館氏の弱い声がこう伝えてきた。

「木村君、ぼくはもうダメだ。横浜事件の裁判のことはどうか木村君、よろしく頼む」

その翌二六日午前一一時、平館氏は八五歳の生涯を閉じた。

五年前、いや正確には六年前、私は平館氏と相談のうえで、横浜事件の再審請求の再開を誓い合ったのだった。人権問題の国際的権威者、森川金寿弁護士の賛同を得て、私たちは正式に再審請求に起ち上がったのである。

再審請求人九名の同意の上で、私たちは「笹下同志会」を結成し、平館氏をその代表者にして今日に至った。

去る三月一四日の最高裁第二小法廷からの「棄却」通知に抗して、四月二六日に抗議集会を飯田橋で開くというまさにその日に、代表者平館利雄氏を失った。

しかし、私たちはくじけない。私たちは国側の謝罪をかちとるまでとことん闘いぬくとの決意をますます深め、固めていく。

横浜事件の再審請求が持つ歴史的な意義をここで私たちは改めて胸深く銘記したい。

前大戦における日本帝国の侵略戦争の戦争責任を、その戦争犯罪を追及する一翼を担う重大かつ深刻な歴史的課題を、

国連の中の書店にて

私たちが自らのものとして自覚する者であることを。

人権の遅れたこの国を国際的に通用する人権国日本にひき上げるために、私たちは私たちのいのちを捧げる者であることを。

幸いにして、このたび私たちの念願だったジュネーブ（国連人権委員会）への正式提訴が、今夏八月末に実現されることに決定し、代表の木村らが出かけることになった。これからの人権闘争こそが正念場の闘いである。（了）

［『記録』一九九一年六月号］

［横浜事件　木村亨全発言］　あとがき

「百度も否！である」

松坂まき

小説を書くのには、日本橋の真ん中で真っ昼間に真っ裸になって逆立ちをするだけの勇気が要ると、誰かが言った。

本書はもちろん小説ではないし、木村はいわゆる物書きでもない。けれど何年かに亘ってあちこちに書いたものをこうして一冊の本として出すということは、大都会ではないにしても、やはり街を裸で歩くに似ているように思える。

また、その編集作業には本人は加われず、もどかしさを感じているかもしれない。「土台が土台だからね」そう言ってくれそうな気もする。

本書は、木村がこの二〇年くらいの間に横浜事件について執筆したもので、家に保存されていた原稿をすべて集めた本である。講演の一部も掲載した。

横浜事件の被害者は六〇数人とも八〇数人ともいわれていて、半世紀以上経った今も、正確な人数がつかめていない。

いうまでもなく横浜事件は八〇数人なら八〇数人の、その人にとっての横浜事件があり、本書も木村亨のいわば横浜事件私史といえよう。

同じ事件について同じ人がときどきに書いているのだから、重複だらけは自明の理。

「本を出すのなら時間をかけてきちんと編集したほうがいいよ」というアドバイスを友人からいただいた。確かにそのとおりである。けれど、本書は読者の迷惑を省みず、取捨選択なしに手に入るものはすべて載せるという方針を貫いた。散逸を防ぎたかったのである。それは証言としての意味だけではなく、木村が五センチ四方くらいの紙切れに思いつきをメモしたものさえ捨てきれないでいる私の自己満足の、あるいは木村にとってさえ傍迷惑の愛情もあるのかもしれない。

木村は横浜事件について言いたいこと伝えたいことが山ほどあって、あきれるほどにセンテンスが長い。読点というものを知らないのではないかと思うほどである。また、一つのセンテンスにあれもこれもそれもと詰め込んで書くものだから、これまた読者に読みづらさをお詫びせねばならない。

若い頃の日記はいきいきとして表現も豊かに綴られているのに、いつからこんな悪文すれすれの文章を書くようになったのかと、本書をまとめるにあたって多少いらつきながら、改めて読み始めた。けれど集中して読んでいるうちに、それは感謝の念に変わっていった。人権犯罪横浜事件の貴重な証言をよくぞ書いてくださいましたね、と。

痛みなしでは書けなかったと思われる記述もある。ある種の非難を覚悟でなければ言えないことも。執筆当時、死者に鞭打つと批判されたこともあったと聞く。横浜事件の真実を伝えたい、解明の一助にしたい、二度とこんなフレームアップはあってはならない、という思いからであることを理解し、原稿を掲載して支えてくださった方、「死者に鞭打たず」と題して、賛同の文章をある会報に寄せてくれた先輩がいたことを記しておきたい。

「言いたいことは言う。書くべきことは書く」を貫いた木村に、私も道を教えられた思いである。

過去形で語りたくはないのだが、横浜事件についての文章はもっと書かれるはずだった。私と木村は、就寝前や起床前でも「編集会議」を開いた。

若い人に読んで欲しいね。

じゃ『若き妻に語る横浜事件』なんていいんじゃない?

出版社も作りたい。社名は「ヒューマンプレス」がいいね。『バッシング』なんて名前の雑誌も出してさ。

私が勤め先から帰宅するのを待ちかまえていて「今日こんなことを考えたよ」と、目を輝かして構想を語ってくれたこともたびたびある。

木村亨の横浜事件についての本は、季刊『直』連載をまとめた『横浜事件の真相——つくられた泊会議』を八二年に筑摩書房から刊行し、八六年には増補新版として『横浜事件の真相——再審裁判へのたたかい』を笠原書店から出している。

よって本書は二冊目となる。これらは紙碑である。権力にとっては、紙つぶてにすぎないだろう。けれど横浜事件元被告木村亨の命の紙つぶてである。一人でも多くの方々に横浜事件を知っていただき人権の尊さを語り継ぐために、これからも出版や映像を通して世に問うていきたい。

「ブントは書かれたものの中にはないよ」島成郎は言ったという。横浜事件も木村亨もまた、そうかもしれないと思いながら。

本書で出会った木村の言葉をあとがきの題とし、まとめるにあたっては、最小限の手を入れた。

木村にこれまで執筆や講演の機会を与えてくださった方々、書きものをお読みくださった方、話を聞いてくださった方、ありがとうございます。

横浜事件再審請求弁護団の弁護士の皆様、および横浜事件再審ネットワークの皆様、ありがとうございます。また、『人権日本の夜明け求めて　木村亨追悼』に引き続き、渾身の装幀で本書を支えてくださった貝原浩さんに心から御礼申し上げます。

そして、死刑制度廃止や天皇制を問い直すなど、この国に根底から揺さぶりをかける意義深い本を長年に亘って出版しているインパクト出版会（深田卓さん）から本書が誕生したことは、何にも勝る喜びでございます。

二〇〇二年一月二四日

木村　亨（きむらとおる）

1915年10月20日、和歌山県東牟婁郡宇久井村に生まれる。

中央公論社編集部に勤務していた1943年5月26日、神奈川県特高警察に検挙され、いわゆる横浜事件に連座。横浜事件の再審を求めて生き、第三次再審請求を目前にした1998年7月14日、永眠。

横浜事件関係の著書：

『横浜事件の真相——つくられた泊会議』（筑摩書房、1982年）

『横浜事件の真相——再審裁判へのたたかい』（笠原書店、1986年）（筑摩版の新版）

松坂　まき（まつざかまき）

1949年、岩手県生まれ。1984年に木村亨の妻、正子が病死したのち亨と出会い、1992年結婚。亨の死後、横浜事件再審請求人を継承する。

横浜事件　木村亨全発言

2002年2月10日　第1刷発行

著　者　木　村　　亨

編　者　松　坂　まき

発行人　深　田　　卓

装幀者　貝　原　　浩

発　行　㈱インパクト出版会

〒113-0033　東京都文京区本郷2-5-11　服部ビル2F

Tel 03-3818-7576　Fax 03-3818-8676

E-mail：impact@jca.apc.org

http:www.jca.apc.org/˜impact/

郵便振替　00110-9-83148

印刷・モリモト印刷